Ullstein Materialien

W0108999

Ullstein Materialien
Ullstein Buch Nr. 35036
im Verlag Ullstein GmbH,
Frankfurt/M – Berlin – Wien

Originalausgabe

Umschlagentwurf:
Kurt Weidemann
Umschlagphoto: Ingeborg Mercus
Alle Rechte vorbehalten
© 1979 by Verlag Ullstein GmbH,
Frankfurt/M – Berlin – Wien
Printed in Germany 1979
Gesamtherstellung:
Augsburger Druck- und
Verlagshaus GmbH
ISBN 3 548 35036 4

August 1980
14.–19. Tsd.

CIP-Kurztitelaufnahme der
Deutschen Bibliothek

Drigalski, Dörte v.:
Blumen auf Granit: e. Irr- u.
Lehrfahrt durch d. dt.
Psychoanalyse /
Dörte v. Drigalski.
– Orig.-Ausg. –
Frankfurt/M, Berlin, Wien:
Ullstein, 1980.
    ([Ullstein-Bücher] Ullstein-Buch;
    Nr. 35036:
    Ullstein-Materialien)
    ISBN 3-548-35036-4

Dörte
v. Drigalski

Blumen
auf Granit

Eine Irr- und Lehrfahrt
durch die deutsche
Psychoanalyse

Ullstein Materialien

Hinter den sieben Bergen
bei den psychoanalytischen Zwergen*

Denen, die Ähnliches radikal
beendeten.

Müß denn immer gleich von
Liebe die Rede sein? – Ja.**

Never give up everything
to a therapist!***

Warum soll der Rekrut
vor dem Oberst strammstehen? – Ja, warum soll er!****

So genau fickt kein Edelmann.*****

* Kai
** Kurt Tucholsky
*** Norman Liberman
**** ebenfalls jüdisch
***** Arbeitsregel hessischer Bauarbeiter

Ihr Praxiszimmer lag im vierten Stock, an der Hauptdurchgangsstraße, am Ende eines ordentlichen, kahlen Neubauflurs. Die Möbel wirkten funktionell; um neun Uhr abends schien der Raum düster, die Analytikerin müde und abgespannt. Sie setzte sich mir rauchend gegenüber. Ich fühlte mich nicht in meinem Element; kritisch beäugt ohne Vorschußvertrauen. In das Schweigen hinein versuchte ich Biographisches zu erzählen. Sie sollte mich positiv beurteilen, und später in Analyse nehmen. Was ich brachte, schien sie aber nicht zu interessieren; oder es war nicht das Richtige. Sie blieb still; ich wurde unter ihrem Blick kleiner. Meine Stimme verkrumpelte sich, wurde dünner, leiser, faserig. Ich mußte mich anstrengen, überhaupt etwas aus mir herauszubringen. Pausen entstanden; ich versuchte laut zu sprechen, aber gegen Satzende versandete ich. Ihr Blick schien ablehnend, gelangweilt; »gewogen und für zu leicht befunden«. Ich kam nicht an sie heran. Schließlich stellte sie in einer längeren Pause eine Frage; nach meiner Motivation. »Richtig lieben«, – ich brachte etwas von früheren Beziehungen; das war aber auch nicht das, was sie hätte interessieren können. Die kritische Stille saugte mich leer, wurde immer schlimmer; ich fühlte mich reizlos, unvital. Sie hatte keinen Spaß an mir. Über meine lahme Mattigkeit ärgerte ich mich, machte mir Vorwürfe, fühlte mich anders, alleine, kontaktmickerig. Quälte mich während einer Pause. Schließlich setzte sie zu einer Frage an. Ob ich mich manchmal richtig ärgern könne? In neutralem Ton; für mich klang er abwertend, verurteilend, säuerlich, knarrend neutral. Ich fühlte mich gründlich mißverstanden: daß ich bissige Wutanfälle bekommen konnte, war mir oft peinlich gewesen. Wie sollte ich das aber jetzt vermitteln, in dieser Stimmung, wenn sie nicht von sich aus es mir zutraute, vermutete?

Ich hätte heulen können; ich kam nicht an gegen die schreckliche Stimmung. Mit Anstrengung konnte ich noch »ja« sagen; aber so verknautscht und leise, daß ich die Bestätigung auch albern und nicht überzeugend fand.

Immerhin ging die Stunde vorüber, und sie hatte nichts dagegen, daß ich in Analyse ginge. Darüber hätte ich mich freuen können; sie war die Dritte, die mich begutachtete, und ich somit zugelassen zur Lehranalyse.

Ich fühlte mich aber wie vernichtet, ausgelaugt; mutlos, nicht gemocht. Freude an mir hatte sie nicht gehabt. Ich hatte mich abgestrampelt, ohne Echo; offenbar war ich und mein Leben bisher für eine solche Analytikerin uninteressant; vielleicht völlig indiskutabel;

pathologisch; nicht vorzuzeigen. Verquält und mutlos konnte ich lange nicht einschlafen. Aus den beiden früheren Interviews hatte ich Neues über mich erfahren; sie hatten mich gestärkt, beflügelt und begeistert. (Obwohl es durchaus eine Erniedrigung bedeutet hatte, nach allen Examen noch einmal nach unbekannten Kriterien geprüft zu werden.)

Die erste – weiche und anziehende – Analytikerin mochte mich offenbar. Sie hatte interessiert gefragt; auch wenn sie still war, hatte ich mich nicht unter Druck gefühlt. Zu meinen frühesten Erinnerungen, in denen mich Männer auf dem Arm trugen, meinte sie lächelnd und wissend: »Das hat Ihnen wohl gefehlt«. Ich widersprach, fand die Idee hergeholt, konnte mich auch nicht an solche Sehnsüchte erinnern. Unter ihrem interessierten Strahlen wurde mir aber meine entschiedene Ablehnung suspekt; und mir fielen Heimkehrträume über meinen Vater ein, Vermißte, Kriegsgefangene, die doch noch ganz spät wiedergekommen waren. Sie zwang mir nichts weiter auf; aber meine glatte Zufriedenheit über meinen guten, toten Vater statt eines miesen, präsenten Nazivaters wie bei anderen wurde angekratzt. Auch ihre Frage, ob wirklich alles so schön zu Hause für mich gewesen sei, so gut und konfliktfrei, ob ich nicht dann etwas Besseres für mich mit Männern gestaltet hätte, kam in mir an, weichte mich auf. Sie fand mich noch »im Familienhimmel«, beurteilte mich sehr freundlich; meinte aber auch, ganz verstehe sie mich nicht. Fand keinen sie überzeugenden Grund, weshalb ich in Analyse wolle; sie schien vehementes Leiden gewohnt.

Nach ihr hatte ich mich sehr wohl gefühlt; mich aber auch gewundert: Von alleine – ohne Ausbildungszweck – wäre ich jetzt nicht in Analyse gegangen; einen solchen Leidensdruck spürte ich nicht.

Es hieß zwar, jeder Lehranalysand strebe im Grunde aus eigener Problematik, der Hoffnung, diese zu lösen, in psychoanalytische Ausbildung; es gäbe niemanden, der nicht deftige Gründe zu solcher Berufswahl habe. Mir reichte aber meine bewußte Motivation: Ich hatte gerne Medizin studiert; und die Ernüchterung war wie für viele aus meinem Jahrgang nach dem Examen an den Kliniken gekommen: Der ursprünglich intensive Kontakt mit Patienten (über Krankenpflegepraktikum, Famulieren, Medizinalassistentenzeit) verdünnisierte sich, und die Arbeit wurde abstrahiert, mechanisch, roboterartig, unmenschlich. Während einer Anamnese kam noch ein Kontakt zustande; aber unter dem Zeitdruck und der Betonung harter Fakten wurde diese oft zu einer Quälerei, weil auf den gefühlsmäßi-

gen Anhang nicht eingegangen werden konnte, die aufgewühlten, z. T. tränenreichen Erinnerungen dem Tempo hinderlich waren. Dabei blieben die wenigsten kühl bei Fragen wie: Leben Ihre Eltern – Geschwister? Wann – woran sind sie gestorben? Ein Mediziner war um so tüchtiger, je mehr er diesen Gefühlswust übersehen, sich nicht von ihm aufhalten ließ. Nur war dies meist der letzte menschliche Kontakt gewesen; dann ging das sachliche Funktionieren nach Vorschriften los; und das konnte man nach einer Weile, wenigstens einigermaßen. Mit Erlebnissen, Gefühlen, Beziehungen Zusammenhängendes wurde überhaupt nicht gesehen. Menschen mit Asthma z. B. kamen im Nachtdienst oft mehrfach; und wurden nach den als adäquat erachteten Spritzen wieder nach Hause geschickt. Daß sie einfach saualleine waren, vielleicht Angst hatten, aus welchen Gründen auch immer, daß eine Therapie u. a. da ansetzen müßte, wurde nicht reflektiert. So schien Medizin oberflächlich, sinnlos; so machte sie keinen Spaß.

Jedenfalls war es für mich und viele aus meinem Jahrgang einfach die logische Entwicklung, sich in Richtung Psychoanalyse zu interessieren; wenn man nicht nur roboterartig funktionieren, seine Träume ein bißchen bewahren wollte.

(Es spricht wohl mehr für Pathologie und Defekte der betriebenen Medizin, wenn plötzlich viele sich um weitere Ausbildung bemühen, als für einen Boom an Medizinern mit heimlich motivierender Neurose; Psychoanalyse galt ja als die beste Ausbildung auf diesem Gebiet; und verglichen mit den üblichen Anforderungen an Mediziner [Nachtdienste ohne anschließendes Ausschlafen] wirkten vier Stunden pro Woche zusätzlich nicht gewaltig.)

Dabei spielt unbewußte Motivation sicher eine Rolle; genauso wie bei Ärzten, die ihr fachliches Interesse selektiv auf Knochen, Harnröhren, Hintern oder weibliche Genitalien richten. Mich hat nur jahrelang die Verteufelung der möglichen persönlichen Problematik geärgert; schließlich hat ja auch ein Mann mit Klumpfuß die erste wirksame Operation dagegen erfunden, ohne daß dieses Verfahren deshalb weniger brauchbar wäre.

(Da bei mir kein wirklich klares Bild meiner Motivation zustandegekommen war, bin ich jedenfalls später, wenn ich Zweifel hatte, im Zirkelschluß mit wissendem Blick verwiesen worden auf meine Störung, die ich ja schon durch meinen Entschluß zur Analyse bewiesen hatte.)

Ich hatte mich wohl gewundert, daß ich mit 26 nicht in einer

geglückten Beziehung lebte, keine Kinder hatte; aber dafür hatte ich banale Erklärungen; und Freundinnen aus ähnlichem Milieu ging es auch so. Wirklich ernsthafte Schwierigkeiten hatte ich bisher in Schule oder Ausbildung nicht gehabt.

Mit zunehmender Kritik an dieser Art von Medizin fiel mir das sachliche Funktionieren schwer; ich wurde lustlos, bekam eine Infektionskrankheit, und konnte viel lesen währenddessen. Psychosomatische Medizin war dann etwas, wofür ich mich wieder begeistern konnte; und für das Klima und die Leute an der neuen Klinik erst recht. Dort mußte niemand quasi Hände an der Hosennaht und im Stehen u. a. Blutsenkungsgeschwindigkeit rapportieren. Der Umgang miteinander war einfach gar nicht zu vergleichen mit dem, was ich an organmedizinisch orientierten Kliniken erlebt hatte.

Deshalb wollte ich in Psychoanalyse. Meinte ich.

Ich besprach mein ungutes Gefühl, meine Bedenken mit schon Analysierten; und lernte: Meine Empfindungen waren verständlich, ein Produkt von Abwehr und Angst; schließlich hatte ich gewußt, daß ich bei dieser Frau in Analyse gehen werde, mich dann innerlich auf Distanz begeben, um zuviel Positives, zuviel Nähe zu umgehen. Sicher kenne ich doch solche Reaktionen von mir. Außerdem sei sie anfangs spröde. Aus dem Normalleben fiel mir spontan keine Situation ein, nach der ich mich ähnlich ruiniert gefühlt hatte; dies bewies aber schon die Stärke, Wirksamkeit und Intensität der Psychoanalyse.

Daß mich die erste Analytikerin begeistert hatte, schien ja in meine psychische Taktik zu passen, durch die ich Fernlieben, aber keinen Ehemann hatte. Von ihr hatte keine analytische Nähe gelauert; da hatte ich mich wohlfühlen können.

Erzählungen, wie herzlich und liebevoll meine Analytikerin sei, überzeugten mich; ich diagnostizierte, und schmiß mein eigenes Erleben über Bord. Die Erklärung, Angst vor positiven Gefühlen zu haben, war ja auch interessant; damit war ich schon im analytischen Prozeß.

Meine Bedenken kamen wieder, als ich sie wegen des Analysebeginns anrief. Mit kühler und abweisender Stimme fragte sie zurück, ob ich denn *wirklich* zu ihr kommen wolle; sie bliebe ja nur noch ein Jahr. Ich war betroffen, fühlte mich abgewimmelt.

Das wußte ich, ich hatte ja auch das mit ihr im Interview besprochen; man hatte sie mir aber so empfohlen, daß ich praktisch keine Wahl hatte. Andere beruhigten mich wieder; lachten, so sei ihre

Telefonstimme; das habe nichts zu bedeuten.

Ein vereinbarter Anruf einige Wochen später beunruhigte mich wieder; inhaltlich ähnlich, nur emotional karger, deutlich ablehnend. Ich war irritiert, niedergeschlagen; lief zu einem, der sie kannte, auch den Überblick haben mußte: »Sie will mich nicht«. Ich wurde getröstet, beruhigt, und schaffte es in einem neuen Telefonanlauf dann doch, bei ihr anfangen zu können.

Der Beginn fiel in meine erste Begeisterung für Analyse und die neue Klinik; ich fühlte mich wohl. Die erwarteten großen, plötzlichen und gewaltigen Veränderungen in mir und um mich herum fühlte ich zwar nicht; aber das waren ja sowieso Träume. Ich war voll der Fakten, Tatsachen, biographischen Stationen, die ich ihr unbedingt mitteilen wollte. Damit vergingen gedrängt und in Eile die ersten Stunden. Auf die Idee, eine aktuelle Schwierigkeit zu bringen, kam ich nicht; erst einmal sollte sie mich kennen. Daß sie in diesen Stunden kaum reagierte, führte ich auf ihr Zuhören zurück; offenbar war ja alles wichtig, und damit ich auch. Nach einigen Stunden ließ mein Informationsdruck nach, ich wurde ruhiger, es entstanden auch Pausen. Ich war unsicher, ob ich ausreichend mitgeteilt hatte, vielleicht Wesentliches vergessen hatte, und fragte, wie das hier weitergehe, ob das so richtig sei. Vielleicht, um mir die Funktion von Pausen und deren Berechtigung klarzumachen, meinte sie: »Aber *jetzt* bringen Sie auch Affektives«. In die ohnehin etwas ungute, distanzierte Stimmung hinein hieß dies für mich, daß ich bisher ohne Affekte, minderwertig mich verhalten hatte. Daß ihr die Stunden nicht gefallen hatten. Jedenfalls empfand ich das Vorhergehende als abgekanzelt, ihre Stimme gelangweilt, abwertend. Dabei war ich für mein Empfinden gar nicht gleichgültiger, oder affektloser in den ersten Stunden gewesen. Ich hatte mehr unter dem Druck gestanden, anfangs. Was waren eigentlich richtige Affekte? Danach hatte sie mich ja schon im Erstinterview gefragt. Waren sie qualitativ etwas anderes als was ich als Gefühle in mir spürte? Hatte ich solche überhaupt? Wie war ich innerlich konstruiert? Wieso hatte sie keinen Spaß an mir? Hatte ich andere bisher täuschen können, und sie nicht? Hatte sie mich vielleicht als erste und völlig und vernichtend durchschaut? War ich vielleicht wie ein Blinder, der sich Farben vorstellt?

Begeistern für sie konnte ich mich zunächst nicht.

Als Typ war sie mir fremd; ihr Aussehen, ihre Art, sich anzuziehen, gefielen mir nicht; schienen nicht ästhetisch gelungen. Dabei

gab sie sich offenbar Mühe; ich fand sie aber nicht lässig genug, nicht wirklich chic. Ihre Röcke schienen mir regelmäßig zu lang; unmotiviert lang. Mir fehlte Glanz. Alles war gepflegt und durchdacht; wirklich zu ihrem Typ schien sie aber nicht gefunden zu haben. Das goldene Elastofixo-Uhrarmband machte mir Schwierigkeiten.

Auch ihre Wohnung gefiel mir zuerst gar nicht. Der Flur war so ordentlich; fast geleckt kahl. Ob sie dauernd aufräumte, saugte, säuberte, damit nichts herumlag, man nichts von ihrem Privatleben sehen konnte? Die Ordnung, das Durchorganisierte waren mir fremd; auch die Garderobe war nie überfüllt. Die Möbel waren praktisch, aber nicht irgendwie schön. Auf einem kleinen Bild an der Wand wuchsen aus kargem Felsen ein paar Blümchen, sprengten dabei den Stein; alles einfarbig, schwarz-weiß-grau.

Wollte ich Distanz, damit sich weniger in mir verändern konnte, damit weniger homoerotische Gefühle aufkommen konnten? War ich vielleicht völlig im Unreinen mit meinen Gefühlen, Bedürfnissen, Wünschen, daß ich mich so über ihren persönlichen Geschmack aufregte? War ich einfach geballte Abwehr?

Später fand ich die Aussicht von der Couch auf ziehende Wolken, blauen, dunstigen Himmel schön. Auch die verläßliche, unveränderte, immer wieder anzutreffende Ordnung, die Struktur des Zimmers, waren wichtig; die Konstanz der äußeren und inneren Bedingungen. Ich freute mich dann über ihre Ordnungsliebe, über die Geschwindigkeit, mit der sie Bescheinigungen schrieb, Rechnungen ausstellte, nichts verschlampte, mit der sie auch auf nicht geleisteten Minuten Analyse bestand, die dann an eine spätere Stunde angehängt wurden. Auch die regelmäßigen, fast unveränderbaren, jedenfalls nur ungern einmal verlegten Stunden schienen ein Korsett in meine Unordnung zu bringen.

Mich interessierte sehr, wie sie ihr Privatleben arrangiert hatte. Eine Scheu hinderte, mich genauer zu erkundigen; das würde ja auch die Übertragung stören. Trotzdem war bekannt, daß sie allein lebte. Ging es ihr gut dabei? Hatte sie abends nichts Besseres vorgehabt, oder machte ihr der Beruf so Spaß, daß sie mein Erstinterview auf so spät abends gelegt hatte? Sehr angestrengt hatte sie gewirkt. Während der Stunden jetzt schien sie wohl zufrieden, nicht so strapaziert wie anfangs. Es umgab sie aber ein Leiden, etwas Unglück, Resignation; nicht stark, aber deutlich und konstant. Das kannte ich so nicht von meiner Mutter; auch nicht von der ersten Analytikerin, wenn ich das auch aus der einen Stunde nicht recht beurteilen konnte. War

ihre Haltung vielleicht reifer, adäquater dem Leben gegenüber als die meiner Mutter? Sie hatte damals – soviel ich wußte – noch nie etwas geschrieben. Dabei hatte sie eine klare Intelligenz; das war deutlich und auch schön.

Warum hatte sie nicht – wie entsprechend begabte Männer – einfach einmal etwas veröffentlicht? Etwas mehr sozialen Glanz hätte sie verdient. Sie schien sich nicht wirklich strahlend ausgelebt zu haben, ihre Möglichkeiten nicht voll realisiert zu haben. Männer in meiner Umgebung schrieben; schleppten keine gehemmten Begabungen mit sich herum.

An ihr Aussehen konnte ich mich nicht gewöhnen. Das irgendwie Gehemmte, nicht Vollendete blieb ein Problem. Ich wäre gerne auch von daher auf sie stolz gewesen, auch vor Männern, nicht nur vor Mitanalysanden, die sowieso ja ihre Partei waren. Es blieb ein Thema, warum es mir so wichtig war, daß sie gut aussähe, welche Röcke, welche Schuhe sie trage, wie sie sich kämme. Ob sie so sehr ein Teil von mir sei, daß ich mich nicht getrennt von ihr, neben ihr, unabhängig von ihr empfinden könne? Ob ich nur zusammen als Einheit mit ihr existiere? Wie mit meiner Mutter?

Eine ungelöste Beziehung zu meiner Mutter – eine solide, nicht durchschnittene Nabelschnur. Es blieb mir aber eine Störung; manches gefiel mir einfach nicht. Ich bemühte mich, es nicht so wichtig zu nehmen, es neutraler zu sehen.

Ich selber war ja aber viel zu abhängig von meinem Aussehen. Von Mode, Boutiquen, anderen; ob ich mich gut fand, wohl fühlte, oder nicht; meine Stimmung schwankte so leicht abhängig von Kleidern. Ich kaufte viel, und oft daneben. Den Geschmack meiner Mutter meinte ich im Hinterkopf zu spüren; wehrte mich, suchte andere Vorbilder, wurde unsicher. Auf Äußerungen anderer, besonders Analysierter, achtete ich mehr, versuchte, mich daran zu orientieren.

Ob meine Identität durch mein Äußeres so stark bestimmt werde? Von außen?

Ich fand viel Negatives: Schwäche im eigenen Geschmack, Identitätsarmut, Abhängigkeit vom Urteil anderer, Neigung mich in Stil und Urteil anderen anzupassen, unterzuordnen, modisches Rivalisieren, formal auf Männer, in Wirklichkeit auf Frauen bezogen, abgewehrte, in Rivalität verkehrte Homosexualität und somit eigentlich Desinteresse Männern gegenüber; die Schuld meiner Mutter, mir ihren Geschmack übergestülpt zu haben, bis ich kaum noch einen hatte, bzw. gar nicht erst Gelegenheit hatte, ihn zu entwickeln; eine

daraus resultierende Verkrüppelung; auch durch den fehlenden, mich dauernd bestätigenden und mögenden Vater; die kritisierende, rivalisierende und enterotisierende Haltung meiner Brüder mir gegenüber (aus Inzestabwehr), u. a. m.

Die Vehemenz, mit der ich mich an ihrem Äußeren gestört hatte, setzte ich jetzt auf mich. Wenn ich nicht mit mir selber haderte, dann mit meinen Brüdern, meiner Mutter oder abstrahiert mit meinem vaterlosen Aufwachsen. Ich war neidisch auf Geglücktere, wütend auf Verantwortliche, jammerig über meine bodenlose Benachteiligung.

Einmal wurde es ihr zuviel. In ärgerlichem Tonfall sagte sie was ich denn wolle, ich sei doch gut angezogen.

Das Wohlbefinden, das ich daraus ziehen konnte, auch alleine mich zu schminken, anzuziehen, im Spiegel zu betrachten, wurde mir vergällt; es erinnerte an meine Schwächen. Wenn ich tagsüber an einem Spiegel vorbeikam, bemühte ich mich, nicht hineinzusehen, weniger oft mich nachzuschminken, mir nicht soviel Bestätigung von außen zu holen.

In den ersten Wochen wachte ich öfters nachts auf oder hatte auch tagsüber das Bedürfnis, unbedingt etwas mit ihr zu besprechen. Ich fing dann an, dies aufzuschreiben und schriftlich zu durchdenken; dabei löste sich dann oft der Druck in mir, das Problem klärte sich und die Angelegenheit schien erledigt; ich konnte weiterschlafen; oder war wenigstens ruhig. Da ich auch früher manchmal lange und ausführliche Briefe geschrieben hatte, wenn ich nicht ausreichend Kontakt hatte, war mir das jetzt normal. Nur, daß es jetzt eben keine Briefe waren, mehr ein Anschluß an die zeitlich ja karge Analyse. Der Druck, die Unruhe, mit der ich mich hinsetzte, löste sich beim Schreiben; mit manchen Themen wurde ich dabei innerlich fertig.

Da die quasi abgeschriebenen Probleme dann nicht mehr akut waren, habe ich es relativ spät erwähnt. Darauf kam eine strenge Intervention, dies sei Agieren; ich wolle ihr etwas vorenthalten, das fände sie nicht gut; dies ginge der Analyse verloren. Ich war gekränkt, betroffen und bestand noch darauf, daß sich aber doch etwas in mir dadurch kläre; daß ich immer gerne Briefe geschrieben habe, wenn es um eine schwierige Fragestellung gegangen war. Sie könne es ja gerne lesen; es tue mir aber gut. Ich stieß auf dezidierte Ablehnung. So eindeutig hatte ich sie noch nicht erlebt.

Trotzdem leuchtete mir ihre Begründung zunächst nicht ein und ich blieb entschlossen, ihr Verbot nicht zu befolgen. Schließlich

konnte sie es ja lesen, nur kamen mir die Gedanken eben manchmal mitten am Tag, in der Nacht, wie eine aufsteigende Blase, und dann mußte der Inhalt hinaus. Ich habe dann noch einige Tage weitergeschrieben – aber das Verbot saß: die Seiten wurden immer weniger, die Schrift klein und verknautscht, der Schwung in mir war weg, das Spielerische, Entlastende, Flüssige vorbei. Mehr als ein sachliches Tagebuch kam nicht mehr heraus; die Öffnung war verschlossen.

Daraus, daß ich dann nicht mehr konnte, schloß ich auf ihre Richtigkeit. Wenn ich nicht tatsächlich etwas hätte verheimlichen wollen, hätte ich ja nicht auf die Intervention reagiert; nur wer ein schlechtes Gewissen hat, fühlt sich betroffen.

Kinder, die viel lesen, sind oft schizoid, teilte mir eine Kollegin mit. Vielleicht hatte sich meine Störung schon lange angebahnt. Zeitweise war es mir fast egal, ob ich schrieb oder telefonierte. Wenn jemand nicht gleich zu erreichen war, bekam er eben einen Brief. Ich meinte aber, daß ich nur schrieb, wenn ich nicht ausreichend Kontakt hatte. Entweder reden oder schreiben. War das ein Neurosesignal? Hatte ich schon früh viel weggeschrieben, statt es in menschliche Beziehungen zu stecken? Vielleicht merkte ich gar nicht, wie anders ich war, weil ich das Leben ja nicht anders kannte.

Eine Bekannte hatte einen schönen großen Busen; meinen fand ich zu klein; unreif und kindlich. »In Wirklichkeit sind Sie nicht neidisch auf sie, sondern auf Ihre Mutter; Sie rivalisieren mit Ihrer Mutter.« Als junges Mädchen hatte meine Mutter einen ähnlichen Busen gehabt wie ich jetzt; als Erwachsene aber viel mehr. Richtige Frauen waren für mich solch üppige.

Daß ich nicht banal neidisch auf die Bekannte war, entlastete mich zum Teil; die Unterlegenheit meiner Mutter gegenüber war ja biologisch vorgegeben; zumindest bis zur Pubertät. An dieser Bewunderung und Unterlegenheit war ich nicht schuld. Selbst wenn ich sehr neidisch gewesen war, konnte dies ja auch an meiner Mutter liegen, die mich vielleicht besonders kleingehalten, unterdrückt, mit mir rivalisiert hatte. Dahinein war ich ja geboren.

Peinlich war mir, daß ich die Bekannte belud mit meinen Familiengefühlen. Hoffentlich merkte sie nichts. Aber da der Neid ja sowieso meiner Mutter galt, brauchte ich mich nicht zu genieren; er war ja irreal.

Trotzdem fand ich größere Busen schöner, reifer; vor und nach der Deutung. Jetzt blieb meine Bewunderung etwas Neurotisches; sie

erinnerte an meine Mutter-Verquickung. So ein eindeutiges Gefühl, und es stimmte nicht; herumtransportiert und auf die nächstbeste Person gesetzt. Mit solchen Empfindungen sollte ich besser vorsichtig sein; auf sie konnte ich mich nicht verlassen. Besser sie gar nicht erst zeigen.

Schwierigkeiten machte mir ihre Art zu husten, und noch zu rauchen, in ihre hustenzerquälte Lunge hinein. Husten an sich lief in meiner Anfängervorstellung als etwas nach Innengekehrtes, jedenfalls Aggressives – jemand eins husten; Wut, nach innen gekehrt; sich einer Sache entledigen, raushusten. So hatte ich es jedenfalls selbst in organmedizinischen Büchern gelesen; und die aggressiv quälende Ausstrahlung von solchen Patienten in der Klinik erlebt. Aus den Mikroskopierkursen wußte ich, wie zerstört, kaputt, malträtiert, Atmung fast ausschließlich Lungenbläschen aussehen können; wie unelastisch, starr, voll Ruß- und Staubteilchen.

Sie rauchte fast regelmäßig; manchmal kamen brodelnde, dumpfe Hustenattacken, die sie zu beherrschen suchte. Das waren quälende Augenblicke. Ich brauchte lange, um dies einmal zu sagen. Meine Phantasien und Ängste dazu wurden schnell gestoppt mit der Mitteilung, sie habe eine chronische Bronchitis. Dies war ein Faktum; hatte als solches zu gelten, war nicht weiter zu hinterfragen. Es erschreckte mich aber; machte Angst, Schuldgefühle. Hatte ich jetzt das Husten ausgelöst? Hatte sie sich geärgert und reagierte jetzt so? Wurde ich schuld an ihrer inneren Zerstörung, mitschuldig? Warum rauchte sie denn in diese leidende Lunge auch noch permanent hinein? Es klang einfach schrecklich. Besser wäre gewesen, wenigstens einmal alles herauszuhusten. Warum bremste, beherrschte, unterdrückte sie den Reiz so? Er war an sich doch gesund; die Antwort des Körpers auf einen Schaden, sinnvoll.

Während meines Examenslernens hatte ich am meisten Angst gehabt vor Lungentumoren; an denen man langsam erstickt, ohne Möglichkeit, noch Luft zu bekommen, weil alles voll Wasser gelaufen ist, Sauerstoff nicht mehr an die feinen Gefäße herankann. Wie finster sah es in ihrer Lunge aus? Trieb sie nicht Raubbau mit ihrem Körper? Warum ließ sie dann nicht das Rauchen? Freud hatte allerdings auch immer weitergeraucht. Ich mochte aber keinen Rauchgeruch; zu Hause hatte niemand geraucht, außer dem Stiefvater. Ich hatte keinen Geschmack daran gefunden; einmal beinahe: unausgeschlafen, angestrengt und unzufrieden in einer Kneipe, in der alle um

16

mich herum rauchten, probierte ich wieder einmal. Beim Einziehen kam eine aggressiv-wütende Gier; das Feuer, die wachsende Glut in der Zigarette waren auch schön, ich konnte mir gut vorstellen, danach süchtig zu werden. Das hatte mich damals erschreckt; ich wollte nicht wieder in solche Stimmungen kommen. Warum rauchte sie?

Gab es wirklich irgendeine Hustenattacke, die rein aus organischen Gründen, ohne jede auslösende psychische Komponente auftrat? Nach ihrer Reaktion zu urteilen, war es aber nicht richtig, nicht sinnvoll, nicht adäquat, in dieser analytischen Situation so zu denken. Trotzdem bedrückte es mich. War es eine gefährliche Erkrankung – mußte ich mehr Rücksicht auf sie nehmen? Wieso hatte sie sich so statisch damit abgefunden? Hieß das, daß sich nichts dagegen tun ließ?

Andererseits war mir die klare Linie, dort nicht weiterzudenken; »chronische Bronchitis« als neutrales Faktum, auch angenehm. Wenn es etwas Trauriges war, mochte ich es gar nicht so gerne wissen. Schließlich sollte es ja in den Stunden um mich gehen; jedenfalls vorwiegend. Ich fand es schön, mich selber einmal so ernst und wichtig genommen zu sehen; soviel Aufmerksamkeit und exklusives Interesse auf jede meiner Miniseelenregungen zu konzentrieren. Kleine Verstimmungen, diffuse schlechte Laune, leise Niedergeschlagenheit und Lustlosigkeit nicht durch Michbeherrschen, morgendliche Kniebeugen, starken Kaffee, forcierte Aktivität zu bekämpfen oder mich über sie zu ärgern, sondern sie als logisch, durch etwas ganz Handfestes, was mich bedrückt, verursacht, zu verstehen. Sie als wichtigen, sinnvollen, in keiner Weise spinnigen, verrückten oder zu verurteilenden Teil von mir zu sehen. Es tat gut, zu verstehen, wie ich verdrängte: Wenn ich z. B. eine schlechte Nachricht bekommen hatte, etwas gelesen hatte, was mich entfernt an etwas Bedrückendes erinnert hatte, und den sehr traurigen Komplex dann soweit vergessen hatte, bis nur die diffuse vage Niedergeschlagenheit blieb. Es konnte auch eine Wut vom vorigen Tag sein, von einer Unterhaltung beim Abendessen, die ich gar nicht bewußt registriert hatte. Gereiztheit oder Resignation konnte ich besser einordnen; auch langsam lernen, mich früher zu wehren. Das war gut und wichtig, und interessant.

Trotzdem blieb mir die Stimmung im Zimmer fremd; warm, angenommen fühlte ich mich einfach nicht. Horchte hilflos und neidisch auf überschwengliche Schilderungen von anderen Analysanden. Herzlich fanden sie sie alle. So erlebte ich sie aber eindeutig nicht;

wohl klug und geistig unabhängig, souverän. War das Abwehr, Empfindungsunfähigkeit, Insuffizienz, Liebesunfähigkeit? War ich deshalb nicht verheiratet? War meine Kühle ihr gegenüber ein Hinweis auf das weswegen ich in Analyse gegangen war? Wen auf der Welt mochte ich wirklich? Hatte ich überhaupt jemanden richtig lieb, ohne grobe Reaktionsbildungen, ohne kräftige Ambivalenz? Meine etwas fade Stimmung ihr gegenüber sprach eher für meine emotionale Kümmerlichkeit.

Ich gab mir viel Mühe, sie herzlich zu erleben. Mir blieb aber das Gefühl, sie möge andere mehr; die seien mehr ihr Typ; bei ihnen sei sie wahrscheinlich auch mehr bei der Sache. Eine erzählte, daß sie gelacht habe während der Stunde; das konnte ich mir überhaupt nicht vorstellen. Als ich mich schließlich traute, dies zu sagen, bekam ich Hinweise auf meine Geschwisterrivalität und meine Mutterübertragung.

Wahrscheinlich habe ich doch früher auch das Gefühl gehabt, nicht so wie meine älteren Brüder gemocht zu werden. Ob meine Mutter vielleicht überhaupt mehr mit Männern, Brüdern habe anfangen können? Hatte sie überhaupt ein Mädchen gewollt? Waren die Aktivitäten und Aussagen, überhaupt alles von Männern bei ihr vielleicht generell mehr wert gewesen als von Mädchen, Frauen?

An sich hatte sich meine Mutter als erstes schon ein Mädchen gewünscht, und mein Vater hatte auch so geschrieben, und mein Vorname hatte schon lange festgestanden.

Mir fielen aber auch eine Menge Situationen ein, wo ich kleiner, jünger, schwächer, weniger wichtig, weniger ernstzunehmen gewesen war als die beiden. Mein zärtlicher Großvater hatte mir zwar vorgelesen, mit den Brüdern aber immer Wichtigeres, z. B. Vokabelabhören, gemacht. Als ich dazu groß genug war, war er schon wieder tot. Buchstaben hatte er mir noch gezeigt; aber das war nichts im Vergleich zu den Gesprächen mit den beiden. Stimmte es denn überhaupt, daß sich meine Mutter über eine Tochter gefreut hatte? Oder hatte sie mir das alles nur erzählt, um sich und mich über mein Geschlecht zu trösten? Was für eine Beziehung hatte sie denn in Wirklichkeit zu mir? Waren meine Brüder nicht vielleicht wirklich wesentlich bevorzugt worden? Ich wurde mißtrauisch; vermutete, bohrte, fragte herum. Grob unterschiedliche Behandlungen konnte ich nicht rekapitulieren, auch nichts Handfestes aus Erzählungen herausfischen. Der Kontakt meiner Mutter zu den Brüdern war so anders, die beiden auch so unterschiedlich, meine Beziehung zu ihr

auch wieder anders. Das war nicht zu vergleichen; wohl qualitativ, aber nicht so recht in der Intensität. Und glaubhaft werten konnte ich auch nicht.

Allerdings schien ja die ursprüngliche Situation klar und eindeutig via Übertragung. Meine Verdächte, meine Empfindungen in der Analyse zeigten, wie es tatsächlich zu Hause gewesen war. D. h. genaugenommen auch nur, daß ich es so erlebt hatte. Eine nächste Frage war ja, ob ich es nicht schon neurotisch verzerrt so wahrgenommen hatte.

Damit war alles noch ein bißchen komplizierter, unklarer. Machte mich mißtrauischer, verwirrt, Böses argwöhnend. Warum war es so schwer, einen banalen, simplen, ubiquitären Tatbestand wie Benachteiligung und Bevorzugung in meiner Familie zu orten, eindeutig nachzuweisen? War vielleicht das Schlimme, Schädigende, Krankmachende in meiner Familie gewesen, daß vieles unbemerkt und im geheimen ablief, so daß der Gegner nicht richtig zu fassen war, damit aber um so kräftiger schädigte?

Meines Gefühls in der Analyse war ich mir sicher; aber es stammte aus meiner Primärfamilie, gehörte dorthin, stimmte jetzt hier nicht. Die Wirklichkeit jetzt erlebte ich verfälscht, verfärbt von meiner Problematik. Meinen Wahrnehmungen konnte ich nur bedingt trauen. Auf Umwegen, über Hintertürchen.

Ein Mann, der hörte, daß ich gerade bei ihr angefangen hatte, lächelte nostalgisch: »Dann sind Sie ja im Honeymoon«. Das beschämte mich; er war ein netter und lieber Mensch. Was für eine Beziehung hatte er denn mit ihr gehabt, und wieso ich nicht? Was war denn an mir nicht richtig? Welches Gift hatte ich in mir, das mir die Liebe versperrte? Sie zu lieben und Liebe wahrzunehmen.

Meine Beziehungen zu meinen Brüdern und Mutter wurden durch meine Wut, Mißtrauen, Gebohre untergraben. Ich benutzte viele Gelegenheiten, über Früheres zu reden, zu rechten, mich zu beklagen. Manches überzeugte sie, vieles verwunderte, befremdete. Sie fanden mich egozentrisch, schwierig, auf mich bezogen. Ich fand das die typische Reaktion; es zeigte, daß sich etwas veränderte. Daß ich begann, mich aus der familiären Unterdrückung herauszuhebeln.

Ich hatte aber weiterhin das Gefühl, distanziert und unterkühlt von ihr behandelt zu werden. Dies meinte ich, ganz deutlich so zu spüren. In Wirklichkeit war also meine Mutter gar nicht so kinderlieb, wie sie behauptete. Zwar hatte sie immer einen überzeugenden Zugang zu Säuglingen, die oft spontan mit ihr lachten; hatte ja auch

einige Kinder zusätzlich einige Zeit gehabt. Aber mein Gefühl in der Analyse überführte sie. Ich wußte jetzt mehr als alle. Die zuverlässige, liebevolle Restfamilie war eine Illusion.

Ich wurde vorsichtig in meinen Wahrnehmungen. Auch verbittert, und aufgewühlt. Vieles an mir stimmte nicht; schwer nachzuvollziehen, aber analytisch schlüssig. Ich fühlte anders, als es wirklich war; ich staunte über die Fehlwahrnehmungen, Verschiebungen, Reaktionsbildungen, Verleugnungen, die meine innere Welt veränderten. Auf was von mir konnte ich mich verlassen? Auf welche meiner Wahrnehmungen? Auf meine vehementen, sicheren Gefühle jedenfalls nicht; die Vehemenz schien ein Indiz, daß ein andersartiges, vielleicht diametral entgegengesetztes übertüncht, abgewehrt wurde. Gerade mit spontanen, sicheren Gefühlen mußte ich aufpassen.

Als ich eine Liebesbeziehung in meiner Umgebung zu erkennen glaubte, kam die schnelle und karge Rückfrage, wie es mit meinen Wünschen dem Mann gegenüber stehe? Mir fiel ein Traum ein, wo er mich in einen großen Raum mit vielen Männern geführt hatte, mit denen ich allen schlafen sollte, weil man sich so am besten kennenlernt. Schon danach mußte ich solche Wünsche zugeben. Ich selber wollte gerne; verdächtigte aber andere. Meine herumwabernden sexuellen Sehnsüchte wurden mir peinlich; ich hatte schlicht projiziert.

Ich bekam Lust auf einen schnelleren Motor in meinem VW. Die langsame Motorvariante bremste mich; ich fand sie entig langsam, kaum eine Veränderung zum früheren sehr alten VW.

»Ich halte das für eine Verschiebung« – ursprünglich sexueller Wünsche auf Befriedigung durch Geschwindigkeit. Die Idee war wirklich mit einem neuen Freund aufgetaucht. Verschiebung war Abwehr, etwas Ungutes.

Aus sexuellen Ängsten lebte ich also ein Gefühl, das Gefühl überhaupt, nicht richtig, genital aus, sondern organisierte mir eine minderwertige Ersatzbefriedigung über Geschwindigkeit. Ich hatte danach keine Lust mehr; bei Leuten mit schnellen Autos dachte ich mir etwas; blieb selten tolerant.

Ich versuchte, mich mehr zu kontrollieren; zu verhindern, daß man mir zuviel (Schlechtes) ansehen konnte. Ein Analytiker verblüffte mich, der, einfach so, ohne sich etwas dabei zu denken, mit Schnupfen herumlief. Ich genierte mich gerade über meine sichtbare Erkältung (unterkühlt – verschnupft – Nase voll – seelischer Rotz, der aus

mir heraus will – eins husten – Zuwendung erkränkeln – Distanz schaffen durch Virenwolken usw.).

Mit einem Freund, den ich länger kannte, mit dem ich eine Weile gelebt hatte, wurde Körperliches schwierig; ich hatte überhaupt keine Lust mehr. Jedenfalls gab es oft ein körperliches Gemurkse, das mir dann wieder Schuldgefühle machte. Der Zauber war nicht mehr da. Wenn ich ihn traf, hatte ich schon Angst, daß er sehr hungrig wäre, daß ich keine oder nur mindere Lust hätte, daß er das wieder merkte, traurig würde. In Erinnerung habe ich ihr unwirsches »Haben Sie denn alles ausprobiert?« und sinngemäß: Stellungen, so daß Ihre Klitoris mehr stimuliert wird, andere Arten, haben Sie das ausgeschöpft?« Ich hätte mich am liebsten verkrochen. Fühlte mich blamiert. Herumprobiert hatten wir wohl; aber nicht mit System. Vielleicht gab es da noch mehr, was ich gar nicht kannte? Ich rang mich dann aber doch zu einem »Ja« durch. Damit war der organische, technische Teil abgeklärt; der Rest mußte in mir liegen.

Manchmal schien ich sie zu befremden. Ein neuer Freund, der mit in meiner Familie gewesen war, nahm mich weich in den Arm: »Sag mal, wie gehen sie denn da mit dir um?« Sie sähen mich als viel zu Kleines, als Neutrum, meinen Unterleib hätten sie ausgeblendet. Da hätte mir ein Vater gefehlt, der mich immer bewundert hätte. Er hatte die Idee, ein Riesenfoto von meinem Unterkörper zu machen und an die Wand zu hängen. Mit ihm zusammen hatte ich mich sehr wohl zu Hause gefühlt, wie mit mehr Rückgrat. Ich fand ja auch, daß meine Brüder mich, aus welchen inzestuösen oder anderen Gründen auch immer, als Frau zumindest nicht so ernst nahmen, wie ich es gewünscht hätte. Massiv unterbewertet fand ich mich schon; dies System mit einem reifen nackten Unterleibsfoto aufzubrechen, war ein Treffer; ich mußte lachen.

Meine Analytikerin fragte nach, ob ich das *wirklich* tun würde. Verwundert, kritisch. Meine Antwort kam dann schwach; natürlich nicht, nicht wirklich. Das war einfach eine gute Idee gewesen. Sie wußten zu Hause ja schon um Erotisches, Sexuelles; ich brauchte ihnen ja keinen Aufklärungsunterricht zu geben. Es war ein Witz gewesen, der damit seine Funktion erfüllt hatte. Sie schien mich vor etwas Unbedachtem, Chaotischem bewahren zu müssen. Mir war die basale Parteinahme des Freundes wichtig gewesen, wie er mich und die Situation verstanden hatte.

Er hatte auch gemeint, da sei eine Diskrepanz zwischen meinem

jungfräulichen Ober- und meinem Unterkörper; auf Nachfrage hatte er nur gelacht; das war so, da war er sicher. Dies war mir wichtig; sie schien dies nicht zu mögen. Es paßte nicht. Vielleicht gab ich ja auch nur an; managte auf genitalen Ebenen herum, um die basale Störung zu verleugnen, mich nicht mit ihr beschäftigen zu müssen. So etwas war nicht richtig für mich; ich fühlte mich dann auch gaksig, wie ein ganz junges Mädchen, das sich übernimmt.

Richtiger für mich schien das Traurige, das Leiden; vor allem um meinen Vater. Dann war sie bei mir, empfand mit. Da war ich sicher.

Nicht fertig wurde ich mit dieser biographischen Wunde: meiner bodenlosen Sehnsucht, meiner vehementen Trauer über den Vater. Meine schon in den Interviews angedaute Abwehr und Idealisierung brach zusammen. In Filmen konnte ich kaum hinsehen, wenn ein Vater ein kleines Kind in den Arm nahm; wenn ein Mann nach längerer Abwesenheit wiederkam. Dann war es aus mit mir. Viele Analysestunden verbrachte ich weinend. Nachdem diese Wunde einmal offengelegt war, änderte sich kaum etwas. Es wurde mir normal, dabei zu weinen; in meiner analysierten Umgebung schämte ich mich nicht mehr darüber. Kriegsfilme, mit Männern in Uniform, hatten einen Zauber, eine wehe Romantik. Am Geburtstag meines Vaters ging ich in einen Kriegsfilm; er spielte in einem U-Boot; alles Männer, keine einzige Frau; schauspielerisch eigentlich ungekonnt. Ich durchlebte den Film aber, mit Tränen, mit maximaler Aufmerksamkeit für Durchhaltewillen, Optimismus in verzweifelter Lage, und verließ das Kino weich, zufrieden, erschöpft.

Ich erinnerte mich an hemmungslosen Neid auf ein Mädchen meiner Schulklasse, deren Vater einfach da war. Der einfach nach 1945 wieder da war, gar nicht erst in Gefangenschaft geraten. Mein Stiefvater war zu der Zeit auch da; er war ja aber nicht der Richtige. Ich hatte ihn auch nur ohne V am Wortanfang angeredet, in Diskussionen über meinen Vater verwickelt, und keinen Zweifel gelassen, daß er dann ja wieder gehen müsse. Es gab im Kino einen Film, aus Amateurfilmen zusammengestellt, in den viele aus meiner Klasse gingen. Wenn man Angehörige, Väter, darin fand, konnte man ein Bild bekommen.

Jetzt kam mir eine Idee, die ich früher hatte, unmöglich vor: Einmal ein Kind ohne Mann zu bekommen, fand ich extrem verantwortungslos. Kriminell. Eine Gemeinheit dem Kleinen gegenüber.

Die Empfindungen um meinen Vater waren trotz ihrer Gewalt

irgendwie stärkend; sie reichten an meine Wurzeln; da war das ganz Richtige, für das das Leben lohnt. Trotz verquollenem Weinen, Spannungen, Kopfschmerzen. Das berührte mich ganz; nicht nur vage, dünnflüssig; am ganzen Körper, wie eine schwere Arbeit erschöpfend.

Was außer diesem Weinen stimmte eigentlich an mir? Leuten gegenüber, die einfach freundlich zu mir waren, wurde ich mißtrauisch, verächtlich. Einer, der mich sehr mochte, wurde damit blöde; zeigte, daß er mich nicht durchschaute; daß ich ihn mit meiner äußeren Schale hereingelegt hatte. Er zählte nur noch bedingt, wegen seines naiven Vertrauens.

Es wunderte mich, daß meine innere Leere, meine mindere Liebesfähigkeit nicht schon früher aufgefallen waren. Wieso hatte ich manchmal eher umgekehrt gewirkt? War das ein Zeichen, daß ich positive Reaktionen aktiv bei anderen auslöste, um meine inneren Zweifel zu beruhigen? Wer schreit, hat es nötig? Wer dauernd andere motiviert zu Bestätigungen seiner Gutartigkeit, hat das ja vielleicht bitter nötig. Von einem knabenliebenden, hyperästhetischen Deutschlehrer hörte ich: »In ihr steckt sehr, sehr viel«; eine relative Liebeserklärung von diesem Feinsinnigen, den Mädchen allenfalls neutral berührten. Hatte ich damals schon losgelegt, um meine Beziehungslosigkeit zu ihm und seinen Hölderlin-Gedichten zu übertünchen? Von meinen Krankenpflegepraktika hatte ich auch weiches Echo in Erinnerung. Eine als schwierig geltende Patientin, eine pensionierte Oberschwester, hielt mir am letzten Tag ihre gehüteten Hände zum Nägelkürzen hin. Bei ihrer Zurückhaltung ehrte mich das sehr. Hatte mich der Problemfall gereizt, die Überzeugungskraft, die ein so schwieriger Mensch für meine inneren Zweifel hatte? Brauchte ich permanente Liebesbeweise, um die ehrlichen Stimmen in mir zu übertönen? Warum hatte ich sonst manchmal überschießende Reaktionen ausgelöst?

Eine chirurgische Stationsschwester, eine mir sonst fremde Person, erzählte über mich, mit einer solchen Tochter könne man sich ja »selig preisen«. Das führte ich dann zu Hause an, wenn jemand meckerte.

Jetzt wirkte aber manches bedenklich. Ironie, Karikierendes, Sinn für Makabres kamen mir abhanden. Ich sah leicht Bosheit, Aggression, larvierte und in Witz gepackte; fühlte mich schnell gekränkt, beleidigt. Die Bemerkung des Deutschlehrers hatte ja auch zu Hause

nur als Witz gegolten: daß ihn doch einmal ein Mädchen erwärmt hatte. Das wertete ich als Hinweis auf den unterkühlten, lieblosen Umgang in meiner Familie. Ich beschwerte mich jetzt, daß man mir den Erfolg bei ihm nicht gelassen hatte, die Bemerkung nicht ernst genommen und mir die geistigen Fähigkeiten zuerkannt hatte, die er in mir witterte. Wieso mußten mich alle mit Lachen kleinmachen, kastrieren? War der Witz die Form, mich kleinzuhalten, mit intellektueller und emotionaler Rivalität umzugehen? Was mußte damit verdeckt werden? Welche massive Aggression?

Ein zuverlässiger und konstanter Freund wurde wichtig. Ich hatte ihn immer klug, intellektuell anregend gefunden, körperlich aber neutral, reizlos. Das war zwar schade; ich hatte damals einfach gedacht, er sei nicht mein Typ. Beim Lesen von »Über die allgemeinste Erniedrigung des Liebeslebens«, in dem die Aufteilung in geistig-seelische und sinnlich-sexuelle Partnerinnen (Heilige und Hure) bei Männern als ungelöste Mutterbindung beschrieben wird, dachte ich an mich und diesen Freund. (Es ging vielen so, daß sie jede beschriebene neurotische Verbiegung erst einmal bei sich vermuteten.) Ich suchte ja auch noch nach der Störung bei mir, die mich in Analyse getrieben hatte. Vielleicht war genau dies meine Schwierigkeit: aus ungelöster Vaterbindung die Unmöglichkeit, mich gleichzeitig von einer Person sinnlich und intellektuell angezogen zu fühlen. Wegen des guten geistigen Kontakts hatte ich ihn dann wohl erotisch ausgeblendet. Ich hatte den Artikel frisch gelesen und kam mit meinem Verdacht in die Stunde. Ihre Deutung bestätigte mich: »Sie haben Ihren Vater nicht sinnlich erlebt, deshalb können Sie es bei diesem Freund auch nicht«.

Das war schlimm. Es stimmte also; ich konnte es auf alle meine Beziehungen bisher anwenden. Ideal war nichts gewesen. Was ich trotzdem hatte spüren, genießen können, war nicht der Rede wert, nicht das Richtige, das Originale. Meinen Vater hatte ich ja wirklich nie berührt, nie gefühlt; als ich kam, war er schon weg, bald danach tot. Ich war also verkrüppelt. Das Wichtige, Ausschlaggebende, Prägende für Partnerbeziehungen, wird ja bei uns wahrscheinlich durch den Vater geprägt; alles andere – mit Stiefvater, Großvater, väterlichen Freunden – schien unwesentliches, wertloses Flickwerk.

Ließ sich ein solcher Defekt je ersetzen? Eine solche Lücke, die ja nicht einmal durch Verdrängung, durch ein Trauma, einen Konflikt hervorgerufen war; wo einfach eine Sinnesqualität nie geübt, nicht angelegt war? Jedenfalls nicht in der »richtigen« Weise, so, wie es bei

fast allen Frauen meiner Umgebung geschehen war, vom leiblichen Vater. Das vielleicht über andere Männer Entwickelte fand ich nichts im Vergleich zu dem ursprünglich Richtigen, zu dem, was einer Tochter einfach zusteht.

An sich gab es auch Bekannte, die mich nicht so katastrophal anders fanden: aber sie waren keine Analytiker. Mein Erleben war nicht das Richtige; es war nicht ernst zu nehmen, und sie auch nicht, wenn sie das nicht merkten. Auch einer analytisch ausgebildeten Freundin, die meine andeutungsweise gestandene Problematik als »Unsinn« bezeichnete, traute ich den Durchblick da nicht zu. Vielleicht mochte sie mich einfach nur, oder sie hatte ähnliche Probleme, die sie blind machten.

Der Satz wirkte stark. Ich machte mir Phantasien, welche Erlebnismöglichkeiten andere Mädchen mit Vätern aus intakten Familien wohl hatten; sicher hatten, wenn meine Gefühle nur ein milder, minderwertiger Abklatsch von etwas Vitalem, Ursprünglicherem, Gewaltigerem waren. Eine so vertraute Freundin, mit der ich das offen hätte vergleichen können, besaß ich nicht.

Ich war also viel kränker als andere Frauen. Für das Leben, das Lieben gehandicapt, verkrüppelt. Meine Problematik lag anders; wenn ich Glück hatte, ließ sich etwas nachlernen, nacherleben; aber ohne wirklich zu erwartenden großen Erfolg. Nicht wie nach einer aufgelösten Fehlverarbeitung. Voraussichtlich würde ich auf diesem Gebiet minderwertig bleiben.

Die Deutung fraß sich in mich hinein; ich kann mich nicht erinnern, sie noch einmal bei ihr angesprochen zu haben. Ich wußte ja, daß mein körperliches Erleben nicht das richtige war. Das hatte sie als Analytikerin erkannt.

In einem schönen abgeschlossenen, quadratischen, weiß getünchten Zimmer schwebte ein Mann an der Decke, eine Wasserleiche, aber appetitlich. Sie bewegte sich langsam, weich, wie unter Wasser, harmonisch. Unheimlich, eklig und auch schön. Ich versuchte, mir etwas zu dem Traum einfallen zu lassen. Gegen Ende der Stunde kam sie aus ihrer abstinenten Reserve: »Ja, wenn für Sie Penis eine Wasserleiche ist, wundert mich nichts.« Heftiger, leicht verächtlicher Unterton.

Die Deutung kam schnell, wenig nachvollziehbar im Moment. Der Gedankengang, die Vorstellung waren mir fremd. Aber sie hatte sie aus meinen Assoziationen gefunden. Sie war eine gute Analytikerin. Penis war also für mich etwas Ekliges, Verwesendes; etwas zum Kot-

zen, stinkend, jedenfalls gewiß nichts Schönes, an dem ich sobald würde Freude haben können. Wenn ich eine solche Vorstellung in mir hatte, waren ja meine Männerbeziehungen wirklich Kraftakte an Überspielen gewesen; ihre Brüchigkeit, meine provozierten Kräche verständlich bei dem Abgrund an Widerwillen, den ich einer Wasserleiche gegenüber ja wohl haben mußte.

Mir fiel ein, daß mich während des Examenslernens ganz besonders Gerichtsmedizin angewidert hatte; es war auch das einzige Fach, von dem ich wirklich nie eine Vorlesung angehört hatte. Besonders geekelt hatten mich die verschiedenen Verwesungsstadien von Wasserleichen, die wir auswendig wissen mußten; dies hatte ich als Beweis für die Widerwärtigkeit dieses Faches herumerzählt. Es gab z. B. Treibspuren, wenn die zunächst auf dem Grunde liegende Leiche nach Entwicklung von Gasen durch Bakterien anfängt etwas sich zu heben, und dann durch die Strömung auf dem Grund entlanggetrieben wird, wobei Hände und Füße – die herunterhängen, weil sie den gasbildenden Bakterien nicht so guten Nährboden bieten wie der Rumpf – sich auf dem Grunde des Wassers abschaben. Daraus ließen sich dann Rückschlüsse auf den Todestag, zumindest auf den Tag, an dem die Leiche im Wasser gelandet war, ziehen. Und anderes Ekelhaftes mehr.

Ekel war ein abgewehrter Triebwunsch. Es mußte so sein, daß es in mir einen pathologischen Sinnzusammenhang gab zwischen Penis – Wasserleiche – Vater – vermodernd in Stalingrad, im geschmolzenen Schnee vielleicht – Coitus – möglichen Vätern – Partnern.

Meine Biographie fand ich jetzt schlimm: viele Leichen. Mein Vater kurz nach meiner Geburt; mein Onkel, als ich 1³/₄ war; meine Urgroßmutter, als ich 2, ein Großvater, als ich 5, der andere, als ich 9 war. Die mütterliche Großmutter war schon vor meiner Geburt tot, die andere, bevor ich sie richtig hatte kennenlernen können. Kriegsbilder hatten immer einen Zauber für mich gehabt, speziell Tote. Bei Kirchenbesichtigungen mit meinem Großvater hatte mich immer eine Steinfigur fasziniert: Der Tote wurde in zwei Etagen dargestellt; einmal in voller Ritterrüstung, intakt; darunter als Skelett, von Würmern und Schlangen zerfressen, durchbohrt, schaurig-schön. Auch die Darstellungen von Christus am Kreuz hatte ich interessant gefunden. Mit einem etwas älteren Jungen, der nach der Währungsreform einen Geldschein bekommen hatte, hatte ich vier Christi am Kreuz, in ansteigender Größe, gekauft. Die hängenden Leichen waren aufregend; die Nägel in den Händen, die Blutstropfen von den Dornen,

der hungrige, ausgemergelte Körper mit blutiger Wunde. Zu Hause war niemand fromm, sie wunderten sich; wir waren aber sehr zufrieden mit unseren Käufen.

Mir fiel auch ein, daß ich im Semester stärker auf Leichen reagiert hatte als andere. Gegen den Ekel, die Betroffenheit, den Würgreiz, konnte ich mich zusammennehmen; aber die dicke Haut von manchen hatte mir gefehlt. Auch in der Pathologie hatte ich mich schwergetan; fand zwar dieses Fach, was wirklich logisch an der Ursache, der tatsächlichen Erkrankung arbeitete, sehr wichtig, konnte aber nie meinen Ekel, meine Erschütterung so richtig abschütteln und sachlich abstrahieren, wenn es um einen ging, den ich noch gekannt hatte. Die Demonstrationen des Aufgeschnittenen und fachlichen Diskussionen um die Leiche herum, blieben mir ein Graus. Ich war oft noch ganz mitgenommen, wenn andere schon umgeschaltet hatten auf sachliches Interesse. Mir hätte der schriftliche Bericht fast immer gereicht.

Meine Umwelt und Zukunft betrachtete ich anders. Wenn ich so in mir halb verwest, verquer, neurotisiert, mit ungesunden Sinnzusammenhängen belastet war, wenn ich Liebe, das Leben an sich mit Moder, Tod, Verwesung verknüpfte – wie sollte ich da jemals zu einem schönen, befriedigenden Leben, liebend und mit Kindern, in der Lage sein? Wieso war ich so verbogen, wieso gerade mir so etwas passiert? Penis = Wasserleiche, was sollte denn da aus mir werden? Hatte ich überhaupt eine Chance, zu einer halbwegs normalen, adäquat empfindenden, liebenden Frau zu werden? Hatte ich die Männer, die sich um mich bemüht hatten, getäuscht? Hatte ich meinen Charme entwickelt, um meine innere fundamentale Kränke zu vertuschen? Ich hatte doch, gerade bei Gesettelten, oft als ideale Schwiegertochter gewirkt, als besonders Normale, der man viele Kinder zutraute? War das alles eine verzweifelte Abwehrleistung gewesen, über einem chaotisch-verwesenden-neurotischen Abgrund? Ich wußte nicht mehr, was ich von mir, von meinen Beziehungen, von meinem bisherigen Leben zu halten hatte.

Naiv und irreal fand ich auf jeden Fall das banal-simple Zutrauen, die Gläubigkeit meiner Mutter in mich. So reagieren ja die meisten, besonders Hochneurotische, die in ihren Kindern Ergänzungen ihrer selbst sehen müssen. An ihre Beurteilung konnte ich mich am allerwenigsten halten. Eh parteiisch, vermutlich auch aus eigener psychischer Notwendigkeit.

Es hatte auch eine Faszination, so etwas Gewaltiges, analytisch Imposantes, in mir entdeckt zu haben.

Von vitaleren, gewaltigen, richtig empfindenden Männern zog ich mich leise zurück; gerade solche würden mich ja doch bald durchschaut haben. Das eindeutig-zweideutige Gealbere fehlte mir; zwar fast wie ein Vitamin; mein Geflirte war ja aber ein Potemkinsches Dorf gewesen.

Analytisch richtig schien, wenn ich Wut auf meine Mutter bekam.

Nach einem gruseligen Traum kam ich heulend und als ein einziges schlechtes Gewissen in die Stunde: Auf Eisenbahnschienen, an einer Schranke, die sie nicht beachtet hatte, war eine ältere Frau zu Mus gefahren worden; blutig, matschig zuerst, dann – der Zug war sehr lang – nur noch gerade eben vertrocknend als faserig-farblose trockene Krümel auf den Schienen zu erkennen. Fast weg. Und ich hatte zugesehen; nicht direkt schuld, hatte aber doch einfach daneben gestanden.

An sich fand ich den Traum schon fürchterlich; mir fiel aber noch viel Schlimmeres dazu ein: Mutter und Patentante, die mit in der Familie gelebt hatte, mich mit aufgezogen hatte. Sonst niemand. Meine aufgestaute Wut mußte mörderisch sein. Vor Weinen, verquollener Nase, Verurteilung, konnte ich kaum sprechen.

Es ging etwas besser, als sie mich beruhigte; sie könne gut verstehen, daß mich das belaste, aber das komme vor, sie kenne das. Solche Gefühle seien aber doch Realität, viele Menschen hätten solche in sich. Sie wären eben vehementer, brutaler, gewaltiger, je länger und stärker jemand sie bisher verdrängt habe. Es sei ein produktives, Veränderung anzeigendes Signal, wenn ich jetzt solche Träume immerhin zulassen könne. Ich fühlte mich getröstet. Sie fand mich kein Scheißweib wegen meiner Todeswünsche, war nicht schockiert, fand sie sogar sinnvoll, produktiv.

Offenbar war ich in einer so aggressiv gehemmten Atmosphäre aufgewachsen, daß ich jetzt explosiv reagierte. War es vielleicht doch eine gruselig eingeschränkte, reglementierte Kindheit gewesen, die ich nur stramm idealisierte? In angestrengter Abwehr, Verleugnung, Reaktionsbildung? Wenn ich solche Träume hatte – dann mußte ich ja ein nur mühsam gebremstes Bündel an Haß, Wut, Zerstörung sein.

Ihre Deutungen, Erinnerungen, in denen ich an Haß und Wut kam, entlasteten nicht sehr. Es blieb eine Spannung; viel eigene Verurteilung.

Ein Traum ließ mich begriffsstutzig: Beide Brüder jagten mich im

Urwald, wollten mich ärgern, indem sie mir Schlangen auf den Körper zu setzen versuchten; ich rannte, sie holten von allen Bäumen herunter Schlangen, in allen Größen. Meine Assoziationen dazu fielen vage aus; die ganze Situation schien mir zu exotisch, zu fremd. Ihr dauerte es wohl zu lange; jedenfalls kam eine gelangweilte Bemerkung: »Aber sehen Sie denn nicht den sexuellen Inhalt; Schlangen sind doch eindeutig.« Ich fand mich dumm; daran hätte ich ja denken müssen. Ihr abschätziger Ton bestätigte mir, daß ich anders war als andere Analysanden.

Ähnlichen Ton hatte sie bei einer Erinnerung an meinen Stiefvater. Ich war manchmal zu ihm in die Wanne gekommen, oder hatte mich auf seinen Schoß gesetzt, wenn er auf dem Lokus war. »Fällt Ihnen nicht mehr dazu ein?« Ich hatte mich einfach auf seinen Schoß gesetzt; er las dabei die Zeitung, glaubte ich. Sie fragte noch intensiver nach. Ich war jetzt neutral, konnte mich auch an nichts Besonderes in der Situation damals erinnern, es blieb eine fade Erinnerung, ohne Gefühle. Schließlich mit Nachdruck: »Sie haben doch auf dem *nackten* Penis gesessen.« Ich verstand zuerst nicht. Dies war wohl eine starke sexuelle Überreizung gewesen, die heftige, mich überflutende Gefühle in mir ausgelöst hatte. In dem Alter hatte ich sie verdrängen und verleugnen müssen. Bestimmt waren dies extrem traumatisierende Situationen gewesen. Dazu paßte, daß ich verlebt aussehende Männer mit Tränensäcken, wie die meines Stiefvaters, dicker Unterlippe sinnlich anziehend fand. Ich strenge mich an, zu Gefühlen aus der Zeit zu gelangen. Die Situation hatte ich klar im Kopf, aber ohne Affekte. Das sprach für die ursprüngliche Heftigkeit meines Erlebens, für die angestrengte Verdrängung. Ich konnte nur ableiten, folgern. Nicht mehr spüren, fühlen.

Ich gruselte mich vor dem Verbogenen in mir, schwankte zwischen Wut, Resignation, Unglauben und Hochachtung vor dem Gewaltigen, Kranken, analytisch Imposanten.

Aber – wenn ich tatsächlich so durch den Stiefvater verbogen war, dann konnte ich ja dafür nichts. Warum hatte ich überhaupt einen solchen bekommen, statt eines richtigen, verantwortungsvollen Vaters? Wieso kam etwas so Schlimmes, Neurotizierendes in einer doch gar nicht so besonderen, wenn auch kriegsdezimierten Familie vor? Wo waren denn die geblieben, die für Ordnung gesorgt hätten, die auf mich hätten aufpassen müssen? Da wäre doch meine Mutter zuständig gewesen. Wieso war ausgerechnet ich in so vieles hineingeraten?

Die Kriegszeit, den toten Vater, den Stiefvater – all das hatte ich mir doch nicht ausgesucht. Das war doch extrem ungerecht. Meine Wut flottierte frei herum. Meine Mutter war noch am greifbarsten; sie hatte mich ja in so einer Situation auch noch gewollt; Nazis, schwachsinnige Politiker heute; die nicht gewillt waren, ähnliches zu verhindern; die väterliche und mütterliche weitere Familie, die an sich Geld gehabt hätten, um die Kaution zu zahlen, ohne die sie als politisch unzuverlässig nicht auswandern konnten, sie hatten ja schon alles eingefädelt gehabt, eine Stelle an einem Krankenhaus in Ägypten. Meinen verantwortungslosen Vater fing ich an zu hassen. Wieso hatte er alle Verwundeten noch aus Stalingrad herausfliegen lassen und sich selber nicht mehr? War das vielleicht eine idiotische Nibelungenehre gewesen; war jeder wertvoller als er, nur weil er verletzt war? Durfte man denn mit drei kleinen Kindern so blöde medizinisch ehrenwert denken? Sicher hatten nicht alle Verwundeten drei Kinder auf sich warten gehabt. Warum hatte er überhaupt im »Dritten Reich« nicht mitgemixt? Die waren doch geblieben, hatten überlebt? Die Werte drehten sich in meinem Kopf. Einen strammen Supernazivater hätte ich erleben können, langsam seine Schwächen wahrnehmen, Politisches ausdiskutieren, mich davon absetzen können – jedenfalls hatte sich nicht eine so barbarische Verbiegung und Idealisierung eingestellt. Tote Väter sind die stärksten; hatte ich gehört. Auch das nahm ich ihm übel.

Meine Wertvorstellungen wackelten. Meine Mutter hatte sich mit meiner Existenz über den zu erwartenden, zumindest möglichen Verlust ihres Mannes hinweggetröstet und mich damit unglücklich gemacht. Auf meine Brüder, die eine vollständige, liebevolle Ehe miterlebt hatten, und daher ihre Souveränität und Selbstvertrauen bekommen hatten, wurde ich stinkneidisch. Genaugenommen auf alle, die in Familien mit Vätern aufgewachsen waren. Andere Kriegskinder, auch Klassenkameraden, beäugte ich retrospektiv mit Grausen; beurteilte sie ähnlich indiskutabel verquer wie mich.

Ich verbitterte; fand mich ungerecht behandelt; meine Pathologie, die mich so anders machte, isolierte mich. Auch mein Neid. Aktuelle Schwierigkeiten von Bekannten fand ich banal; sie beeindruckten mich nicht. Was war schon ein Liebeskummer verglichen mit meinem fundamentalen Defekt?

Ich wußte nicht mehr, wen, was, wie ich etwas gut- und schönfinden konnte. Das meiste an mir, meiner Familie, um mich herum, schien bei genauem Hinsehen schrecklich, verlogen, verleugnet.

Gab es irgend etwas, über das ich mich wirklich freuen, auf das ich stolz sein konnte? Bestimmt nicht über meine Eltern. »Ja, es ist gar nicht einfach neben einer so strahlenden Mutter.« Die beiden hatte ich als Glücksfall für mich eingeordnet gehabt; früher. Der Verdrängung verfällt aber das Unangenehme, das Traurige, es ist die Regel, daß in einer Analyse eben eher Schreckliches ans Tageslicht kommt; hatte ich gehört, gelernt. Nur schien das bei anderen nicht so radikal vor sich zu gehen; sie wirkten nicht so mitgenommen, so angestrengt und devitalisiert wie ich. Diese konnten ja aber auch das Herzliche an ihr erleben, sich gut aufgehoben fühlen. Das konnte ich ja aus Übertragung nicht, irreversibel nicht. Zumindest bisher nicht.

Mein seelischer Abbau bewies, daß ich gerade noch rechtzeitig in Analyse gegangen war; daß ich sie sehr nötig hatte, daß ich wesentlich gestörter, kränker und am Rande war, als ich es von mir gedacht hatte; und auch als die Umwelt es mir hatte ansehen können. Wahrscheinlich hatte ich es – aus geheimem Wissen heraus – darauf angelegt, eher tüchtig, stabil und vital zu wirken. Diese Schale, diese Abwehrformation, bröckelte eben jetzt. Ich konnte froh sein, daß dies jetzt, unter vergleichsweise geordneten Umständen passierte, und ich nicht irgendwo ohne analytische Hilfe zusammenbrach. Dies wäre zu erwarten gewesen.

Mit meinem wachsenden Krankheitsbewußtsein setzte ich mehr, später einzige Hoffnung in meine Analyse. Ich wurde gläubig; bei Patienten konnte ich ansteckend Vertrauen und Zuversicht in analytische Therapie vermitteln.

Das, was mir gut getan hatte, konnte ich auch überzeugend weitergeben. Wenn jemand sich sehr geärgert hatte, sich unterdrückt fühlte und artig-lieblich-resignierend darüber hinwegging, tranig-traurig, saftig depressiv wurde, wehe Sehnsüchte nach Trennungen, Verlusten hatte, konnte ich guttun. Wenn er seine Wünsche, Bedürfnisse, Notwendigkeiten nicht ernst genug nahm, sich auf irgendeine Weise im Hungerzustand hielt, wußte ich damit umzugehen. Ich zog einigen Halt aus angenehmen Therapien. Patienten hatten nicht ein so schreckliches kaputtes Bild von mir wie ich.

Mein minderes Selbstbewußtsein war ein häufiges Thema. Nach der letzten Examensprüfung, die mir eine eins gesichert hatte, war ich heulend nach Hause gekommen. Ohne jeden Stolz. Damals hatte ich mir das damit erklärt, daß sowieso das Medizinstudium relativ simpel mit Fleiß zu bewältigen sei, Noten sowieso willkürlich gegeben wurden, und so auch überhaupt kein Anlaß zu Stolz besteht.

Jetzt tauchten noch andere Möglichkeiten auf: von meiner noch lebenden Familie hatte niemand einen akademischen Grad, ich auch als erste Staatsexamen. Mein Nicht-genießen-Können konnte auf Schuldgefühlen meiner Mutter gegenüber beruhen, die in der Nachkriegsperiode ihr Medizinstudium nicht hatte beenden können. Vielleicht vermied ich auch Rivalisieren mit meinen Brüdern, indem ich nicht die erwachsene Rolle einer fertigen, selbständigen Ärztin übernehmen wollte. Zu meinen eigenen Bremsen und Ängsten konnte noch real kommen, daß sie mich wirklich und aus eigener Problematik, um ihr Selbstwertgefühl nicht zu gefährden, zum kleinen, zufällig gerade eben Examen bestanden habenden, nicht ernstzunehmenden Würmchen reduzierten. Über den Doktortitel hatten sie gelacht. Die Arbeit dafür hatte ich auch, verglichen mit anderen Fakultäten, banal gefunden.

Jetzt kränkte es, daß mein flaues, mieses Gefühl nach dem Examen gar nicht im wesentlichen durch die Realität begründet war, sondern eher durch ein Kuschen und mich Beugen unter die anderen und meine neurotischen Hemmungen. Daß ich mich nur feige so fühlte, obwohl ich doch hinterrücks alle in der Familie überrundet hatte. Vielleicht war ja auch der Zauber, den Medizin während des Studiums immer für mich gehabt hatte, schlicht von Rivalität gespeist gewesen; von meiner Anstrengung, zu überrunden, endlich anerkannt zu werden als Große.

Bedrückend war wieder, daß ich dies nicht nachempfinden konnte. Schuldgefühle waren wahrscheinlich, eine tiefe Aggressionshemmung auch; aber so gar nicht einfühlbar. Ich konnte es ableiten, vermuten, aber nicht fühlen. Ich fand mich stumpf und zurückgeblieben. Alle in der Umgebung gifteten über ihre Familienangehörigen; ich konnte mich an manches überhaupt nicht erinnern.

Viele Männer meiner Umgebung fand ich lahm, konnte ihnen nichts abgewinnen. Daß die Unterhosen-usw.-Reklamemänner häufig Schwule waren, die mich ja nicht meinten, wußte ich noch nicht. Sie machten mir keinen Spaß. Dagegen viel manche kriminell Gewordene, Gefängnisinsassen. In der Lokalzeitung hatte ich eine Fotoserie über Raubmörder gesehen; die fand ich sympathisch und aufregend. »Was zieht sie daran an?« Ich fand sie schön; auf ihre Weise. Mit intensiven, entschlossenen Augen, überzeugt. Sie wirkten stark, zuverlässig, gewaltig. Auf den Fotos hatten sie etwas sehr Liebevolles, Resigniertes, Durchlebtes, Wissendes. Ich konnte es nicht

genau ausdrücken. »Ist es die Gewalt, die Sie anzieht?« Vielleicht, aber bestimmt das Schöne, Resignierte in den Augen.

Durch ihre Frage und den weiteren Kontext wurde mir aber die Richtung klar: ich suchte Gewalt, wollte vergewaltigt werden; mir so Schuldgefühle ersparen, auf konventionell weibliche Weise in Gefahr kommen, weil ich nur unter Strafe meine Sexualität ausleben zu können glaubte. Grausame Männer würden mich gleich mitbestrafen für meine Triebwünsche. Zur Sicherheit saßen sie hinter Gittern, konnten nicht an mich und ich nicht an sie. Bei meinen Ängsten reichte es gerade noch zu einem Gefühl bei Fotos, bei papierenen Männern, zu denen ich ja voraussichtlich nie Kontakt bekommen würde. Im Normalleben mußte es solche Männer doch auch geben – warum fand ich sie nicht? Neu war mir aber der Wunsch nach Strafe, Gewalt; dabei war das nicht einmal klar; sie hatte ja nur vermutet, gefragt. Der Verdacht, sehr kranke Sehnsüchte in mir zu beherbergen, saß.

In manchem wurde das Leben auch leichter.

Fehlleistungen nahm ich als etwas Wichtiges, auf das ich ruhig hören konnte. Oft zeigten sie mir etwas. Wenn ich in ein verkehrtes Zimmer ging, dem dann nachgab, einfach herumguckte, fand ich z. B. Gesuchtes, oder Eiliges, Wichtiges. Wenn der Autoschlüssel nicht zu finden, die Handtasche verschwunden war, ich mich im Mantelfutter verhakte, im Ärmel ärgerlich beengt fühlte, wollte ich manchmal gar nicht weg. Es war eine Arbeit, mich nicht innerlich für verrückt zu erklären, für unkonzentriert, ungeschickt, inkonsequent; mich nicht zu ärgern, sondern den Impuls als sinnvoll, zielgerichtet zu sehen.

Sie wunderte sich, behinderte mich aber nicht. »Ja, wenn Sie einen solchen Zugang zu Ihrem Unbewußten haben . . .« Das klang schön; beobachtend.

Eine Deutung traf mich: Mit Papieren und Unterlagen war ich schlampig; zwei Zeugnisse hatte ich völlig verloren; die grüne Rentenversicherungskarte, polizeiliche Anmeldung, Einreichen von Rechnungen usw. widerten mich an. Als ich einmal in der Klinik lag, fand ich mich aus der Krankenkasse ausgesteuert, weil ich die Mahnbriefe nicht aufgemacht hatte. Jedenfalls wurde ich schon wütend oder resignierte, wenn ich bürokratische Antragsformulare sah, stellte mich auch linkshändig an. Der unerledigte Wust bedrückte mich dann wieder.

»Warum haben Sie das jetzt nicht erledigt? Was hat Sie gehin-

dert?« Ich kam auf kein erklärendes Gefühl: stand lahm davor. »Sie möchten, daß Ihre Mutter dies für Sie erledigt.« Nach einer Weile fing ich an zu weinen. Das war schlimm. Immer noch hatte ich solch kindliche Wünsche; hatte es noch kein bißchen geschafft, mich von zu Hause abzusetzen. War ich so in der Tiefe lebensuntüchtig, unwillig, etwas zügig alleine zu erledigen? Wollte ich immer weiter andere für mich arbeiten lassen? Wenn sich immer noch so starke Wünsche nach Symbiose mit meiner Mutter zeigten, war ja alles bisher umsonst gewesen. Dann brauchte ich mich ja nicht zu wundern, warum meine Beziehungen nicht zu einer festeren Verbindung geführt hatten.

Ich erledigte daraufhin verletzt und trotzig einiges. Prinzipiell änderte sich aber nichts; ich strengte mich nur mehr an, meinen zahnradartigen Widerstand zu überwinden.

Bekannte von früher fanden mich gereizter, mehr auf mich bezogen; weniger fähig oder gewillt, mich auf andere einzustellen; mitgenommen. Ein mich gut verstehender Freund war beunruhigt: Ob das so richtig sei, ich quäle mich ja so, würde so unsicher, er mache sich Sorgen. Meine Schrift werde so klein und verzagt. Dies fand ich sachlich berechtigt. Von meiner Familie hörte ich: abgekapselt, auf mich bezogen, leicht in Wut, unverträglich, egozentrisch. Das fand ich verständlich, logisch: bisher hatte ich mich zu sehr aufgegeben, zu sehr untergeordnet; meine Veränderung jetzt störte das Gefüge. Dies erzählten andere Analysanden auch; besonders Mütter reagierten eifersüchtig auf Analysen. Mein väterlicher Freund beobachtete mich tolerant, aber auch beunruhigt. Meine oberhessische Patentante fand mich »als so blaß«, »schmal wie ein Hecht«, ob ich krank sei? Nichtanalysierte konnten meinen Stolz über Erreichtes nicht teilen; ein Bekannter meinte verwundert, den leichten Kontakt hätte ich doch auch früher gehabt, wenn es mir gutging.

Auf Fachleute wirkte ich »im analytischen Prozeß«; adäquat, solche Veränderungen waren zu erwarten, richtig, manchen war es ähnlich ergangen. Am Rande der Tränen, milde, subdepressiv, unsicher, trostbedürftig war ich für manche angenehmer, als wenn es mir gutging. Vielleicht hatte ich – wenn ich mich in Form und wohl fühlte – doch etwas Abstoßendes, Phallisch-Kastrierendes an mir? Penisneid und Kastrationstendenzen pflegten sich in Analysen ja zu zeigen, wußte ich. Ein Analytiker erklärte mir später, traurig sei ich »mir näher«.

Was de facto um mich herum passierte, wurde weniger wichtig.

Analytisch wertvoll waren ja meine Gefühle, Phantasien, Ideen. Davon besonders die Verzerrten, Verbogenen, Problemträchtigen. Zum Beispiel erklärte ich mir feindseliges Verhalten einer Frau mir gegenüber leicht als Folge meiner latenten Aggressivität, als Echo meines ambivalenten, geheim giftigen Umgangs mit ihr. Meine Anstrengungen, mehr auf sie zuzugehen, zu klären, mich auszusprechen, fruchteten nicht, verschärften die feindliche Spannung noch. Da aber klar war, daß fast alle Spannungen sich durch Aussprechen bereinigen ließen, und dies nicht gewirkt hatte, wußte ich, daß ihre Reaktion von meinem Inneren ausgelöst war; z. B. von Haßgefühlen auf Mutter, Kontaktängsten, homosexuellen Ängsten, Rivalisieren u. a. m. Ich legte schnell viel in mich hinein; banalen Neid, Eifersucht, Machtkämpfe einzukalkulieren, wäre primitiv gewesen. Erst einmal sah ich in mir nach. Ich spürte einen Druck, mich, meine Werte, meine selbstverständlichen Angewohnheiten ganz aufzugeben. Hinter vielen Regungen stecken andere, abgewehrte. Unangenehme.

Anfangs funktionierte ich ziemlich ordentlich; bemühte mich, pünktlich Briefe zu schreiben. War auch bedrückt, wenn ich es nicht gemacht hatte. Dies zeigte gute Ich-Funktionen; war aber auch unfrei, zwanghaft, nicht lässig. Dahinter konnte sich ein strenges Überich verbergen. »Weshalb belastet es Sie so? Weshalb können Sie jetzt nicht den Abend genießen?« Die anderen schienen lockerer. Die Deutung habe ich gar nicht in diesem Zusammenhang gehört; sie wirkte aber auch hier.

Meine Über-Ich-Instanzen waren zu streng; etwas, das ich lockern sollte. Als ich einmal Ausfluß bekam, meldete ich mich gleich am nächsten Morgen in der Hautklinik an und wußte mittags, daß ich keine Geschlechtskrankheit hatte. Das war an sich gut; schien aber auch typisch für meinen Umgang mit Affekten; zeigte, wie ich es vermied, Gefühle auszuleben, sie wachsen zu lassen, wie ich sie mit ordnenden aktiven Maßnahmen stoppte, mich dann nicht weiter um sie kümmerte. Meine Ängste, Sorgen, Phantasien um den vielleicht infektiösen Partner in meinem Unterleib hatte ich gar nicht ausgelebt, kommen lassen; das Problem hatte ich ja gleich sachlich gelöst. Es stimmte, daß meine Mutter Trödelei dabei verurteilt hätte; daß ich es wohl von ihr hatte, wenn ich dann schnell handelte. Ich hatte mir aber doch auch ein beunruhigendes Gefühlsknäuel über Tage erspart: ich hatte mich ja auch dazu überwinden müssen. Ich bekam den Eindruck, daß ich mit der aktiv-regelnden Art meiner Mutter in

mir, wie sie spontan und unüberlegt aus mir herauskam, nicht optimal mit mir umging; daß ich mich in feineren, weicheren, sensibleren Gefühlen so störte. Der ähnlich erkrankte Freund lachte: »Was machen wir denn da miteinander?«; er hatte weitergedacht.

Ich hatte wenig Eigenes gegenüber ihren Deutungen, Vermutungen, ihren – wenn auch nicht explizit ausgedrückten – Wertungen. Ihre Meinungen spürte ich ja auch zum Teil. Wenn sie zu mir doch kühler war als zu den anderen, ich dies nicht nur in toto so falsch wahrnahm, dann fand ich jetzt das berechtigt; nach allem, was ich inzwischen über mich wußte.

Einmal kam ich mit Schwung und aufgeregt in die Stunde. Mir war eine neue Dimension aufgegangen, als eine Bekannte einer anderen liebevoll und zärtlich über die Haare strich. »Da ist etwas Lesbisches!« Abwehrend, ärgerlich, leise leidend. »Ach – für Sie ist ja alles lesbisch!«... Bei meinen Ängsten, die mir befriedigenden Umgang unter Frauen verwehrten. Die Zärtlichkeit hatte mich aber beeindruckt; das war eine Wellenlänge, die ich bisher nicht wahrgenommen hatte, die mir aber die intensiven Kräche, Aussprachen und Versöhnungen zwischen den beiden erklärte. Ich versuchte, meine Wahrnehmung festzuhalten, sie blieb bei matter Ablehnung. Ich kam mir dann dumm vor wegen meiner Idee.

Zu Beginn war ich oft unzufrieden mit meinen Therapien; hatte Zweifel, war unsicher; fand mich ein bißchen größenwahnsinnig, so schnell ohne ausreichende Theorie und Erfahrung intensive Behandlungen durchzuführen, und hatte grundsätzlich Bedenken, ob mein guter Wille, meine Sorgfalt wohl ausreichten, zu erwartende Anfängerfehler zu vermeiden.

Sinngemäß: »Warum müssen Sie sich immer mit den Erfahreneren, Älteren, Ihren älteren Geschwistern vergleichen?« Ich hatte ja immer Geschwister um mich gehabt, die schon weiter waren als ich; die schon laufen, reden, über Fertigkeiten verfügen konnten, die ich noch lernen mußte. Warum mußte ich mich Erfahrenen so unterlegen fühlen? Es werde immer so gehen, daß es Erfahrenere als mich gebe, jedenfalls fast immer so. Warum konnte ich nicht zufrieden sein mit dem, was ich jetzt schon konnte? Warum zählte für mich nur die Geschicklichkeit, Erfahrung der anderen? Warum lag mein Bezugspunkt, mein Wertsystem nicht in mir?

Ich war wirklich immer besonders ungeduldig und ärgerlich geworden, wenn ich etwas nicht schnell genug gelernt, verstanden,

übersehen hatte. Beim Strickenlernen hatte ich herumgeweint; ein Bruder strickte gerne. Bei mir war die Stricknadel verschwitzt, der Faden stramm, verdreckt, die klebrige Nadel ließ sich nur ruckweise durch die enge Maschenöffnung drücken. Da hatte ich sicher entmutigende Vorerfahrungen gehabt.

Andererseits konnte es doch manchmal zu spät sein, eine unklare Situation während einer Therapiestunde erst nachträglich während einer Supervision zu verstehen und dann in der nächsten Stunde die unerfahrene Reaktion zu korrigieren. Wenn die psychoanalytische Technik so wirksam war, war sie es doch auch im Negativen. »Warum trauen Sie sich so wenig zu?« Das kam freundlich in mir an; ermutigend. Wahrscheinlich war ich immerhin für mein Alter ganz gut. Trotzdem hatte ich ja weniger Erfahrung; ein Vergleich mit Erfahreneren fiel doch notgedrungen zu meinen Ungunsten aus; mit und ohne Geschwistervorerfahrung.

Mich ärgerte, daß ich an mir zweifelte. Ich selber mußte umdenken, umempfinden, anders mit mir umgehen. Außer der vagen Anklage an das Leben, das mich als Jüngste in die Familie gesetzt hatte, konnte ich außer mir selbst keinen Schuldigen finden. Mein Erleben jetzt war vermixt, vermanscht mit unangenehmen Früherfahrungen.

Nach dem Lesen von Freuds »Psychopathologie des Alltagslebens« hatte ich mir begeisternde, verrückte Entdeckungen versprochen. Witzige, überzeugende, verräterische Kleinigkeiten, die den Tag vitaler, voller, interessanter machen würden. Die Stelle, als er gelobt hatte, eine Madonnenfigur zu opfern, wenn etwas gut ausginge, und er dann unwillkürlich gegen seinen bewußten Vorsatz, eine Melodie mit passendem Text trällernd, gut gezielt mit dem Pantoffel die Madonna zerstörte, hatte mir eingeleuchtet; auch, als er einen Mitreisenden über einen Versprecher an dessen Angst, Vater zu werden, brachte.

Bei mir, in meiner psychischen Welt, gab es aber so viel Leiden; so viel Schlimmes, Krankes, Negatives. So viel, das unbedingt verändert werden mußte. Wie mit einer dunklen Brille gesehen; »auch das noch« kam es mir oft vor. Warum wühlte ich *nur* in schlimmer Kindheit, Krankheit, Neurose? Warum kam so wenig Fröhliches, Witziges, begeisternd Klares? Es mußte an meiner Störung liegen; an meinem mühsam mit starken Abwehrmechanismen nach außen hin erhaltenem Gleichgewicht.

Einmal kam ich veralbert und mit einer Melodie im Kopf in die

Stunde. Der Schlager handelte von einer Frau, die mit ihrem kleinen Hintern wackelte. Ich fand es schnell gespannt im Zimmer und bekam einen Schreck. Es war klar, daß es sich um sie handeln mußte. Sie trug im Gegenteil eher zu weite, lange, neutrale Röcke, in denen so etwas nicht zu sehen gewesen wäre. Assoziationen fielen mir nur zähflüssig ein; die Stimmung fand ich bald widerwärtig. Nach einer längeren quälenden Pause kam: »Sie wollen sich über mich lustig machen.« Sie wirkte streng. Ich hatte ja gelacht, gekichert. Wie übermüdet, albern. Die Stunde blieb unergiebig; wortarm. So lachen mochte ich nicht mehr.

Nach den ersten Stunden lernte ich schnell und intensiv einen Mann kennen. Sinngemäß: »Sie haben sich jetzt verliebt, um sich mir gegenüber abzusichern; damit ich Ihnen nicht zu nahe komme«. Zum Schutz, zur Distanzierung von ihr. Solche mochte ich aber immer gerne; andere fanden ihn auch begeisternd. Ich hätte ihn aber wohl mit weniger Schwung, weniger Bereitschaft kennengelernt, mich nicht so auf ihn konzentriert, wenn es mir nicht auch darum gegangen wäre, eine intensive Beziehung zu ihr zu umgehen: mindestens zu verzögern. Zuerst glaubte ich nicht an die Deutung; dazu fand ich ihn zu begeisternd. Sie nagte aber in mir. Daß mir danach eine Zeitlang Beruf, Analyse, überhaupt Laufbahn egal wurde, ich an Kinder dachte, war ein Hinweis auf meine Abwehr, mich wirklich auf den analytischen Prozeß einzulassen, mich ihm auszuliefern. Er verstand viel in mir sehr gut; auch das schien ein Zeichen, daß ich ihr eine Konkurrenz entgegensetzen wollte; eine Vaterfigur, mindestens jemand Dritten zum Ausweichen vor dem mütterlich-analytischen Übergewicht.

Mindestens ein Teil meiner Verliebtheit war Widerstand, Kunstprodukt.

Was mochte ich an ihm? Ich versuchte, das zu erklären; ihr fiel von der Seeräuberjenny ein »Ja, da muß man einfach . . .«; ich hatte den Text nicht parat in mir; ich mochte auch nicht so herumpulen. Das war eben so. Seine Unterlippe fand ich schön; das Schnelle, den Schwung. Die etwas großen Augen mit leichten Tränensäcken. Die Tränensäcke hatte mein Stiefvater ausgeprägt gehabt. Die dicke Unterlippe erinnerte mich an einen Freund meiner Mutter; er war gekommen als ich $2^1/_4$ Jahre alt war. (Seine) O-Beine fand ich auch aufregend, zumindest oft. Diese Prägungen verblüfften mich; an ihnen hing viel von mir. Auch deshalb mochte ich diesen Mann jetzt. Er verstand schnell; auf seine Frage »Was macht Dein Vater?« und

mein »Gefallen« nahm er mich in den Arm und wußte viel.

Nachdem die Beziehung später zu Ende gegangen war, klagte ich wohl zu intensiv. »Als ob es nur diesen einen Mann auf der Welt gäbe ...«, meine Gedanken sollten nicht mehr in diese Richtung laufen, das konnte ich ihrem Ton entnehmen.

Anstrengend waren Stunden, zu denen ich mit guter Laune kam, wo ich über irgend etwas begeistert war, und in denen dann abgewehrt Depressives herausgearbeitet wurde. Öfters mochte ich das nicht glauben; versuchte störrisch, meine gute Stimmung aufrechtzuhalten. Es gab aber fast immer auch irgend etwas, was mich bedrückte, an das ich nicht denken mochte, das ich wohl mit Grund in den hintersten Hirnwinkel verbannt hatte; und das mir dann die Laune nahm.

Vieles blieb unklar, nur angetippt. Einmal erschrak ich nachts auf meinem Lokus über eine große, aggressiv ringelige Wurst. »Woran erinnert sie das?« Woher die Beunruhigung? Von der Größe, der dunklen Schwärze, der Losgelöstheit. Aus dem Traum heraus, aus der verminderten Abwehr heraus frühe Ängste, mich aufzulösen, etwas zu verlieren? Zuviel von mir herzugeben? Penis – Kotstange – Kind? In der Stimmung in der Stunde fiel mir nicht viel ein; es blieb intellektuelle Akrobatik. Ich wußte, wie symbolträchtig Kot ist; wirklich fühlen, mich emotional erinnern konnte ich nicht. Ich konnte nur sicher sein, daß der Schrecken im Zusammenhang stand mit dem Schlimmen, Kranken in mir; beim Festhalten wäre eine Riesenqualle an Krankem, Finsterem, Neurotischem zu erwarten gewesen.

Mein Wissen um meine schwere Neurose bedrückte mich. Manchmal fühlte ich mich wie ein Dackel in seine Scheiße mit der Nase in die Depression gestoßen. Hoffnung war aber noch da. Ich wußte, daß ein Analysand »durch die Depression durch« muß. Sie kam regelmäßig, war zu erwarten.

Während eines kurzen Familientreffens bekam ich ungeheure Wut auf praktisch alle. Fand das meiste unmöglich, kalt, herzlos; hätte mir vorstellen können, mit der Axt Schädel zu spalten. Dies war mir später unheimlich; in der Analyse schien es fast »normal«. Bemerkungen hatten mich an frühere Situationen erinnert, lagernde Wut und Ohnmachtsgefühle aufgeschürt, die ich jetzt bewußter wahrnehmen konnte. Also insgesamt ein Fortschritt. Es handelte sich um verdrängte, jetzt offen daliegende Gefühle, die ich zu integrieren

hatte. Den üblichen ironischen Umgangston empfand ich als eindeutig verletzend (Forensischer Rabulistiker – nervöse Jungfrau – sozialer Hornochse, usw.).

Zwei Monate vor geplantem Analysenende (nach einem Jahr, wegen ihres Umzugs) meldete ich mich zu einem gruppendynamischen Laboratorium an. Dies galt als wichtige zusätzliche Erfahrung.

Vorher war ich angestrengt; hatte viel Arbeit übernommen. Ein Posten belastete mich; die Schwierigkeiten mit ihm blieben ein häufiges Thema. Ich hatte mit Verwaltungsangestellten zu tun und unterlag meist ihrer glatten Vorschriftsroutine; die Mißerfolge belebten meine Vater- und Autoritätsproblematik; ich kam in Spannungen zu Leuten, die mir wichtig waren, für die ich gerne erfolgreicher gearbeitet hätte. Dies alles bildete ein gewaltiges Knäuel in der Analyse; unter Tränen und entmutigt berichtete ich von der Verwaltungskühle, -uneinsichtigkeit, Verkrustung, bezog sie auf meine mangelnde Durchsetzungsfähigkeit, mangelnde Sicherheit im Auftreten, Lebensuntüchtigkeit, Unterwürfigkeit und gehemmte Aggressivität. Meine Hilflosigkeit und ohnmächtige Wut korrelierte zu der als Kind; meine Abhängigkeit von der Beurteilung durch Obere ebenfalls. Wieso gelang es mir nicht, mich mehr davon zu distanzieren, dies nicht so wichtig zu nehmen? Ich hatte die Idee, einfach diesen Posten niederzulegen; aufzuhören. Sie meinte, daß ich das aber dann sicher als Niederlage empfinden würde. Die Spannungen nahmen mich aber sehr mit. Andere in der Position hatten auch Schwierigkeiten gehabt; aber wohl möglicherweise nicht so gelitten.

Auf einem privaten Fest, in einer größeren Runde, hatte sich ein Analytiker beklagt, er komme immer wieder in Situationen – im Flugzeug, an den entlegensten Ecken in den Ferien – bei einer Geburt helfen zu müssen; überall gebe es Hochschwangere, er sei heilfroh, wenn er nicht als Arzt kenntlich sei. Seine Erzählung war nur bedingt witzig gewesen, statt Pointe brachte er nur immer neue Situationen; schließlich hatte ich gefragt, ob er vielleicht einmal mit einer Hebamme in Urlaub fahren möchte – und wohl etwas damit getroffen, nach der Heiterkeit dann zu schließen.

Jetzt erfuhr ich von meinem – inzwischen – Vorgesetzten, schon mein erster Kontakt mit ihm sei kastrierend gewesen. (Wenn auch deutlich verärgert, diagnostizierte dies doch ein ordnungsgemäß Analysierter.)

Zu dem Kurs fuhr ich erschöpft. Meine Befürchtung war, alles langweilig zu finden, nicht Anschluß an die allgemeine Begeisterung über Gruppenprozesse zu finden. Vielleicht gelang es mir nicht, zu genießen.

Auf der Hinfahrt, und oft anschließend schon nach dem Aufwachen, ging mir penetrant eine Melodie im Kopf herum: Qui a changé ma chanson?

Ich fand den Kurs positiv für mich; meine Analytikerin nicht. Anschließend wurde ich unter Psychopharmaka gesetzt, ohne es wirklich zu wollen, oder auch nur einzusehen.

In dem Laboratorium habe ich jedenfalls viel gelernt: ich hatte mich stark gefühlt; fähig, selbständig und klar zu denken, ohne mich an Autoritäten anzuhängen; als erwachsene, anziehende Frau; fähig, meine Überzeugung zu artikulieren und zu ihr zu stehen; und liebenswert. Auf meine Empfindungen – Langeweile, Ärger, Spannungen usw. – war Verlaß gewesen; in der großen Gruppe hatte ich sehen können, daß viele ähnlich fühlten, manchmal schneller, manchmal langsamer. Ich hatte mich maximal angestrengt, und mich dabei wohlgefühlt. Die Stimmung war geprägt gewesen von kirchlich Gebundenen (Pfarrer, Priester, Pater ...), einer mir unbekannten Welt. Am Ende mochte ich fast alle; jedenfalls alle, die ich verstanden hatte. »Wenn Sie jemanden nicht mögen, haben Sie ihn nicht verstanden« hatte ich ja gelernt; das stimmte.

Auf der Rückfahrt übernachtete ich in einem Motel auf halbem Weg. Ich war aufgeregt, Schlafmittel wollte ich aus Prinzip nicht nehmen, da sie ja zudecken, verschleiern. Ich hatte kurze, intensive Angstträume, die mich immer wieder weckten. Ich überlegte, ob ich einfach Licht anlassen, oder Schlafmittel nehmen sollte, oder beides: hielt dann aber die Träume für wichtig, meinte, daß ich so vielleicht an meine Tiefen herankommen könne. Außerdem war die Angst, mit der ich immer wieder aufschreckte, auszuhalten.

Ein Traum wiederholte sich variiert: Eine Abendmahlssituation, wie auf einem Gemälde, mit vielen frommen Leuten, Männern, die plötzlich und einstimmig begannen, mich zu beschimpfen, sich auf mich zu stürzen, zu überwältigen. Wie wilde Tiere, Wölfe. Im Traum fiel ich dann auf den Boden, auf den Rücken, und alle fielen über mich, ich sollte aufgefressen werden von der Meute. Davon wachte ich dann mit Angst auf.

Zu den Tieren, Wölfen, fielen mir die Kursteilnehmer ein; Wolf hieß auch mein Vater; viel erotische Spannung hatte es wohl gegeben

hinter dem Kirchlichen; einige, die mich sehr mochten; auch viel Wut, Verachtung, Verurteilung, Ablehnung. An sich wirkte der Traum wie eine intensive Verdichtung und Fortsetzung der Realsituation. Die wenigen Frauen in dem Kurs hatten es nicht leicht gehabt.

An einen Vorstellungsklump geriet ich immer wieder: wie ein abgegrenzter Bezirk mit quälend-mühsam durcheinanderkriechenden Käfern; über- und untereinander krabbelnd, blutig, eng, unruhig, mit sich ineinander verhakelnden, sich bekämpfenden Beinen, einer den andern niedertrampelnd, sich verletzend, verstümmelnd, quälend. Die Stimmung danach war unangenehm.

In einem anderen Traum hörte ich eine schrille Stimme: »Du mußt klein bleiben.« Dazu fielen mir Denken, Reden, Formulieren im Kurs ein.

Ich wollte in meine Tiefen tauchen; versuchte, meinen Impulsen nachzugehen: Ich mußte häufig Urin lassen, der warme Strahl in der Harnröhre beruhigte. Mein ganzes Genitale schien überflüssig, nach Herausschneiden hätte ich Ruhe gehabt; auch mein Busen war zu diffus, zu weich, zu unsauber. Ich wusch Unterkörper, Busen; an sich sollte das alles weg. Dann wäre ich sauber; Vulva und Busen abgeschnitten. Onanieren beruhigte, Urinlassen auch. Dabei konnte ich mich wieder fühlen; ich trank Wasser, urinierte, onanierte, versuchte zu verstehen. Mein weiblicher Körper war etwas Dreckiges, zu Korrigierendes, zu Bekämpfendes.

Am Morgen war ich wie gerädert, aber zufrieden über mein Wissen. Von weiblichen Kastrationsängsten, Schuldgefühlen über Anziehung und Potenz war ich jetzt überzeugt. Den Artikel meiner Analytikerin, den ich gerade gelesen hatte, in dem sie über Trennung Penis/Phallus geschrieben hatte, meinte ich durchlebt zu haben. Nicht klar war mir der Bezirk mit den Käfern.

Erschöpft und stolz wollte ich alles in der Stunde loswerden. Dazu kam ich nicht. Ich fing von der letzten Nacht an, die ich die Quintessenz fand von meinen Erlebnissen. Meine Theorien schien sie gar nicht richtig aufzunehmen; fragte, ob ich das nun gesehen oder geträumt habe; ob ich die Träume von Realität habe unterscheiden können. Das war nicht ihre Art; üblicherweise hörte sie ja genau zu. Nach etwa zehn Minuten brach sie die Stunde ab, ich müsse Medikamente nehmen; meine Reaktion sei jetzt zu stark. Das strenge sonst zu sehr an. Ich fühlte mich abgewiesen; auf ihr intensives Zureden stimmte ich dann zu, zumindest einem starken Schlafmittel. Eine

solche Nacht noch einmal gruselte mich. Sie ertelefonierte mir gleich einen Termin bei einem Mediziner. Ich war entschlossen, meine Gedanken und Gefühle nicht chemisch verändern zu lassen; schließlich hatte ich mich dafür so angestrengt; ein Schlafmittel würde ich nehmen, aber nicht mehr. Der Mediziner fragte mich noch einmal und verschrieb mir Psychopharmaka. Ich sah das nicht ein; ich hatte mich bewußt den Träumen ausgesetzt, und war während des Kurses auch niemand aufgefallen. Ich nahm das Rezept und wollte so tun, als ob ich sie nähme. Er merkte es aber, sagte mir das in freundlichen Worten, und bestellte einen Sherry. Ich fing an zu weinen, fügte mich, und hatte bis auf weiteres dreimal täglich Psychopharmaka, die die Leitung zwischen den Hirnzellen blockierten, zum Teil zumindest.

Die Unruhe verschwand mit ihnen. Kurz vor dem neuen Einnehmen wurde ich oft wieder unruhig, gequält, kribbelig am ganzen Körper, ohne daß ich einen bewußten Grund spüren konnte. Ich meinte, daß ich lange einen solchen Zustand nicht aushalten möchte; konnte mir gut vorstellen, daß jemand dies auch nicht tat.

Anfangs ärgerte ich mich noch, daß ich meine seelischen Funde nicht hatte loswerden können; später fand ich es richtig so. Meinte, daß sie aus Schonung nicht über sie reden wollte. Es blieb, für mich, ein Tabuthema. Der Inhalt der Unruhe hatte sich ja auch mit der Medikation verloren.

Sie schlug mir die psychiatrische Klinik eines gemeinsamen Bekannten vor, für eine Weile. Ich wunderte mich, glaubte nicht, daß so schnell eine Stelle für mich frei sei. Nein, – als Patientin! Sie bestand aber nicht auf dieser Lösung. Ich hospitierte dann an einer Organmedizinischen Klinik; recht und schlecht, aber immerhin.

Sie fand mich über die Maßen depressiv; ob Antidepressiva angebracht seien, sollte ich den Mediziner fragen. Er fand meine Stimmung verständlich; ich brauche keine zusätzlichen Medikamente.

Unanständige Witze, Zweideutigkeiten wurden peinlich; fast eine Qual. Sie erinnerten an etwas Trauriges, z. Z. Totes, kaum Reparables, und das würden andere merken. Ich konnte nicht mit ihnen lachen. Einmal versuchte ich mich in Leichtigkeit: »Der denkt ja nur daran« – der Betroffene kam später, meinte fragend, das habe ja fast vorwurfsvoll geklungen? Ich lenkte ab. Das ganze Schlimme, Hoffnungslose konnte ich ihm doch nicht mitteilen.

Berühren, das über menschliche Nähe, Anfassen, Anlehnen, hi-

nausging, war unangenehm, oder die Haut schmerzhaft überempfindlich, oder taub. Ich machte mir Vorwürfe, fand mich wertlos als Frau, aussichtslos. Einer, der vielleicht Ähnliches kannte, zumindest verstand, gab sich Mühe, meine totale Absage zu widerlegen. Sehr lieb und lange und einfach ohne Drängen sehr nah und nur um mich zu überzeugen, bekam ich doch wieder ein ganz bißchen Lust. »Siehst Du«. Daran hielt ich mich eine Weile fest.

Das Lied aus dem Kurs hatte ich seitdem in mir. Die Melodie beruhigte; ich spielte sie oft stundenlang hintereinander. Auch nachts, wenn ich aufwachte, oder wenn ich irgendwie unruhig war. »Ils ont changé ma chanson – Wer hat mein Lied so zerstört?« Es interessierte sie; sie ermunterte mich, es vorzusingen; ich traute mich nicht, summte schließlich die Melodie. Da sich das Wichtige aber so nicht mitteilte, brachte ich ihr die Platte mit, und sie hörte sie »mehrfach mit Aufmerksamkeit«. Sie meinte, das »ich wollte singen, was ich niemals sagen kann« sei wohl an sie gewandt; was ich aber ausdrücken wolle, verstehe sie nicht; vermutlich sei es etwas Gefühlsmäßiges.

Ich war zufrieden; sie hatte das Lied gemocht und aufgenommen. Ihr Plattenspieler war schon in der anderen Stadt; sie hatte sich wirklich Mühe gemacht, und es hatte sie interessiert. Auf die Möglichkeit, den Text einfach wörtlich und unverschlüsselt zu nehmen, kamen wir nicht. (Siehe Seite 66).

Einige Stunden wurden paradiesisch schön; totale Einigkeit, Entspanntheit. An deren Ende schien sie auch nicht angestrengt; lächelte, wirkte weich und gelöst. Sie und das ganze Zimmer, den Flur, das Treppenhaus fand ich dann schön. Es waren aber nur wenige Stunden, sie wiederholten sich auch nicht mehr.

Ein Lied gab mir Mut: A time to love – a time to cry (Who knows we both could find the way, we both could find the answer; auch von D. Lavi).

Die angerührten Träume, Ängste in der Nacht wurden nicht mehr bearbeitet, auch nicht mehr angesprochen. Es blieb eine beunruhigende Frage, was mich eigentlich so angestrengt, so aus dem Gleichgewicht gebracht hatte.

Als ich gegen Ende der Zeit mit ihr einmal insistierte, halb verzweifelnd fragte, ob es denn mit meiner Empfindungsfähigkeit einmal ganz richtig werden würde, im Laufe weiterer Analyse, meinte sie schließlich sehr vorsichtig, ich werde wohl »lernen, mit meinen Gefühlen besser umzugehen«. Dies war die Beurteilung nach über

einem Jahr; die einer anerkannten Analytikerin. Mit diesem Gewicht kam sie in mir an.

Glück bei anderen konnte ich jetzt kaum aushalten. Es machte mich verzweifelt, neidisch, hassend, böse. Einer Schwangeren wünschte ich den Tod des Kindes im Bauch, langsames Absterben, zerstückelndes Herausoperieren, Mißbildungen u. a. Zufriedene Paare auf der Straße konnte ich nur ertragen, indem ich mir schwere Krankheiten, Tod, Verstümmelungen, Unglücksfälle bei ihnen ausmalte. Ganz bewußt wünschte ich Katastrophen. Darüber hatte ich Schuldgefühle; mit meiner Schlechtigkeit, meinem Haß fühlte ich mich alleine. Zwar hörte ich, daß sich dies gebe, daß ich eben jetzt nicht gönnen könne, weil ich selber nichts habe, usw.; das war ja überzeugend, aber auch bestürzend.

Die Stunden bezogen sich jetzt auf aktuelle Schwierigkeiten. Es stellte sich plötzlich heraus, daß der anschließend vorgesehene Analytiker wegzog, auch länger keine Analysen unternehmen würde; daß ein anderer, mit dem ich dann Analyse vereinbarte, doch nicht kam, im Ausland blieb. Da ich ja nun so krank war, brauchte ich ja direkten Anschluß ohne zu lange Wartezeit. Deshalb konnte ich nicht in dieser Stadt bleiben; außerdem schien einige Zeit Organmedizin gut; etwas Gips um die Seele, Distanz. Ein neuer Analytiker mußte gefunden werden, auch eine neue Stelle.

Sie sorgte jetzt intensiv für mich; telefonierte herum wegen eines Analyseplatzes. Viele Stunden, auch zusätzliche, weinte ich durch. Eine Melodie tat mir gut:

> Tell me where can I go
> There is no place I can see (. . .),
> It's the same in every land
> There is no where to go
> And it's me who should know
> won't you please understand.
> Now I know where to go
> where my folks crowdly stand
> let me go o let me go (. . .)
> for at least I am free
> no more wonderings at me (D. Lavi).

Ich achtete aber nicht auf Texte damals.

Der Abschied wurde viel schlimmer als geahnt. Als ob ein zum Le-

ben nötiges Stück aus mir herausgerissen würde. Ich träumte, ich säße mit ihr in einem gemeinsamen Hemd da, wie ein siamesischer Zwilling an der Thoraxseite zusammengewachsen, jeder in einem Ärmel. Ich weinte Stunden durch, konnte mir nicht vorstellen, wie das Leben ohne sie sein könnte. Als ob mein ganzer Lebenssaft mit ihr abgezogen würde und ich als depressiver inaktiver lebensuntüchtiger Fleischkloß zurück bliebe. Ich überlegte, mit ihr ins Ausland zu gehen; fragte bei Freunden an, ob ich da wohnen könnte. Mit einer Arbeitsgenehmigung wäre es aber sehr schwierig geworden; sie fand es auch nicht gut, wenn ich ohne Arbeit als einzigen Kontaktpunkt sie in der Stadt gehabt hätte; das sei zu belastend für eine Analyse.

Es stellte sich heraus, daß ich in einer anderen Stadt Analyse bei einem Mann fortsetzen konnte.

Zum Vorgespräch war ich 350 km angefahren, hatte mich innerlich vorbereitet, war gespannt. Er hatte offenbar wenig Zeit, stand unter Druck; hörte mich etwas oberflächlich, freundlich an, erklärte sich dann überraschend schnell zur Analyse bereit, bevor ich mich wirklich hatte darstellen können, und entließ mich nach etwa einer Viertelstunde. Etwas fade und unzufrieden stand ich auf der Straße, wunderte mich, wie er mich denn in der Kürze überhaupt hatte beurteilen können. Ob er mich verstanden hatte? Ich hatte Intensiveres und Gründlicheres erwartet.

In der neuen Stadt, an der neuen Stelle war ich zunächst sehr alleine. Vor dem zähen, retentiven Schwäbisch hatte ich fast körperlichen Ekel. An einem Sonntag fuhr ich alleine durch die schwäbische Alb; in den Lokalen und im Freien schien es nur satte, zufriedene, in sich ruhende Jungfamilien mit Kleinkindern zu geben, ohne jede Schwierigkeit mit sich und der Welt. Mein bestelltes Gericht vermieste mir endgültig ein kuhfladenartiger Spätzlehaufen, den ich wohl in mich hineinschaufeln sollte. Ich war ja nicht aus freien Stücken hier.

Um so mehr Gewicht bekam der Analytiker. Er hörte zu, war freundlich, wohlwollend, interessiert. Wir hatten gemeinsame Bekannte, gemeinsame Interessen; er tat gut.

Solche wie ihn kannte ich, als Typ; sie mochten mich.

Bald schien er mir unkompliziert, lässig, stabil. Das Zimmer sah gemütlich aus, einfach so, ohne ästhetischen Krampf eingerichtet. Er zog sich auch nicht pretentiös an; eher nachlässig; das wirkte angenehm. Sein Aussehen schien ihm nicht wichtig, nicht vorrangig; auch eine körperliche Behinderung hatte er offenbar ganz gut verdaut.

Seine relative Viereckigkeit, seine Hosen, die nicht klemmten, gemütlich hingen, seine weichen nicht drückenden Wildlederschuhe gefielen mir. Er hatte Sinn für Humor, speziell Galgenhumor; interpretierte ihn als sinnvolle, gekonnte Form, mit Schlimmem umzugehen. Diese Deutung tat gut. Ich fühlte mich bald wohlig vertraut wie mit einem älteren Schulkameraden; später wie bei einem ganz dollen Mann.

Es waren schöne und freundliche Stunden. Ich hatte viel mitzuteilen; er nahm alles gutwillig auf. Ich freute mich auf die Zeiten. In der neuen Klinik fand ich mich dann auch relativ schnell zurecht; bekam auch Kontakt. Meine Spezialisierung war gefragt; auf einmal war ich eine Fachfrau. Ich bekam wieder etwas Selbstvertrauen.

Dazu kamen Analysestunden, in denen das Tabu um das nach dem Kurs Geschehene tangiert wurde. Es tat mir gut, wie er ohne Aufregung, mit distanzierter Sachlichkeit sich wunderte über die heftigen Reaktionen, die ich in meiner Umgebung ausgelöst hatte. Es beruhigte zu hören, daß er meinte, von psychotischen Symptomen könne doch keine Rede sein; ich solle doch einmal überlegen; die seien doch anders. Wie ich denn in diesen gewaltigen Verdacht gekommen sei? Ich hatte ja auch nicht viel verstanden, und die ganze Zeit ja nicht mehr bearbeiten können. Sie war ja mit Medikamenten erstickt und unterdrückt worden. Ich hatte ein Gefühl gehabt wie früher wohl ein gefallenes Mädchen, mit unehelichen syphilitischen Negerzwillingen, jedenfalls etwas sehr Peinlichem, sehr Erniedrigendem.

Es ging mir viel besser. Der geheimnisvolle Makel verflüchtigte sich; ich konnte auch schon einmal über die Zeit erzählen, und wieder mehr festhalten, was ich schön gefunden hatte und gut für mich. Außerdem brachte die handfeste, notwendige Arbeit an der Klinik wirklich Erfolgserlebnisse. Da war ich – in der speziellen Notsituation – wirklich wichtig. Das stärkte. Ich blühte auf.

Den Analytiker fand ich inzwischen chic; seine Haare aufregend. Ich kaufte mir auch so schöne Wildlederschnürschuhe wie er; merkte es erst, als mich die Verkäuferin aus der Herrenabteilung herausleiten wollte. Gemütliche, bequeme, unkomplizierte Rennschuhe. Ich war verliebt. Positive Äußerungen über ihn nahm ich gierig auf; negative überhörte ich, erklärte innerlich Leute, die Ablehnendes erzählten, für blöde. Die kannten ihn eben nicht; oder hatten eigene Probleme. Eine Frau hatte ihn auf einem Faschingsfest getroffen; fand ihn unmöglich, steif, zu so einem würde sie nie in Analyse gehen, der habe ihr geradezu den Rest gegeben; und so einer sei

durchanalysiert. Zuerst ärgerte ich mich; dann dachte ich aber schnell, was für ein idealisiertes verqueres Männer-Vaterbild sie wohl habe, was denn wohl bei ihr im Argen liege, daß sie sich so heftig gegen einen so Attraktiven wehren müsse. Für mich jedenfalls war er attraktiv; urig, lässig, stark; so stellte ich ihn mir auch sexuell vor.

Ich versuchte, meinen verliebten Zustand zu relativieren, auch mitzuteilen mit dem Vergleich »Inselmann« (nicht einmal – höchstens – nur auf einer Insel, wenn gar niemand anders erreichbar ist). Die analytische Situation war ja wirklich ähnlich; isoliert und garantiert vom Setting ohne jeden präsenten Vergleichs- und Ausweichmann; und nur ihm und über lange Zeit auf kleinem Raum ausgesetzt. Dies war aber dann nicht witzig. Dabei freute er sich sonst schon über ironische Formulierungen; lachte auch manchmal. War auch stolz, wenn ihm eine solche gelungen war.

An der neuen Stelle meinte ich bald, ein Vorgesetzter mache mir eindeutige Angebote; schnell bekam ich die Frage, warum ich alles sexuell interpretieren müsse. Fast zwanghaft. Ich zuckte zurück; meinte bald, daß ich mir dies einfach gewünscht hätte. Meine Sehnsüchte dem Vorgesetzten gegenüber wurden mir peinlich; ich verhielt mich zurückhaltender, wollte die Situation besser im Griff haben, und beobachtete mehr. Ich konnte keine Zweideutigkeiten mehr nachweisen, fand die Begegnungen mit ihm auch bald neutral.

In ein depressives Loch fiel ich, als ich meinen Analytiker im Konzert, eingerahmt von zwei Frauen, sah. Das Kreuzgangskonzert war an sich sehr schön; Barockmusik, die ich mochte. Zuzusehen, wie er vertraut und selbstverständlich mit den beiden Frauen umging, war aber einfach eine Qual. Beide schienen sehr anziehend, schön, sicher, weiblich, mütterlich, liebevoll, intakt, stabil, liebenswert. Verständlich, daß er mit solchen zusammen war; und nicht mit so einer wie mir. Ob ich je so eine Liebenswerte, Begehrte würde? Ich wurde immer kleiner, beherrschte mich mühsam, nicht loszuweinen. Mein Begleiter, der mich mochte, fühlte sich hilflos meinem seelischen Verfall gegenüber; wurde dann wütend: das könne doch nicht der Zweck einer Analyse sein, eine solche Quälerei; wieso ich, gerade ich und in seiner Gegenwart, so völlig an mir zweifeln könne. Der Abend war aber ruiniert. Solch banale Argumente eines Nichtanalysierten erreichten mich nicht.

In der folgenden Stunde besprachen wir dies als ödipale Eifersucht. Sie war gut, wertvoll, mußte durchlebt werden. Ich war im

analytischen Prozeß, eine gute und intensiv erlebende Analysandin. Er wirkte weich und zärtlich; angenehm anziehend.

Mir war danach, ihn zu duzen. Sagte es auch. Fand es einen Krampf, mit jemandem, mit dem ich so vertraut war, voller Distanz per Sie zu kommunizieren. Er wußte Bescheid über meine Freunde, Empfindungen und Ängste; über meinen Busen, mein Becken, meine Träume; was ich gerne mochte. Das Sie entsprach doch absolut keiner meiner realen Beziehungen. Erotische Wünsche und Erlebnisse sachlich distanziert per Sie zu übermitteln – das war doch ein krampfiges Artefakt. Umgekehrt meinte ich ja auch, ihn inzwischen sehr gut zu kennen. Zu wissen, welche Träume er hatte, was er mochte. Seife fand er schön, konnte er genießen, hatte er einmal gesagt. Also schien er mit seiner Haut etwas anfangen zu können, sensibel fühlen zu können; obwohl er ja zu seiner individuellen Schönheit nicht richtig gefunden hatte. Mit Kleidung wurschtelte er ja etwas herum, sein Typ war er noch nicht ganz. Aber nackt unter der Dusche und im Bad konnte sich offenbar wohlfühlen, sich streicheln, streicheln lassen, usw. Beim Schlafen lag er gerne unten, würde sich gerne Neues zeigen lassen. Fand oder fände es schön, wenn sich eine Frau aktiv um ihn kümmerte, ihn verführte. (Das hatte ich seiner parteiischen Anteilnahme an dem Film »Sonntags nie« entnommen, in dem eine Frau einen Unerfahrenen verführt), gewaltig war er sicher nicht; leicht zu verunsichern, aber wohl dankbar einer sicheren, gierigen Frau. Ich hatte mich doch mit meinen Wahrnehmungen und Antennen auf ihn spezialisiert. Wie er mich und andere Frauen mochte. Da meinte ich auch, einiges verstanden zu haben. Er schien mir ja auch vertraut, ein bißchen wie aus Hessen, wie die Fahrschüler aus meiner Klasse; viereckig, vital, gehemmt, im Grunde angenehm. Solche mochten mich, das wußte ich. Warum sollte ich einen solchen nicht duzen? Aus anderen Therapiemethoden hatte ich gehört, daß es da normal ist; sogar gefordert wird.

Über das »Du« gab es aber gar keine Diskussion. Vergleichsweise vehement bestand er auf der äußeren Form; dies sei das Setting, dies sei vorgegeben, darauf bestehe er. Dies sei ein Parameter.

»Aber warum? Was bringt es? In Gestalttherapiekursen . . . Dient es der Wahrheitsfindung . . .« Ich wußte ja, daß ich unverschämt war; Duzen in keiner Weise üblich. Aber wieso eigentlich nicht? Und wenn es mir einfiel, mußte ich es doch sagen. Doch »verbalisieren«. Welcher Wert wurde durch »Sie« geschützt, durch »Du« bedroht?

Übertragung doch sicher nicht; die wäre doch in unserer Kultur so eher erleichtert. Hatte/hätte Freud auf dem Sie bestanden? Hatte er sich überhaupt dazu geäußert? Welcher Wert litte denn unter »Du«? Solche Argumente fanden keinen Anklang. Er reagierte streng; bestand auf dem Setting. Schließlich wußte ich ja, besonders als Lehranalysandin, daß Analysen gemeinhin unter »Sie« ablaufen. Daß ich eine distanzlose Zumutung anbrachte. Wenn es mir aber doch einfiel? Ich ärgerte mich trotzdem ein bißchen; wieso war es nicht möglich, mich intellektuell, über Argumente zu überzeugen?

Regeln brauchte er mir doch eigentlich nicht zu rekapitulieren. Ich genierte mich aber auch. Vielleicht war ich doch zu weit gegangen. Ein Analysand, mit dem ich vorsichtig darüber sprach, lächelte überlegen männlich, wissend (will mit ihm schlafen, agiert, typisch Übertragung). Dachten denn aber die anderen nie so? War es ihnen natürlich, Intimes siezend mitzuteilen? Andererseits durfte ich solche Analyseintimitäten eigentlich gar nicht außerhalb erzählen – die anderen taten es ja auch nicht.

Oder waren die Analysen bei ihnen weniger persönlich? Erzählten sie weniger, weniger ihnen Nahes? Ich kam mir etwas anders vor. Oder waren sie schlicht nur diskreter, verschwiegener, zufrieden in ihren Analysen? Wenn sie nicht den Drang hatten, außerhalb das Geringste zu erzählen, zu besprechen – das mußten ja erstklassige, wohltuende, schöne Analysen sein.

Andererseits mochte er mich ja, das konnte ich ja fühlen. Warum reagierte er denn aber jetzt so streng? Hatte ich mich wirklich unmöglich benommen, oder war er unsicher? »Das Sie gehört zum Setting«. Ja doch.

Ich fand mich dann aber doch zu weit gegangen. So mochte er mich jedenfalls nicht; so etwas stellte ich besser nicht in Frage.

In einer Stunde kamen wir auf Onanieren. Ich meinte, genaugenommen muß ich das doch einmal in der Stunde tun; dann wüßte ich und er, was und woran es bei mir haperte. Meine spielerische Idee stieß auf dezidierte Ablehnung. Die konnte ich fühlen; dabei hatte ich gar keinen realen Plan gehabt. »Welche Phantasien haben Sie dabei?« Ich dachte an ihn. Nur an ihn, zu der Zeit. Und blieb still. Klarheit kam nicht zustande. Ich bekam Schuldgefühle über mein Vorpreschen.

Zu Hause bohrte meine Geniertheit in mir, meine mangelhafte Offenheit; in der nächsten Stunde versuchte ich mich an den Bezirk

heranzutasten; es sei mir zu brenzlig gewesen, deshalb sei ich still geblieben. »Wieso brenzlig?« Eben peinlich. Genierlich. Er verstand nicht. Ich druckste herum. War nicht sonnenklar, ihm auch, daß ich ihn gemeint hatte? An ihn dachte? Wieso merkten Bekannte außerhalb das so genau, und er nicht? Ich fing an, mich zu ärgern. Dies war doch das Allerwichtigste in einer Analyse. Etwas, das unbedingt bearbeitet, reflektiert werden mußte. Übertragungsliebe. Wenn ich schon so schicksalsmäßig emotional verkrüppelt war, war dies jetzt eine Chance. Um Liebe ging doch alles. Deshalb hatte ja diese ganze Analyseanstrengung einen Sinn. Wieso stellte er sich jetzt so begriffstutzig an? Wie genau mußte ich mich denn ausdrücken? Einige Stunden wurde ich still und milde. Wartete, daß er verstand. Ein erfahrener Berliner Freund kam mir in Erinnerung; es hatte immer eine starke Anziehung zwischen uns bestanden, ich hatte mich aber damals nicht richtig getraut, er hatte dann seine Bemühungen aufgegeben. Er sah jüdisch aus, wie der Name meines Analytikers, und dunkel wie er. Er war mir auf einmal wieder ganz nah. In der Stunde bekam ich die Rückfrage: »Warum treffen Sie ihn nicht?«, und er telefonierte mir gemeinsame Neujahrsferien. Es wurde etwas verrückt; trotzdem dachte ich an den Nacken, Haaransatz, die Hüften meines Analytikers, mit denen der Freund nicht ganz mithalten konnte.

Wieder zu Hause ließ sich mein plötzlicher Schwung als Wiederholung, Vaterübertragung klären. Der Freund ähnelte einem Bekannten meiner Mutter, hatte die dicke Unterlippe, angedeutete O-Beine, sah aus wie ein Jude aus der Karikatur. Dieser Bekannte meiner Mutter war nach 1945 gekommen, hatte sich auch sehr lieb um mich gekümmert. Mit ihm hatte ich eine Art Urszene geträumt. Er kam die Treppe im Haus herunter, hatte etwas mit dem Unterbauch meiner Mutter gemacht, und ich bestand darauf, daß er dasselbe auch mit meinem Unterbauch machen müsse. Er willigte ein, und ich war zufrieden und stolz. Daß ich den Berliner Freund mit meinem Analytiker dauernd verglichen hatte, konnte ich nur andeuten; es kam nicht an.

Vor dieser Reise kam es zu einer Auseinandersetzung: Ich sollte ihm das monatliche Honorar in bar geben, nicht überweisen. In dem Monat waren es 595,– DM (17 Stunden à DM 35,–). Ich ging vor der Stunde auf die Bank, holte mir sechs Hundert-Mark-Scheine und steckte sie gefaltet in meine Brieftasche. Auf der Couch fiel mir das Geld ein, ich richtete mich auf, nahm es heraus, faltete drei Scheine

zusammen, steckte den Rest zurück, und gab ihm die drei Scheine; diese Summe hatte ich im Moment im Kopf. Er schaltete sofort, daß dies ja DM 5,– zuviel seien und wollte mir sie gleich zurückgeben. Ich wehrte ab; meinte, das könnte ich ja mit der nächsten Rechnung ausgleichen. Er bestand darauf, mir sofort die DM 5,– zurückzugeben, holte sie aus seinem Portemonnaie, und die Stunde ging unauffällig weiter. Auf der Treppe fiel mir mit Schrecken ein, daß ich ihm ja viel zu wenig bezahlt hatte. Im Zurückgehen überlegte ich; mußte dann lachen. Die richtige Summe hatte ich ja schließlich eine halbe Stunde vorher, auf der Bank, noch gewußt. Ich klopfte an, lachte, gab ihm die restlichen drei Hunderter und meinte, das werde wohl an der Zahl sechs liegen. Er sah mich verwundert und neutral an, nahm das Geld.

Zu Hause überlegte ich mir alles noch einmal. Wieso hatte er erst getan, als ob die DM 300,– ausreichten, zuviel seien? Drei gefaltete Scheine waren doch zu unterscheiden von sechsen. Es konnte doch nicht sein, daß er die Fehlleistung, synchron mit mir, vollbracht hatte. Drei Scheine hatten auch sechs Zipfel, aber waren doch deutlich von zwölfen zu unterscheiden. Außerdem hatte er ja den Betrag von 595,– DM genau im Kopf gehabt; war sicher gewesen, daß die gegebene Summe fünf Mark zuviel war.

Hatte er meine Fehlleistung mitgemacht, sich wirklich getäuscht und drei Scheine für sechs gehalten? Das konnte ich mir nicht vorstellen. Also hatte er sich wahrscheinlich in mich hineingefühlt; in meine Ängste und Bremsen. »Sex« war mir zu brenzlich; zu gefährlich; meine Fehlleistung war ja auch nur in seiner Gegenwart während der Stunde gekommen, auf der Bank hatte ich ja noch richtig abgehoben. Erst im Liegen, auf der Couch hatte ich mich auf drei Scheine heruntergeirrt. Die anderen drei hatte ich ja zurück in die Brieftasche gesteckt.

Die wahrscheinlichste Erklärung war mir jetzt, daß er einfach sensibel und bewußt meine sexuelle Tabuisierung mitgemacht hatte, um mich nicht mit zu schneller Deutung zu verprellen, zu verschüchtern. Seine Überlegenheit und Sensibilität fand ich gut.

Dies war am nächsten Tag mein Hauptthema. Es wurde aber eine sehr schwierige Stunde. Meine Idee – über die ich immerhin gelacht hatte, mich amüsiert hatte, was ja an sich schon ein gewisser Beweis ist – verstand er überhaupt nicht. Er bestand auf seiner Deutung, ich habe ihm nur die Hälfte geben wollen, ihm etwas vorenthalten wollen. Während der ganzen Stunde verstand er meine Theorie nicht;

fragte an anderen Punkten nach, vertrat sehr schnell seine Interpretation; Vorenthalten, kastrieren. Über seine Heftigkeit war ich empört. Wieso nahm er nicht erst einmal meine Theorie an, in sich auf? Er wurde einfach begriffstutzig; eine unangenehme Spannung kam auf. Bisher hatte er mich doch immer gut verstanden; auch zugehört. Wieso war er auf einmal so rigide, so heftig? Er unterbrach mich auch mitten im Satz. Er brachte seine Deutung, bevor ich meine – entsprechend meinen Einfällen und Assoziationen – überhaupt hatte ihm verständlich machen können. Ich war mir so sicher gewesen, hatte ja auch gelacht gehabt; wollte jetzt, daß er wenigstens meine Idee verstand. Es entwickelte sich eine harte Spannung; zum ersten Mal. Unzufrieden und verärgert ging ich aus der Stunde; es war mir nicht gelungen, meine Theorie klarzumachen.

In der nächsten Stunde gelang mir das dann; mit Mühe, und Anstrengung. Sie leuchtete ihm dann aber nicht ein. »Nein, das ist jetzt zu rasant . . . weit hergeholt.« Die Spannung war wieder da. Ich fand es nicht richtig, daß er sie so eindeutig abkanzelte. Sie hatte mir doch Spaß gemacht; und im Grunde war ich doch die, auf deren Assoziationen es ankam. Er bestand auf seiner Deutung, ich habe ihm etwas vorenthalten, ihn mindern wollen. Darum entstand ein zähes Gerangel, ein Rechten, Handeln. Ich fand ihn wie einen Oberlehrer, sich einmischend in meine Assoziationen. Er hätte meine Theorie wenigstens als Möglichkeit stehen, gelten lassen sollen. Nicht ganz ablehnen. »Zu rasant«.

Über Stunden etablierte sich eine widerwärtige Stimmung, eine Spannung, die später als »Westwall-Stimmung« lief (heftiger Kampf, Geballere, gepanzert und verbunkert auf beiden Seiten, 100 000 Tote = kein Millimeter Frontveränderung).

Wir kamen zu keiner Einigung. Die Spannung löste sich aber einigermaßen, nachdem er wenigstens meine Theorie einmal wahrgenommen, in sein Hirn eingelassen hatte. Ich blieb analytisch-moralisch entrüstet, daß er meine Gedanken so abtat, wie verrückte, blödsinnige, wertlose. Sich so sperrte. Einem Freund, dem ich es erzählte, leuchtete es schnell so ein, wie ich dachte; er verstand gleich. Ich wollte, daß meine Idee ernstgenommen würde als Möglichkeit. Sie schien aber unter meinem mühsamen Erklären nur einmal ganz kurz in ihn hineingelangt zu sein, und dann mit Schwung wieder ausgespuckt. Sollte ich denn vielleicht eine innere Zensur einschalten, die die »zu rasanten, zu weithergeholten« Einfälle gleich eliminierte, filterte, bremste? Was war denn das Normale, nicht zu Schnelle,

Naheliegende, auf das hin ich mich zu verändern hatte? Wieso intervenierte er überhaupt so heftig in meine Ideen hinein? Solche Wertungen fand ich auch unmöglich, in einer Analyse. Warum war er so wie begriffsstutzig geworden, plötzlich; die ganze Zeit hatte er mich doch schnell und angenehm verstanden? Was war denn auf einmal los?

Wieso hatte er meine Möglichkeit so ausgeblendet? So rigoros, so wertend. Warum hatte er auch nicht meine Verliebtheit verstanden? Daß ich auch die Berlinfahrt eigentlich ihm zuliebe, auf seine Ermutigung hin unternehmen wollte? Selbst wenn meine Deutung total an den Haaren herbeigezerrt gewesen wäre, völlig blödsinnig und konstruiert, hätte er sie auf alle Fälle doch erst einmal ernst nehmen, in sich aufnehmen müssen. Und sich auch denken müssen, daß meine eigene Erklärung für mich, meine Seele, meine Sinnzusammenhänge, eben doch wichtig war. Wie abstrus und hergeholt und exotisch sie ihm auch scheinen mochte. Für mich hatte sie in der Situation gestimmt; mich belustigt und entlastet; warum hätte ich ihn jetzt kastrieren wollen, ihm die Hälfte vorenthalten wollen? Über eine ganze Stunde hinweg hatte er sich gegen Verständnis gesträubt.

Die Spannung war widerlich gewesen. Ich fand ihn verändert auf einmal, unzugänglich. Zu Hause überlegte ich mir, wieso wohl. Ob er sich nicht einfach ein bißchen verliebt hatte, in der milden, weichen angenehmen Stimmung bisher angewärmt hatte, ohne es recht zu merken? Und deshalb jetzt so zahnradartig langsam kapierte? Ob es nicht einfach ein bißchen erotische Abwehr war, so gespannt und ablehnend, widerborstig und rigide sich zu geben? Männer wie er mochten mich doch sonst im Leben; und wenn ich ihn so gerne hatte, konnte es ihm doch ein bißchen ähnlich gehen. Ich bemühte mich ja auch um ihn; zog mich schön an, pflegte mich, war weich.

In der nächsten Stunde brachte ich dann diese Theorie. Ob sein Langsamkapieren aus einer Mini-Verliebtheit resultiere, die er nicht registriert habe? Das war aber nicht gut, eine Anmaßung. Die Spannung trat wieder auf. Einfach out of discussion war meine Idee. Die Stunde blieb gereizt.

Von dieser Spannung blieb ein Rest, der später immer wieder an die Oberfläche kam. Wir waren uns ja auch nicht einig geworden, zum ersten Mal. Es störte mich, das Argumentieren strengte an; aber so wichtig war das schließlich auch nicht. Es trat in den Hintergrund.

In manchen Stunden schlief ich kurz ein; dusselte ab, bis zu vier-, fünfmal in der Stunde. Dann hatte ich kurze Traumfetzen. Das wun-

derte mich aber nicht. Ich hatte immer schnell und für kurze Zeit einschlafen können. Oft konnten aber die kurzen Träume während der Stunde nicht bearbeitet werden, weil die Zeit zu kurz, das Material zu dicht war. Träume schienen nicht unbedingt sein Element. Mein Abdusseln störte ihn aber nicht. Analysanden, mit denen ich darüber redete, fanden es unmöglich. Ich wurde stiller und freute mich über seine Toleranz. Er ließ mich gewähren; und die Stimmung war dann nicht schlecht. Mir war das schnelle Träumen vertraut, besonders nach kurzem Einschlafen und Aufwachen erinnerte ich mich häufig daran. Anfangs hatte ich mich während der Stunde geniert. Aber mein Einschlafen mochte ja auch Entspannung, Zutrauen bedeuten; es mußte ja nicht alles Angst und Abwehr sein. Allerdings kamen wir nie auf den Grund meiner Müdigkeit. Sie blieb ein neutraler Zustand; offenbar für beide.

Schwieriger zu verdauen fiel sein Umgang mit einem anderen Ereignis: Ich hatte wieder Lust, meine analytische Zwischenprüfung zu machen; besprach dies mit ihm; er zeigte sich einverstanden, gab noch einen Tip zur Formulierung und ermutigte mich. (Auf Anraten meiner Analytikerin hatte ich nach dem Laboratorium für zwei Semester »Ruhen der Ausbildung« beantragt). Ich bemühte mich deshalb jetzt zusammen um Wiederaufnahme der Ausbildung und Zulassung zur Prüfung. Diese Prüfung hatte ich schon am früheren Ort machen wollen; damals hatte meine Analysezeit noch nicht ganz gereicht; das Übrige – Seminare, Therapiestunden – wohl.

Einige Wochen später fiel mir mein Antrag in der Stunde ein, und ich überlegte laut vor mich hin. Er schien befangen: ob ich denn noch keine Mitteilung habe; meine Prüfung sei auf später zurückgestellt; schließlich habe ich ja eindeutig zu früh beantragt. Ich war verblüfft. Von »zu früh« konnte doch überhaupt nicht die Rede sein; wieso war er plötzlich so verändert? Ich fragte, was er denn mit »zu früh« meine, gerade darüber hatten wir doch ausführlich gesprochen gehabt. Er war doch voll einverstanden gewesen.

Ich konnte nichts verstehen, fragte immer wieder nach. Schließlich informierte er mich distanziert: mein Antrag zur Prüfung sei zu früh gestellt gewesen. Man habe mich jetzt noch nicht zur Ausbildung zugelassen, da man mich noch nicht genug kenne; ich möge mich mehr an Seminaren und Vorlesungen beteiligen. Zum ursprünglich beantragten Termin (in drei Monaten) habe man mich wieder zugelassen.

Mein Kopf dreht sich. Wieso kannte man mich nicht genug, um mich jetzt zuzulassen, aber doch genug, für in drei Monaten? Logisch und ehrlich hätte man mich dann doch überhaupt nicht wieder zulassen dürfen. Zumindest nicht mit prophetischem Blick auf ein späteres Datum.

Außerdem war ich doch in so vielen Seminaren und Vorlesungen gewesen, schon aus Interesse an den neuen Leuten. Der Hinweis wirkte wie eine emotionale Ohrfeige. Ich hatte eher gedacht, mich manchmal etwas zu viel beteiligt, zu viel Diskussionsbemerkungen gemacht zu haben. Wieso meinte man jetzt, mich nicht genug zu kennen?

Mein Analytiker blieb kühl, sachlich, distanziert: ich müsse doch einsehen, daß ich *zu früh* beantragt habe. Dies sei Realität, die ich anzuerkennen habe, wieso ich mich so schwer tue, dies zu sehen. Ich wurde unsicher; ich hatte doch mit ihm den Termin jetzt abgesprochen, weil ich Lust hatte und weil es mir gut ging. Er hatte mir doch auch noch die Formulierung für den Antrag gesagt. Er war doch meiner Meinung gewesen. Er wiederholte, ich müsse einsehen, daß es wirklich zu früh war. Ich wußte dann nicht mehr, ob ich mich nicht doch geirrt hatte in Bezug auf sein aktives Zustimmen. Ich fragte dann nach, ob er sich nicht erinnere, deutlich zugestimmt zu haben, in keiner Weise den Zeitpunkt als zu früh eingestuft zu haben. Er schwieg, reagierte nicht. Als ob ich diese Frage gar nicht gestellt hätte. Als ob ich in ein Vakuum geredet hätte. Nach einer quälenden Pause: »Sie wehren sich gegen die Realität.«

Er hatte mir aber doch zugeraten; oder irrte ich mich? Ich war aber fast sicher; die Stimmung im Zimmer wurde kalt, unnatürlich, irgend etwas stimmte plötzlich nicht. Vorher waren wir uns im Prinzip einig gewesen; er hatte sich ja auch gefreut gehabt über mein relatives Aufblühen; er war nicht mehr zugänglich. Die schöne weiche Stimmung war kaputt. Fast stereotyp kam sinngemäß, ich müsse die Realität anerkennen, müsse doch einsehen, daß es wirklich zu früh gewesen sei; warum ich solche Schwierigkeiten damit habe.

In mir sträubte sich aber alles. Auf diese zweite Frage wollte ich schon gar nicht mehr eingehen. Erst einmal wollte ich geklärt haben, ob er mir nun vor einigen Stunden zugestimmt hatte oder nicht. Wieso war er denn jetzt so gründlich um hundertachtzig Grad anderer Meinung? Und wieso erklärte er mir dies überhaupt nicht? Was sollte denn sein konsequentes Überhören meiner Frage? Oder hatte ich mich vielleicht doch geirrt, hatte ich ihn ganz mißverstanden? In

mir verschwamm alles, er blieb still, kühl, antwortete nicht. Ich beschwerte mich dann erst einmal, daß ich diese Nachricht nur so ziemlich zufällig jetzt in der Analyse bekam, warum nicht früher und schriftlich und klar begründet? Immerhin bestätigte er mir, daß ich ein Recht gehabt hätte auf eine frühere offizielle Benachrichtigung; daß er es ungünstig finde, daß die Ausbildungsfrage in die Analyse hineinkäme. Das erklärte mir aber noch nicht seine kapitale Veränderung. Ich fragte immer drängender nach, was denn los sei, ob er sich nicht erinnere, mir deutlich und unmißverständlich zugeraten zu haben? Wir hätten doch auch noch über die Qualität dieser Analyse als Lehranalyse gesprochen, er sähe sie doch als Lehranalyse. Oder nicht? Er reagierte einfach überhaupt nicht, wiederholte nur, ich müsse sehen, es sei zu früh, dies sei Realität. Die Stunde ging vorüber, ohne daß wir uns näher kamen.

Allein zu Hause kam alles ins Wanken. Ich wußte überhaupt nicht mehr, was ich nun empfunden hatte. Zusätzlich tat es weh, seine Kühle zu spüren. Hatte vielleicht das Wohlwollen der letzten Stunden nur in meiner Phantasie bestanden? Welche Fehleinschätzungen hatte ich mir vielleicht noch geleistet? Ich war mir seiner Freude an meinem Gedeihen doch so sicher gewesen. Gerade das hatte mir doch so eine gute Sicherheit gegeben. Hatte ich mich total geirrt? Woher kamen seine plötzliche Starre, seine Veränderung? Mochte er mich in Wirklichkeit gar nicht? War sein Gefallen ein Teil der Technik gewesen, die ich hätte durchschauen müssen? Ich war mir aber doch so sicher gewesen, daß er mich mochte, daß ihm auch mein Schwung, jetzt die Prüfung zu machen, gefiel. Er hatte doch auch gesagt, daß er von anderen Gutes über mich gehört habe. Was für eine Realität hatte ich jetzt zu akzeptieren, was hieß »zu früh«? Hatte er nun zugestimmt oder nicht? Hatte ich mir sein Wohlwollen ausgedacht? War ich so sehnsüchtig nach Zuneigung in der fremden Stadt, daß ich blindlings umgedeutet hatte? War ich so in Verliebtheit tendenziös geworden, daß ich so schräge wahrnahm? Hatte ich vielleicht seine Neutralität nicht ertragen können auf Grund meiner Problematik, vielleicht meines narzistischen Defizits, daß ich einfach rigoros alles zu meinen Gunsten umgedeutet hatte? Dies schien gruselig; worauf konnte ich mich überhaupt verlassen? War ich ein so neurotisches Bündel, das sich seine Umwelt massiv umformte, ohne überhaupt etwas davon zu merken? Was war denn mit mir los, welche Realität hatte ich zu akzeptieren?

In der nächsten Stunde war sie mein Hauptthema. Ich wollte Klar-

heit und fragte intensiv nach. Er schien sich nicht wohl zu fühlen, erklärte mir den Beschluß ausführlich. Mir war aber vorrangig, die veränderte Stimmung mit ihm, die Verunsicherung über meine Wahrnehmung. Schließlich erklärte er mir, er habe an der Sitzung, in der der Beschluß über mich gefaßt worden war, teilgenommen. Daher sein Stimmungswandel. Er habe gemeint, es mir nicht sagen zu müssen, fände es jetzt aber doch besser.

Ich hatte mich also nicht geirrt, mein völlig Alles-in-Frage-Stellen zu Hause war unnötig gewesen; ich hatte ihn richtig verstanden gehabt; er war damals meiner Meinung gewesen. In der Sitzung hatte er sich umstimmen lassen. Von diesem Schritt hatte ich nichts gewußt; immerhin war aber damit dieser Punkt geklärt.

Er beharrte aber weiter darauf, es sei *zu früh* gewesen. Dies wollte mir nicht einleuchten; speziell nicht in der Kombination, daß man mich trotzdem für später zuließ. Das war doch mit dem »Nicht-genug-kennen«-Argument nicht möglich. Er sah keine Unlogik. Es entstand ein zähes Gezerre. Ich bemängelte, daß er nicht einmal mitmache bei meinem Gedankengang. Ich wurde ärgerlich, fühlte mich mit System mißverstanden und meinte, daß er sich sperre. Ich fand das so keine richtige Analyse. Wir unterbrachen uns gegenseitig. Warum nahm er jetzt so viele Argumente in den Mund? Wieso kam jetzt so viel Spannung, soviel Affektives hier hinein? Meine Analytikerin hatte sich nie so verhalten. Die Stunde fand ich wie einen Ringkampf. Argumentieren, Rechten, juristische Beweisversuche, wer was wann in welchen Worten gesagt hatte. Die widerliche Stimmung kam wieder. Ich blieb verletzt, wir kamen nicht weiter, ich wollte ein Nachvollziehen meines Gedankens der Unlogik.

Nach einigen anstrengenden Westwall-Stunden wurde ich müde. Aus dem ganzen Kontext bekam ich das Gefühl, daß vielleicht grundsätzlich etwas gegen mich vorläge, daß man mich vielleicht überhaupt nicht mehr zulassen wolle. Jedenfalls hatte mich stark und beunruhigend dieser Eindruck überfallen; als atmosphärische Wahrnehmung aus vielen Kleinigkeiten, nicht wirklich belegbar.

Mit diesem unzensierten Gefühl kam ich in die Analyse. Und erntete heftige Allergie. Wieso ich darauf komme? Wieso ich immer noch nicht die Realität anerkennen wolle? Meinen Antrag habe ich einfach zu früh gestellt. Warum ich mich so heftig dagegen sträuben müsse; mein Gefühl sei jetzt »paranoid«.

Ich erschrak. Er wußte noch gar nichts; ich hatte ja noch gar nicht erklären können, woraus ich mein Gefühl bezogen hatte; was mich

dazu gebracht hatte. Eine »paranoide« Vorstellung, eine Verfolgungsidee war eine starke Störung. Eine Wahrnehmung, die absolut krankhaft ist, die keinerlei Realitätscharakter hat. Er redete wieder mehr als üblich. Ließ mich nicht ausreden. Ich wollte mitteilen, woher, aus der Gruppenstimmung und vielen zu erzählenden Kleinigkeiten ich einfach dieses Gefühl bekommen habe. Das konnte ich nicht mehr erzählen. Dezidiert kam seine Erklärung, Ablehnung als paranoid.

Ich fühlte mich bekämpft. Meine Wahrnehmung war doch ein Teil von mir, etwas, was in mir gewachsen war. Vielleicht hatte ich mich ja geirrt, aber deshalb konnte ich doch einfach nicht mein Gefühl ausradieren, tilgen, vernichten lassen? Selbst wenn ich ein völlig verqueres Gefühl gehabt hätte, müsse er doch erst einmal sehen, verstehen, nachvollziehen. Wahrscheinlich wäre dies doch auch dann ein wichtiger Teil meiner ganzen Problematik gewesen. Ich kämpfte um mich, denn ein Teil von mir wurde für krank, für paranoid, für verrückt erklärt. Es sei einfach nicht so, es läge nichts gegen mich vor. Es sei meine paranoide Wahrnehmung.

Er fragte dann nach, ob ich ein solches Gefühl auch aus anderem Zusammenhang kenne; daß ich leicht und schnell etwas als gegen mich gerichtet erlebe? Ob ich mich nicht häufig benachteiligt, abgelehnt fühle? Auch wenn es nicht so oder wenigstens nicht so stark sei? Ob dies nicht meiner Problematik entspreche?

Dies lenkte auf meinen biographischen Teil der Wahrnehmung, weg von meiner Frage, ob mein Gefühl der Realität entsprochen hatte, etwas Vorhandenes wahrgenommen hatte oder nicht. Ob ich es als pathologisch aus mir entfernen mußte, in mir bekämpfen mußte, oder ob ich doch irgendwie etwas Richtiges gespürt hatte. Ich mochte mich erst nicht darauf einlassen. Das Reale war mir zu wichtig. Wenn mein Eindruck stimmte, mußte ich auch beruflich umschalten. Ich konnte ja bei der Organmedizin bleiben, mit dem analytischen Traum im Hinterkopf. Ich mußte dies aber klären. Existentiell abhängig war ich ja nicht, aber ich mußte mich ja einrichten.

Damit kam ich dann in die nächste Stunde. Die Reaktion war aber wieder wie die auf eine paranoide, extrem kranke, zu bekämpfende Reaktion. Die Stimmung wurde wieder Westwallartig. Verbissen auf beiden Seiten, schnell mit Argumenten schießend. Ich bestand darauf, daß er erst einmal meine Gründe in sich aufnehme, verstehe, beurteile, wie ich zu meinem Eindruck gekommen war. Bevor ich

mich aber wirklich verständlich machen konnte, wehrte er wieder ab. Wischte meine Erklärungsmöglichkeiten weg, wie etwas fix zu Beseitigendes, Bekämpfendes. Ich fühlte mich persönlich bekämpft. Dabei meinte ich auch das Recht zu haben, einfach ein Gefühl, einen Eindruck zu haben, ohne ihn überhaupt belegen zu können. Bei den sechshundert Mark hatte es ja schon ähnliche Spannungen gegeben; die waren wieder zurückgegangen. Allerdings hatte ich da letztlich nicht auf meiner Interpretation bestanden, hatte locker gelassen. Hier ging es jetzt aber um etwas von mir, was existentieller war. Um eine reale, starke, gefühlsmäßige Wahrnehmung in mir, um meine innerste Substanz. Wenn diese qualitativ einfach verkehrt reagierte, dann mußte ich noch auf Einiges gefaßt sein. Dies war jetzt ganz wichtig. Die Stunden mit Diskussionen strengten sehr an, machten mich gereizt. Er sah keinerlei Unlogik, beurteilte mein Gefühl als ohne Substanz, als falsch. Ohne Kompromiß. Ich nahm dann schließlich den Themawechsel auf den biographischen Anteil meines Eindrucks an. Mir fielen reichlich Situationen ein, in denen ich mich ausgeschlossen, benachteiligt, nicht anerkannt gefühlt hatte. Ungerecht behandelt, unehrlich, benachteiligt. Ich glaubte auch, daß ich aus einem Mischmasch an Gefühlen mir gegenüber selektiv Negatives, gegen mich Gerichtetes stärker wahrnahm als Positives; das kannte ich. Wenn mich jemand mochte, übersah ich das häufig, merkte aber sehr genau, wenn sich jemand über mich ärgerte. Das war mir geläufig. Mit Sympathie mir gegenüber hatte man mich überraschen können früher; Abneigung hatte ich immer schon gemerkt gehabt. Aber war mein Eindruck jetzt wirklich total aus der Luft gegriffen, ohne jeden Anhalt?

Ein neuer Akzent kam in die Diskussion: vor einem Seminar hatte ich einen Analytiker getroffen, der mich sehr freundlich mitfühlend begrüßte, es tue ihm leid. Er war so lieb und menschlich, daß ich beinahe losweinte. Ich rettete mich dann in eine gleichgültige Floskel, sinngemäß etwa die Realitätsbeurteilung meines Analytikers. Wegen meiner Gleichgültigkeit guckte mich dieser Analytiker verwundert an.

Dies wurde zu einem Paradebeispiel für das Phänomen, daß man mich »nicht genug kenne«. Meine Betroffenheit hatte ich nicht gezeigt, sie verborgen hinter kühler Gleichgültigkeit. Wir konzentrierten uns darauf zu ergründen, warum man mich noch »nicht genug kenne«. Auf meinen Anteil daran, weshalb ich so schwer durch-

schaubar sei; weshalb man von mir so wenig wisse, obwohl oder gerade weil möglicherweise ich doch aktiv und präsent gewirkt habe. Welch neurotischer Mechanismus mich so undurchschaubar mache.

Ich mochte dieses neue Thema zunächst nicht; ich war noch nicht fertig mit der Verarbeitung der Ablehnung, auch nicht damit, daß mein Analytiker meinen Eindruck, mein Gefühl, meine Angst, man wolle mich nicht mehr zulassen, nicht ernstnehmen wollte. Dies Thema blieb ein Punkt mit Westwall-Stimmung. Ich fühlte mich vehement abgelehnt, weggefegt, bekämpft, in wichtigen Teilen von mir nicht akzeptiert.

Etwas Unverständliches schien mich also zu umgeben. Trotz relativ starken Engagements in Vorlesungen hatte ich es offenbar verstanden, mich wie ein Tintenfisch einzunebeln und undurchschaubar zu machen. Wie machte ich es, daß mehrere Analytiker, die mich alle gesehen, alle irgendwie auch einmal hatten reden hören, übereinstimmend den Eindruck hatten, mich nicht ausreichend zu kennen? Einen Kollegen hatten dieselben zugelassen, ohne ihn überhaupt je gesehen zu haben. Ich hatte offenbar etwas an mir, das irgendwie verwirrend war. Etwas, das sich nicht so leicht fassen ließ. Was nicht einmal erfahrene Analytiker auf Anhieb durchschauten. Was so außergewöhnlich war, daß nicht einmal sie mit ihrer Erfahrung, ihrer Ausbildung, ihren Fähigkeiten es einordnen konnten. Ich hatte eine Ausstrahlung, die andere verwirrte, in ihrem Verständnis hinderte. Daß es ein Problem von mir war, etwas, das ich bei den Analytikern mit meiner Problematik ausgelöst hatte, also eine reine und waschechte Gegenübertragungsreaktion, stand außer Zweifel.

Besonders irritiert war ich über einen, in dessen Seminar ich mich sehr wohl gefühlt hatte, für dessen Klarheit ich mich begeistert hatte, dessen Deutungsweise ich schön und einen intellektuellen Genuß fand. Daß ausgerechnet er nun auch mich »nicht genug« kannte, empfand ich wie einen Dolchstoß. In den Stunden arbeiteten wir heraus, daß ich trotz formal überdurchschnittlicher Offenheit und Direktheit eben dann wieder, vielleicht um diese Entblößung wettzumachen, mich wieder vernebelte, mich zurückzog. Auf irgendeine mir nicht bewußte Weise. Aber das Ergebnis war deutlich. Vielleicht war dies meine Art der Distanzierung, meine versteckte Angst vor mir, die auch meine Beziehung zu Männern bisher unterminiert hatte; d. h. nicht zu Ehe und Kindern geführt hatte. Häßlich war ich ja nicht. Ich hatte ja immer wieder Männer kennengelernt, die mich mochten. Möglicherweise hatte ich eben so tiefe, nicht wahrgenom-

mene Ängste, daß ich diesen Abwehrmechanismus benutzte; vielleicht war dies ein Teil meiner Problematik, der mich in Analyse getrieben hatte. Unwillkürlich; unbewußt, vorbewußt, ohne daß ich mir je darüber klar gewesen wäre. Sowieso waren meine Begründungen, warum ich nun seinerzeit wirklich in Analyse gegangen war, für Analytiker nicht stichhaltig gewesen. Meine Motivation war ja ein gewisses Geheimnis geblieben; in Zusammenhang mit Penis gleich Wasserleiche, meinen toten Stalingrad-Vater, meinem minderwertigen sinnlichen Erleben hatte ich es wohl inzwischen gebracht. Wahrscheinlich war dies jetzt auch ein Teil meiner basalen Problematik.

Insofern war die Bemerkung der Analytiker und ihre Bearbeitung wieder sinnvoll; sie zeigte mir die Logik einer guten Psychoanalyse. Überzeugend wirkte, daß ich von meiner Technik keine Ahnung gehabt hatte, daß mir das auch noch niemand bisher gesagt hatte. Letztlich konnte ich dankbar sein, daß ich eine so klare, mich analytisch weiterbringende Aussage erhielt. Wenn man mich so schlecht durchschauen konnte, mußte ich dies ja zur Abwehr irgendeiner besonders peinlichen Störung tun. Eines Bezirks, der in mir bohrte, rotierte, um den ich gerade eben wußte, gerade eben soviel, daß ich ihn verbergen wollte. Daß ich aus diesem Grunde nähere Kontakte vermeiden mußte.

Ich begann, mich genauer zu beobachten im Umgang mit anderen, verglich deren Aussagen über mich mit meinen Ansichten über mich. Deren Gefühle mit meinen. Das Wort Gefühl wurde zu einer Art Gottheit. Vielleicht hatte ich solche gar nicht oder in einer ganz anderen Qualität. Andere waren leichter verständlich als ich, wahrscheinlich, weil sie mehr Gefühle *zeigten*. Ich versuchte das auch. Es war schwierig; plötzlich mitten im Gespräch fiel mir ein, ich müsse mich deutlicher machen. Manchmal befremdeten meine Geständnisse andere. Eine Stationsschwester teilte mir belustigt mit, ich könne aber auch gar nichts bei mir behalten. Da hatte ich nun wieder zu viel gezeigt. Ich fühlte mich unbeholfen; versuchte mehr von mir mitzuteilen, bloßzulegen.

Ich beobachtete, verglich, wurde unsicherer, zweifelnder, trotz allem konnte ich nicht wirklich meine Besonderheit wahrnehmen. Verstand nicht die geheimnisvolle Eigenschaft, die mysteriöse Differenz, wie sich andere verhielten und ich nicht.

Ich wußte es aber jetzt: Ich war so eine, die, wenn sie sich so verhielt, wie es ihr natürlich und unkompliziert schien, anderen un-

verständlich, undurchschaubar blieb.

An allem war wahrscheinlich meine minderwertige väterliche Identifikation Schuld. Wenn er sich zu einem Nichts, zu einer Leiche, einem Vakuum, in Stalingrad, einer nicht faßbaren, vermißten Gestalt aufgelöst hatte, hatte vermutlich etwas von diesem Irrealen, Nebulösen, auf mich abgefärbt. Ich hatte ihn ja auch nicht begriffen; wahrscheinlich hatten deshalb Leichen eine solche Faszination für mich gehabt. Auch das Lied, das ich später oft mit viel Teilnahme spielte, ich bete an die Macht der Liebe, war, wie ich entdeckte, eine Melodie, die von einem Posaunenchor am Grab gespielt zu werden pflegte. Ein anderer Degenhard-Song »Es war anno 42 in Paris, als er ein Neugeborenes hinterließ« verfolgte mich auch; neun Jahre war mein Vater ja vermißt gewesen und den Stiefvater hatte ich nicht anerkannt. Er hatte mir versprechen müssen, meinen Vater »dem Krieg« wieder abzunehmen, aus Stalingrad zu holen, aus dem Schnee, irgendwie, jedenfalls wieder herzubringen.

Wenn es so war – was konnte ich aber für mein Warten; überall waren doch noch Spätheimkehrer wiedergekommen, in einem benachbarten Dorf kam er 1951 wieder, als niemand mehr damit gerechnet hatte. Das Mädchen, dessen Vater er nicht mal war, hatte plötzlich einen, der sie mochte, mit ihr spielte. Die Mutter hatte die Tochter unehelich von einem Soldaten bekommen und ihren Mann dann mit dem Argument, ob er etwa immer treu gewesen sei, überzeugt. Sogar so jemand, der gar nicht einmal der leibliche Vater war, kam wieder. Alles wurde unwirklich, ich wütend und verzweifelt. Was machte mich unbegreifbar, geistig und vielleicht auch körperlich? Wenn ich meinen Vater nicht greifen, begreifen konnte, wollte ich mich dann auch nicht begreifen lassen? Die Deutung »sie haben ihren Vater nicht sinnlich erlebt, deshalb können sie diesen Mann auch nicht sinnlich erleben«, saß in mir, hatte sich generalisiert. Gemein behandelt fand ich mich: »Erfülle immer deine Vaterpflicht, entweder ganz – oder sonst nicht«, hieß es in meinem Degenhard-Lied. Das einzig Direkte, was ich von ihm hatte, wo er sich mit mir beschäftigte, war eine Briefkarte zu meinem errechneten und tatsächlichen Geburtstag. Über die konnte ich nur heulen. Er sei sicher, daß ich heute geboren werde und gepflegt und gestillt werde wie die anderen auch. Er könne sich das gut vorstellen in Analogie zu den beiden anderen. Es war ja das einzig Wirkliche gewesen von ihm über mich, an mich, dann kam Pause. Tödliche, absolute, irreversible Pause. Die nach neun Jahren definiert wurde.

»Wir kennen sie nicht genug«, war das nicht dasselbe, was ich von meinem Vater sagen konnte? Hatte ich so eine Identifikation vollzogen? Bezog sich das Unverständliche an mir auch auf meine geschlechtliche Identifizierung?

Wie hätte eine solche auch eindeutig zustande kommen können? Meinem Vater sah ich zwar ähnlich, eindeutig; hatte seine Nase, seine ostpreußische Ruhe. Aber das waren Gerüchte, Erzählungen. Wußte ich vielleicht selber nicht genau, wer, was, wessen Geschlechts ich war? Wenn ich meinen Stiefvater nicht ernst genommen hatte, dann vielleicht auch meine Mutter nicht als richtige Frau? War die Brutalität meines Stiefvaters für mich so traumatisierend gewesen, daß ich eine solche wie meine Mutter nicht werden mochte?

»Wir kennen Sie nicht genug« wurde zu einer Kardinalaussage über mich. Es fraß sich in mich hinein. Mit Sicherheit wurde nur klar, daß ich den Eindruck durch meine verwirrende, vernebelnde Taktik auslöste. Alles andere blieb Vermutung.

Wenn mein Vater nicht wiedergekommen war, hatte ich dies ja wohl als meine Schuld, als Folge meiner Schlechtigkeit, irgendwelcher aggressiven Wünsche aufgefaßt. Aus seiner Nichtexistenz hatte ich ja vermutlich geschlossen, daß ich es nicht wert war, wiederzukommen; daß ich ein so ekelhaftes Wesen, Sexualität, die mich verursacht hatte, zerstörerisch, mörderisch sei, und so fort. Vielleicht war dies das, was ich einfach nicht verstehen wollte, konnte, was mich dann auch wieder unverständlich für andere machte. Das, was andere keinesfalls verstehen sollten. Was mich unverheiratet, kinderlos gehalten hatte, obwohl angeblich mein »Becken nach Kindern schreit«?

Immerhin hatte ich ja jetzt die Gefühle mit dem Berliner Freund zu bearbeiten. Diese Mixtur aus pseudoväterlicher jüdischer Nachkriegsidentifikation und Übertragungsliebe war ja analytisch wertvoll. Vielleicht ließ sich daran doch einiges klären, normalisieren, an die Oberfläche bringen. Meine Verliebtheit verstand mein Analytiker nicht; ich versuchte sie auf Umwegen zu vermitteln. Er argumentierte, unterbrach mich. Ich beschwerte mich, meine Analytikerin habe mich nie unterbrochen, nie eine solche Spannung mit mir gehabt. Auch nicht so ihre Wertungen einfach hineingebracht. Er meinte, dies sei seine direktere Art; er sähe darin einen Gewinn für die Realitätseinsicht; direkte emotionale Äußerungen verminderten die Angst des Analysanden. Er selber habe es in seiner Analyse auch

so kennengelernt, und davon profitiert. Das leuchtete mir nur partiell ein; er schien so kämpferisch, engagiert; nicht reflektiert, abgeklärt. Auch mein Ohrwurm »Meine Art, Liebe zu zeigen, das ist ganz einfach Schweigen, Worte zerstören, wo sie nicht hingehören«, tangierte ihn nicht. Ich wurde ärgerlich.

Die Uneinigkeiten mit ihm wurden mir wieder wichtig. Ich wollte sie klären. Die Stunden entwickelten sich zu einem zähen Kampf darum, wer Recht hatte, wer sich vermitteln konnte, wessen Meinung, Interpretation, angenommen werde. Für mich hatte die Spannung mit den 600 DM angefangen; dann war die Prüfungsablehnung mit der Unlogik und meinem Gefühl, die er beide nicht gelten lassen wollte, dazugekommen; zusätzlich hatte er meine Verliebtheit nicht wahrgenommen. In all diesen Situationen war dann intensiv und schwer erträglich die Westwallstimmung aufgetreten.

Einen Teil von mir schien er nicht zu mögen, zu bekämpfen, in der Tiefe abzulehnen. Einen sensiblen wichtigen Teil von mir. Der mit meiner Ernsthaftigkeit, meiner Wahrheitssuche, meiner Weltanschauung, meiner Liebesfähigkeit, der Wahrheit an sich, zusammenhing, irgendwie; meine feinsten Gefühle, Wahrnehmungen, Wertungen, meine Identität.

Oft hatte ich den Eindruck, meine Gefühle würden als zarte kleine Pflänzchen von ihm rigoros bekämpft, ausgerissen, ausgewischt, abgesäbelt. Aus mir nicht erklärlichem Grund. Er mochte dann nicht zusehen, verstehen, wohlwollend beobachten, was ich wohl meinte, dachte, fühlte. Als ob meine Ideen, mein Innerstes dann wie »Hau ab« auf ihn wirkten. Er sollte meine Ideen nur »im Herzen bewegen«, in sich aufnehmen, wie Odysseus in den schulischen Übersetzungen. Dann würde ich mich auch korrigieren lassen.

Mein Lied wurde mir wieder wichtig; ich hatte es inzwischen auf deutsch, englisch und als Akkordeonmelodie auf Schallplatte. Es enthielt Wesentliches von mir. Ich fragte, ob er es anhören könne. Meine Analytikerin hatte sich ja auch dafür interessiert; es war ja offen geblieben, was ich damit ausdrücken wollte. Er war dagegen; ich sollte »verbalisieren«, da »Analyse Sprache« sei. Es kam aber nicht beim Reden; ich fand es nicht so. Irgendwie hing es in der Melodie, der Stimmung, meine Worte blieben fade. Den Text hatte ich ja; auch aufgeschrieben; und im Kopf. Ich hatte das ja schon einmal versucht; bei ihr. Meine Sätze blieben jetzt kühl; an das Bewegende reichten sie nicht, es blieb unbefriedigend. Ich drängte, ob er nicht doch das Lied hören könne. Er fand das nicht richtig. Mir fiel dann ein, daß die

Analytikerin mich ja sogar aufgefordert hatte, die Melodie zu summen in der Stunde, und ja auch »mehrfach« und »mit Aufmerksamkeit« die Platte dann gespielt hatte. Ich mußte wieder weinen, in Gedanken an sie. Ich konnte ihn schließlich überzeugen; er willigte ein. Würde die Platte zu Hause anhören.

> »Wer hat mein Lied so zerstört?
> Ich wollte singen, was ich niemals sagen kann,
> doch darauf kam es nicht an, Ma.
> Wer hat mein Lied so zerstört?
>
> Wer hat den Sinn so verdreht?
> Jedes Wort, das legten sie falsch aus,
> und dafür gab es Applaus, Ma.
> Wer hat mein Lied so zerstört?
>
> Ich wünschte mir einen Traum zum Träumen.
> Ich wünsche mir einen Traum.
> Hätte je ein Traum mich frohgemacht,
> dann wäre ich niemals aufgewacht
> und fände mein Lied nicht zerstört.
>
> Wer hat mein Lied so zerstört?
> Ils ont changé ma chanson, Ma.
> Ils ont changé ma chanson.
>
> C'est la seule chose que je peux faire
> et ce n'est pas bon, Ma.
> Ils ont changé ma chanson.
> Wer hat mein Lied so zerstört, Ma?
>
> Ich wollte singen, was ich niemals sagen kann,
> doch darauf kam es nicht an, Ma.
> Wer hat mein Lied so zerstört?
>
> Vielleicht werd ich bald verstehen, Ma,
> vielleicht sag ich bald o. k.,
> Irgendwann sind Tränen Triumphen gleich,
> dann bin ich wirklich reich, Ma.
> Wer hat mein Lied so zerstört, Ma?
>
> Ils ont changé ma chanson, Ma,
> ils ont changé ma chanson.
> C'est la seule chose que je peux faire
> et ce n'est pas bon Ma.
> Ils ont changé ma chanson.

Bald wird es Zeit zu verstehen, Ma,
bald wird es Zeit zu verstehen,
werden alle Tränen der Welt zu Geld,
vielleicht auf dieser Welt, Ma,
o Mama, wer hat mein Lied so zerstört?«

In der englischen Version hieß es:
Look what they done to my brain, Ma
They picked it like a chicken bone ...

Danach war ich sehr gespannt; wartete still, fragte schließlich. Das Lied war mir ja in die Seele gewachsen. Viele Stunden hatte ich ja mit ihm verbracht; meine ganze Geschichte hing irgendwie damit zusammen, das spürte ich. Nach einem längeren Zögern fiel ablehnend, ungelenk: »Kitsch«, und die Sängerin sei »geldgierig«. Das tat weh. Ich hatte soviel geweint bei meinem Lied. Ich konnte gar nichts mehr sagen. Wenn er dieses nicht mochte, dann auch mich nicht. Darin war ich; mindestens eine große Partie von mir. »C'est la seule chose que je peux faire, et ce n'est pas bon, Ma«. Jetzt ging ich doch schon so lange mit diesem Lied um. Auch in die Ferien hatte ich es immer mitgenommen, mochte nicht ohne es sein. Es beruhigte mich so, brachte eine weiche Wärme, wenn es mir nicht gutging. »Bald wird es Zeit zu verstehen«. Das »geldgierig« hatte er wohl aus den Zeilen geschlossen; »irgendwann werden Tränen der Welt zu Geld, irgendwann sind Tränen Triumphen gleich, dann bin ich wirklich reich«.

Ich hätte nur heulen können; bekam Sehnsucht nach meiner Analytikerin. Sie hatte mein Lied angenommen; ich hatte nicht dafür kämpfen müssen. Sie hatte versucht, mich zu verstehen; irgend etwas wollte ich damit sagen. Von ihm war eine kühle Ohrfeige gekommen. Ich erholte mich in der Stunde nicht davon; ging geknickt. Dieses Lied war ein Teil von mir; und er fand es Kitsch. Lehnte es ab. »Geldgierig« sei sie. Was sollte ich da noch sagen? Er mochte es eben nicht. Hatte er überhaupt noch zugehört in seiner Antipathie? Sich dem Text, der Melodie hingegeben? Ich glaubte nicht. Er schien ja auch verärgert. Dies war offenbar für ihn das Letzte. »Wer hat mein Lied so zerstört, Ma? Wer hat den Sinn so verdreht? Jedes Wort, das legten sie falsch aus – und dafür gab es Applaus, Ma. Wer hat mein Lied so zerstört?« Seine Ablehnung, Wertung, taten einfach weh. »Hätte je ein Traum mich froh gemacht, dann wär ich niemals aufge-

wacht, und fände mein Lied nicht zerstört«. »They picked it like a chicken bone«, »ils ont changé ma chanson«. Es war mir gar nicht leichtgefallen, mein Lied preiszugeben. Ich hatte mich nackt gefühlt. Und jetzt so abgelehnt. Wie könnte ich mich denn ihm vermitteln; er nahm mich ja nicht an.

Ein anderes Lied von Dahlia Lavi hätte er wohl auch Kitsch gefunden:

»Words are all I had to take your heart away ...
You think that I don't even mean a single word I say
It's only words –
and words are all I had to take your heart away.

Ich hatte mich doch auch geniert, einen Schlager schön zu finden. Und überhaupt. Ich hatte ja inzwischen mehrere Langspielplatten von Dahlia Lavi. Dieses Lied war mein wichtigstes. Andere mochte ich auch sehr gerne: »If you could read my mind«, »would you follow me if I searched for another life«. Aber das Wichtigste war in dem ersten enthalten. Auf einer Tournee hatte ich sie gesehen, und auch dieses Lied am schönsten gefunden. Was sollte ich noch tun? So mochte er mich nicht.

Trotzdem schien die ganze Anstrengung wichtig und nötig. Dies war eben eine intensive Analyse. Die Spannung wurde wieder schlimmer. Sie machte mich gereizt bei der Arbeit. Säuglinge und kleine Kinder spüren so viel. Ich warf ihm seelischen Vaginismus vor. Warum nahm er meine – wenn auch noch so – Verrücktheiten nicht in sich auf, erst einmal? Wenn ich jemanden nicht mochte, mich zu etwas zu zwingen versuchte, hatte ich auch einen Vaginismus. Ob es bei ihm seelisch so sei?

Eisige Stimmung. Mit Gewalt mußte ich alles auf diese Ebene bringen. Zwanghaft sexualisieren. Dabei hatte ich ihn auf einem Vortragsabend ähnlich erlebt; da war er locker mit sexuellen Assoziationen gewesen. Warum war bei mir diese Ebene so gründlich verfehlt? Warum wirkte ich giftig, idiotisch, abwegig, größenwahnsinnig, wenn ich solche Bereiche tangierte? »Was man nicht erklären kann, sieht man für einen Virus an«, hieß es früher; jetzt war die Modediagnose »Frühe Störung«, mit gruslig geheimnisumwittertem Touch. An der früheren Klinik hatte man noch eine gewisse Ironie dieser neuen Diagnose gegenüber gehabt; hier hatte sie schon barbarisch ernsten Wissenschaftscharakter. Ich konnte auch nicht mehr richtig über sie lachen.

Warum verstand er meine Verliebtheit nicht? Von einem Artikel »Das Schweigen in der Analyse« war die Rede; dann müsse der Patient den Analytiker gern haben, während dieser Zeit. Mir wurde die Spannung zuviel, ich fand die Verleugnung belastend. Erst meinte ich, es sei seine Fürsorglichkeit, Schonung, das zu übersehen. Dann fiel mir aber auch die Westwallstimmung in der Nähe von erotisierten Stimmungen auf.

Meine Achtung sank. Das war nicht die Analyse, für die ich mich begeistert hatte. Wieso brachte er penetrant und dominierend immer wieder seine persönliche Meinung, seine Wertung, seine Beurteilung der Situation ein, ohne meine erst wahrzunehmen, sich entwickeln zu lassen? Dies zähe Argumentieren, Gerechte, Gehakel, mir Widersprechen – dies war keine gute Analyse.

Er meinte, ich nehme übel, daß er die anfängliche Harmonie durch eigene Meinungsbildung gestört habe. Die absolute Symbiose. Ich sei allergisch geworden, als er begonnen habe, sich als selbständige Person zu äußern. Anfangs sei er sehr, vielleicht zu viel, auf mich eingegangen; habe mich sehr gestützt. Ich nehme ihm übel, daß er sich von mir trenne, sich aus der Symbiose löse. Dies sei meine spezielle Problematik; ich könne es kaum aushalten, daß er eine abweichende Meinung von mir äußere. Ich meinte, alles habe mit seinem Nichtverstehen (600 DM) und durch seine Involvierung und eine gewisse Lüge, Unehrlichkeit angefangen (als er seine Meinung total geändert hatte, weil er an der Sitzung teilgenommen hatte). Ich behielt das Gefühl, daß er wichtige Teile von mir kategorisch ablehne. Wenn ich um mich, um meine Gefühle kämpfte, schien ich eklig.

Wenn die Spannung stark war, kam er oft zu spät; 5–15 Minuten. Und bestand darauf, mit leicht verärgerter Stimme, daß dies nichts mit mir zu tun habe. Mit meiner Neigung, alles auf mich zu beziehen, dem Paranoiden in mir, sehe ich jetzt wieder zuviel. Er kam aber eben besonders und deutlich und immer in den Westwallzeiten zu spät.

Vertrauen, doch auf mich und meine Eingebungen zu hören, bekam ich aus der Organmedizin. Während einer besonders anstrengenden Spannungszeit hatte ein vergiftetes Kind überlebt, durch meine Zweifel an den Ratschlägen der Vergiftungszentrale, die Verkehrtes geraten hatte. Es wäre erstickt, hätte ich mich den offiziellen Ratschlägen unterworfen. Das stärkte, gab Kampfgeist. Ich war nicht so dumm, nicht so wertlos.

Ab und zu gab es noch weichere, an den schönen Anfang erin-

nernde Momente. Zu Beginn einer Stunde, in die ich gespannt gekommen war, zu der er sich verspätet hatte, sackte ich erschöpft und resigniert in Traurigkeit und Schweigen ab. Still und milde mochte er mich ja. Jedenfalls lag ich in solcher Stimmung eine ganze Weile auf der Couch.

»Was geht in Ihnen vor?« – »Ich überlege, wie ich etwas in Ihre Seele lancieren kann.« Meine Milde, mein langsames Abwarten, nicht Mit-der-Tür-ins-Haus-Fallen, die Formulierung, gefielen ihm. Er lachte, wurde locker, und der Kontakt war wieder schön für eine Weile.

So etwas freute mich; es gab Hoffnung, daß sich die ganze Kalamität doch mit Geduld und Ausdauer und Sensibilität bereinigen ließe. Eine gute Analyse war eben gewaltig, ging an psychische Grenzen, krempelte um und strengte an. Beide vermutlich. Im Grunde war die Westwallstimmung ja ein gutes Zeichen; es passierte etwas, wichtige Konflikte waren in Bearbeitung, zumindest tangiert. Keine lauwarme Brühe.

Ich entwickelte Diplomatie; wich aus, lenkte ab, schwächte ab, wenn Ansätze von Westwallstimmung aufkamen. Wenn ich es darauf anlegte, konnte ich die Stimmung erträglich halten.

Ein neues Lied wurde akut:

> Ich hatt einen Kameraden,
> einen bessren findst Du nicht,
> er ging an meiner Seite,
> die Trommel schlug zum Streite
> im gleichen Schritt und Tritt.
> Eine Kugel kam geflogen,
> gilt sie mir oder gilt sie Dir?
> Ihn hat es weggerissen,
> er liegt zu meinen Füßen,
> als wär's ein Stück von mir.
> Will Dir die Hand noch reichen,
> derweil ich (?) neben lag (?),
> bleib Du im ewgen Leben
> mein guter Kamerad.

Es rührte viel in mir an; irgendwie am ganzen Körper, mit einer tiefen, warmen Traurigkeit, aber schön, stark, trotz Weinen kräfti-

gend. Ernst. Etwas ganz Wichtiges, Romantisches, Schönes saß in der Musik; in den Tönen plus Männerchor. Ich versuchte es zu besprechen, das Schöne, Romantische kam aber nicht in die Stunde; es hing nicht an meinen Worten. Der Text war ja an sich offen auf den Vater zu beziehen; in den Tönen war aber noch etwas anderes, Wehes, Schönes. In einer anderen Form »Hans Beimler, Kamerad«, aus dem spanischen Bürgerkrieg, von Busch gesungen, war es auch, nicht so stark. Dabei mußte ich nicht weinen:

> »Der Schuß war gut erwogen,
> der Lauf war gut gezogen,
> ein deutsches Schießgewehr
> starb Hans der Kommissar.«

Hans hieß mein gefallener Onkel. Aber Sprache, Worte, schienen plump, reizlos, verglichen mit dem Schönen in der Melodie. Dafür lohnte das Leben, da saß etwas Gutes. Ich drängte nicht mehr auf Anhören der Platte. Nach seiner Reaktion auf das erste Lied mochte ich das nicht riskieren. So konnte ich das Romantische weiter genießen für mich. Es blieb heil, aber auch ungeklärt.
Einen ähnlichen Zauber hatte die »Loreley«:

> ». . . und singt ein Lied dabei,
> das hat eine wundersame, gewaltige Melodei.
> Den Schiffer in seinem Schiffe
> ergreift es mit wildem Weh,
> er sieht nicht der Felsen Riffe,
> er schaut nur hinauf in die Höh.
> Ich glaube, die Wellen verschlingen
> am Ende noch Schiffer und Kahn,
> und das hat mit ihrem Singen
> die Loreley getan.«

Die Uneinigkeiten störten aber doch. Eine Weile dachte ich, sie beiseite zu lassen, eben auf anderen Wellen mit ihm zu kommunizieren. Man mußte sich ja auch nicht in allem verstehen. Trotzdem unterminierte es mein Vertrauen. Ich wollte es klären, fand es korrumpiert und unehrlich, eine Beziehung auf wackeligem Untergrund konventionell weiterzuführen. Ich nahm übel, daß er meine Denkmöglichkeit nicht gelten lassen wollte. Fand mich wie Gift, Unkraut, lebens-

unwürdigen Schwachsinn bekämpft. Daß meine Ideen letztes Endes wirklich stimmten, darauf bestand ich ja gar nicht. Aber warum sie nicht erst einmal wachsen lassen, blühen lassen, meinetwegen wie eine Verrücktheit; wie eine Diskussionsbemerkung, ein Brain-storming-Ergebnis einfach mal ansehen? Seine Feindseligkeit machte mich wütend, kämpferisch. Ich wollte nicht mehr darüber hinweggehen. Außerdem gehörten solche knalligen Wertungen, heftigen verbalen Eingriffe einfach nicht in eine richtige Analyse.

So war ich es nicht von meiner Analytikerin gewohnt gewesen. In meiner Erinnerung war sie die ganz Kluge, Große; Wissende, alles Durchschauende, Liebende. An ihrer Klugheit, ihren technischen Fähigkeiten hatte ich nie gezweifelt. Ich wurde sehr traurig in Gedanken an sie; an das, was ich mit ihr verloren hatte. So schöne Stunden wie ein paar der letzten mit ihr, hatte ich bei ihm noch nicht gehabt. So paradiesische. Ich dachte viel an sie. Bei ihm war zwar manches schneller in Gang gekommen; er war ja ein Mann; und die Post-Lab-Episode hatte er abgeklärter, logischer und fruchtbarer behandeln können als sie in der akuten Situation. Das hatte er wirklich besser gesehen als sie; aber seine Situation war ja auch anders, mit Abstand, und ohne so große Verantwortung wie sie damals für mich. Er hatte bei ihr gelernt; ob er wirklich so gut, so technisch gekonnt arbeiten konnte wie sie? Wesentlich älter als ich war er nicht; zehn Jahre, aber die machten ja jetzt keinen wesentlichen Unterschied mehr. Männer in seinem Alter kannte ich, hatte ich als Freunde; mit solchen konnte ich umgehen. War er wirklich so gekonnt, so abgeklärt, perfekt wie sie? Sie war so lieb gewesen zum Schluß; hatte sich sehr gekümmert; hatte mir ja auch den Platz bei ihm hier ertelefoniert. Vielleicht hätte er mich ohne ihr Votum gar nicht genommen.

Ganz sicher hatte ich aber mit ihr nie solch gespannte Kämpfe um Bedeutungen, Assoziationen, Bemerkungen gehabt. Das führte ich immer wieder jetzt bei ihm an. Er deutete mir dies als Beginn meiner Trauerarbeit um die Verlorene. Deshalb könne ich ihn nicht mehr anerkennen; suche nach Unterschieden. Im übrigen könne er aber gut verstehen, wenn ich traurig und sehnsüchtig sei.

Das war ich auch wirklich. Ich konnte weinen wie auf Knopfdruck. Fühlte mich verloren, wie ein Blatt im Wind. Nach ihrem Umzug hatte ich alles stehen und liegen gelassen, mich Hals-über-Kopf dem neuen Analytiker anvertraut. Jetzt stand eine intensive Trauerarbeit um sie an. Erst danach würde ich mich wirklich mit vollem Herzen

auf ihn einlassen können. Die Argumente überzeugten mich. Ich war ja wirklich sehr weh um sie.

Meine Zweifel an ihm, meine Auseinandersetzungen mit ihm, gehörten also in den analytischen Prozeß. Wenn ich noch um eine vorige Liebe trauerte, hatte ich natürlich an ihm herumzumäkeln. Meine aktuelle Kritik verlor an Substanz.

Ein Bekannter (in Analyse) sprach mich auf mein Geschimpfe an; ob es denn nötig sei, mich so genau mit meinem Analytiker auseinanderzusetzen. Ob ich nicht manches für mich behalten wolle? Ich saß ihm geistig an der Kehle. Wenn Psychoanalyse nicht der Ort einer radikalen Ehrlichkeit und Offenheit war, ohne diplomatische Lüge, konventionelle Korruption – wo denn sonst? Offenheit, Wahrhaftigkeit war doch schließlich das, was eine Analyse ausmachte. Dazu gehörte doch auch freie Assoziation. Ich antwortete bissig etwas von verlogenem Schwachsinn.

Ein anderer, ebenfalls in Analyse, erzählte einmal beiläufig, welche Wut er manchmal auf den »Ochsenfrosch« habe (seinen Analytiker). Mich interessierte, wie sein Analytiker darauf reagiert hatte. Verwundert erklärte er mir, so etwas sage er nicht; das könne er doch nicht sagen.

Das traf mich; beide wußten theoretisch Bescheid um Analyse. Offenbar gab es aber eine gewisse Etikette; eine Grenze, die sie einhielten, und ich nicht. Konnte ich es nicht ertragen, in umschriebenem Unfrieden partiell uneins mit ihm zu leben? Konnten das andere, und trotzdem genießen? Fanden sie sich damit ab, oder war es ihnen vielleicht egal, wenn ihr Analytiker in wesentlichen Dingen anders urteilte? War dies das vereinte gute und böse Objekt, eine Form von Liebe, die alles andere unwesentlich werden ließ?

Waren die anderen angepaßt, lässig, oder ich rechthaberisch, symbiotisch, untolerant, empfindlich? Weshalb konnte ich nicht annehmen, daß er nun in diesem speziellen Fall anders dachte als ich? Warum konnte ich das nicht vergessen, nicht loslassen? Deutungen saßen mir im Ohr: Warum geht Ihnen das jetzt so nah? Warum ist es Ihnen so wichtig? Müssen Sie sich das jetzt vermiesen? Mußte ich aus Neurose so auf meiner Version beharren?

Bewußt glaubte ich, daß ich nach der Wahrheit suchte; daß ich nicht, ohne wirklich überzeugt zu sein, eine fremde Meinung übernehmen wollte, mich ihr nicht unterwerfen. Bei dem vergifteten Kind hatte ich recht gehabt.

Bei Westwallstimmung, auch schon bei leichten Ansätzen, kam er

ja oft zu spät: manchmal nur ein paar, meist 10 bis 15 Minuten. Dies war an sich kein Drama, weil er ja ungefähr diese Zeit anhängen konnte, da er immer zur vollen Stunde, bzw. zehn Minuten danach anfing.

Meine Analytikerin hatte sehr auf die Zeit geachtet. Ihre Deutungen über Pünktlichkeit hatten mich auch überzeugt. Wenn ich irgendwie ein schlechtes Gewissen, Angst, Bedenken, miese Laune oder ähnliches gehabt hatte, war ich zu spät gekommen; oder auch zu früh. Nach wenigen ihrer Deutungen war das dann vorbei. Dann kam ich fast traumwandlerisch genau pünktlich an. Wenn ich früher losgefahren war, ergab es sich meistens so, daß ich dann länger für die Strecke brauchte. Wahrscheinlich trottelte ich dann etwas an den Kreuzungen, oder ließ mir Zeit mit dem Einparken. Jedenfalls war ich oft überrascht, wie genau auf die Minute ich vor ihrer Tür stand. Ich hatte eine überzeugende geheime Planung in mir. Jedenfalls glaubte ich nicht mehr an Zufall, wenn ich zu spät kam. Auch der Mittagsverkehr war letzten Endes vorauszusehen; und ich mußte ja auch nicht gerade dann auf die Idee kommen, durch die Innenstadt zu fahren, es gab ja Schleichwege. Auch Ampeln hatten ja ihren Rhythmus und schalteten nicht alle gleichzeitig im Takt auf Rot. Wenn ich doch einmal zu spät gekommen war, hatte ich meist schon von vornherein knapp kalkuliert gehabt, und eine rote Ampel mehr hatte dann das System aus dem Gleichgewicht gebracht. Das hatte ich dann aber innerlich schon leise eingeplant gehabt.

Jetzt ärgerte ich mich, wenn solche analytisch erworbenen Gedanken bei ihm, meinem Analytiker, auf einmal nicht gelten sollten. Schließlich fuhr er ja doch jeden Tag die gleiche Strecke. Und das Straßenbauamt bescherte nicht jeden Tag, und auch nicht selektiv zu Analysespannungszéiten, zeitraubende Umleitungen oder Sperren. Auch ein familiäres Frühstück war doch letztlich kalkulierbar, vorzuplanen, zu übersehen. Wahrscheinlich hatten doch seine Kinder, seine Frau nicht ausgerechnet dann ihn aufgehalten. Soviel Zwischenfälle waren doch unwahrscheinlich. Ob ich nun pünktlich zur Zeit, oder unpünktlich zehn Minuten nach der Zeit komme, ist ja letzten Endes egal.

Meine Art der Interpretation mochte er nicht. Es war dann doch der Verkehr, die Umleitungen, die schlechtorganisierte aus den Nähten geplatzte Kleinstadt, das Auto usw. Alles, aber nicht die Beziehung zwischen ihm und mir.

Seine Art, damit umzugehen, verwirrte mich zunächst auch. Ich

hatte inzwischen doch Erfahrung mit Patienten und wußte auch von daher, was Verspätungen bedeuten konnten. Zumindest glaubte ich nur noch in Extremfällen an Zufall oder äußere Macht. Diese Denkweise hatte ich mir ja nun angeeignet. Seine sachlich neutralen Begründungen beschämten mich auch. Ich hatte die Flöhe husten gehört; hatte in Egozentrik, im Bemühen, alles auf mich zu beziehen, entsprechend meiner Größenphantasien, in Kapriolen gedacht, und ein banales äußeres Ereignis wie mit Beziehungswahn auf mich persönlich bezogen. Dies war sachlich nicht richtig, und für eine Analysandin unmöglich. Seine emotionale Ablehnung bestätigte mir, daß ich so nicht zu denken hatte. Hier hatte ich nicht, wie sonst, mir bei Fehlleistungen Gedanken zu machen. Das stand mir als Analysandin hier nicht zu; es ging ja hier um meine Problematik, um mich und meine Schwierigkeiten. Vielleicht handelte es sich auch um eine Projektion: um meine eigenen Wünsche und Vorstellungen. Hatte *ich* denn überhaupt Lust gehabt zu kommen? War in *mir* nicht Widerwille gewesen, in diese Stunde zu kommen? Wenn ich so schnell mit meiner Idee, *er* habe sich nur mit Mühe und zögernd aufgerafft, bei der Hand war – schien dies nicht ein Hinweis auf meine Gefühlslage? In der Tat war es ja auch so.

(Aber es war doch sowieso in Zweierbeziehungen oft so, daß nicht nur einer sich in einer Weise fühlt; sondern daß viel öfter und viel intensiver ein gleichzeitiges, nur in der Heftigkeit unterschiedliches Erleben bei beiden, auch bei Psychoanalytikern und Analysanden auftritt, als es offiziell zugestanden wird. Jedenfalls konnte ich in meinen Behandlungen, wenn ich darauf achtete, sehr genau von meinen Gefühlen und Zuständen auf die des anderen [Patienten] schließen).

Seine Gefühle zeigte er aber nicht; und mit »Projektion« hatte er auch recht: ich hatte keine besondere Lust gehabt. Obwohl ich es zu fühlen glaubte, hatte ich nicht *seine* Lustlosigkeit wahrgenommen, sondern nur meine eigene auf ihn lokalisiert.

Projektion galt als ubiquitärer seelischer Mechanismus; jeder und jede benutzten ihn psychisch. Bei mir war er sehr stark. Ich hätte schwören können, daß er sehr wenig Lust gehabt hatte. Die vorige Stunde war so verlaufen, daß dies zu erwarten gewesen war. Mir ging es auch so, aber bei ihm war ich mir doch ebenfalls sicher. Meine Wahrnehmungen kamen aber als Bumerang zurück. Hätte ich nur einen vagen Verdacht gehabt, nur eine spielerische Idee, hätte ich lachen können über »Projektion«, und sie ad acta legen können. So

waren aber Teile von mir betroffen, die zu mir gehörten, Empfindungen, die in mir gewachsen waren. An ihnen hing ich.

Bevor ich aber mich wirklich mit seiner sachlichen Begründung und meinem Projizieren hätte auseinandersetzen können, kam Nachhaken: Warum kam ich überhaupt so pünktlich? Warum war ich so streng mit mir? Auf diese Minuten kam es doch gar nicht so sehr an. Nicht alles mußte doch so auf die Minute gehen. Das stimmte wohl auch; für diesen Analytiker. Er war ja nicht so ordentlich, pünktlich, zwanghaft. Die Frage wirkte trotzdem entspannend auf mich, denn ich hatte mich wirklich manchmal sehr abgehetzt, um noch pünktlich zu kommen. Und wenn mir das nicht geglückt war, hatte ich ein gründlich schlechtes Gewissen gehabt. Mein Über-Ich war zu streng an diesem Punkt. Das stimmte ja – losgelöst und absolut –, denn andere waren wirklich lässiger. Am besten nahm ich das Ganze nicht so wichtig, nicht so ernst.

Seine Frage hatte mich aber auch von meinem Problem, meiner inneren Frage abgelenkt.

Ich behielt das Gefühl, in dieser Analyse stimme etwas nicht. Die Spannungen kannte ich von meiner Analytikerin nicht. Ich vereinbarte deshalb mit ihm, diesen Punkt mit ihr zu besprechen; vielleicht habe sie mehr Überblick; sie kannte ja mich und ihn; und es war ja anzunehmen, daß es etwas Persönliches zwischen uns beiden war; die Westwallstimmung mußte irgend etwas mit Mann/Frau zu tun haben. Mit ihm waren ja Vaterübertragungen schneller in Gang gekommen, ich hatte mich schnell verliebt; das lief ja anders als mit ihr. Und er hatte ja auch gesagt, daß er »noch nie in einer Analyse solche Schwierigkeiten« gehabt habe.

Ich schrieb also meiner Analytikerin lang und ausführlich, bat um einen Termin. Ich erwartete viel von ihr. Pünktlich und schnell erhielt ich einen kargen, kurzen Brief; sinngemäß, doch diese Angelegenheit mit meinem Analytiker zu besprechen; sie könne nur über Ereignisse aus meiner Analyse mit mir reden.

Das wirkte wie eine sibirische Dusche. *Weil* es mit ihm nicht ging – gerade deshalb, nach gescheiterten Versuchen – hatte ich mich ja an sie gewandt; nachdem ich auch dies mit ihm besprochen hatte. Konnte sie von mir nicht voraussetzen, daß ich nicht blindlings Dritte in meine Analyse brachte, nicht ohne Absprache, nicht ohne ernste Gründe?

Mit ihrer Antwort würde jeder Analytiker auf der ganzen Welt aus

dem Schlaf heraus reagieren.

Damit war ich wieder alleine.

Meine Ironie wurde aufgezehrt von der vorhandenen, immer wieder auftretenden Spannung. Mein Galgenhumor verließ mich. Die Spannung verletzte; mit jedem Mal mehr; traf in alte Wunden, vermehrte alte Zweifel; ich verstand auch so vieles nicht.

Wie sollte ich mit seiner partiellen Ablehnung umgehen? Ich versuchte, die Themata, die Konfliktpunkte, an denen die Spannung zu erwarten war, zu umgehen. Dachte, daß es ja auch möglich sein mußte, mit einem Analytiker einige Bezirke meiner Person zu bearbeiten, andere nicht, diese dann vielleicht später mit einem anderen. Es mußte mir gelingen, die frustrierenden Eigenschaften in mein Gesamtbild von diesem Analytiker zu integrieren, ohne ihn völlig abzulehnen. Dies schien klassische Mutterübertragung; ich war gerade dabei, ihn, d. h. die frühe Mutter, in toto auszuspucken, anzugiften, auszustoßen. Offenbar reagierte ich deshalb so heftig und unversöhnlich, weil ich diesen Schritt, die Integration des guten und bösen Objekts, nicht vollzogen hatte. Dies war schon aus meiner Biographie wahrscheinlich, ableitbar. Andere hatten mit ihren Müttern kämpfen können; waren nicht allein auf sie angewiesen gewesen, hatten den Vater als Dritten gehabt. Meine aggressiven Impulse hatte ich in der Situation eben perfekt unterdrückt, sie wären ja praktisch suicidal gewesen. Dieses Kämpfen und mich Wehren holte ich jetzt nach. Vermutlich bestand ich jetzt so auf meinen Meinungen, Aggressionen, Auffassungen, weil ich es mir früher nicht hatte leisten können, und/oder weil mir die Vorstellung, daß eine Mutter auch schwache wunde Stellen, frustrierende, enttäuschende Eigenschaften hat, nicht in den Kopf wollte.

Zeitweise leuchtete mir dies ein. Ich konnte es aber nicht nachvollziehen, fühlen, glauben. Vielleicht war aber meine Sperre nur Ergebnis meiner Abwehr; mein heftiges Mich-Sträuben, Kämpfen der Beweis.

Trotzdem blieb die Uneinigkeit. Gefühlsmäßig verlor diese Analyse für mich an Substanz. Wie sollte ich mich auf gefährliche, belastende, alles-in-Frage-stellende Prozesse einlassen können, wenn ich nicht wirklich bombenfestes Vertrauen in ihn hatte? Wenn ich mich nicht wirklich verstanden und wohl aufgehoben fühlte? Wirklich fundamentale Erschütterungen, seelische Umstrukturierungen, während deren man sehr labil war, waren ja zu erwarten.

Die periodisch auftauchende Spannung nahm ich jedenfalls richtig

wahr; er spürte sie ja auch. Meine Verliebtheit war vorbei, und er hatte sie nicht verstanden. Wichtiges war verpaßt. Die wichtigsten Gefühle für mein Leben überhaupt.

Die Kämpfe strengten an; machten mich gereizt. In der Klinik fühlte ich mich sehr belastet und angespannt; so ging es anderen zwar auch, ich verlor aber noch zusätzlich hier. Ich konnte nicht längere Zeit so im Zwist mit ihm leben. Das war doch fürchterlich. Sollte ich vergessen, auf Eis legen, nicht mehr beachten? Ruhen lassen? War dies erwachsen, reif? Mußte ich seine Schwächen übersehen und ihn trotzdem mögen, mich wohlaufgehoben fühlen bei ihm?

Er imponierte mir nicht mehr; er hatte sich so unsicher, so recht-haberisch, streng gezeigt. Mußte ich ihn einen guten Vater, guten Analytiker finden?

Wenn es nicht seine Schwächen waren – warum gelang es ihm nicht, mich zu überzeugen? Ich sollte doch sicher nicht einfach klein beigeben, ohne wirklich eingesehen zu haben. Was um Himmels willen verstand ich denn nicht? Und wieso kam sein widerborstiges Sich-Sträuben an manchen Punkten, wenn ich ihm meine Gedankenketten mitteilen wollte? War es nicht letzten Endes seine Aufgabe, mich zu verstehen? *Sein* Problem, wenn ihm das nicht gelang?

Ich war doch nicht zu dumm, um zu verstehen, hatte doch bisher eher als klug gegolten. Es mußte doch möglich sein, mich zu überzeugen, nicht nur zu zwingen. Ich funktionierte doch im Leben.

In Fallbesprechungen sträubte sich mir manchmal das Gefieder: es war so einfach, mit einer Intervention (Vater – Mutter – Kind – Penis – Übertragung) recht zu haben; zumindest konnte niemand es be-streiten. Das konnte doch so nicht die richtige Analyse sein. Ich beruhigte mich mit gemeinsamer Ironie mit anderen, und damit, daß dies wohl ein Anfangsstadium bei Analysierten sei. Viele Deutungen kamen routiniert, automatisch, wie nach erlernten grammatikali-schen Regeln: femina, feminae, feminae, feminam, femina. Und im Dativ haben sie allesamt ein langes i. Begierig, kundig, eingedenk, teilhaftig, mächtig voll, regieren stets den Genitiv, das ist ja wirklich toll. Der Ton kann auch ausdrücken, daß man diese Symbolik doch kannte, daß sie doch das und das bedeutete; zwar nicht immer logisch und zwingend, aber doch häufig. Wie bei einer lateinischen Vokabel brauchte man nur eine der bekannten Bedeutungen einzusetzen, und schon hatte man Recht.

Bei einem Essen mit ein paar Bekannten bei mir, fühlten sich eine Frau und ich von einem Mann angezogen; vielleicht wollte sie auch

nur etwas albern, mit dem »Sadist mit Charme«, wie ihn mein Analytiker bezeichnet hatte. Ich hatte gelernt, daß reife Ödipalität sich auch in Rivalisieren, Kämpfen, ausdrückt und versuchte mich entsprechend. Die Bekannte blieb geschockt von meiner unsensiblen Kälte, mangelnden Gastgeberfürsorglichkeit, mit der ich ihr aufziehendes isoliertes Elend hätte bemerken müssen. Mir schien das altmodisch; ich bekam auch von anwesenden Männern später recht; Kämpfen, Rivalisieren war reif und in der Situation richtig gewesen. Ich hatte allerdings eine Freundin weniger.

Auf einem Kongreß berichtete eine Bekannte über eine von ihr durchgeführte Analyse. Ich war irritiert, staunte, dann bewundernd, und resignierte. So eine würde ich nie; mir wäre so schnell gar keine Deutung eingefallen, auch nicht mit solch distanziertem Überblick. Die anschließende Diskussion verlief ähnlich intellektuell und fix. Ich kam kaum mit, fühlte mich miese. Schließlich stand ein älterer Analytiker neben mir auf, schüttelte säuerlich berührt den Kopf, meinte zu seinem Nachbarn, das sei ja wie Ping-Pong, solches Deuten, und ging. Die kleine Szene tat mir gut.

Da ich mich nicht ausreichend mitteilen konnte, wurde ich meine Empörung bei (Analysanden-)Kollegen los. Einer meinte, ich sträube mich gegen etwas Gutes, vielleicht gegen eine gewaltige Liebe. Das war eine gute Theorie. Aber meine Verliebtheit hatte ich ja durchlebt; die kannte ich; ich glaubte nicht, daß sie noch einmal zu wiederholen war. Zusätzlich schien ich ihm ja jetzt lästig; er kam häufig zu spät; schien fast zu leiden unter mir. Mindestens ging ich ihm banal auf die Nerven. Oft fand ich mich weich, lieb ihm gegenüber, sensibel. Verstand nicht, wieso er mich *so* nicht mögen konnte; so hatte ich sonst Echo im Leben. Was machte mich so abstoßend, oder zu ironischem Lachen reizend?

Eine Zeitlang bemühte ich mich, ihm witzige Anekdoten zu liefern, Interessantes aus der Umgebung. Auf dieser Ebene konnten wir dann beide lachen. Es herrschte dann wieder Frieden; wir waren einig im Lachen. Trotzdem fühlte ich mich wie ausgehöhlt nach solchen Stunden. Etwas ging auf meine Kosten. Diese lässige, unverbindliche Heiterkeit war gräßlich. »Wie über einen Herrenwitz«.

Ich war am Rande meiner Kräfte. Eine solche Uneinigkeit konnte ich nicht wirklich lange aushalten. Das Amüsierte schien die einzige Ebene geblieben, auf der wir uns treffen konnten.

Ich merkte langsam, daß ich nur kämpfen oder mich ganz aufgeben

konnte. Er schien nicht wahrzunehmen, *wie* nah mir alles ging.

Warum verstand er nicht wenigstens, daß ich ihn so gerne gemocht hatte? Das war doch wichtig; so böse und widerspenstig konnte ich doch gar nicht sein.

Sollte ich mich unterwerfen? Hätte ich mich der Autorität »Vergiftungszentrale« gebeugt, wäre der Junge erstickt. Da hatten meine Gefühle gestimmt, mein Zweifel. Bisher war ich doch nicht besonders obstinat gewesen; fand mich eher zu artig, zu konventionell, zu sehr höhere Tochter; jedenfalls ordentlicher und artiger, als ich es von meiner Mutter her sein mußte; sie war kämpferischer, unkonventioneller als ich. Vielleicht hatte sie einfachere Umstände gehabt, hatte ich zu meiner Entschuldigung gedacht.

Die Stunden verliefen gereizt; ich fühlte mich widerlich, vom Leibe zu halten, ließ Federn innerlich.

Ich bekam dann die Idee, notfalls den Analytiker zu wechseln. Fand dies zwar gewaltig, eingreifend, aber diskutabel. Zwei Analytiker zu haben, z. B. einen Mann, dann eine Frau, war sogar empfohlen. Ein Analysand fiel mir ein, der nicht gleich beim ersten Versuch zurande gekommen war und den Analytiker gewechselt hatte. Ich brachte ihn als Beispiel, daß ein Wechsel doch sinnvoll sein könnte, es doch anzuerkennende Gründe haben könne. Mit kleinmachender Verachtung »Ja, *der*...«. Ich war still; fragte nach: »*Der* steht doch ganz anders da im Leben als Sie«, der sei doch »ganz anders sozial durchsetzungsfähig« als ich. Dessen Analytikerin damals sei ihm einfach »menschlich nicht gewachsen« gewesen. Peng.

Ich hatte gewagt, mich zu vergleichen, das schien Hybris. Ich hatte offenbar ein ganz falsches Bild von mir. Atmosphärisch konnte ich jedenfalls entnehmen, daß ich eine solche, sozial Potente nicht war; nie und nimmer und so anders, weit unten, daß ein Vergleich gar nicht in Frage kam.

Das traf. Immerhin funktionierte ich aber doch, an der Klinik, mit Notfällen; ich machte doch keinen kapitalen Unsinn. Was war denn an mir nach außen hin so minderwertig? Worin war der andere denn so vehement und fraglos überlegen? Als so sozial unten hatte ich mich gar nicht eintaxiert; hatte ich nicht einmal eine Entwicklungschance in Richtung sozialer Durchsetzungsfähigkeit?

Ich hatte viele Nummern zu hoch gegriffen. Für *den* war ein Wechsel gut gewesen; logisch und sinnvoll; das war aber eine höhere Ebene, zu der ich nicht gehörte. So eine war ich nicht. Da brauchte er mich nur einmal zur Realität zurückrufen. »Ja, *der*...«

Ich verglich meinen Analytiker mit mir wichtigen Männern; dabei kam er nicht gut weg. Ich fand fast alle sensibler, schneller, intelligenter als ihn. Ich wütete heimlich; fand ihn begriffsstutzig; intellektuell einen Mehlsack, den ich hinter mir herzerren mußte; einen Oberlehrer, der mich nicht leben ließ, kleinkariert formal korrigierend. So einen Vater hätte ich nicht gewollt; er wirkte ja dauernd angestrengt, k.o., überfordert väterlich, mein Vater hatte zwölf Kinder gewollt. Noch nicht einmal meine Verliebtheit, die andere ohne jede Ausbildung verstanden hatten, hatte ich ihm klarmachen können.

Spätestens nach meiner bodenlosen Traurigkeit, als ich ihn im Konzert mit anderen Frauen gesehen hatte, hätte er sie doch verstehen können.

In einer Stunde fiel mir das Geständnis dann nicht mehr so schwer: ob er denn nicht gemerkt hätte, daß ich ihn attraktiv gefunden habe? Von *ihm* geträumt habe, mich innerlich nur um ihn gekümmert habe? Jetzt war es vorbei, Wesentliches war nicht bearbeitet worden.

Er reagierte schnell und auch vorwurfsvoll: *Ich* müsse mich verständlich ausdrücken; es sei eine meiner Schwierigkeiten, mich für andere verständlich zu machen. Wieso ich dies nicht deutlicher, vor allem früher, gezeigt habe?

Aber ich hatte doch maximale Anstrengungen unternommen. Das sei doch gar nicht einfach; ich hatte es doch gezeigt; auch mit »brenzlig« seinerzeit das gemeint. »Es ist *Ihre* Aufgabe, sich verständlich zu machen.« »Sie müssen mit Ihrem Analytiker etwas anfangen können, ihn für sich nutzen« können.

Es war meine Schuld, ihn im Unklaren gelassen zu haben. Ihm die notwendigen Informationen vorenthalten zu haben, so daß er mich nicht hatte verstehen können.

Er reagierte heftig, sprach viel, unterbrach.

Diesen Vorwurf mochte ich nicht annehmen; andere hatten mich durchschaut gehabt, mein Strahlen richtig gedeutet. Es war doch auch schön gewesen und zart; da hatte ich doch nicht wie ein Plattfuß verbalisieren können. Das Wort konnte ich nicht mehr hören. »Worte zerstören, wo sie nicht hingehören« war mir näher. *Ich* müsse mich verständlich machen meinem Analytiker! Natürlich, ehrlich und offen: »Hören Sie, ich finde Sie sehr anziehend – würde wahnsinnig gerne mit Ihnen schlafen; überlege dauernd, wie das wohl wäre – wie Sie aussehen usw. und denke auch bei anderen nur an Sie?« Das war doch abstrus.

Diese Deutung enttäuschte; analytisch nicht integer. Wenn er et-

was übersah – das konnte ja vorkommen – war das sein Problem, als Analytiker, nicht – zumindest nicht ausschließlich – meine Schuld. Deshalb war ich ja in Analyse.

Ich wurde zornig. Über die vielen Stunden, die damit vergangen waren, mich verständlich zu machen; über die im nachhinein ganz überflüssige Energie, die ich aufgewandt hatte, um seine plötzliche totale Meinungsänderung (über den Prüfungsantrag) zu verstehen. Wo ich an allem, meiner Wahrnehmungsfähigkeit, meinem Gedächtnis, meiner Realität, gezweifelt hatte, bis er endlich sein Schweigen unterbrochen hatte. Meine Verwirrung, unnötigerweise, hatte Stunden verbraucht; auch sein langsames Verstehen, seine Widerborstigkeit bei den DM 600,– und im Zusammenhang mit dem Prüfungsantrag. Als Analytiker war er zu Offenheit verpflichtet, zu Wohlwollen, zu maximalem, ihm möglichen Verständnis. Auch gegenüber Erotischem. Die Westwallstimmungen waren immer noch völlig ungeklärt. Wenn es mir Wesentliches von seiner Qualifikation vorenthielt, fand ich den Vertrag gebrochen. Viele Stunden fand ich unnötig bzw. fachlich nicht gut.

Ich beschloß, vier Wochen nicht zu bezahlen. Genaugenommen müsse ich dafür Geld bekommen, weil ich solche Mühe mit ihm gehabt habe. Ich wollte nicht für ihn arbeiten; ihm nicht Versteh-Nachhilfe, noch dazu gegen seinen Widerstand, geben; ihn nicht hinter mir herzerren müssen. Mich nicht in meinem Denktempo bremsen und einengen müssen.

Ich erklärte, daß ich die betreffenden vier Wochen überhaupt nicht bezahlen werde; deshalb von jetzt an immer vier Wochen im Rückstand bleiben werde.

Ich fand, daß ich große Teile von mir bei ihm ließ. Formulierungen, Eindrücke, Gerüchte, vorsichtige Gedanken, Empfindungen. Wenn ich mich während der Stunden mit ihnen beschäftigt hatte, waren sie tot. Ich hätte sie nicht mehr in der Qualität wiederholen können; manche blieben vermiest, inhaltlich verändert, hatten einen anderen Akzent bekommen; in jedem Falle hatten sie verloren. Und das waren doch wertvolle Teile von mir. Sowieso litten meine außeranalytischen Beziehungen daran, daß alles wiedergekäut war, ohne ursprünglichen Schwung. Ich bekam inzwischen ja auch ein schlechtes Gewissen, wenn ich wirklich Wesentliches mit jemand anderem (als meinem Analytiker) besprechen wollte. Meine Mitteilungen waren dann eben jetzt spielerisch. Ein Freund meinte sehr ernst, unsere Beziehung habe überhaupt keine Chance. Was ich sagen würde, wie

ich mich wohl mit ihm fühlen würde, mit der Gewißheit, daß er täglich und mit Selbstverständlichkeit alle Intimitäten zu einem Dritten brächte. Ich hatte gelacht, typische Eifersucht des Partners auf den Analytiker diagnostiziert, und ihn nicht ernst genommen. Es ging ja aber wirklich eine Portion meiner Substanz, meiner Ernsthaftigkeit, meines menschlichen Humus, meiner Wärme in diese analytische Beziehung. Und das war doch etwas wert. Ich strengte mich doch an; war doch mit allen Fasern dabei. Wenn er jetzt nicht die Grundvereinbarungen einhielt, nicht mehr ein guter Lehrer, gutwilliger Verstehender, Wohlwollender blieb, dann war ich auch nicht gewillt, das zu bezahlen.

Ich fand mich mutig.

Dies überschritt aber seine Toleranzgrenze. Sein Ärger war unverhohlen. Ich verhalte mich erpresserisch.

Ich blieb bei meiner Argumentation. Die Spannung ließ gar keine Verständigung mehr zu. Ich zögerte dann, fragte, ob er finanziell auf diese Summe angewiesen sei. Das sei dann etwas anderes; mir gehe es um das Prinzip. Ihm ging es aber auch darum. Er bestand auf Bezahlung.

Ich fühlte mich zunächst etwas erleichtert, daß er nicht stärker auf meine gewagten Begründungen reagiert hatte, und daß er sich auf die Summe konzentrierte, auf den geplanten Rückstandsmonat. Ich fühlte mich im Recht; und blieb dabei.

Wenn er mein Nicht-Bezahlen als Unverschämtheit auffaßte, was die analytisch und persönlich tolerable Form überschritt, mochte er das ausdrücken. Oder mich mit Argumenten überzeugen, falls dies unsinnig oder der Analyse hinderlich war. Ich weigerte mich aber, auf simple Strenge zu reagieren.

Ich hatte ja schließlich auch Mut gebraucht zu einer solchen Konfrontation. Einfacher wäre ja gewesen, einzulenken, zu akzeptieren, mich zurückzuhalten.

Mir war ja alles sehr wichtig; ich spielte nicht aus Blödsinn herum.

In dieser Spannung häufte sich wieder sein Zu-Spät-Kommen. Dies hatte definitiv nicht mit mir zu tun. Eine Erklärung, daß er z. B. keinen Sinn darin sähe, dies zu hinterfragen, kam nicht. Nur seine deutliche Aussage. Ich empfand das wie ein Denkverbot für feinere Sinnzusammenhänge. Bei mir konnte ich über Fehlleistungen phantasieren; bei ihm waren es keine, oder sie hatten keinen Sinn.

Die Stunden blieben gepanzert. Strengten an, quälten.

Seit Jahren war es ein Thema, eine Forderung von Analysanden

gewesen, Lehranalysen kontrollieren zu lassen. Das hatte mich immer beeindruckt gehabt. Schließlich waren diese ja besonders wichtige Analysen; solche multiplizierten sich ja später. Bei therapeutischen Analysen war Supervision üblich, bei Lehranalysen unlogischerweise die Ausnahme.

So schien diese Analyse sinnlos. Ich fand, daß eine Supervision durch einen Dritten dringend nötig sei. Entweder gelang es, die Schwierigkeiten, speziell die grauenhafte Westwallstimmung, zu klären, oder wir mußten sie beenden. Das schien mir eine klare Alternative.

Ich dachte an einen Dritten, der meinen Analytiker und mich als Gleichberechtigte beurteilen würde. Wir könnten beide unsere Konfliktpunkte darlegen, und mit Hilfe des Supervisors aufzulösen versuchen.

Er empfand das als immense Anmaßung. Wenn er Bedarf nach Supervision habe, werde er dem – unabhängig von mir und meinen Anregungen und gewiß ohne meine Anwesenheit – nachkommen. Ich habe kein Recht, ihn zu zwingen. Ganz kategorisch lehnte er ab, zusammen mit mir, zu dritt, eine Supervision zu suchen.

Ich wunderte mich; an diesem eher formalen Punkt hatte ich keinen Widerspruch erwartet. An sich wäre eine gleichberechtigte Form, ich als Partnerin, die auch etwas zu sagen hätte, doch adäquat gewesen. Machten »wir zusammen« Analyse, wie er mich zu korrigieren pflegte (wenn ich mich versprach, er mache »mit mir«) oder nicht? Diese Dreiersituation schien aber völlig außer aller Möglichkeiten. Über Supervision, als Möglichkeit, hätten wir noch reden können. Ich spürte, es war einfach unverschämt von mir. Da hatte ich die Grenzen überschritten; dies war jetzt einfach zuviel.

Ich hatte Mut gebraucht, die Supervision überhaupt ins Gespräch zu bringen. Wenn ich zu mir, zu meinen Gefühlen, meiner Überzeugung, einer richtigen Analyse stehen wollte, fand ich meine Reaktion adäquat. So fortzufahren, wäre sinnlos gewesen, hätte meine Kräfte auch wohl überfordert, auf die Dauer.

Im Verlauf der Diskussion wurde mir die Dreier-Konstellation vergleichsweise unwichtig; ich war ja interessiert, daß sich die Spannung auflöste, diese Analyse gut lief.

Supervision als Möglichkeit schien ihn nicht besonders zu stören; speziell aber das Ultimative an meiner Forderung: Entweder – oder Beendigung. Ohne Klärung der Schwierigkeiten hätte ich aber eine weitere Analyse eine tägliche Lüge gefunden.

Es sei allein *seine* Entscheidung, ob er eine Supervision für sinnvoll halte, und auch, ob er mir das gegebenenfalls mitteile. Dann werde *er* den Zeitpunkt bestimmen.

Meine Anmaßung lag offenbar in der äußeren Form: Daß ich es zu dritt, ultimativ, und bald gefordert hatte. *Das* war das Schlimme, Unverschämte. Die kalte Stimmung nahm mich mit.

Auf meine Mitteilung, daß ich mich *sehr* angestrengt fühlte, *sehr* unter der Stimmung litte, mir solch ein Kampf fast zuviel sei, reagierte er nicht. Eine ironisch-witzelnde Stimmung breitete sich wieder aus. So waren die Stunden aber erträglicher als mit voller Westwall-Spannung; die war einfach gräßlich, zerstörerisch.

Meine Alternative Supervision oder Beendigung fand ich ehrlich. Entweder nahm ich eine Methode ernst oder nicht.

Trotzdem hatte alles auch einen spielerischen Charakter; es war eine gewaltige Diskussion; im Rahmen von Übertragungsreaktionen, aller intranalytischer Faktoren und Verfilzungen. Wenn ich tatsächlich aufgehört hätte, dann nach einem weiteren halben Jahr (zum Durcharbeiten der Ablösung).

Meine Analyse war ja eine Lehranalyse; mit Stipendium, gebunden an Examensnote und Forschungs-Projekt an einer Universitätsklinik. Alles ehrenwert. Ich hatte mich ja auch begeistert für Psychoanalyse.

Mit einem Ende meiner Analyse jetzt hatte ich nicht ganz ernsthaft gerechnet; die Idee wohl erwogen, auch öfters ganz eindeutig das Gefühl gehabt, dies sei besser für mich. Aber im Grunde konnte ich mir nicht vorstellen, daß sich solche Schwierigkeiten nicht mit Hilfe der eigenen Methoden klären ließen. Das konnte doch gar nicht sein; wir waren doch beide nicht böswillig; er war doch ein Lehranalytiker. Der soziale Glanz beeindruckte mich auch. Ich war ja auch stolz. Fast alle, die ich kannte, rieten mir eindringlich, auf jeden Fall weiterzumachen; dies sei jetzt ein Problem von mir. Meine Zweifel und Fragestellungen bekam ich wie Bumerangs zurück. Allerdings kannte ich fast nur noch Leute in oder nach Analysen. Eingehen auf meine Zweifel fand ich nirgends unter ihnen. Bei Normalmenschen wohl; sie wunderten sich eher affektarm, warum ich mir denn so etwas zumute. Meine Analytikerin hatte mich ja auch an meinen Analytiker zurückverwiesen. Offenbar mußte ich es wirklich ganz alleine mit ihm austragen, klären.

Ich hatte oft das Gefühl, mit den letzten Kräften zu handeln. In ein

Argumentieren beiderseits traf seine deutlich verärgerte überdrüssige Bemerkung: »Dann müssen Sie eben aufhören«.

Das Schlimmste daran war sein Ton. Nicht zu überhören, daß er mich einfach satt hatte; die Nase voll, gestrichen voll. Daß er im Augenblick sich nichts lieber wünschte, als endlich Ruhe vor mir zu haben. Daß ich ihn anwiderte, daß er nicht das Allergeringste gegen eine Beendigung einzuwenden habe; ganz im Gegenteil. Wie (höhnisch): na, dann tun Sie's doch endlich.

Dies war ein Einschnitt.

So definitiv und wirklich basal ablehnend hatte ich ihn noch nicht erlebt. Ich ging, erledigte noch einiges, und heulte dann zu Hause los.

Dies hatte jetzt nichts mehr mit Empfindlichkeit, Übertragung, übersteigerter Wahrnehmung o. ä. zu tun. Ich hatte gespürt, daß ich für ihn wirklich am liebsten sofort auf der Stelle aufgehört hätte. Er mochte mich wirklich nicht mehr; ich ging ihm gründlich auf die Nerven; wie eine lästige Klette, wie etwas Auszukotzendes. Mit Konstanz konnte ich nicht mehr rechnen; er würde den ersten legal möglichen Grund benutzen, sich dieser Analyse mit mir zu entledigen. Da war ich sicher. Dazu war er zu ärgerlich, fast rotzig ablehnend gewesen. Er wollte mich wirklich nicht mehr. Nach vier Monaten. Konnte mich nicht mehr ausstehen. Jetzt war diese Beziehung wirklich zu Ende.

Ich konnte auch nichts als Übertragung subtrahieren, oder neurotische Fehlinterpretation. Sein Überdruß war handfeste, holzhackerartige Wahrheit. Daran war nichts zu rütteln.

Einige Stunden später bestätigte er mir meine Wahrnehmung. Wenn ich immer wieder von beenden rede, solle ich auch die Möglichkeit ins Auge fassen. In dem Moment sei er tatsächlich sehr verärgert und lustlos gewesen. Er habe mich mit der Realität einer Beendigung konfrontieren wollen; eine solche müsse ich mir klarmachen.

Diese Beziehung hatte ich kaputt gemacht. Mit meiner Direktheit? Meiner Penetranz? Meinen Ansprüchen, Forderungen? Oder mit meiner Verliebtheit? Ernsthaftigkeit? An sich lag dies ja alles in einer regulären Analyse. Auseinandersetzungen, Übertragungslieben gab es überall. Sollte es auch geben; sonst war es keine gute Analyse. Bei mir war manches schneller eingetreten; vielleicht auch intensiver, aber schließlich war ich ja schon von früherer Analyse angedaut. Insofern ein Schnellreagierender, Schnellempfindender, Schnellsich-Verlieber.

Was hatte ich aber zusätzlich an mir, was mich so lästig, ekelhaft machte? Ich hatte mir doch Mühe gegeben; intellektuell in der Analyse und auch dabei, ihn für mich zu gewinnen. Hatte mich doch schön gemacht, geschminkt, mich gut angezogen, mir alle Mühe mit Sprache gegeben. Daß ich auf meinen Meinungen bestanden hatte, war doch auch Mut. Es wäre einfacher gewesen, weniger auf meiner subjektiven Wahrheit zu bestehen. Aber in einer richtigen Analyse konnte ich doch nicht lügen. In der Schule hatte man mir einen ausgeprägten Gerechtigkeitssinn attestiert; da war ich nicht aufgefallen. Mit meiner Art zu denken, war ich doch auch bisher nicht angeeckt; im Gegenteil, gerade jetzt wieder an der Universitätsklinik mit der abstrahierten Verantwortlichkeit hatte ich wieder gelernt, wie wichtig es war, meinen Gefühlen, Bedenken, Ängsten zu trauen. Sonst war ein Patient verloren, in den nicht kontrollierbaren Verantwortlichkeiten und Risiken.

Wieso drohte ich jetzt aus allen meinen inneren Bezügen zu fliegen? Sollte wirklich meine Analyse aufhören? Nur weil ich das Ultimatum gestellt hatte? Hatte er nicht verstanden, *wie* ernst mir meine ganze Analyse war? Hätte denn jemand, dem es nicht so ernst war, der einfach nur seine analytische Ausbildung absolvieren wollte, überhaupt soviel riskiert?

Wieso war ich jetzt so abzulehnen? Ich hatte mich doch mit Energie eingesetzt.

Hätte ich besser Ratschläge befolgt, stiller zu sein, manche Bezirke nicht zu berühren? Aber hätte ich denn lügen sollen in meiner Analyse? Hatte ich Wesentliches verschwiegen? Ich glaubte nicht.

Eher hatte ich mich zu offen gezeigt. Ob er das, mich in toto, nicht mochte? Ob andere ähnlich in ihren Analysen reagiert hatten wie ich? Nach dem bißchen, was sie erzählten, schienen andere stiller, weniger kämpferisch. Ob ich grundsätzlich etwas falsch angefaßt hatte? Andererseits fand ich eine solche Überlegung schon nicht richtig. Als Analysandin hatte ich Recht auf primäres Wohlwollen; auf gutartiges Beäugen, auf liebevolles Zuwarten. Mein väterlicher Freund hatte geschrieben: »Mal sehen, welche Umwege sie sich noch leistet.« Er hatte Verständnis für Eskapaden.

Was war grundsätzlich an mir so abzulehnen? Was war in mir, in der Tiefe? Etwas, das man nie und nimmer lieben konnte? Etwas, von dem ich überhaupt nichts wußte?

Mein Kämpfen konnte ihn doch nicht so abgestoßen haben. Das war doch etwas Ehrliches, Grundsätzliches, Zu-mir-Stehendes gewe-

sen. Das konnte ihn doch nicht so gereizt haben. Es mußte etwas in mir sein.

Mit »Zuverlässigkeit«, »emotionaler Konstanz«, »primärem Wohlwollen« hatte ich nicht mehr zu rechnen. »Sie haben eine schwere Jugend gehabt, was Sie brauchen, ist eine lange, *zuverlässige* Analyse«, klang mir aus einem Interview im Ohr. Das hatte ich geglaubt; nach Krieg, Bombenangriffen, Vermißten.

Machte er sich klar, was seine Kälte, seine gereizte Ablehnung für mich bedeuten mußten? Er bestand darauf, er habe »Realität vermitteln« müssen; ich könne nicht nur mit Beendigung drohen; ich müsse sie dann auch ernsthaft erwägen.

»You think that I don't even mean a single word I say« war eines meiner Lieder. Warum wiederholte er mir, was ich sagte? Weil ich nicht wußte, was ich sagte, meinte? Oder nicht meinte, was ich sagte?

Was war denn aber an mir, das Situation und Stimmung so schnell ändern konnte? Vor einigen Wochen, bevor die Westwall-Stimmung aufkam, hatten wir uns doch noch wohl gefühlt. Ich war verliebt, verarbeitete die Post-Lab-Zeit, blühte auf. Er war doch zufrieden gewesen mit dem Verlauf. Hatte sich doch auch erfreut gezeigt.

War etwas an mir, was ekelhaft, konfliktträchtig, abstoßend, geheim bösartig, extremely unlovable war???

Eine konstante analytische Beziehung schien das Wichtigste für mich. Wenn mich ein Trauma, eine neurotische Fehlverarbeitung belastete, dann wohl die von meinem Vater: Wahrscheinliche Interpretationen waren: 1. Sexualität ist tödlich; Zeugen ist vernichtend. Nach meiner Zeugung war er gestorben. Der Tag vergeht, Johnny Walker kommt, jedes legt noch schnell ein Ei, und dann kommt der Tod herbei. 2. Ich bin tödlich, vernichtend, zerstörend: Die Zeit bis zu meiner Geburt war (nach den Erzählungen meiner Mutter) strahlend, danach war alles aus: mein Vater weg, Krieg, mein Onkel verblutet nach Schußverletzung, existenzielle Schwierigkeiten. Mit meiner Geburt war das Paradies vorbei. 3. Mein inneres Gift hatte meinen Vater vertrieben, in die Flucht geschlagen; für so eine mochte er nicht wiederkommen. Solch ein hassendes, rivalisierendes, Brüder und Väter eifersüchtig und mit Todeswünschen beladenes Wesen war es nicht wert, daß einer blieb, oder wiederkam; ich war Schuld, daß er nicht wiederkam. Es hatte ja genügend Beispiele und Verdächte gegeben, daß Väter es vorzogen, bei anderen Frauen, anderen Kindern, in anderen Ländern zu bleiben. Für solche Vorstellungen, Ver-

mutungen, Ängste hatte ich ja in meinen ersten neun Jahren ausreichend Zeit gehabt. Solange, bis die Nachricht kam.

Wenn ich jetzt nicht verheiratet war, nicht wenigstens in einer zuverlässigen Beziehung aufgehoben, dann wohl als Wiederholung. Ich blieb alleine und wartend wie als kleines Mädchen auf den Richtigen. Machte Männer ärgerlich, so daß sie nicht blieben.

Die Situation jetzt mit meinem Analytiker war Verstärkung, Wiederholung, Bestätigung der traumatisierenden Situation; Hauen in alte Wunden. Ich war so eine, die ein Mann auf die Dauer nicht mögen kann. Die jeden in die Flucht schlug; die so verärgerte, reizte, wütend machte, daß nur die Möglichkeit blieb, sich abzusetzen.

Daß er sich so über mich geärgert hatte, war meine Schuld, eine Gegenübertragungsreaktion. Ich hatte ihn gezwungen, mich abzulehnen; es war nicht *sein* Geschmack, *seine* Beurteilung meiner Person, sondern meine eigene Beurteilung, die er dann für mich oder für frühe Bezugspersonen aussprechen, ausagieren mußte. Weil ich ihn in diese Rolle gebracht hatte. Zwar hätte er den Gegenübertragungsmechanismus optimalerweise schnell durchschauen, und damit seine negativen Gefühle stoppen, relativieren sollen; aber ich war eben eine Schwierige, Komplizierte, Raffinierte, Ihn-aufs-Glatteis-Führende, ihn als Analytiker Entmachtende, Depotenzierende. Er war der anerkannte Analytiker, ich der schwere Brocken.

Seine Ablehnung, sein Überdruß nahm mich mit; ich fühlte mich am Rande meiner Kräfte; hatte aber noch den Ausgleich in der Arbeit. Als dieser Rückhalt sich als wackelig erwies, mir der Neid in der Gruppe, das Rivalisieren und die Existenzängste dort klar wurden, konnte ich nicht mehr. In der Fortbildungsstunde morgens hatte ich über den anilinvergifteten Jungen zu berichten. Die Stunde verlief, trotz guter Vorbereitung, ziemlich fürchterlich. »Wie ein Schlachtfest« meinte ein Bekannter später. Der Chef war gerade aus dem Urlaub zurück, gab zu Beginn meines Vortrags den Ton an, indem er mich mit einer Frage unterbrach. Daraufhin wurde ich nur noch unterbrochen, konnte kaum einen Satz zu Ende bringen, wurde bombardiert mit Fragen, die zum großen Teil gar nicht in meine Kompetenz fielen. Ich hatte zwar mein Konzept, fand unter den brutalen und destruktiven Fragen nicht mehr die Härte, erst einmal mein Referat zu halten und weitere Fragen auf später zu schieben. Das Verletzende war die blutige Rivalität hinter allem. Die emotionale Genugtuung, daß ich schwach und wackelig wurde, das genüßliche in

meine geschlagenen Wunden Nachhauen. Ich verstand nicht. Über die Behandlung des Jungen konnte ich stolz sein; ich hatte mich mit meinem Gehirn durchgesetzt und Erfolg gehabt. Woher kam die Brutalität? Die Freude über meine Verletztheit, mein Bluten, mein Leiden? Ein Freund meinte: »mach Dir nichts daraus; Dein Aufstieg war etwas zu kometenhaft; der mußte erst einmal gestoppt werden«.

Anschließend erledigte ich noch einige Routine, fühlte mich aber bald wie zerstört; meldete mich ab, ging noch etwas in der Stadt herum vor der Analysestunde, weinend. Dieses Gemetzel zusammen mit der Spannung der Analyse war einfach zuviel. Aufgelöst kam ich in die Stunde; und wurde überraschend weich und freundlich empfangen. Er habe mich in der Stadt gesehen, in Tränen, es gehe mir »ja wirklich schlecht«.

Damit hatte ich ihn überzeugt. (Sein »Wirklich« bestätigte mir, daß er meine Anstrengung bisher nicht so ernstgenommen hatte, wie ich es versucht hatte, zu vermitteln. Ich hatte ihn nicht fehlinterpretiert.)

Auf meine Tränen, mein Unglück, meine aufgelöste Verzweiflung reagierte er fürsorglich, freundlich, stützend. Die ironische Kälte, Westwallstimmung, das Argumentieren, mich Unterbrechen, seine Strenge waren Vergangenheit.

Von der zerstörenden Stimmung erholte ich mich lange nicht; manche wunderten sich über meine Empfindlichkeit. Es sei doch ein durchsichtiger Mechanismus gewesen unter Kollegen; eine Generalabfuhr an Geschwisterrivalität plus Existenzangst (um die Stelle) plus simplem Neid. Ich war ja schon angeschlagen gewesen: Mein Familienhimmel war zerstört; mein Vertrauen in mich unterminiert; die Zuneigung meines Analytikers verschwunden; jetzt hatte ich auch noch die Stütze im Täglichen verloren.

Die Reaktion der Kollegen war analytisch für mich ein Beweis: ich war nicht liebenswert, »konflikthaft«. Mein Analytiker hatte Recht, mich nicht mehr zu mögen; auf Grund meiner Neurose, meiner geballten Fehlverarbeitungen war ich unerträglich. Mindestens wichtige und große Partien an mir. Die, die ich eigentlich gerade gern mochte an mir, die ich stark, kämpferisch, anziehend, klug fand, Diese Seiten schienen Männer gereizt zu machen, riefen Kälte hervor, waren wohl kastrierend.

Daß ich zu Beginn der Westwallspannungen erst den Einfall gehabt hatte, mein Analytiker sei blockiert durch Gefühle mir gegenüber, war wohl eine schlichte Größenidee, eine gewaltige Verleug-

nung. Ein Abwehrmechanismus, um meine – nicht bewußten, aber heftig und wirkungsvoll vorhandenen – kastrierenden, männerfeindlichen Tendenzen nicht wahrnehmen zu müssen.

Männer, die mich trotzdem noch mochten, waren nichts wert. Ein zu mir Freundlicher war sehr religiös; das erklärte mir sein Wohlwollen: dies war dann wohl eine Grundeinstellung und bezog sich nicht auf mich. Einen anderen zog ich körperlich an; klar, daß er deshalb das Schlechte in mir übersah. Einen, der kaum zu erschüttern war, meinte ich, mit meiner äußeren Schale getäuscht zu haben. Dies war ja mein kontraphobisch ausgebildeter verzweifelter Mechanismus, um meine seelische Häßlichkeit zu verdecken. Daß er sich blenden ließ, mich nicht durchschauen wollte, immer wieder gegen meine Beteuerungen, Selbstverurteilungen anredete, zeigte nur seine blinde, nicht ernstzunehmende Parteinahme. Er war nicht analysiert.

Mein aktiver Aufschwung mit relativem Gesundheitsgefühl hatte vier Monate gedauert. Das war vorbei.

Gläubig und dankbar wurde ich meinem Analytiker. Daß er sich eine solche, möglicherweise ja frustrane Mühe mit so einer gab. Fürsorglich, stützend, mitleidig, besorgt. Ich weinte viel, fühlte mich hilflos, häßlich, gräßlich. Am Rande meiner Möglichkeiten. Er hörte freundlich zu; keine Spur mehr von Gereiztheit oder Westwall. Wir waren uns einig.

Ich konnte froh sein, daß ich ihn überhaupt noch hatte. Ich hätte doch wirklich und wahrhaftig beinahe diese Analyse beendet, wenn auch mit einem halben Jahr Übergang. Nur aus Abwehr, Uneinsichtigkeit. Daß ich als Wiederholung erst meinen Analytiker so behandelt hatte, daß er mich trotz anfänglichen Gefallens nicht mehr ausstehen konnte, und dann, als dies nichts fruchtete, ich ihn immer noch in meiner Nähe hatte, ihn nicht in die Flucht geschlagen wie Männer meines realen Lebens (ich war ja nicht verheiratet), ich mich selber hatte entfernen wollen.

Offenbar hatte ich gewaltige, katastrophale Ängste vor Nähe, vor jeglicher engeren Bindung. Noch nicht einmal eine vom Setting her doch sexuell abgesicherte, eine bestimmte Distanz garantierende analytische Situation konnte ich aushalten, ohne in ein wildes Geballere, Gekämpfe, Geschieße, neurotisches Agieren auszubrechen.

Beweisend und entmutigend war, daß ich so keinerlei emotionalen Zugang zu diesem Mechanismus hatte. Am Ergebnis konnte ich wohl auch meine innere Planung ablesen, ableiten. Wie eine mathematische Rechnung auch überzeugt, wenn sie richtig durchgerechnet zu

einem überraschenden Ergebnis kommt. Ich merkte aber nichts. War ich so überschwemmt von meinen Affekten, Ängsten, Abwehrmechanismen, daß ich überhaupt gar nicht mal z. B. eine leise Angst vor Verliebtheit, meinen sexuellen Wünschen, meinen symbiotischen Sehnsüchten, der Nähe und Zuverlässigkeit des Analytikers gegenüber empfinden konnte? Oder waren diese Gefühle bei mir, nach meiner chaotischen Kriegsbiographie, überhaupt irreversibel verdrängt, ausgelöscht, oder gar nicht erst entwickelt? Hatte ich da Löcher, Vakuen? So ähnlich, wie bei dem richtigen, sinnlichen Erleben? In einem Artikel las ich, wie bei einer Analysandin die emotionalen Lücken gefüllt werden konnten; durch ganz besondere analytische Technik, so daß die mangelnden Gefühlsqualitäten sich nachbilden, nachwachsen konnten. Das gab mir Hoffnung.

Die Arbeit schaffte ich noch; dabei mußte ich ja nicht an mich denken; konnte funktionieren. Ich blieb lange niedergeschlagen.

Wenn ich mich genauer betrachtete, ganz ehrlich mir gegenüber, mußte ich ja zugeben, daß ich niemanden wirklich liebte. Daß ich bei den wenigen positiven Beziehungen nicht sicher war. Wie sollte jemand einen in sich so lieblosen Menschen wie mich mögen? Mein Analytiker hatte recht. Trotzdem verhielt er sich freundlich und fürsorglich. Ich war psychisch ein Sozialfall; mit dem er verantwortungsvollerweise noch umging. Obwohl er mich kannte, mein ganzes inneres Gift. Verständlich, daß er mich jetzt nicht mehr so anerkennen konnte wie anfangs.

Ich hatte mir ja massive Fehlwahrnehmungen geleistet: Mein Gefühl, er habe sich ein bißchen verliebt; ich werde überhaupt nicht mehr zur Prüfung zugelassen. Ich gab ihm Recht, daß es sich um paranoide Wahrnehmungen gehandelt hatte. Es belastete mich, daß ich so sicher gewesen war. Ich hätte schwören können, alles darauf verwetten. Es waren schlicht verrückte, verkehrte Wahrnehmungen gewesen. Die ganze Westwallstimmung hatte sich an paranoiden Wahrnehmungen entwickelt. Ich brauchte eine qualitativ verändernde Analyse, wenn ich überhaupt je ein erträglicheres Leben später führen wollte.

Wen mochte ich wirklich? Auf meine Mutter, meinen Vater hatte ich saftigen Haß; sie hatten mich in eine verkrüppelnde Situation gesetzt; egozentrisch bis dort hinaus. Das einzige, was meine Mutter jetzt einsah, war, daß ich wirklich große Sehnsucht nach meinem Vater gehabt hatte. Sonst war sie aber in ihrem blinden Narzismus nicht gewillt, irgendeinen tiefersitzenden Makel an mir zu sehen.

Sensibel sei ich immer gewesen; Kräche und Spannungen habe ich nie gut vertragen; deshalb habe sie mich ja auch während eines Konfliktes mit einem sadistischen Lehrer einmal drei Monate aus der Schule genommen. Ich sei so ein auffallend zufriedener Säugling gewesen, habe fast nie geweint; sie glaubte nichts.

Die Beziehung zu meinen Brüdern war unterminiert; ich wußte schließlich überhaupt nicht mehr, wo ich etwas positiv fühlte, wo ich nicht insgeheim doch irgendwo haßte, Todeswünsche verleugnete und dergleichen. Meine Verliebtheit zu Beginn der Analyse hatte sich als Übertragungs-, Abwehraktivität meiner Analytikerin herausgestellt gehabt; die meisten Bekannten hatte ich innerlich in Frage gestellt. Alles war wiedergekäut, durchgespeichelt, fade, unglaubhaft; lebendige Überzeugungen hatten sich zu mathematisch ableitbaren, biographisch verständlichen, von Abwehraspekten gereinigten rationalen Sinnzusammenhängen verdünnt.

Seine fürsorgliche Anteilnahme bestätigte mich in meiner Krankheit; meiner berechtigten depressiven Schwäche. Auf Bekannte, die meine Veränderung monierten, reagierte ich gereizt. Sie hatten mich eben auch nicht wirklich gekannt; meinen inneren Kern. Naive Schwachköpfe, zu undifferenziert, anders, um mich überhaupt verstehen zu können. Eine Besserung, Hilfe konnte ich nur von meiner Analyse erwarten. Immerhin befand ich mich in einem intensiven Prozeß. Und je mehr Schwierigkeiten, Auflösungen früherer pathologischer Strukturen eintraten, um so mehr Veränderungen konnte ich ja erwarten. Darin war ich einig mit meinem Analytiker. Diese Einigkeit und die Ausbildungsfunktion waren so ziemlich der einzige Sinnzusammenhang, den ich hatte, der mir Halt gab, und den ich auch vor anderen (Kleingläubigen) verteidigte.

Ich hatte gemerkt, wie zerstörerisch meine inneren Impulse wirkten, wenn ich mich nicht seinem Urteil, seiner Sensibilität, seiner Empathie anvertraute. Auf meine Wahrnehmungen war kein Verlaß. Um so mehr auf seine. Und die differierten manchmal fundamental. Ich hatte mich abzufinden. Jetzt mußte ich eben durch die schwere Zeit hindurch; damit leistete ich analytische Arbeit.

Eine schöne Beziehung hatte ich noch; ohne jede Unterminierung, fraglos gutartig viceversa. Einen sicheren Rückhalt. In der Gegenwart dieses väterlichen Freundes konnte ich mich wohlfühlen; einfach so, wie Tinte getrunken, zum Bäume-Ausreißen. Zu ihm hätte ich mich auch jederzeit, wenn alles schiefgelaufen wäre, zurückziehen können.

Ihn hatte ich bisher ausgeblendet gehabt; er war nie in Frage gestellt worden. Über ein Hintertürchen kam er jetzt doch in meine Analyse. Meinen Analytiker hatte ich auf Grund seines Namens fraglos als jüdisch eingeordnet; war enttäuscht, als er dies abstritt. Im Zusammenhang damit fand ich doch plötzlich noch eine ganze Ecke, in der es weiche, gutartige, begeisterte Empfindungen um ihn und sog. Jüdisches in mir gab. Einen »Philosemitismus«, wie er dies nannte. In einem kurzen Nebensatz wies er mich darauf hin, dahinter stehe »abgewehrter Antisemitismus«. In einem Tonfall, der keinen Zweifel zuließ. Ich stockte. Abgewehrter Antisemitismus, heimlicher Haß, Haß auf Juden, auf ihn? Noch ein raffiniert versteckter, bösartiger, ekelhafter, schlechter Zug an mir? Das mochte ich nicht glauben; ich mochte ihn doch so gern; fühlte mich so wohl mit ihm. Er war ein ungewöhnlicher Mensch; so jemanden mochte ich immer gern. Andere hatten ihn auch sehr gerne. Leben heißt Lieben, hatte er mir geschrieben. An Böses ihm gegenüber mochte ich nicht glauben. Mein Analytiker bestätigte noch einmal, mit traurigem, wissendem Beiklang »Ja, den Antisemitismus haben wir eben alle in uns«. Wir alle aus der Generation; er, und ich, überhaupt jeder. Durch die Haut diffundiert, durch die Umgebung; von der ganzen Zeitstimmung angesteckt, infiziert.

Damit war meine letzte eindeutig positive Beziehung entlarvt, meine letzte liebende Ecke hatte sich als Haß herausgestellt.

Damit war ich waidwund.

Ich bestand aus Haß, Abwehr, Reaktionsbildung. Und so in der Tiefe zerstört in meinen Empfindungen, daß ich nur rein rational vielleicht noch Zugang zu meinen basalen Gefühlen bekommen konnte. Nachempfinden, fühlen konnte ich nur die Abwehrleistung; meinen Philosemitismus, eine unkritische Zuneigung; daß ich da etwas einfach sehr, sehr gerne mochte. Wie hatte ich mich so irren können? Mich so wohl fühlen in seiner Gegenwart, eine Beziehung aufrechterhalten, die ohne Fundament war?

Die Sicherheit meines Analytikers in dieser Frage diffundierte. Meine Zuneigung war eine Abwehrleistung; als solche zu sehen; mit meinem inneren Haß mußte ich leben. Wohlweislich hatte ich ihn ja auch bisher ausgespart gehalten in der Analyse.

Diese Deutung war irgendwie tödlich. Sicher, kühl und lässig gegeben, traf sie. Viel Schlimmeres konnte nicht mehr kommen.

In meinem niedergeschlagenen Elend bezahlte ich stillschweigend

den Rückstandsmonat. Bewußt wollte ich ihn nicht noch weiter verärgern; wenn mein Grundcharakter sich schon aus reiner Scheiße zusammensetzte. Ich war ja dankbar, daß er mich ertrug, aushielt. Ich war ja überdurchschnittlich belastend, anstrengend, eine Zumutung. Gutes hatte ich nicht zu bieten; Geld war das, was ich bringen konnte.

Das Leben hatte nicht viel Sinn; es gab wenig Hoffnung. Irgendwann fehlt dann nur noch ein ganz klein bißchen, um generell alles über zu haben. Den Vergleich von Analyse und Operieren hatte ich früher immer krampfig und überzogen gefunden; jetzt leuchtete er mir ein.

Von außen kam eine Hoffnungslosigkeit, die ich schwer von der aus meiner Analyse trennen konnte: Berlin fand ich jetzt deprimierend. Ehrlichkeit und Engagement waren mir nirgends so begegnet wie da; daran hatte ich festgehalten. Ich glaubte aber an Analyse; und Analytiker wußten, daß fast immer Neurose den Schwung zu politischen Handeln gebe, usw. Ausnahmsweise schienen sie linke Gedanken als wertvoll anzuerkennen; Grundtenor blieb aber meist der einer Krankengeschichte. Um meine Träume nicht aufzugeben, legte ich mir zurecht, daß jeder einzelne sich aus spezieller persönlicher Problematik so verändert habe. Ja, *sooo*, in der Form hätten sie sich wirklich nicht verhalten dürfen.

Ein Gefühl hoffnungsloser Ohnmacht kam dann nach Allende. Alles Gute ging unter, niemand half. Lohnte es überhaupt, zu kämpfen? Wirklich Ehrliche, Selbstlose, Engagierte unterlagen. Vielleicht ging mir das aber nur so nah, weil ich prädestiniert war, alles Gute, Mutige, Schöne, Zuverlässige, Väterliche, Ernsthafte, Liebende dieser Welt auf Allende (via Bruder und väterlichen Freund in Südamerika) zu projizieren. Vielleicht war ich traurig um ganz anderes, Früheres, und sollte erst einmal das verarbeiten.

Ab und zu wehrte sich etwas in mir. Ich mochte nicht glauben, daß bei mir immer nur, ausnahmslos und Schlag auf Schlag, Schlechtes zum Vorschein kam. Ob denn nicht doch irgend etwas falsch laufe? Das könne doch eigentlich gar nicht sein. Anderen gehe es doch besser; andere könnten sich doch auch über sich freuen, sich mit sich mehr anfreunden. Schöne, angenehme Züge an sich entdecken, entwickeln. Warum bei mir immer nur Schlechtes, Böses komme? Mit seiner besorgten Art vermittelte er mir, daß ich eben eine besonders Kranke sei. »Sie sind begabter, aber auch kränker«, als der Durchschnittsanalysand. All das hatte eben in mir geschlummert; mit dem

ganzen Müll in mir hatte ich bisher gelebt. So ähnlich schien mich ja auch meine Analytikerin beurteilt zu haben.

Eine weiche, anziehende Verkäuferin beobachtete ich resigniert, wie sie zärtlich mit den Waren umging. Eine solche würde ich nie; dieser liebende Bereich fehlte in mir; meine frühen Entbehrungen, Verluste, Traumen, hatten Defekte gesetzt. Solchen Frauen waren die richtigen, die liebens-, lebenswerten, lebensfähigen. Ich war ein bisher mühsam, jetzt künstlich aufrechterhaltenes leeres Gerüst. Mein Kämpfen vorher, das ich für mutig gehalten hatte, schien peinlich, machte mir Schuldgefühle. Nicht nur, daß ich verzerrt wahrgenommen hatte, ich war auch bissig und schwer erträglich geworden. Die verwundende Vorstellung in der Klinik nahm großen Raum in der Analyse. Es ging darum, zu verstehen, warum eine so aggressive Stimmung überhaupt aufgekommen war; wie ich sie ausgelöst hatte. In Frage kamen: Meine tiefe Störung, die andere hochaggressiv machte, als Reaktion auf mich; die Beziehung zu meinen Brüdern, wiederholt, und deshalb so besonders traumatisierend. Mir fielen Situationen ein, wo ich strampelnd ohnmächtig auf sie eingehauen hatte, mich nicht hatte durchsetzen können. Mit einem geklauten Feldtelefon hatte sich einer elektrisch aufgeladen, war mir freundlich zu einem Kuß entgegengekommen, und ich hatte einen Schlag auf meinen vertrauenden Lippen. Als sie Oxyuren hatten, die ich angeblich aus der Volksschule mitgebracht hatte: »Dörli, das Scheißweib, hat uns wieder mit Würmern infiziert«. Waren Sie nicht auch eifersüchtig gewesen auf meinen Charme, mit dem ich den Stiefvater für mich eingenommen hatte, und jetzt vielleicht Vorgesetzte? Wenn jetzt die Kollegen so über mich herfielen, war dies ein Beweis, wie es früher gewesen war. In keiner Weise so rosig, wie ich es in Erinnerung gehabt hatte. Vielleicht hatten die Kollegen auch einfach ganz banal auf meinen ekelhaften Grundcharakter reagiert.

Wahrscheinlich waren meine Brüder wesentlich kühler, kälter, aggressiver mir gegenüber gewesen, als ich es erinnerte. Vor allem witzige Erzählungen wurden suspekt: Als niemand außer mir noch Lust gehabt hatte, mit Baum und Liedern Weihnachten zu feiern, hatten sie Rücksicht auf mich genommen, dann aber zu der Melodie »Freu – et Euch« »Dörli ist doof« gesungen. Ich hatte das als Witz, Ironie, in Erinnerung; jetzt trat in den Vordergrund, wie ich mich geärgert hatte; wie ich mich unterdrückt gefühlt, als Kleine, Blöde behandelt gefühlt hatte. Ich machte Vorwürfe, wurde sehr giftig. Daß so ein Ton zu Hause üblich gewesen war, ich ihn auch entlastend

gefunden hatte, konnte ich mir nicht mehr vorstellen. Ein Lehrer fiel mir ein, der gekränkt reagiert hatte auf eine Bemerkung, die ich witzig und gekonnt gefunden hatte. Auf die ich stolz gewesen war. Ich konnte ihn besser verstehen.

Ich erholte mich langsam; blieb aber niedergeschlagen. Es ging darum, meine Depression durchzuarbeiten. Das war eben belastend, ich hatte da Mitgefühl von Analysanden und Analysierten. Immerhin erhielt ich eine gute Ausbildung, und im großen und ganzen lief ja doch alles regelrecht. Während der folgenden Sommerferien meines Analytikers fühlte ich mich verloren, verlassen; besonders traurig zur Zeit der Stunde. Vor Nichtanalysanden genierte ich mich, unter Analysierten konnte ich mich leichter verständlich machen. Allerdings beneidete ich sie um ihre Zuversicht; bei ihnen war nicht nur Negatives herausgekommen.

Da ich inzwischen wieder zugelassen war, beantragte ich jetzt wieder Zulassung zur Prüfung. Das wurde auch in der regionalen Gruppe befürwortet; offenbar kannten sie mich jetzt genug; an Interviews, wie ich es angeboten hatte, waren sie nicht interessiert gewesen. Meine zweifelnden Gefühle von früher waren ja ohne Substanz, paranoid, gewesen. Ich war zuversichtlich; die Entscheidung darüber hatte in der überregionalen Gruppe zu fallen und war im allgemeinen Routine, wenn die örtliche Gruppe dafür gewesen war.

Ich erhielt die Mitteilung, mein Antrag sei zurückgestellt. Er sei an den regionalen Ausschuß zurückgewiesen worden, weil einer der Vertreter der regionalen Gruppe eine Rückfrage nicht habe beantworten können. Dies war ungewöhnlich. Ich fand komisch, daß die regionalen Vertreter sich nicht mehr eingesetzt hatten, wenn sie doch in ihrer Sitzung dafür gestimmt hatten. Ich erfuhr dann, daß gerade die beiden regionalen Vertreter gar nicht an der (regionalen) Sitzung teilgenommen hatten, deren Beschlüsse sie in der überregionalen Gruppe zu vertreten hatten. Deshalb hatten sie nicht Zusammenhänge begründen können, über die sie nicht richtig informiert gewesen seien. Das war eine Erklärung. Andererseits ärgerte ich mich; meinte, wenn sie schon eine Sache vertreten, müßten sie sich doch auch darüber informieren, wenn sie schon an der Originalsitzung verhindert gewesen waren. Ich fand das alles unüblich, unlogisch. Zweifelte auch, ob man mir die wirkliche Begründung gegeben hatte. Ob nicht doch etwas Generelles gegen mich vielleicht vorlag. Mein »paranoides« Gefühl kam wieder.

Mein Analytiker litt mit mir; versuchte mich zu beruhigen. Überall wie auch hier bestünden doch auch Gruppenkonflikte; möglicherweise sei auch von daher das Procedere zu verstehen.

Von den Vertretern fühlte ich mich allein gelassen. Was für eine Idee war es überhaupt, daß zwei Leute, die nicht an einer Sitzung teilgenommen hatten, dann diese vertraten? Warum breitete sich bei mir so eine unlogische Unordnung aus?

Mein altes Gefühl, mich nicht mehr zuzulassen, sei beschlossene Sache, gab ich dann wieder auf. Offenbar war ich einfach in ein gruppendynamisches Gewurschtel mit diversen Rivalitäten geraten; hatte Pech gehabt. Einer der Zuständigen meinte privat tröstend: »Dafür haben Sie dann nächstes Mal überhaupt keine Schwierigkeiten.« Ich verließ mich dann auf den nächsten Termin in einem halben Jahr.

Privat isolierte ich mich mehr. Mit dem unklaren Gefühl, etwas Schlimmes, Männer-Abstoßendes, Anlockend-und-in-die-Irre-Führendes, Feindseliges in mir zu haben, konnte ich mich nicht guten Gewissens anbieten. Ich war ja benachteiligt durch meine Biographie. Die volle Wut darüber bekam meine Mutter; andere mehr in Form von Distanz, Mich-anders-, Unvergleichlich-benachteiligt-Fühlen.

Wenn es mir ein bißchen besser ging, spürte ich manchmal Ansätze von Westwallstimmung. Ich ließ sie sich aber nicht mehr entwickeln; sie war zu schlimm gewesen. Ich spürte, daß sie noch da war, im Untergrund. Daß ich aufpassen mußte.

Manchmal hatte ich das Gefühl, er ärgere sich, etwas gehe ihm auf die Nerven, und daher huste er. Das lehnte er eindeutig ab. Aber sein Husten sei doch kein Zufall? Jetzt sei er doch zusammen mit seinem Ärger gekommen, mit seiner aggressiven Stimmung. Er lehnte das eindeutig ab. Ich bestand auf meiner Wahrnehmung. Schließlich meinte er; er sei jetzt wirklich nicht gereizt; auch beim besten In-sich-Hineinhorchen könne er nichts Aggressives in sich entdecken. Es sei meine Aggressivität, die ich auf ihn projiziere.

Meine Wahrnehmung war falsch gewesen. Ich meinte aber, es gebe doch immer Ambivalenz; die chemisch reine Empfindung existiere doch nicht. Es könne doch sein, daß ich jetzt an diesem Punkt eine größere Sensibilität habe als er? Nach längerer Diskussion antwortete er, verärgert: »Ja, die Sensibilität einer Schizophrenen«.

Die inhaltliche Brisanz seiner Aussage entschärfte sich durch sei-

nen deutlichen Affekt; außerdem mochte ich eine solche Diagnose doch nicht annehmen; dafür gab es ja klare Kriterien. Er hatte sich geärgert.

Die doch immer wiederkommende Westwallstimmung entmutigte. Ich konnte sie umgehen, aber sie störte. Als ich einmal darauf kam, resigniert, daß sich ja im Grunde nichts wirklich geändert habe, die Westwallstimmung nur weniger intensiv auftrete, teilte er mir mit, daß er diese Analyse habe kontrollieren lassen. Es habe sich damals um eine »Gegenübertragungsfalle« gehandelt. Eine emotionale Falle, die ich ihm gestellt hatte, und in die er getappt war. Meine neurotischen Gefühle hatten ihn hineingezwungen; ich hatte alles so angezettelt, daß er sich damals nicht rechtzeitig hatte wehren können. Er hatte ja »noch nie in einer Analyse solche Schwierigkeiten« wie mit mir gehabt.

Trotzdem wollte mir »Gegenübertragungsfalle« nicht alles erklären. Dann hätte doch – nach der Supervision, nach seinem Durchschauen der Gegenübertragung – qualitativ sich grundlegend etwas ändern müssen? Im Grunde war aber doch alles so weitergegangen; nur zarter, gedämpfter, vorsichtiger. Darauf hatte ich ja schon geachtet.

Er sah es nicht so; die Situation sei doch sehr anders; seit längerem. Den Überdruß von damals habe er nie mehr empfunden. Der sei nie wiedergekommen. Das fand ich nicht. Allerdings glaubte er mir ja auch oft nicht, wenn ich die Stimmung wieder kommen spürte; da war ich sicher, mit meiner Sensibilität. Ich spürte doch, daß er Wichtiges an mir nicht mochte; Kämpferisches, strahlendes Michwohl-Fühlen, machten ihn kalt und aggressiv. Dann kam der Westwall.

Ich konnte ihn doch nicht zwingen, das an mir zu mögen. Das war doch ein gefühlsmäßiger Vorgang, der sich nicht auf Kommando einstellt. Auf den ich nicht juristisch hinweisen konnte. Möglicherweise war ja in dem Zustand, den er so ablehnte, etwas sehr Unangenehmes von mir; aber er sollte doch nicht immer wieder genauso darauf reagieren. Das machte mich doch ganz krank.

Er verriet nicht, wer der Supervisor gewesen war; aus der früheren Diskussion darum erinnerte ich mich, daß er, wenn, dann ins Ausland fahren würde. Ich tippte dann auf seinen früheren Analytiker; das schien gut, der war kein Orthodoxer. Hoffnungslos fand ich aber, daß er doch immer wieder so darauf einstieg. Wenn ich meine Gegen-

übertragungsfalle noch so wiederholt aufstellte, warum gelang es nicht, mich wenigstens neutral zu behandeln? Nicht immer wieder mit derselben Kälte, derselben Westwallstimmung? Wenn es schon meine Wiederholung war – warum haute er denn immer wieder in dieselben Scharten, Wunden? Wie sollte ich je damit fertig werden, eine verändernde Erfahrung machen, mich korrigieren, wenn er immer wieder identisch reagierte? Wenn er sich von mir vergraulen, reizen, aus Abstand bringen ließ. Auch in relativ harmonische Analysezeiten hinein passierte das ja. Wenn ich mich aktiv, wohl und hübsch fühlte. Wenn mein Denken klar und befriedigend für mich funktionierte.

Über die *Tatsache* Supervision war ich froh und stolz. Er hatte auf mich reagiert; mich und die Schwierigkeiten und diese Analyse doch ernster genommen; meine Beschwerden waren doch nicht so glatt an ihm abgeprallt, wie es ausgesehen hatte. Das beruhigte.

Ich kam mir aber auch gewaltig vor: Wieso konnte ich denn einen ausgebildeten Analytiker so irritieren? In solche Schwierigkeiten bringen? So besonders fand ich mich doch nicht. Selbst wenn ich neurotische Widerstände hatte, diese geschickt ausspielte – war ich denn dann nicht trotzdem eine normale Analysandin, eine neurotische, mit meinen speziellen Mechanismen, auf Grund meiner Biographie? Was sollte denn so besonders, so behindernd an mir sein? Wieso war ich mickriges, depressives, gehemmtes Wesen so mächtig? Ich war doch interessiert an meiner Analyse; wenn auch »zu persönlich« getönt, nicht sachlich-wissenschaftlich genug. Trotzdem fand ich mich aber doch engagiert; setzte doch auch einiges ein. Verschwieg nicht bewußt, versuchte, mich Belastendem auszusetzen.

Die Unklarheiten mir gegenüber, die Hilflosigkeit, die technischen Schwierigkeiten in meiner Analyse beunruhigten mich; ich fühlte mich gefährlich, zerstörerisch. Wieso verursachte ich denn so viel Irrationalität, soviel Unlogik? Nicht nur in meiner Analyse, auch bei anderen Analytikern, die mit meiner Ausbildung befaßt waren. Warum konnte mir niemand einmal eine klare Auskunft geben?

In mir hatte ich offenbar etwas Verwirrendes, Unklarheit Bringendes. Wohl in Zusammenhang mit den Todesphantasien um meinen Vater (nicht begreifen können – nicht sinnlich erlebt haben – spurenloses Verwesen – Sich-Auflösen in Stalingrad) irgendwie auch mit meinen Größenphantasien, meinen real vielleicht starken Ausstrahlungen, Auswirkungen. Eine »besondere Form der Attraktivität« hatte mir ein Analytiker – in privatem Zusammenhang allerdings und

verärgert – attestiert.

Davor stand ich ratlos; fand mich nicht besonders anziehend – meine Mutter war reizvoller, auch andere; auch nicht besonders intelligent – meine Brüder waren mir da überlegen; auch nicht besonders mutig oder kämpferisch – eher immer zu konventionell, zu korrumpierbar. In der Schule hatten meine Brüder viel mehr riskiert; ich war eher hinterhergezockelt. Aber auch wenn ich einen möglichen Kindheitsrest, mich im Schatten der Großen zu fühlen, abzog, – ich fiel nicht aus der Reihe; zu Hause.

In einer Klinikskonferenz hatte ich sinngemäß etwas gesagt, mit »in der Literatur bekannt« begründet, ohne zu wissen, wo es nun genau stand; inhaltlich war ich mir sicher. In der Stunde fragte ich, wo ich das wohl nachlesen könne. Ich löste Verärgerung aus. Woher ich die Sicherheit genommen habe, das einfach so zu behaupten, ohne es genau zu wissen? – Aber ich war mir doch sicher gewesen; wußte nur nicht mehr, woher ich mein Wissen hatte. Hatte mich deshalb – in der Situation überzeugend – mit »in der Literatur bekannt« ausgedrückt; vielleicht ein bißchen unverschämt; aber es stimmte. Ihn störte meine Sicherheit. Wieso ich es ohne solides Wissen habe behaupten können? Ohne wirkliche Grundlage. Dabei logen doch Organmediziner ganz schamlos; ganze Untersuchungsergebnisse, Kongreßberichte wurden gefälscht. Das war doch bekannt. Ich hatte jetzt inhaltlich nicht einmal etwas Falsches gesagt. Nur sicherere Literaturkenntnis deklariert, als ich sie hatte; die Diskussion war lebhaft gewesen; ich hatte Spaß daran gehabt. Ihm schien ich aber so gegen den Strich zu gehen.

Einmal nahm ich – auf der Fahrt zu einem Seminar – etwas flirtend, einem Mann die Vorfahrt; er war im Recht; wir hatten uns aber in die Augen gesehen und verstanden. »Grandioses Selbst« kam von meinen analytischen Beifahrern; nur überwiegend als Witz.

»Sie halten sich nicht an die Spielregeln«, hatte ich im Ohr. (Von einem anderen Analytiker). Unreflektierte Sicherheit wurde suspekt; genaugenommen jeder spontane Impuls. Analytische Aufmerksamkeit bekam ich bei Skrupeln, lähmenden Hemmungen, Schuldgefühlen. Naive Zuversicht schien Abwehr, manisches Überspielen; mit erwachsenen, reifen Augen betrachtet kaum möglich. Unreflektierten Schwung, Unbekümmertheit, mit guter Laune den anderen anstecken, durchdachte ich besser.

Es fand sich ja auch fast immer Ambivalenz; ein entgegengesetz-

ter, zögernder Impuls. Wenn ich den dann wieder berücksichtigte, war mein Schwung vorbei; kaputt; oder ich genierte mich nachträglich über meine mangelnde Reflektion. Gerade traumwandlerische Sicherheit, realisierter Schwung bewies Abwehr.

Im Grunde hatte ich keinen Anlaß zu wirklich guter Laune. Bei meiner basalen Problematik; durch die Depression durch, und dann konnte ich weitersehen, leben.

Manche Deutungen kamen mir bekannt vor; sie beschrieben oder wiederholten, was ich ausgedrückt hatte, zumindest gedacht hatte. Sie entschieden dann aber meine Überlegungen. Denn schließlich waren *seine* Empfindung, Beurteilung der Situation und meines Erlebens ja die eines Normalmenschen, eines adäquat Reagierenden. »Meinen Sie nicht, daß . . .« Ja, daran hatte ich auch gedacht; wahrscheinlich meinte ich das wohl; wenn er es auch so sah.

Manchmal fühlte ich mich verwirrt, wenn er als Deutung mir etwas brachte, was mir bewußt war. »Sie fragen sich jetzt, ob . . .« Ohne eine neue Ebene. Anfangs hatte ich diese Deutungen als etwas besonders Kluges, Raffiniertes interpretiert; gedacht, daß ein besonderer, mir nicht verständlicher Sinn dahinterstecke. Denn sonst hätte er nicht mir Bekanntes, schon in Erwägung Gezogenes, einfach wiederholt. Es entmutigte, wenn ich trotz Anstrengung und Überlegen nicht auf die neue Ebene, an den unbewußten Inhalt kam. Später dachte ich, daß er vielleicht in meiner emotionalen Unordnung, im Wust meiner Ideen, Möglichkeiten Ordnung schaffen wollte, und deshalb einfach seine Meinung, seinen Eindruck, sein Erleben brachte. Daß dies gar keine Deutungen im engeren Sinne sein sollten.

In milde Kämpfe fiel eine längere Analysepause durch eine Operation, der er sich unterzog. Die Ängste darum konnte ich mir von der Seele halten durch eine Indienreise, die trotz aller Erschütterungen weich und schön und sättigend wurde; wie ein warmes Bad.

Als ich wußte, daß er wieder einigermaßen genesen war, aber noch nicht arbeitete, schickte ich ihm zur Orientierung die Kopie eines Briefes über die Reise, den ich an meinen väterlichen Freund geschrieben hatte. Diesen ausführlichen Brief hatte ich, nach wochenlangem Zögern, in einer Nacht in einem Schwung geschrieben, und war dann erschöpft und zufrieden eingeschlafen. Ich fand ihn richtig, einen Teil von mir. Der Freund meines Vaters reagierte auch überzeugt; dies sei eine wichtige Dimension, eine ernsthafte, erwachsene, die möge ich in mir fördern. Auf der Reise war ich von einer Erschüt-

terung in die andere geflogen, hatte mich aus den Tiefen immer wieder aufrappeln können; aber es hatte gelohnt; ich hatte Schönes erlebt, war zu sicheren, durchlebten Überzeugungen gekommen; weil ich mich auf die Stimmungen eingelassen hatte, mich in sie hatte fallen lassen. Ganz wichtig war, daß ich nie daneben gelegen hatte, nie »Verrücktes«, aus dem Nichts Gegriffenes gefühlt hatte; eher hatte ich mich »normal«, mittelmäßig sensibel, manchmal auch eher stumpf gefühlt im Vergleich zu manchen Indern. Meine Weiche, meine Wahrnehmungen waren etwas Schönes gewesen, für das man mich mochte; da.

Es war mir sehr wichtig, wie mein Analytiker meinen Brief fand. Ich traute mich zuerst nicht zu fragen; von alleine kam er auch nicht darauf. Schließlich, auf meine Frage, meinte er ablehnend: »Wie ein Schulaufsatz.« Atmosphärisch hieß das langweilig, konventionell, solch einen hätte ich mir auch sparen können, ohne Verlust; auch nicht ihm zu schicken brauchen.

Das tat weh; der Brief war etwas von mir. Ich konnte ihm nicht imponieren. Meine eigensten Gedanken, meine Gefühle nicht. Kühle, desinteressierte Ablehnung auf Nacktes; besser hätte ich mich nicht so gezeigt. Dabei handelte der Brief auch von Sexuellem; es war mir nicht leichtgefallen, das in Worte zu packen. Mein Analytiker wirkte auch gereizt, *daß* ich ihm überhaupt geschrieben hatte. Ich erklärte (entschuldigte), daß doch die Analysepause so lang gewesen sei; daß bei mir doch so viel passiert sei, das ich nicht so lange konservieren könne. Ich hatte den Brief ja erst geschrieben, als ich gemerkt hatte, daß ich auf Fragen von Bekannten immer wieder in denselben Redewendungen zu antworten begann; und daß ich Teile überall mit Druck herumerzählte, mich verzettelte. Ich hatte gedacht, daß mir der richtige Adressat fehlte, und dann nach Argentinien und ihm geschrieben. Und ihm die Kopie geschickt, weil ich doch mehrfach nicht formulieren könne. Er hätte doch meine Entwicklung verstehen sollen; war doch meine wichtigste Bezugsperson. Ich spürte, daß er sich geärgert hatte; *daß* ich geschrieben hatte. In einem Nebensatz monierte er meinen »Umgang mit der Realität«. Ich wußte nicht, worauf sich dies jetzt bezog: »Ja, die Adresse«. Mir fiel ein, daß ich mich beim Tippen der Adresse im Straßennamen zuerst geirrt hatte. Ich war ziemlich sicher gewesen, hatte den erinnerten Straßennamen auf den Umschlag geschrieben, dann zur Sicherheit im Telefonbuch nachgesehen, in der anderen Ecke des Zimmers, und daraufhin den Straßennamen korrigiert. Ich hatte den vermeintlichen

Straßennamen gleich getippt, weil ich es praktischer gefunden hatte, als aufzustehen, in der anderen Zimmerecke nachzusehen, und dann weiterzuschreiben. Verbessert hatte ich dann mit Kuli, und kein neues Kuvert genommen.

Darüber entstand ein Argumentieren mit ausgeprägter Westwallstimmung, gegenseitigem Unterbrechen und Gereiztheit. Warum ich nicht vorher nachgesehen habe, wenn ich mich nicht sicher gefühlt habe? Ich war mir aber überwiegend sicher gewesen; die getippte Straße lag auch parallel zu der richtigen; ich hatte Bekannte in ihr, bei denen es gemütlich gewesen war, ich lag also gar nicht so falsch. Er bestand darauf, so etwas sei typisch für mich, für meinen Umgang mit der Realität. Woher ich die Zuversicht genommen habe, daß der Name stimmte? Ich hatte mich aber doch gar nicht so sicher gefühlt, sonst hätte ich doch nicht mehr nachgesehen; hatte es nur praktischer, schneller, eleganter gefunden, den Brief am Schreibtisch mit Umschlag und Marke zum Abschicken fertigzumachen, und dann neben der Tür im anderen Zimmerteil noch einmal nachgeguckt. Damit hatte ich einen Weg gespart; es war mir lässig von der Hand gegangen; daß die Adresse doch verkehrt war, war Spielerpech. Deshalb brauchte ich doch keinen neuen Umschlag; ich schrieb doch keine Bewerbung; er war doch mein Analytiker.

Die Diskussion beendete er schließlich mit der Aussage, er persönlich wäre erst zum Telefonbuch gegangen, hätte nachgesehen, und dann weitergeschrieben.

Ich ärgerte mich, daß er sich bei meinem Brief an der äußeren Form aufhielt. Warum schien denn das, was den Brief disqualifizierte, ein formales Kriterium? Der deutsche Schulaufsatz, mit Einleitung, Hauptteil und Schluß. Und selbst wenn ich nun einen solchen Besinnungsaufsatz geschrieben hätte – warum hielt er sich denn nicht an den Inhalt, an das, was ich ihm doch unbedingt hatte mitteilen wollen?

Für ihn mußten doch meine unbewußten Motive wichtig sein. Er war doch nicht mein Deutschlehrer. Ich fühlte mich wie nach einer Vier Minus mit vielen roten Ausdrucksfehlern. Ein Schlager verfolgte mich: »Words«, von Dahlia Lavi.

»It's only words, and words are all I had
to take your heart away.
You think that I don't even mean a single word I say . . .
This world has lost it's glory

let's start a brand new story now – right now.«
Ein anderes Lied war:
»My kind of life is love not to hate
let's do it now before it's too late«.
Wieso stieß er sich an der Form? Am Umschlag und an meiner
Sprache. Darauf war es mir nicht angekommen. Den Brief zu zeigen,
war auch Striptease gewesen; so einen offenen Brief, an jemanden,
den ich sehr mochte. Was lehnte er so total ab?
Ich dachte in Liedern:
»I don't know where we went wrong
but the feeling is gone
and I just can't get it back«.
Ich glaubte doch, daß der Brief eine gute Seite von mir zeigte, eine
klare, erlebnisfähige, durchlittene. Auf der Reise war ich normal
empfindungsfähig, nicht übertrieben sensibel gewesen; und war mit
meinen starken Reaktionen zu klärendem Verständnis gelangt; wo
ich verstanden hatte, und dann meine Betroffenheit und Erschütterung sich auflösten; weil alles durchschaut war. Wieso stieß ich ihn
jetzt damit ab? Wie sollte ich sein, mich verhalten, um ihm zu gefallen? Ich hatte mich doch angestrengt, auch mit dem Briefschreiben.

Sicher war er freundlich und fürsorglich, wenn ich weinte und
verzweifelte. Aber das war doch nicht alles, nicht mein Dauerzustand. Wie konnte ich denn meine strahlenden Seiten ausleben und
ihm dabei gefallen, dann nicht in Spannung mit ihm leben?

Ich kämpfte wieder; mochte keine Kritik an diesem Brief; auf alle
Fälle keine formale. Ich hatte gelebt, verstanden, mich verändert; *das*
sollte er verstehen, in sich aufnehmen, damit meine Analyse ohne
große Anlauf-Schwierigkeiten und Fremdheit fortgesetzt werden
konnte. Nach der langen Pause, die er doch ausgelöst hatte. Im
Grunde war mein Brief doch ein larvierter Liebesbrief, und beim
Originaladressat auch richtig angekommen.

Trotzdem traf seine Ablehnung; sie addierte sich zu den unaufge-
klärten Meinungsverschiedenheiten.

Die Ferien hatten mich aufgetankt; ich konnte meine Wärme noch
ein bißchen bewahren. Säuglinge beruhigten sich mit mir. Die körperliche Untersuchung versuchte ich möglichst zärtlich; das ging, das
mochten sie, und strahlten viel zurück.

Gerade jetzt mochte er mich wieder nicht. Westwall, oder witzige
Phasen. Das Leben blieb angestrengt. Ich lernte aber jemanden kennen, der eine Analyse hinter sich hatte, mich mühelos verstand. Es

überraschte mich, wie einfach Kontakt möglich war. Wie wenig ich oft überhaupt reden, erklären mußte. Das Wesentliche hatte er meist schon durch die Haut gespürt. Ich konnte mich ausweinen, ohne mich ausdrücken zu müssen; wurde gutartig betrachtet, mit Freude. Meine Gereiztheit beunruhigte ihn; er fragte anfangs nach, meinte dann, ob dieser Analytiker nicht zu jung für mich sei. Zehn Jahre Differenz reichten bei mir nicht. Da laufe etwas nicht gut; er spüre schon beim Hereinkommen, ob ich an dem Tag eine Stunde gehabt hatte; ich sei dann jedesmal gereizt, verändert, aufgewühlt. Ich brauchte ihm gar nichts zu sagen, das sähe er mir schon an: wenn, bräuchte ich einen älteren Mann.

Ich fand seinen Einwand witzig; typisch männliche Eifersucht; ein steriler uralter Mann wäre ihm selbstverständlich angenehmer. Klatsch hatte er meine Deutung. Er schwieg in Zukunft. Viel später meinte er, ich sei völlig unzugänglich gewesen.

Er fand mich egozentrisch, nur und mit allem und jedem auf mich selbst bezogen; beschwerte sich, daß er für mich wohl nur Sinn und Zweck zu meiner Selbstbespiegelung habe; ich sei total absorbiert, beziehe alles sofort und nur auf mich, und stelle mich überhaupt nicht auf ihn ein. Ob ich überhaupt ein bißchen Freiraum für ihn habe? Ob es in mir überhaupt Fürsorgliches für einen anderen gebe? Ich heulte los. Immerhin meinte er schließlich wütend: »Man *muß* Dich einfach gern haben«. Das gab es also auch noch.

Insgesamt nahm ich alles wieder sehr ernst. Psychoanalyse als Denkmodell fand ich begeisternd; fachlich machte es Spaß; ein paar zufriedenstellende Therapien gelangen. Alles hatte seinen Sinnzusammenhang; bei aller Anstrengung und Niedergeschlagenheit hatte diese Analyse doch ihre Richtigkeit. Ich war aufgehoben in einer Lehranalyse im Rahmen einer anerkannten Vereinigung, mit Stipendium, an einer Universitätsklinik.

Neu war, daß ich mich in seinen Ferien positiv veränderte. Ich machte wieder Bekanntschaften; glatte, freundliche, streichelnde Kontakte (auch nur mit den Augen; beim Bäcker, im Steh-Café.) Das kannte ich von früher; ich bekam wieder einen Hauch von schönem Leben; kleine menschliche Kontakte, Mini-Liebeserklärungen, viceversa konnten den Tag lebenswert machen. Auf einmal hatte ich wieder etwas an mir, was offenbar freundlich stimmte. In einem Café saß ich in der Nähe von einem Mann; er ging dann mit, eine Lampe kaufen. Wir fanden uns beide angenehm; und damit hatte

dieser Kontakt ein Ende. Wir hatten uns beide gemocht; das war durch die Haut, die Luft übergeflossen; mehr paßte uns beiden nicht. Das Angenehme an mir verlor sich wieder, wenn ich aus den Stunden kam. Die Mini-Kontakte waren wohl zerbrechlich, an Stimmung gebunden. Ich erzählte meinem Analytiker von ihnen. Z. B. suchte mir die Inhaberin einer Bäckerei sorgfältig und zärtlich schöne »Seelen« (Salzstangen) heraus, weil ich sie so gerne mochte. Freute sich, daß ich ihre Produkte genoß. Manchmal waren es im Steh-Café Leute, die nur mit »schmeckt« oder »heiß« mit mir kommunizierten. Dann fühlte ich mich wohl, aufgehoben im menschlichen Gewusel. Ich mochte sie ja auch; schon das tat mir gut; daß ich nicht nur ablehnte, kritisierte. Er wunderte sich. Ein bißchen exotisch fühlte ich mich.

Ein ausländischer Analytiker, der meiner früheren Analytikerin, kam zu einem Vortrag. Ich fand ihn begeisternd; einen gütigen, souveränen Mann, der Frauen mochte. Er ähnelte meinem Großvater, und analytisch war er es ja auch. Ich fühlte mich auf einer Wellenlänge mit ihm; er freute sich, als ich nach dem Vortrag auf ihn zuging, und lud mich zu seinem Seminar ein. So habe er ja ein Stück Familie hier.

Zusätzlich lebte er mit der Analytikerin, die das für mich Wichtigste Nachvollziehbarste über weibliche Sexualität geschrieben hatte. Eine schöne, geglückte, üppige Frau.

Mein Analytiker erkannte meine Aktivität hier an; schien sich aber doch zu wundern. Ich fand nichts besonderes daran; solche Männer wie diesen, erwachsen und Frauen genießend, mochte ich immer gern; solche waren mir entgangen.

Das Buch der französischen Analytikerin hatte mich sehr bestärkt; bei den orthodoxen Theorien hatte ich wenig für mich nachvollziehen können; sie waren auch so deprimierend, und die Analytikerinnen wohl auch traurig. Bei dieser Theorie gab es eine eigene weibliche Identität, auf die ich stolz sein konnte, mit der ich mich identifizieren konnte, die mir eine satte Selbstsicherheit geben konnte. (Die nicht so traurigen Theorien von anderen Analytikerinnen waren nicht so bekannt; ich habe sie erst später gelesen, und gehört, daß sie einfach totgeschwiegen worden seien. Anerkannt war Helene Deutsch).

Diese Theorie war eine Erweiterung von Freud; er hatte ja selber zugegeben, daß es sich um »terre inconnue« handele. Meine Analytikerin hatte das Buch erwähnt, schon deshalb war es mir wichtig. Ich ärgerte mich auch, daß männliche Analytiker dies Buch überhaupt

kaum registriert zu haben schienen. Bei ihm stieß ich da auch auf Wissenslücken. Ich fragte mich sowieso, ob ein Mann letzten Endes überhaupt je in der Lage sei, eine Frau wirklich in der Tiefe zu verstehen. Nach ihrer Theorie nur dann, wenn eine Identifikation mit dem anderen Geschlecht zeitweise stattgefunden hatte. Beide mußten sich streckenweise mit dem symbolischen Aspekt des anderen Genitale identifizieren, um ein einfühlungsfähiger Partner zu werden. Um auch symbolisch dem anderen Geschlecht zugeschriebene Eigenschaften bei sich zuzulassen. Die organischen und symbolischen Bedeutungen mußten in der Entwicklung zu trennen gelernt sein.

Sonst würde eine Frau automatisch Dominanz, Durchsetzungsvermögen, Potenz usw. mit Penis assoziieren, und für sie Schuldgefühle über nichtweibliches Verhalten bekommen; ein Mann umgekehrt über kreative, passive Fähigkeiten, die er nicht vom Organaspekt getrennt hatte, sich nicht mit ihnen identifiziert hatte; sie würden ihm dann Kastrationsängste verursachen. Das leuchtete mir sehr ein; auf Kongressen hatte ich mich oft geärgert, daß intelligente, aktive Frauen fast automatisch als »kastrierend«, »phallisch« galten. Auch über meine bewunderte Analytikerin aus dem Erstinterview erklärte mir einer ihrer männlichen Kollegen: Insgeheim laufe sie mit einem Riesenphallus unter dem Arm herum und schlage damit nach gründlichem Ausholen zu. Das war mir für sie peinlich gewesen.

Die Theorie hatte ich ja in der Nacht nach dem Laboratorium auch nachvollzogen; meine Schuldgefühle über Aktivität, Denken, mich Durchsetzen, Anerkennung, also symbolisch in unserer Kultur wohl mit dem männlichen Genitale verbundene Eigenschaften, hatte ich ja deutlich gespürt. Höchstwahrscheinlich hatte ich die Trennung ja auch nicht eindeutig und ausreichend vollzogen.

(Den realen Druck der Männer in dem Kurs, die mir solche Fähigkeiten ja wirklich geneidet hatten, sah ich damals nicht).

Mit diesem Buch war ich also voll identifiziert; wollte es auch übersetzen, hatte mich um einen Verlag bemüht. Als eine englische Analytikerin einen Vortrag hielt, in dem es über weibliche Entwicklung und weibliche Sexualität ging, fragte ich in der Diskussion, was sie von dieser Theorie halte. Nach nur vager Antwort fragte ich nach, ob sie das Buch ablehne oder nur nicht genau kenne? Sie antwortete sachlich, daß sie persönlich nicht viel damit habe anfangen können. Damit war das Thema für mich geklärt.

In der nächsten Stunde zeigte sich aber mein Analytiker, der dabeigewesen war, betroffen: meine Art Aggression zu äußern, und

dabei naiv unschuldig zu wirken. Von anderen hätte eine solche Rückfrage, ob sie wichtige Literatur überhaupt kenne, als grobe Unverschämtheit gewirkt. Offenbar habe ich da eine kindliche Fähigkeit, solches zu formulieren ohne zu kränken. Mir war nichts bewußt.

Zusätzlich sei meine Frage sehr deutlich persönlicher Problematik entsprungen, das habe man genau gemerkt. Aber wieso sollte mir Sexualität nicht ein Hauptthema sein, ein persönliches? Was wäre schlimm daran, wenn alle im Saal das gemerkt hätten? Ich bestand darauf, daß sowieso nur Themen interessierten, wirklich emotional besetzt, die auch unmittelbar persönliche seien. Er ließ das nicht gelten. Ich habe da ein ganz persönliches Interesse gehabt, wie ich es auch an der Analyse habe. Mir fehle da das wissenschaftliche neutrale Interesse. Alles und jedes reduziere ich auf Persönliches. Ich wurde ärgerlich, bezweifelte, daß überhaupt irgendein Mensch abstraktes Interesse habe; überall, auch bei Forschern an der Peptidkette ließe sich auch eine persönliche Motivation finden.

Es gab wieder zähes Argumentieren; bei mir sei dies anders; er habe genau gemerkt, daß meine Diskussionsbemerkung meiner persönlichen Problematik entspringe, nicht sachlichem Interesse. Meine Voten seien nicht so losgelöst wie die von anderen. Ich könne ihm aber garantieren, habe dies immer wieder auf Kongressen gemerkt, daß jede Äußerung, jedes Interesse sich auf eine persönliche Problematik zurückführen lasse, wenn man es darauf anlege. Wir rechteten. Mein Interesse sei ein Drängenderes; anderes. Ich war zu unsicher, um andere zu fragen und zu vergleichen. Schließlich blieb er dabei, mir fehle das sachliche, wissenschaftliche Interesse an der Psychoanalyse. Ich fühlte mich verkannt. Sollte ich ruhiger, stiller, abgeklärter mit den Inhalten umgehen? Was störte ihn an meiner Art des Interesses? Deutlich spürte ich nur, daß er etwas einzuwenden hatte. Daß ich ihm nicht gefiel. Ich hatte »zu persönlich« geklungen, mein Interesse war »drängender« als das von anderen, nicht »losgelöst« genug. Etwas an meiner Art störte, war nicht gut. Meine Neugier, mein Nachfragen, Nicht-Akzeptieren, Bezweifeln waren doch ein wichtiger Teil von mir. Wieso sollte der nicht gut sein? Der »Zwiefel«, nach einem Brecht-Gedicht, war doch manchmal das einzig Richtige, aus dem sich neue Sachen entwickeln konnten. Wie hatte ich zu denken, wie mich zu interessieren? An der Schule war es um »logisches« Denken mit Hilfe der Altsprachen gegangen, später um »chirurgisches«, »internistisches«, je nach Spezialisierung; das hatte ich blödsinnig gefunden. Vielleicht lag ich aber doch irgendwie

falsch. Manchmal fühlte ich mich wie eine Wilde, der mühsam Tischmanieren beigebogen werden sollten.

Manchmal dachte ich, ob er mich auch so als Infantiles, zu Korrigierendes behandeln würde, wenn ich verheiratet wäre? Wenn ich z. B. jetzt mit einem Oberarzt, oder Ordinarius lebte? Ob ich dann ernster zu nehmen gewesen wäre? Mein unverheirateter Status war ja meine Schwäche; er begründete ja die gesamte Analyse. Warum war ich nie für ihn eine, der man fraglos vertraute, glaubte, zustimmte?

Einmal in der Vorlesung war er auf meiner Seite, dezidiert. Der Vortragende beschrieb, wie ein Analytiker sich optimalerweise dem Analysanden gegenüber zu fühlen habe; wohlwollend, zuversichtlich, primär positiv interpretierend usw. Ich mußte lachen, fragte, ob dies nicht eine dezente Umschreibung für ein-bißchen-verliebt sei? Damit befremdete ich den Vortragenden. Mein Analytiker griff ein, äußerte sich auch sinngemäß wie ich. Das tat gut.

Ich beschwerte mich, er habe nur mühsam Sinn für meine Ironie. Er sei aber unter seinen Freunden bekannt als witzig, meinte er. Diese Argumentation fand ich unredlich; es ging doch hier um die analytische Situation; er hatte mich doch auch hier zu überzeugen; äußere Beurteiler hatten hier doch nichts zu suchen. Ich holte doch auch nicht meine großen Brüder zu Hilfe.

Als ich einmal in Fahrt ankam, kam schnell gereizte Stimmung auf. Auf meine Rückfrage: ich habe ja »schon an der Tür« angefangen zu reden. Es leuchtete mir aber gar nicht ein. Ob denn das Setting in diesem Fall wichtiger war als mein Affekt? Der wurde doch so gestoppt, vermickert; überhaupt fand ich es eine Dressur, zu klingeln, abzulegen, mich auf die Couch zu placieren, aus dem Nachlassen des Geruckels und Geraschels hinter meinem Schädel zu schließen, daß er jetzt bequem saß, aufnahmebereit war; und dann meinen Affekt kommen zu lassen. Nicht zu schnell, nicht zu intensiv, innerhalb der verfügbaren 50 Minuten placiert.

Wenn ich aber doch so voll war von etwas, und es mir adäquat war, schon an der Garderobe zu erzählen? Freud hatte doch im Spazierengehen analysiert. An sich war es für mich doch auch ein Fortschritt, wenn ich meine Aufregung ernster nahm, sie nicht zugunsten einer tradierten Rolle stoppte.

Mich kränkte speziell seine emotionale Ablehnung, die in seine Begründung eingeflossen war. Ich merkte doch seine Gereiztheit,

seine Tendenz, mich auf Abstand, gemäßigt, in geregelten Formen, gedämpft zu halten; spürte auch deutliche Ansätze von Westwall. Wenn er mir gesagt hätte, daß es ihn ganz einfach störe, wenn er sich nicht erst setzen und sich konzentrieren könne, hätte ich das wohl akzeptieren können.

So wirkte seine Kritik vorgeschoben, formal, und emotional heftig.

Sowieso waren doch die 50 Minuten keine biologische oder analytische Notwendigkeit; sie schienen doch eher praktisch, von unserer Zeiteinteilung abgeleitet.

Ich hatte es oft schwer gefunden, intensive Erlebnisinhalte in die Zeit zu packen. Manchmal war es quälend, mit dem angefangenen intensiven, verzweifelten Kummer aus der Analyse zu gehen; bis zum nächsten Tag oder länger auf Fortsetzung warten zu müssen. Und dann war es auch schwierig, wieder Anschluß daran zu finden. Bei Vätern/Krieg war es mir manchmal so gegangen; verquollen und mit Kopfschmerzen aus der Stunde gekommen, konnte ich nicht schnell umschalten. Der Kummer blieb im Untergrund und nahm noch Stunden später Kraft.

Als ich einmal ansetzte, richtig guten Männern wären Frauenhintern wichtig, kam schnell und nachlässig die Deutung, dies sei etwas Homosexuelles. Ich hatte an sich gemeint, daß gerade Männer, die wirklich Frauen meinten, auch Freude an weiblich geformten Hintern (Ärschen) hätten. Auf die verhungerte Hosenmode, auf Männer, die minimale Hintern in Jeans anstrebten, die genaugenommen Männerhintern suchten, hatte ich eine Wut. *Die* hätte ich eher homosexuell gefunden; die Knabenhintern suchten. Eigentlich hatte ich nur nach einem Grund gesucht, mich mit meinen Formen anzufreunden. Da hatten mir manche Freunde gutgetan. Meinen Sinnzusammenhang konnte ich aber kaum noch vermitteln; in mir festhalten. Der Gedanke, homosexuell als Abwehr von Kastrationsängsten –, deshalb von hinten, um den Anblick der Kastrationswunde zu meiden –, usw. galt – wenn auch mit Ironie – als klassisch. Überzeugend. Wenn sie damit in Wirklichkeit homosexuelle Wünsche abwehrten, auf Umwegen befriedigten, bezog sich ihre Freude an mir nicht wirklich auf mich. Ich hatte das Interesse an Frauenpopos archaisch, erfrischend gefunden; wie die Tiere. Seine Frau war dünn; er also keiner von diesen Abwehrenden.

Unzufrieden blieb ich mit der Bearbeitung meiner sogenannten Arbeitsstörungen: Ich hatte zur Zeit Schwierigkeiten, überhaupt et-

was zu diktieren; mit einem Gutachten trug ich mich mit sich verschärfenden Gewissensbissen fast ein Jahr herum; war ständig im Rückstand mit Briefen; mein Schädel dröhnte manchmal vor schlechtem Gewissen. Außerdem hatte ich einen Bericht über mein Projekt zu schreiben, für den ich das Analysestipendium bekommen hatte. Fand nicht die Sicherheit, etwas Mittelmäßiges mit strahlenden Worten zu beschreiben. Idee und geplante Durchführung waren an sich gut. Ich fand mich blöde, impotent, untüchtig, daß ich nicht einfach die Ergebnisse, die ich immerhin hatte, in Worte, Formen, Kriterien packte. Alles war zu zart, zu diffus, ich traute mich nicht. Ich hätte Rückenstärkung gebraucht. Auch über das vergiftete Kind sollte ich schreiben. Ein Oberarzt hatte versprochen, das Geschriebene dann mit mir durchzugehen. Ich fand nicht den Schwung, es einfach zusammenzuschreiben. Ging dann vor schlechtem Gewissen diesem Oberarzt aus dem Wege, geriet in ein Gefühlsgewusel; fühlte mich als Niete, die nicht einmal so etwas schaffte.

Das Unerledigte lastete auf mir; ich fühlte mich dauernd unter Druck; meine Wochenenden waren vermiest. Ich erlaubte mir nichts Schönes, bevor ich nicht das Wichtigste erledigt hätte; drückte mich wieder davor, war dauernd müde und erschöpft.

Mein Analytiker hatte Mitgefühl; aber ich glaubte nicht, daß er wirklich besser mit solchen Situationen hätte umgehen können. Seine Rechnungen schrieb er erkennbar lustlos, verzögert, oder dann auf einmal im Schwall. Leichtigkeit zu erledigen hatte er offenbar nicht. Für Bescheinigungen außer der Reihe brauchte er lange. Die Stunden darüber aktivierten mich nicht.

Er schien auch nicht gewandt mit Sprache, mit Formulierungen. Seine Motorik war kompliziert, eher mühsam. Mein einer Bruder setzte sich einfach hin und arbeitete. Wenn er etwas Unangenehmes zu erledigen hatte und sich das vorgenommen hatte, machte er es einfach. Die Sicherheit strahlte ihm durch die Rippen; das fand ich schön. Von solchen konnte ich mich anstecken lassen. Solchen tüchtigen Glanz hatte mein Analytiker nicht. Mir fehlte der erfrischende Kontakt, die Rückenstärkung durch meine Brüder. Meine Analytikerin hatte ja gemeint, ich wolle, daß meine Mutter die Dinge für mich erledigte. Die jetzt versuchten Deutungen und Theorien veränderten mich nicht. Meine Lähmung blieb.

Richtig genießen, in der Tiefe ernst nehmen, völlig anerkennen konnte ich meinen Analytiker nicht mehr. Er begeisterte nicht; seine Deutungen verblüfften nicht, seine Formulierungen faszinierten mich

nicht. Ging es mir mit ihm so wie mit meinem Stiefvater? Daß er nicht mein richtiger Vater war, hatte ich genau gewußt mit fünf Jahren. Meine Brüder hatten sich auch konsequent geweigert, ihn mit »Vater« anzureden. Wir hatten uns auf »Ater« geeinigt; das reichte. Für mich war auch ganz klar gewesen, daß er wieder gehen müsse, wenn mein richtiger Vater doch wiedergekommen wäre. Vielleicht wiederholte ich jetzt diese frühe Beziehung. Aber in jedem Fall würde das Gelingen künftiger Beziehungen zu Männern davon abhängen, ob ich es lernte, meinen Analytiker anzuerkennen, zu bewundern, zu genießen. Wenn meine Beziehungen daran krankten, daß ich heimlich auf den Richtigen wartete und die aktuellen, präsenten Männer den Vergleich mit ihm nicht bestehen ließ, ich ihm bisher treu geblieben war, dann war ich an einem wichtigen Punkt.

Trotz Anstrengung begeisterte er mich aber einfach nicht. Ich fand keinen intellektuellen Charme. Dabei konnte ich mich an sich leicht für gute Formulierungen, pfiffige Sprache begeistern; auch bei Leuten, die mir sonst nicht lagen. Mein Vater hatte witzige, liebe, ironische, unverschämte Briefe geschrieben. Mein Stiefvater in keiner Weise. Sein lispelndes, aufgeblasenes Hessisch hatte ich unschön gefunden; oft auch peinlich, wenn er als Elternbeirat zum Abitur redete. Trotzdem fanden ihn andere Schüler beeindruckend und wunderten sich über mein Mich-Genieren. Bekannte fanden ihn und meine Mutter auch »ein schönes Paar«, wenn sie spazierengingen. Mit lauter Stimme und stiefväterlicher Autorität konnte er Diskussionen zu seinen Gunsten beenden; selten durch überzeugende Argumente; ab und zu noch durch Verweis auf den großen Brockhaus. So ähnlich wirkte mein Analytiker ja auch: ungeschickt, nicht gewandt, geneigt, auf seinen Status, die Regeln, das Setting zu pochen statt zu erklären und zu überzeugen. Auch von ihm erzählten ja manche, daß er witzig sei. In Fallseminaren könne er unkonventionell und originell reagieren. Das kannte ich aber nicht so. Aber Mitanalysanden redeten Gutes über ihn. Kritik wie ich schien niemand zu empfinden; zumindest äußerte sie niemand von ihnen.

Meinen Vater fand ich einen schönen Mann, auf seine Weise; mit einem klaren, differenzierten Gesicht. Seine Figur und lässigen Hosen, die ich von Fotos kannte, gefielen mir. So ähnlich sahen ja meine Brüder aus. Das mochte ich wohl gerne so. Dagegen schien mein Stiefvater eher schwammig, immer zu dick, undifferenziert. Andererseits fanden ihn manche gutaussehend. Ich hasse aber noch heute Leute mit Zahnlücke zwischen den oberen Schneidezähnen; sie ist

mir – reflektierter, aber in keiner Weise korrigierter – Inbegriff von läppischer Indifferenz, aggressiv-autoritärer Dummheit, die nichts neben sich duldet.

Nach der ersten schönen Zeit wirkte mein Analytiker wirklich wie mein Stiefvater: viereckig, etwas plump in den Bewegungen, um die Hüften, nicht schön, die Nase zu klein, das ganze Gesicht zu wenig geprägt. Die kleine Nase meines Stiefvaters hatte mich auch oft gestört. (Der mögliche reflektorische Kurzschluß beim Lesen Nase = Penis, sei geschenkt.) Jedenfalls war die Übertragungsbeziehung deutlich; zumindest soweit, daß ich jetzt ähnliche Züge wie an meinem Stiefvater selektiv wahrnahm.

Diese negativen Empfindungen verurteilte ich dann und ärgerte mich über meine alles vermiesende Neurose. Auf allen Ebenen frigide. Es gelang nicht, seine Deutungen mit Begeisterung in mich aufzunehmen; streckenweise ließen sie mich gleichgültig, oder verletzten. Oft erlebte ich sie als oberflächlich, naiv, hergeholt oder krampfig konstruiert. Sie konnten nicht auf fruchtbaren Boden fallen bei meiner inneren Sterilität, meinem seelischen Vaginismus. Kein Wunder, daß ich nicht verheiratet war und keine Kinder hatte. Wenn ich mich gegen alles so sträubte wie gegen ihn, dann ließ ich ja gar nichts in mich hinein. Andere Analysanden schwärmten, fühlten sich wohlaufgehoben, strahlten über kluge Deutungen. Das machte mich ganz mutlos. Alle außer mir erlebten anders. Aber ich hatte ja da meine biologische Lücke, meinen Defekt; ich mußte mühsam und in kleinen Schritten lernen, was andere gratis mitbekommen hatten.

Auch sein Gesicht konnte ich nicht mehr schön finden. Seinen Nacken noch einigermaßen, auch seine Haare. Schöne Augen sah eine Bekannte an ihm. Dafür hatte ich aber nie Sinn gehabt. Dieses Zugeständnis an reizlose Mädchen haßte ich: »Aber sie hat schöne Augen«, so wie »schöne Landschaftsaufnahmen« bei einem blöden Film. Seine Augen waren dunkel und ziemlich groß. Ja, aber begeistern konnte ich mich nicht für sie. Das war vorbei, gestorben.

Nicht so strahlende, nicht brillante, mittelmäßige Männer zu mögen, mußte ich lernen; mich für solche zu begeistern, sie wirklich anzuerkennen. Wenn mir das nicht gelang, würde ich immer und ewig an meinem Vater hängen bleiben; und meine Liebesfähigkeit läge auf Eis, im Eis von Stalingrad begraben.

Ich blieb überwiegend gleichgültig. Wenn ich mich anstrengte, seine Deutungen, Formulierungen interessant zu finden, gelang es mir auch ein bißchen. Aber nur gläsern, theoretisch, intellektuell. Ich

lernte, wie man Deutungen gab, wie sie zu sein hatten, was sie zu treffen hatten. Aber mit mir, meiner Person, meinem Interesse konnte ich nicht voll dabei sein. Manche Stunden blieben ein gleichgültiger Brei, ohne Konflikte, ohne Spannung; langweilig bis darauf, daß gerade dies meine Neurose zeigte. Ich fühlte mich insgesamt kühl, gläsern, desinteressiert. Ansätze von Vitalerem brachten nur meine Vorwürfe und Verzweiflung über meine Verkorkstheit, meine innere Leere, meine Lieblosigkeit, mein Desinteresse, mein Unvermögen, einen solchen normalen, anziehenden zu genießenden Mann nicht adäquat empfinden zu können.

Belügen konnte ich mich selber nicht über mein Desinteresse, das sich einfach nicht änderte. Vergleiche mit anderen waren immer wieder schlimm. Ja, vielleicht; Abwehr wäre immer noch besser gewesen als totales Vakuum, als Defekt, den ich wahrzunehmen, zu realisieren hatte.

Seine Deutungsebene stockte auf der Realisierung meiner Gleichgültigkeit. »Sie müssen mit Ihrem Analytiker etwas anfangen können; ihn für sich nutzbar machen«. Ich frigide Kröte hatte keine Gefühle. Ich war selber schuld. Mich anstrengen, mehr in mir entwickeln, mehr aus mir herausgehen, mehr Gefühle zeigen und deutlich verbalisieren mußte ich. Das Schwergewicht blieb auf meinem Mich-Sträuben, meinem Mich-Heraushalten. (Wenn wir bei der Übertragungsebene geblieben waren, hätten wir finden müssen, daß diese Gleichgültigkeit ja in keiner Weise meiner Geschichte entsprach; daß ich ja intensiv auf meinen Stiefvater reagiert hatte und daß meine Gleichgültigkeit jetzt meinem Analytiker gegenüber – wenn sie sich wirklich als Übertragung auffassen ließ – dann aus Abwehr heftiger libidinöser Impulse resultierte. Daß ich mich vielleicht ihm gegenüber totstellte, um nicht in ödipale Konflikte zu geraten. Auf eine solche Ebene kamen wir aber nicht. Wir konstatierten meine mindere Emotionalität, meine Kühle, meine Empfindungslosigkeit, mein Desinteresse an Männern wie ihm, an mittelmäßigen, zuverlässigen. Daß ich kaum auf die Deutung mich verändernd reagierte, war Folge meiner schwer zu beeinflussenden Abwehr.)

Ich hatte mich zu konzentrieren auf für mich passende Männer. Gegen solche hatte ich mich bisher mit Erfolg gewehrt. Ich war nicht verheiratet – trotz gebärfreudigem Becken, trotz äußerer Vorzeigbarkeit –, weil ich nicht gelernt hatte, solche Männer zu mögen, weil ich meinen Stiefvater insgesamt nicht ernst genommen hatte, auch nicht anerkannt hatte. Dies betraf jetzt alle meine Freunde, und

meinen Analytiker. Wenn ich mich für ungewöhnliche Männer begeisterte und sie genießen konnte, bewies dies, wie geschickt ich einer festen Bindung auswich. Solche füllten lediglich mein narzistisches Defizit, waren meist nicht zuverlässig. Ungewöhnliches, Brillantes sollte ich aus mir entwickeln, es mir nicht von anderen als Ergänzung holen.

Eine Bekannte in Analyse, dezidiert und resigniert, als ich mich über ihre Kinderpause wunderte: »Ach weißt Du, während Analyse ist ein Kind ja doch vom Analytiker«. Ich verstand langsam, und schwer; an solche Wünsche konnte ich mich kaum erinnern, und jetzt auch nur noch fade theoretisch. Andere Frauen hatten tiefere Beziehungen, in ihren Analysen und wohl auch im Leben.

Es gab viel, was mich aufregte, erboste. Er schwang aber selten mit; reagierte mehr zwischen Amüsiertheit, Verwunderung, Skepsis und Ablehnung.

Ein Analytiker hielt einen Vortrag, in dem er ausgiebig auf eine weibliche Patientin mit »früher, schwerer Störung« einging. Ich fand ihn zynisch frauenfeindlich, verachtend, und wurde wütend – meine weibliche Sitzumgebung auch. Für mich schien deutlich, daß er mit der erotischen Anziehung, der intellektuellen Potenz der Patientin nicht zurande kam; daß er abwertend, aggressiv diagnostizierend mit ihr umging. Seine vorgeführte Deutungsweise fand ich schrecklich, zerstörerisch; seine Patientin hätte ich nicht sein mögen. In die sich ausbreitende gereizte Unruhe in meiner Umgebung stellte ich dann einige Rückfragen, auf die er ähnlich zynisch reagierte. Da ich sowieso wegen eines Kliniksfestes gehen mußte, kam mein Abgang mir inhaltlich passend.

In der folgenden Stunde war er wieder besorgt; ob ich die Spannung nicht habe aushalten können, die nach meiner Bemerkung entstanden sei? Ich habe so persönlich getroffen gewirkt, so verletzt. Warum ich dies so persönlich habe nehmen müssen? Ich hatte einige Mühe, richtigzustellen, daß ich in erster Linie wegen des Festes gegangen war; daß ich wohl sehr empört, aber nicht in der Tiefe zerstört von der Diskussion gewesen sei. Das Fest hatte mir auch Spaß gemacht, ich hatte mich mit dem Vortrag gar nicht mehr beschäftigt. Ich wunderte mich über seine Vorsicht, wie mit einer Schwerkranken. Für ihn schien aber ein Rest zu bleiben, weil ich so aufgefallen war. Aber selbst wenn ich die Zynik nicht hätte aushalten können,

fand er denn den Referenten nicht auch so, bösartig mit der Frau? Sie war verloren, solchen destruktiven Deutungen ausgesetzt. Konnte er denn abgeklärt da zusehen?

Er hatte den Vortrag »originell« gefunden; Feindseligkeit gegenüber der Patientin hatte er nicht gespürt.

Besorgniserregend schien ihm meine Zerbrechlichkeit. Aber selbst wenn mich die Zynik aus dem Saal getrieben hätte – so etwas könnte doch auch einmal die ganz adäquate, konsequente Reaktion sein. Mindestens einer Zuhörerin war es innerlich ähnlich gegangen.

Die Argumentation strandete dabei, daß ich einfach aufgestanden sei und am Rande meiner Kräfte gewirkt habe.

In einem Seminar über Perversionen ärgerte ich mich. Der maximal autoritäre, alles erstickende Seminarstil störte mich. Der Seminarleiter hielt fast die ganze Zeit über ein Referat, fragte dann die Meinungen einzelner ab und notierte sie sich (für eine spätere Veröffentlichung). Außerdem schien der Begriff Perversion nicht genau definiert; sinngemäß schien schon Fellatio darunter zu fallen.

Meine Andeutung in Richtung polymorph pervers rief abwertendes männliches Schmunzeln hervor. Ich hörte vor Ärger gar nicht mehr zu; dazu war ich 40 km gefahren. Mein Analytiker bemühte sich, mir Verständnis zu vermitteln. Zwar schien er auch irgendwie etwas einverstanden mit meiner Kritik zu lächeln, aber er legte doch Wert darauf, daß ich verstehe und nicht so ernst nehme. Er besänftigte mich; ich fand mich dann ungerecht kategorisch.

Mit Pharmazie-Vertretern kam ich fast regelmäßig in Streit; oft entwickelte sich eine widerliche Spannung. Ich fand sie unzugänglich für Rückfragen, uneinsichtig meinen Argumenten gegenüber; glaubte noch an ihre fachliche Verantwortung. Andere waren auch freundlich zu ihnen.

Mein Ärger, meine Wut besorgten ihn. Ich wußte, daß ich »zu stark« reagierte. Daß ich mich besser mehr an der Art der anderen orientierte. An den weniger Konflikthaften, an denen, die sich wohler fühlten. Zwar erkannte er an, daß es einige Mißstände gebe; aber warum war denn meine Aufregung darüber so stark? Ich spürte seine Tendenz, mich zu beruhigen. Wie ein subtiles Verbot, mich zu empören. Fürsorglich.

Ich versuchte, mir Ereignisse nicht so nahe gehen zu lassen, sie nicht »so ernst« zu nehmen, mehr »Distanz zu den eigenen Emotionen« zu bekommen, reflektierter, kontrollierter mit meinem Erleben

umzugehen. Vieles tat aber einfach weh: Das plötzliche Sterben nach schwierigen Herzoperationen, die schweißnassen Panikgesichter vor kleineren Eingriffen.

Über meine mindere Entschlossenheit, meine politische Lahmheit hatte ich mich früher geärgert. Jetzt gerieten für mich die, die eine dezidierte Meinung hatten, diese lautstark vertraten, auch wenn es nicht zu ihrem Vorteil war, in Geruch von Agieren, Autoaggression, Masochismus, Vaterkämpferei usw. Ich habe sie dann auch so angesehen. Wer auf einer Konferenz, einem Kongreß etwas sagte, was gegen die Gruppenmeinung ging (gegen die gängige, anerkannte), und dies nicht in der ganz feinen englischen Form, dem hörte ich schon kaum noch zu; war schnell beschäftigt, herauszufinden, welches persönliche Problem ihn wohl jetzt motiviert, sensibilisiert hatte, und ihn in welchem Moment nach oder vor oder gegen welche Vorredner aufstehen ließ. Mit zunehmender Übung konnte ich auch fast immer etwas finden. Jeder stärkere Affekt wurde mir suspekt; Intensität zeigte ein zugrundeliegendes, mangelhaft bewältigtes Problem des Beobachteten.

Ein Kongreß entmutigte mich sehr. Zufällig, an sich zeitgemäß, waren fast alle Patienten, über die berichtet wurde, im Krieg aufgewachsen; in dezimierten Familien, auf der Flucht usw. traumatisiert. Traurig macht mich, wie wenig sich bei diesen während langer intensiver Analysen verändert hatte; in den Berichten über sie fand sich nur mühsam irgendeine Entwicklung, Besserungen schienen konstruiert. Etwas Wehes, Zartes kam mir entgegen, was sich unverändert hielt, und gar nicht tangiert schien vom Analyseverlauf.

Schrecklich fand ich auch das Buch über den Wolfsmann. Makaber, so ein Leben, so eine Qual, so ein Krampf, um überhaupt zu überleben. Und das nach intensiver, erstklassiger, langdauernder Analyse. Wenn eine Analyse nicht mehr bewirkte – gruselig, zum Verzweifeln. Solch ein Leben würde mir keinen Spaß machen. Nur den behandelnden Analytikern zuliebe diese Lebensqual weiterführen. Ich fand es einen schlichten Horrorbericht. Dabei schien mir der Wolfsmann so vital; es gefiel mir, wie er, als er die Frau nur gesehen hatte, gleich eine Wohnung mietete, mit Doppelschlüssel für sie. Er war da ganz unbeirrt; ließ sich diese Frau auch nicht vermiesen durch Deutungen und therapeutische Erwägungen (Übertragung – sie war Krankenschwester an der Klinik, an der er behandelt wurde). Sie waren ja später dann auch zusammengekommen. Ich fand ihn da viel sicherer, zügiger, unbeirrter als das Gros der Männer meiner Umge-

bung, die überlegten, zögerten, reflektierten. Der Wolfsmann war so gläubig seinem Analytiker gegenüber gewesen; und hatte auch den besten Analytiker gehabt. Ein Bekannter (in Analyse) weigerte sich, das Buch weiterzulesen. Da könne man sich ja gleich aufhängen, wenn das alles sei.

Wenn es um meine Beziehung zu Männern ging, war der Grundtenor, auf welche emotionalen Umwege ich mich begeben hatte, welche Manöver ich gestartet hatte, um einer ausschließlichen Bindung, einer Ehe aus dem Wege zu gehen. Welche Ängste, Abwehrmechanismen mich wieder an jemanden hatten geraten lassen, mit dem eine Familiengründung nicht möglich war. Bindungsängste schienen verantwortlich, daß Freunde weit entfernt gewohnt hatten; narzistisches Defizit dafür, daß ich so auf sozialen Glanz, auf geglückte Formulierungen reagierte, auf intellektuellen Charme (Glanz können Sie selber entwickeln, den haben Sie selber in sich; warum brauchen Sie eine solche Ergänzung? Fühlen Sie sich ohne eine solche Ergänzung nichts wert?). Aus Wissen um meine intellektuelle und emotionale Leere suchte ich Männer mit Ansehen; dies entsprach meinen Minderwertigkeitsgefühlen, meinem minimalen eigenen Stehvermögen, meiner fast Als-ob-Persönlichkeit. »Warum können Sie einen nicht so strahlenden Mann nicht genießen?« Aus meiner kleinen Geschichte schien sich zu zeigen, daß ich zuverlässige Männer mied. Wie kommt es, daß eine wie Sie, die so auf Wärme und Zuverlässigkeit angewiesen ist, an emotional sparsame Männer gerät? Gemessen an dem Kriterium Ehe-Familie-Kinder wurden meine Beziehungen auf der Negativseite gebucht.

Und es beeindruckte mich auch wirklich, wie schlecht es mir mit Männern gegangen war. Wie wenig ich bekommen hatte, wie karg und kühl sie mich behandelt hatten. (Vergleich mit anderen Frauen hatte ich nicht). Ich fühlte mich miese, karg, kümmerlich; klagte.

Nach den Ferien kam ich in eine Klinikkonferenz, in der es um ein Mädchen mit schwerer generalisierter Infektion ging; alle waren in Sorge, es ging um Leben und Tod; Lunge, Leber, Herz, Niere waren schon geschädigt. Das Fieber hatte bisher überhaupt nicht auf Antibiotika reagiert, auch nicht auf seltene und besonders wirksame. Ich dachte an Pilz, fand das wahrscheinlicher nach Laborwerten und Verlauf, erntete ärgerliche Ablehnung: Eine solche Lungenentzündung werde nie von einem Pilz verursacht. Ich zögerte; so eindeutig ließ

sich das nach einem Röntgenbild nicht entscheiden. Später fragte ich nach. Es stellte sich heraus, daß mehrfach in Blutkultur und Urin Pilze gefunden waren; man hatte sie als Verunreinigung interpretiert. Man entschied dann, gegen Pilze zu behandeln. Ich blieb aber mit dem intensiven Gefühl, etwas Unangenehmes, Unpassendes gesagt zu haben. Dabei war verständlich, wenn in der allgemeinen Sorge die schlimmste Möglichkeit, Pilzsepsis, verdrängt worden war. Es gab erst seit kurzem Medikamente dagegen, die aber auch riskant waren, noch erprobt wurden. Pilzsepsis war fast ein Todesurteil. Von daher war die allgemeine Verdrängung verständlich, die ich in meinen Ferien nicht mitgemacht hatte. Mich irritierte aber der Effekt, den meine Bemerkung gehabt hatte. Als ob ich etwas sehr Lästiges, Ekliges, Unmögliches, zu Verurteilendes von mir gegeben hätte. In der Analyse stand dann im Vordergrund, *wie* ich meine Äußerung formuliert hatte, ob nicht mit aggressivem Beiklang, mit Triumph, Rivalität o. ä.

Intravenöse Antimykotica wurden gerade von zwei konkurrierenden Firmen entwickelt. Die Grundsubstanzen waren nicht genau dieselben, und somit anzunehmen, daß auch die Toxizität differierte. Da es bei dem Mädchen ja um das Überleben ging, da Herz, Niere, Leber gerade eben noch funktionierten, nur das Herz relativ am gefährdetsten war, versuchte man, von den beiden Firmen zu erfahren, welche Nebenwirkungen bekannt waren, speziell auf das Herz. Der regionale Pharma-Vertreter erklärte, noch nie habe man Schädigungen am Herz beobachtet. Das Mittel wurde dann angesetzt, und das Herz vergrößerte sich rapide. Auf besorgte, schließlich wütende und drohende Telefonate gab dann ein höherer Vertreter der Firma zu, daß sehr wohl »in Einzelfällen« Schädigungen des Herzmuskels beobachtet waren. Das Medikament wurde abgesetzt, das Präparat der Konkurrenz mit etwas anderem Nebenwirkungsspektrum gegeben, und das Mädchen überlebte.

Mich empörte, daß es nicht möglich war, an die Untersuchungsergebnisse der Firmen zu kommen. (Weil es um Millionen ging, vermutlich). Ich fragte in der Konferenz, ob man denn so etwas nicht veröffentlichen müsse; ob es nicht ein Gremium gebe, z. B. das Gesundheitsministerium, an das man sich im Notfall wenden könne. Ich stieß auf geballte Ablehnung. Im Grunde schien alles in Ordnung. Ich blieb allein mit meiner Empörung, in der Analyse auch. Er erkannte sie an; aber wie die einer Pubertierenden. Besorgt um das

Ausmaß, die Form, meine Wirkung auf andere, mögliches Agieren, Wiederholen.

Einmal hatte er von anderen gehört, man sei an der Klinik zufrieden mit mir und erzählte mir das. Von *anderen* war dies eine gültige, anzuerkennende Beschreibung.

Die künstlichen Beatmungsgeräte versagten häufig. Zur Desinfektion mußten sie auseinandergenommen werden; danach wurden sie ab und zu falsch zusammengesetzt. Das Zusammenbauen war kompliziert, barg Fehlerquellen; jedenfalls war eine Tatsache, daß sie wiederholt nicht richtig funktionierten, und die Beatmeten Schäden davontrugen, u. U. tödliche. Appelle an Sorgfalt und Kontrolle halfen, es gab aber weiterhin Schäden, die dann als persönliches Versagen von Einzelnen gesehen wurden.

Ich fand die Herstellerfirma verantwortlich; sie hatte das Monopol, hätte z. B. durch Farbfolge oder irgendeine Markierung der Einzelteile die Apparate sicherer machen müssen. Auf jeden Fall sollte die Firma dies wissen; möglicherweise war sie ja nicht einmal informiert über die häufigen Zwischenfälle. Jeder war ja peinlich berührt über seine Unachtsamkeit und schwieg. Nach einigen Telefonaten landete ich bei einem Oberen, der das in 14 Tagen mit dem Firmenvertreter besprechen wollte. An sich ärgerte ich mich; man hätte sofort aktiv werden müssen; die Geräte ändern, überprüfen müssen. Wenn allein hier so häufig Fehler passierten, wie dann insgesamt? Dieser Obere hatte aber den Kontakt mit der Firma und wollte es erledigen. Gereizt meinte er, ich solle es aufschreiben, und ihm geben. Ob ich nicht selber mit dem Vertreter sprechen könne? Das schien unerwünscht. Ich stieß später noch an einen Wust von Kompetenzstreitigkeiten zwischen zwei Ordinarien, Oberärzten, von zu schaffenden bzw. zu bekämpfenden Abteilungen, finanziellen Zuschüssen. Leihgaben der Herstellerfirma; und ermattete.

Atmosphärisch hatte ich keine Unterstützung. Keine Gruppe, und keinen Analytiker. Meine Empörung rückte in die Nähe von Querulieren, Stänkern, Nicht-Integrieren, Nicht-genießen-Können.

Andere Analysanden führten ja auch leicht Unzufriedenheit, die Norm überschreitende Verärgerung auf sich, ihre unverarbeitete Problematik zurück. Es kämpfte ja kaum noch jemand, den ich kannte. Theoretisch fand ich auch richtig, daß die Empörung von dem neurotischen Anteil befreit werde; daß die Reaktion sich nur aus situationsadäquater Reaktion speiste.

Aber wie war es denn in meiner Analyse? Der reale Anteil existierte ja fast nicht.

Wenn er gezielt etwas einzuwenden gehabt hätte, hätte ich ihn vielleicht verstehen können; das zumindest einordnen können. Seine Ablehnung, sein skeptisches, mühevolles Nachvollziehen entmutigte, lähmte. Vieles blieb diffus. Meinte er denn nun, daß ich meine Brüderbeziehung wiederholte, daß ich prinzipiell aggressiv allem Institutionellen (Vätern, Müttern) gegenüber reagierte? Das wurde nicht wirklich deutlich. »Meinen Sie nicht, daß . . .« Der wackelige Tonfall, das Angebot irritierte. Zwischendurch war ich sicher, was er meinte; dann schien aber auch wieder das Gegenteil der Fall zu sein. Manchmal schien er seine dezidierte Meinung in indifferente analytische Frageform zu zwängen; später schien sie ihm aber auch wieder zu entsprechen; manchmal schien er seine Meinung völlig geändert zu haben. Ich konnte das aber nie nachweisen. Sicher war ich nur, daß er ängstlich, mißtrauisch meine Aktivitäten betrachtete. Dabei war ich gar nicht besonders aktiv; mährte oft tagelang, wochenlang depressiv erschöpft herum.

An sich lohnte es sich nicht zu leben, durch und durch schlecht, voll widerwärtiger, hassender, bösartiger, verdrängt-verlogener Eigenschaften, kaum fähig, überhaupt jemanden zu mögen; meine letzten positiven Regungen hatten sich als Abwehr herausgestellt. Es gab wenig Perspektive. Dies war die Wahrheit, das Zugrundeliegende, unter dem bewußt Gefühlten; das mit Hilfe der analytischen Technik Herausgefundene. Daran konnte so leicht niemand rütteln. Kein Normalmensch, kein Nichtanalysierter. Die nahm ich sowieso kaum mehr ernst.

Einig war ich mit denen, die mich ebenso beurteilten; sie schienen ja Recht zu haben; aber auch denen war ich damit fern. Mit den Wohlwollenden konnte ich allenfalls noch rechten, streiten, ihnen meinen inneren Müll nachweisen, oder verlogen mich bei ihnen aufhalten, bis auch sie mich durchschauten. Wenn immer weiter neue schlechte Charakterzüge, Eigenschaften aufgedeckt wurden, hatte ich mich ja noch manchmal gewehrt. Aber auch das gehörte dazu; bewies meine Abwehr, die mir früher die Einsicht erspart hatte.

Eine analysierte Bekannte mochte meine verquere Beziehungslosigkeit nicht recht glauben; bei meinem spontanen Kontakt zu Kindern, und sog. einfachen Leuten. Ob ich nicht doch irgendwann in meiner Jugend auch sehr gute Kontakte gehabt habe? So etwas bilde

sich doch nicht von ganz alleine. Oder ob ich die soziale Distanz brauche, um mich wohl zu fühlen? Die Sicherheit, eindeutig überlegen zu sein? Ihr fiel die Diskrepanz auf, wie ich mit meinen (analytischen) Kollegen stand und wie mit anderen Menschen.

Ich wunderte mich: meine Kontaktfähigkeit überzeugte mich nicht mehr. Mit meiner allgemeinen Gereiztheit war sie abhanden gekommen, fand ich. Der moppelige Sohn einer Freundin hatte sich ja auch vor mir zurückgezogen; ich hatte dauernd ein schlechtes Gewissen, manche Kinder gar nicht erreichen zu können; manche zu schnell und zu ruppig zu behandeln. Die analysierte Kollegin war aber eine kluge Frau, die ich ernst nahm. Ich kam dann zu dem Ergebnis: Ich lebte mit intensiven Ängsten vor Nähe; diese konnte ich einigermaßen in Schach halten bei Menschen, die sowieso, durch ihre soziale Schicht und ihr Alter, nicht für mich in Betracht kamen. Wo die Distanz über den Kittel, meine Position, im Geschäft usw. sowieso festgelegt war. Auch mit Pförtnern und Putzfrauen kam ich ja viel besser aus als mit Kollegen. Zumindest war da mehr Vertrautheit, mehr menschliche Zuverlässigkeit; sie beschuldigten mich auch nicht der Arroganz, der Überheblichkeit. Das empfanden ja immer nur die sozial Gleichgestellten; mit denen hatte ich ja Schwierigkeiten.

Meine Ängste, meine geheimen Distanzbedürfnisse, meine Distanzierungsaktivitäten mußte ich eben nicht bei mir sowieso Fernen anbringen; mußte mir solche nicht vom Leibe halten. Deshalb konnte ich gut mit ihnen; meine Ängste und der Distanzierung dienenden Bissigkeiten brauchte ich erst ausfahren bei Leuten meiner Schicht. Es war ja schließlich auffallend; eine griechische Putzfrau drückte mir Plastiksäcke für meinen Umzug in die Hand, ganz selbstverständlich.

Mein müheloser Kontakt war analytisch geklärt für mich. Er war jedenfalls nichts, wofür ich mich hätte mögen können. Meine hessische Patentante, meine generell besseren Beziehungen zu Nichtakademikern waren suspekt.

Offizielle Karriereziele waren: Oberärztin, Abteilungsleiterin, Klinikleiterin, Habilitation; in jedem Falle eine führende Funktion. Anderen vor die Nase gesetzt, hätte ich anzuleiten, zu korrigieren gehabt – auch wenn es nur Arztbriefe gewesen wären –, zu kommandieren in vielleicht diskreter Form. Alle, speziell psychisch Reife, die ihre ödipalen Auseinandersetzungen wirklich durchkämpft, sich nicht nur unterworfen hatten, strebten nach Führung und Verantwortung. Mir war die Vorstellung zuwider. An meiner ersten Stelle als

Medizinalassistentin war es mir unangenehm gewesen, wenn mich die Schwester mit dem Spritzentablett begleitete; an ihrer Enttäuschung, als ich selber losging, merkte ich, daß ich sie um das Privileg, Herrn/ Frau Doktor zu begleiten, beraubt hatte; dies schien einfühlbar, und mein Befremden darüber auch. Aber auch als Stationsärztin mochte ich oft größere Visiten nicht, in denen ich alleine anzuordnen, festzulegen, vor vielen mit Patienten zu reden hatte. Ich fühlte mich nicht wohl dabei, unnatürlich; besprach am liebsten an Hand der Kurve im Schwesternzimmer, und dann alleine mit den Patienten. Auch dies war an sich verständlich. Auch, daß ich Famulanten und mir zugeteilte Medizinalassistenten nicht wie üblich einsetzen mochte, konnte ich begründen, weil sie ja lernen und nicht zu Routinearbeiten benutzt werden sollten. Trotzdem war mein Widerwille emotional heftig. Warum fühlte ich mich immer wieder unwohl, wenn ich Führung und Verantwortung hatte? Es sei lediglich das Dozieren, das Kommandieren, die Anweisungen, ohne ausreichende Begründungen gegeben, die ich nicht mochte, meinte ich; auf meine Weise konnte ich ja arbeiten, und mich wohl fühlen. Gegen Widerstand und ohne Verständnis anordnen, fand ich schlimm; ich erklärte viel; und wenn es nicht angenommen wurde, oder nur widerwillig, belastete mich das. Sowieso schien es anerkannter, einfach ruck zuck ohne Kommentar zu bestimmen; ich sah auch, daß manche das entschieden lieber mochten, es erwarteten. Dabei fühlte ich mich aber verkrampft, und gar nicht in meinem Element. Aber offenbar war es zumindest zeitweise und bei manchen Personen nötig so.

Analytisch blieb aber trotz meiner logischen Begründung ein Rest: wenn nun ein Quantum an autoritärem Führungsstil notwendig, zumindest üblich war – warum verhielt ich mich nicht einfach so, lässig und ohne größere Skrupel? Warum konnte ich die Realität, wie ich sie nun eben an Kliniken vorfand, nicht mehr für mich benutzen, mich ihr anpassen? Noch dazu hatte ich im Grunde nichts dagegen, mit jemand Erfahrenerem, Älteren zusammenzuarbeiten, wenn ich ihn mochte. Klima und Stimmung waren mir am wichtigsten. Davon hing auch zum Teil meine Arbeitsfähigkeit ab; aus mir heraus, alleine, ohne jemand Anregendes in der näheren Umgebung Schwung zu haben, fiel mir schwer. Dabei konnte ich es wohl; aber mit Anstrengung.

Auffällig blieb mein Unwillen, meine dezidierte Lustlosigkeit bei dem Gedanken, zu leiten (ein Team, Station, Abteilung, Klinik u. a.). Nicht einmal eine Praxis mit mehreren Angestellten, die ich hätte

kontrollieren und überwachen müssen, konnte ich mir als angenehm vorstellen; nur als Notlösung. Ich fing an, mich zu genieren, je mehr ich meine mindere Führungsbereitschaft realisierte. Meine Begründungen, daß ich mich erfahrenen Stationsschwestern, die seit Jahren diese Arbeit machten, insuffizient und unterlegen fühlte, weil sie ja auch mehr Gefühl und Instinkt inzwischen entwickelt hatten als ich in der kurzen Zeit, und ich mich deshalb auf mein erlerntes Wissen beschränken müsse, überzeugten nicht ganz. Warum tat ich mich denn so schwer mit dem Anleiten, Anordnen? Es gab doch viele unangenehme Dinge im Leben, die schlicht nur erledigt werden mußten; die emotionale Aufregung lohnte dies doch gar nicht.

An meinem Mich-Sträuben wurde aber deutlich, wie ich noch in meinen Bindungen und Bremsen verhaftet war: Zu kindlich, zu unreif; entschlossen, keine Führung zu übernehmen; konnte keinen Genuß daraus ziehen (wollte es nicht), mochte sie nicht einmal neutral übernehmen. Ordnete mich weiter großen Brüdern, Müttern, Autoritäten unter; duckte mich, ohne es überhaupt emotional zu realisieren. Mein Widerwillen war das Einzige; ich konnte mich in meiner Kinderrolle auch sehr wohl fühlen. Mit manchen Stationsschwestern hatte ich mich sehr gut verstanden; mich auf das für mich Spezielle beschränkt und ihnen das Übliche, ihre Routine ohne Einmischung überlassen. Ich war auch gut damit gefahren, wenn ich ihre feinen beunruhigten Wahrnehmungen ernstgenommen hatte; trotzdem hatte ich ihnen wohl – im Vergleich zu anderen – viel Verantwortung überlassen. Sie als gute Mütter walten lassen. Mit einer sehr Aktiven, die auch im Krieg viel erlebt hatte, hatte ich mich speziell in Notfallsituationen sehr wohlgefühlt; sie hatte gemocht, wenn ich schnell reagierte, und ich viel von ihr gelernt. Wie das oft so war. Eine andere Schwester danach erwartete ganz eindeutig, daß ich den Stil und Schwung und das Tempo auf Station angebe. Das wurde schlimm. »Sie rivalisieren um die kindliche Rolle«; ich konnte es aber nicht ändern. Aussprachen verschlimmerten eher die Stimmung. Schließlich dachte ich, ob sie nicht einfach lieber einen Mann auf Station gehabt hätte; an sich verständlich, da sie im Schwesternwohnheim und im Beruf praktisch nur Frauen sah. Sogar mein Analytiker meinte dann, ob sie nicht schlicht neidisch und unzufrieden sei. Aber zuerst hatte er gedeutet gehabt, ich rivalisiere um die kindliche Rolle; ich war die, die aller Kritik und allen Schwierigkeiten dadurch zum Trotz einfach nicht erwachsen werden wollte. Die sich sträubte, den Ton auf Station anzugeben, zu strahlen, zu scheuchen, Schwung zu

verbreiten. Dabei konnte ich es ja. Meine seelische Unterentwicklung war peinlich; es gelang mir aber nicht, sie zu ändern. Ich war eine unreife Tochter geblieben, die ihre Kinderprivilegien nicht aufgeben mochte.

Freunde von früher fuhren jedes Frühjahr Ski; einer beschwerte sich, daß ich jedesmal zusagte, und dann unter irgendeiner Begründung doch nicht kam. Ich merkte dabei, daß mich die Vorstellung beunruhigte, mir ein Bein blutig-schmerzhaft-zersplitternd zu brechen. Die Angst bezog ich zunächst darauf, daß ich beim letzten Mal einen Ski gebrochen hatte; aber damals hatte mich das nicht gehemmt gehabt; ich war mit geliehenen Skiern weitergefahren. Das intensive blutige Bild störte; das hatte ich früher nicht gehabt. Vielleicht hatte ich es mit Mut und Sorglosigkeit überspielt, und es hatte sich als Lustlosigkeit doch hintenherum geäußert; oder es war in der Rationalisierung, Skiferien seien teuer, zumindest so wie Sonne im Winter, versteckt gewesen. Möglich, aber sehr unangenehm, und behindernd.

Nicht nur Liebesbeziehungen wurden minderwertig (die Bezeichnung paßt kaum für die reflektierten, kontrollierten Empfindungen), auch täglicher Umgang und mittlere Kontakte wurden ausgedünnt; nebensächlich, kontrollierter, formaler, mißtrauischer. Wirklich Bewegendes hatte ich ja schon – oder würde es noch – in der Stunde besprechen. Da brauchte ich kaum mehr. Außerdem waren außeranalytische Beziehungen riskant; ich konnte mir Blößen geben. Nachdem ich schon so viel Unangenehmes entdeckt hatte, war zu erwarten, daß auch andere aus meinen spontanen Regungen auf tiefere Inhalte schließen würden. Ich tat das ja auch bei anderen. Im Zweifelsfalle erst einmal überlegen, was wohl zu bedeuten hat, daß ich lachen, mich aufregen, traurig sein möchte; überhaupt irgendwie reagieren möchte. »Schön, daß Du da bist« – also ist es ihm doch nicht recht; sonst würde er es ja nicht so betonen. Jede eigene und fremde überschwengliche Äußerung läßt sich schnell erklären als Abwehr des Gegenteils. (Besonders vielschichtig wird die Kommunikation dann mit Analysierten, die dies ja auch einkalkulieren).

In der Zeitung wurde über einen Mann berichtet, der seinen Bruder mit der Axt erschlagen, dann ordnungsgemäß die Polizei gerufen und ihr erklärt hatte: »Dieser ewige Streit – einmal mußte ja Schluß damit sein.« Ein – nichtanalysierter – Bekannter prustete los; ich traute mich nicht zu lachen, diagnostizierte schnell Todeswünsche

gegen seinen Bruder, und die Stimmung war verquer. Wegen meiner verklemmten Neutralität.

Mit Volldampf einmal etwas zu machen, gut zu finden, mich zu begeistern, einfach loszulegen, wurde suspekt. Hinter dem starken Impuls steckte ja mehr. Und unter analytisch Ausgebildeten, die das ja wissen, konnte das besonders peinlich werden; am sichersten Zurückhaltung.

Kurz nacheinander mußte ich alte Deutungen revidieren, zumindest modifizieren: der Vorgesetzte war wirklich sehr erotisiert; nicht nur in meiner Phantasie, aus meinem Defizit heraus hatte ich zwanghaft sexualisiert; er dachte oft und oft nur daran, und vielen Frauen gegenüber. Mit meiner analysierten Reserve war ich dann wohl nur weniger reizvoll für ihn geworden.

Außerdem erfuhr ich, daß eine früher vermutete, dann auf die Kappe meiner Wünsche genommene und als irreal abgeschriebene Liebesbeziehung doch stimmte; zumindest inzwischen. In beiden Fällen hatte ich Richtiges gespürt gehabt. Meine Analytikerin hatte sich damals geirrt; oder ich hatte sie verkehrt verstanden; oder sie hatte mich auch nur auf meinen Wunschanteil hingewiesen, ohne die mögliche Realität wirklich abzulehnen. In mir hatte aber jedenfalls ihre Intervention so gewirkt, daß ich die Realität völlig ausgeschlossen hatte, überzeugt von meiner hungrigen Projektion, die mich Hirngespinste sehen ließ.

Ich hörte auch, daß andere meine Analytikerin gar nicht mehr so herzlich, summa summarum, beurteilten wie früher. Daß manche sich auch in manchen Teilen unverstanden, emotional distanziert, karg behandelt fühlten. Speziell eine, deren Zuneigung ich als analytisch optimal eingeordnet hatte, sah mich verwundert an, als ich sie vorsichtig darauf ansprach. Wahrscheinlich war ein Teil der Analysanden-Geschwisterrivalität in die gegenseitigen Schilderungen eingeflossen gewesen. Einer, der sie kannte, meinte, sie sei schlicht ein sehr anderer Typ als ich; vielleicht habe sie schwer damit umgehen können. Dies kam mir wie eine Lästerung vor; soweit hatte ich noch nicht gedacht; er war aber ein Qualifizierter. Der Freundliche, der mich auf meinen »honeymoon« mit ihr angesprochen hatte, gestand, daß er sich bei ihr von einer vorhergehenden schrecklichen Analyse habe erholen können. Sein Selbstvertrauen habe er mühsam wieder aufbauen müssen. Von daher verstand ich seine Zuneigung und Dankbarkeit wohl; vielleicht war sie mit Männern sowieso anders.

Vielleicht stimmte meine karge »Mutterübertragung« gar nicht –

zumindest nicht auf meine Mutter bezogen. Vielleicht hatte ich ganz adäquat empfunden.

Eine Verunsicherung und Klärung brachte die Ausbildungssituation: Da vor einem halben Jahr der regionale Ausschuß zugestimmt hatte, fragte ich nach etwa sechs Monaten zur Sicherheit nach. Vorwurfsvolles Staunen: ob ich den Antragstermin nicht kenne? Der sei überschritten, um eine Woche. Selbstverständlich hätte ich einen neuen Antrag stellen müssen. Ich hatte aber doch voriges Semester beantragt, ordnungsgemäß; ob denn irgend etwas unklar sei? Nein, aber ich hätte mich an den Termin halten müssen. Ich hatte mich auf den alten Antrag verlassen, da es doch lediglich an der Uninformiertheit der beiden Vertreter gelegen hatte. Ich glaubte nicht recht an die Ernsthaftigkeit des Arguments jetzt, der Termin sei überschritten. Es sei aber schon alles festgelegt, man könne das nicht mehr einschieben. Mein alter Verdacht kam wieder; ich fühlte mich ausgetrickst.

Viele Stunden füllte wieder mein »paranoides« Gefühl. Ob ich wirklich eine reale Chance habe, zur Prüfung zugelassen zu werden? Ob dies nicht Vorwände seien, und in Wirklichkeit schon längst endgültig abgelehnt? So pingelig mit Terminen sei man doch sonst nicht. Wieder war es die Realität, die ich einfach sehen müsse, mit der ich Schwierigkeiten habe. Ich ärgerte mich, daß mir niemand, der zuständige Ausbildungsleiter oder auch mein Analytiker, diesen Termin mitgeteilt hatte. Das war wieder anspruchsvoll; ich persönlich hatte mich darum zu kümmern; nicht mit meiner Unordnung in meinen Papieren andere beschäftigen. Ich hätte mich um ein neues Antragsformular und dem Termin persönlich kümmern müssen. Das sah ich dann ein; ärgerte mich über meine Nachlässigkeit. Trotzdem: war es nicht doch gegen mich gerichtet, plötzlich so pingelig, rigide zu sein, oder waren sie wirklich so – in Schwaben? Mein Analytiker hatte zum Teil Mitgefühl, fand den ganzen Vorgang auch nicht gut. Trotzdem hätte ich mich aber selbst kümmern müssen; ich hatte die Realität vernachlässigt. Mein paranoides Gefühl hatte keine Berechtigung. Eine mittlere Zwangsneurose sei für dies Leben hier günstig, meinte er ironisch. Aber die unlogischen, untypischen Zufälle häuften sich so; dies Gefühl war Ausdruck meiner paranoiden Grundhaltung. In Zukunft wollte ich jedenfalls die Schwaben einkalkulieren.

Den nächsten Antrag nach einem weiteren Semester stellte ich rechtzeitig und auf einem frischen Formular. Er wurde abgelehnt vom regionalen Ausschuß mit »Wir kennen Sie nicht genug«.

Ich hätte nur noch heulen können. Vor einem halben Jahr hatte

man mich genug gekannt, um mich zu empfehlen. Jetzt nicht mehr? Was wurde wirklich gespielt? Wenn sie wirklich entschlossen waren, mich nicht mehr zuzulassen, dann sollte man es mir doch sagen. Und nicht in permanenter Unsicherheit und Zweifeln lassen. Weite Strekken meiner Analyse beschäftigten sich doch damit; wurden dadurch belastet, unglaubwürdig gemacht. Was sollte denn diese Unlogik mit mir? Wenn sie mich prinzipiell ablehnten, dann könnte ich mich darauf einrichten. Ich fühlte mich angelogen.

Mein Analytiker bekam meine frische Erschütterung ab. Meine sogenannten paranoiden Gefühle – sie hatten sich jetzt als real erwiesen. Wieso er mir über Jahre hinweg meine richtigen Wahrnehmungen als paranoid habe deuten können? Der ganze Ansatz meiner Analyse, die häufigen Paranoid-Deutungen, meine hauptsächlich damit begründete verzerrte Realitätswahrnehmung stimmte überhaupt nicht. Auf *mich* hätte ich hören sollen, die ganze Zeit; auf *meine* Wahrnehmungen; *mir selber* hätte ich vertrauen sollen, nicht auf die Deutungen, diese ganze Analyse. Jetzt sei ich so unsicher in mir, und trotzdem stimme nichts. Es hatte mich viel gekostet, mich seinen Deutungen zu beugen, sie in mich aufzunehmen als Wahrheit. Meine Überzeugung hatte ich dafür aufgegeben, mich. Die innere Wahrheit dieser Analyse fand ich kaputt. Meine tiefe, frühe, die Realität verfälschende Störung – was stimmte überhaupt davon? Wofür hatte ich meinen Leidensdruck entwickelt? Wo überall hatte er sich geirrt? Wo war ich denn wirklich so krank? Sehr sensibel war ich einfach gewesen. Was mußte ich denn jetzt alles revidieren von meinen analytischen Einsichten?

Mein Analytiker schien deutlich betroffen über meine erneute Ablehnung; auch über die Form. Auf meine wütenden Vorwürfe hatte er aber die Deutung: »Selffullfilling prophecy«. Meine Wahrnehmungen blieben für ihn paranoid; daß sie sich jetzt bestätigt hatten, Substanz erhielten, war meine aktive Leistung: Ich hatte mich so verhalten, daß man mich ablehnen mußte; daß ich Recht behielt. Mit meiner ängstlichen Quengelei vielleicht hatte ich die Ablehnung verursacht. Ich war zu mitgenommen, um mich noch zu wehren. Wahrscheinlich hatte ich doch Vorbehalte mir gegenüber zu Beginn wahrgenommen; niemand hatte den Mut gehabt, mir die Wahrheit zu sagen, und die Kompetenzen hatten sich dann verlagert; schließlich hatte sich niemand mehr direkt zuständig gefühlt, nehme ich an.

Sicher gab es auch selffullfilling prophecy. Aber ich hatte ja schon länger den Eindruck, auf manchen Gebieten sensibler als mein Ana-

lytiker zu sein. Das berechnete ich ja auch inzwischen manchmal ein.

In der ganzen Zeit hatte er nie in Erwägung gezogen, daß meine Wahrnehmungen vielleicht doch ein Körnchen Realität enthielten. Und jetzt, wo sie sich als berechtigt herausgestellt hatten, fand er so einen faulen Dreh. Konnte er nicht wenigstens sehen, daß die Ungereimtheit doch nicht nur bei mir liegen konnte, daß doch zumindest eine zügige Unlogik darin lag, daß sie mich auf einmal nicht genug kannten?

Meine paranoide Grundhaltung hatte als großer Teil meiner Störung gegolten. Was stimmte überhaupt noch? Wieso war die Westwallstimmung immer noch nicht geklärt, oder verschwunden? Was war vielleicht sein Anteil daran? War ich vielleicht gar nicht so eine Gegenübertragungsgiftbiene? War er vielleicht über seine eigene Problematik gestolpert? War vielleicht die ganze verquere Analysestimmung, seine Ablehnung gar nicht *mein* Problem? Hatte er sich vielleicht in seine persönliche Problematik verhakelt und ich hatte verkniffene, konstruierte Deutungen erhalten?

Jedenfalls konnte ich nichts mit seiner Deutung jetzt anfangen. Sicher hatte es die Analyse unnötig erschwert und kompliziert, daß sich die Ausbildungsfragen immer wieder hineingezwängt hatten und auch so wichtig geworden waren. Aber schließlich waren sie ja auch Teil meiner persönlichen Umwelt, und gehörten als solche hinein. Das mußte ja möglich sein.

Ich bekam eine verzweifelte Wut, wollte endlich Klarheit. Meldete mich beim Ausbildungsleiter an; der zeigte sich verwundert über den Verlauf der Sitzung; erklärte, er habe die Gründe auch nicht verstanden, verwies mich an einen anderen Analytiker. Zwischen den Zeilen glaubte ich immerhin zu hören, daß er es für etwas Persönliches zwischen mir und dem anderen Analytiker hielt. Er war freundlich, versuchte mir auch einiges zu erklären (»lokale Geschmäcker« – »Sie sind nicht gruppenkonform«), aber dies schien seine persönliche Interpretation, nicht die offizielle Meinung. Sein Satz »Warum schaffen Sie es nicht, sich lieben zu lassen?« traf; also hing doch viel mit meiner Neurose zusammen. Sie mochten mich hier nicht. Wieso hatte ich mich auch in diesem Gruppenklima der Analysanden nie recht wohl gefühlt, hatte es immer streng, karg, ängstlich, unreif gefunden? Wieso konnte ich kaum einen der Mitanalysanden als Mann schön finden, anerkennen? Ich hatte mir zurechtgelegt, die vorhandenen Männer hätten sich eben geeinigt auf einen knabenhaften, prägenitalen, artigen Umgangston, in den kein Flirt paßte, allenfalls ein hä-

misch-geiles, abwertendes Geplänkel wie im Offizierskasino, und deshalb fühle ich mich zu Recht nicht wohl mit ihnen. War meine Distanz, mein Unvermögen, sie zu genießen, der Grund, warum sie mich nicht mochten hier? Ein Echo auf meine Lieblosigkeit? Der Deutungssatz gab dem Ganzen wieder einen gewissen Sinn; einen Zusammenhang mit meiner Neurose. An ihr lag es, nicht an Grundsätzlichem. Vielleicht hatte ich wirklich darauf hingearbeitet, daß man mich herauswarf. Meine Befürchtungen, daß mich niemand ernst genug nahm, um mir die volle Wahrheit zu sagen, daß sich auch niemand wirklich für den Verlauf einer Analyse interessierte, lösten sich wieder etwas auf.

Zur Klärung vereinbarte ich doch noch ein Gespräch mit dem für meine Ablehnung Verantwortlichen. Dies verlief schlimm; ich ging verwirrt aus seinem Zimmer; gequält; fühlte mich mit System abgelehnt, wie ein ekliges, sich vom Leibe zu haltendes, gefährliches Wesen. Ich konnte nicht verstehen, daß man so mit einem erwachsenen, doch einsichtsfähigen Menschen umgehen konnte. Seine Quintessenz war: »Wir kennen Sie nicht genug«; mehr hörte ich nicht, auch auf intensive Nachfragen nicht. Das müsse ich verstehen. Ich setzte mich in das nächste Café und schrieb erst einmal meinen verwirrten Kopf klar.

Jedenfalls war ich jetzt sicher, daß ich hier überhaupt nicht mehr zugelassen würde. Hier wollte man mich nicht; und man würde mir auch nicht sagen weshalb. Dies mußte ich einberechnen. Ich fand mich unehrlich behandelt; analytisch kriminell; das machte wütend. Ich hatte mich doch beruflich einzurichten. In diese Zeit fiel der Umzug meines Analytikers in eine andere Stadt. Ich nahm mir dann vor, dort unter entspannten Umständen das Ganze in Ruhe weiterzuverfolgen. Einzelne behandelten mich auch so freundlich, so selbstverständlich integriert, daß sich meine generellen Zweifel besänftigten.

Die Vertrauensbasis in meiner Analyse hatte aber einen Knacks. »Selffullfilling prophecy« fand ich eine zu elegante, zu glatte Lösung. Ich begann, wieder mehr meinen Eindrücken, Wahrnehmungen, Ideen zu trauen. In der Klinik hatte ich die schmerzhafte Lehre gezogen, daß das Einzige, worauf Verlaß war, ich selber war. Wenn ich in dem Interessengefilze einigermaßen sauber bleiben wollte, mußte ich sorgfältig auf mich hören, auf mein Gehirn, meine Verantwortung; auf keinen Fall durfte ich blind gläubig auf Autoritäten hören. Die

hatten ihre eigenen Interessen, die nicht immer der Patienten parallel liefen.

Auch wenn ich in der Analyse streckenweise extrem gestört erschienen war, – im täglichen Leben lag ich richtig mit meinen Wahrnehmungen.

Im Zusammenhang mit der Ausbildung hatte er viermal meine Gefühle, immer dieselben, als paranoid gewertet. Ich spürte etwas – er erklärt mir aber, daß es falsch ist; ich fühle aber doch, daß es so sei – gerade das ist meine Störung. Und ich hatte meine falsche Wahrnehmung generalisiert, auf meine gesamten Empfindungen bezogen.

Ich hatte *doch* richtig gefühlt; meine intellektuellen Unterwerfungen waren sinnlos, falsch gewesen. Auf Grund seiner minderen Sensibilität? Hatte ich mehr, feiner, sicherer wahrgenommen als er? Außerhalb seines Wahrnehmungsradius? Wie eine Fledermaus, die höhere Frequenzen hört?

Der andere Analytiker hatte mir doch zum Teil meine Wahrnehmung bestätigt: »Sie sind nicht gruppenkonform«. »Warum schaffen Sie es nicht, sich lieben zu lassen?« (wie auch immer relativiert ich diesen Satz nehmen mußte; er bestätigte mir aber, daß ich hier ungeliebt sei.)

Unter realeren Umständen hätte ich doch nie und nimmer die Erniedrigung auf mich genommen, viermal hintereinander abgelehnt zu werden. Das war unwürdig.

Noch dazu hatte er mit der Westwallstimmung, mit seiner negativen Gegenübertragung immer wieder in mein biographisches Trauma gehauen. Mit seiner Unlust, seinem Überdruß, seiner Gereiztheit. Die hatte ich gespürt; da brauchte ich mich nicht auf Husten oder Zuspätkommen zu kaprizieren. Ich glaubte nicht mehr, daß ich nur in der Analysestunde verzerrt empfand, und außerhalb nicht. Das wäre eine ideale Analyse gewesen – Neurose in konzentrierter Reinkultur innerhalb der 50 Minuten.

Vielleicht hatte ja schon der Umzug meiner Analytikerin mir mein Trauma bestätigt. Vielleicht war ich deshalb so aus dem Gleichgewicht gekommen?

In der ganzen Zeit war es nicht gelungen, die Westwallstimmung wirklich zu klären und zu beseitigen. Das schreckliche Gefühl kam immer wieder. Wenn ich dies manchmal mit ihm besprach, reagierte er ungläubig. Meinte, daß er jetzt wirklich nichts spüre. Vielleicht stimmte dies ja; aber ich merkte es doch; vielleicht mit meiner »Sen-

sibilität einer Schizophrenen« oder als gebranntes Kind. Vielleicht merkte er ja gar nicht meine Hakenschlagmanöver, um die Spannung zu vermeiden.

Häufig hatte ich ein Druck- und Engegefühl hinter dem Brustbein; mußte husten; dann kam zäher Schleim, mühsam und schmerzhaft herausgehustet. Manchmal brannte die ganze Gegend hinter dem Brustbein, wie bei einer schweren, klassischen Grippe. Ich stellte mir meine Luftröhre rot, wund und entzündet vor, wie ich es in der Pathologie gesehen hatte; von Viren aufgetrieben, gegen die man nichts machen konnte. Ich bekam dann schwer Luft; Husten brachte wenig Erleichterung. Als ob etwas in mir, in der Lunge, vorne hinter dem Brustbein zerstört wäre. Einmal ließ ich mich röntgen, weil es so lange dauerte, mir unheimlich wurde. Es war nichts zu sehen.

Das wehe, wunde Gefühl hatte ich auch oft, ohne daß ich wirklich etwas hätte heraushusten müssen. Einfach so. Als ob etwas in mir rotiert, alles kaputt macht; als ob schon eine rohe fleischige zerstörte Höhle in meiner Brust bestünde. Ein Benn-Gedicht ging mir nah: Mäuse hatten sich eingenistet im Brustkorb einer weiblichen Leiche. Die zerstörende, rotierende Kugel wie die, die meinen Vater getötet hatte? Oder wie eine eisenspitzenbesetzte, die alles wund macht, rohe Fleischfasern übrig läßt? Eine Morgenstern-Kugel? Ich erschrak über die intensive Vorstellung. Das gehörte nicht zu mir; das wollte ich nicht so. Es tat mir aber weh, behinderte mich beim Atmen; etwas in mir wurde verletzt, ging langsam kaputt. Blutig, schmerzhaft. Meine Gefühle waren Unsinn; ich war vielen Infekten ausgesetzt.

Mir war unheimlich, daß sich in mir einfach die Idee festsetzen könnte. Ich wußte, es war Unsinn. Aber den Schmerz spürte ich, das Wunde, und den Hustenreiz. Wie bei einem großen blutigen Hohlraum.

Zeitweise schien alles unerbittlich. Schon wenn ich ins Zimmer kam, grausige, nachlässige Stimmung. Dann war kein Mitempfinden zu erwarten. »Analyse ist Sprache, bitte verbalisieren Sie«. Wenn ich es aber nicht konnte; und wenn er doch gar nicht wirklich zuhören wollte? Wenn ich ihm schon mit meinem Eintritt ins Zimmer eklig war? Abzulehnen, vom Leibe zu halten? Seine Einschätzung der Realität hatte ich zu übernehmen. Der Kampf strengte so an. Offenbar wirkte ich aber eben auch hier so stabil, robust, unermüdbar, wie außerhalb. Das kannte ich ja; ich erregte selten Mitleid; Erschöpfung

merkte man mir schwer an; nähere Bekannte wohl; aber in der Arbeit selten. Meine Analytikerin hatte ja auch gesagt: »Sie sind nicht so stabil wie Sie wirken.«

Aber was konnte ich denn tun, wenn ich immer wieder sage, ausdrücke, verbalisiere, daß ich bald nicht mehr kann? Und er glaubt es nicht? Daß ich wirklich am Rande meiner Kräfte laviere? Wenn da einfach kein Mitgefühl kommt, nur ärgerliche Abwehr für mein anspruchliches Verhalten. Das Schlimmste war die kalte Ablehnung. Ohne einen Rest Freundlichkeit. Was sollte ich machen, was an mir ändern? Was war so schlimm an mir? War es denn normal, daß ich ganze Wochenenden durchheulte? War das eine richtig laufende Analyse? Daß ich mich nach den Stunden zerstört, mindestens geschädigt fühlte? Wenigstens konnte er doch meine Anstrengung, meine Angeschlagenheit anerkennen; nicht diese lässige, hämische Kühle. Sein quasi Aufatmen, wenn ich wieder ging. Wenn ich nachfragte, mich beschwerte, wurde die Spannung noch schlimmer. Ich wußte ja, daß er mich dann am liebsten los wäre. Daß er mich dann ertrug; diese Analyse anständigerweise nicht von sich aus beendete. Konnte er denn nicht aber wenigstens meine Verzweiflung sehen, meine Ernsthaftigkeit, mein Bemühen? War denn all das so boshaft, so bösartig, realitätsverleugnend und – verdrehend? Warum denn dieser Ekel?

Offenbar mußte ich dies durchhalten, wenn ich stiller war, war ja auch die Stimmung erträglicher. Konnte sich auch ganz auflösen. Sie tat aber weh; schädigte. Mit vielen, feinen Nadelstichen.

Manchmal konnte ich mich hassen wegen meiner gelähmten, leidenden, gereizten, mutlosen Resignation. Oder mich verkriechen.

Ich hätte ihn zeitweise gut morden können. Sagte dies auch. Ich könne mir gut vorstellen, ihn zu erschießen; wenn jemand wie ich sich so in der Tiefe bekämpft fühle, wäre dies doch die gesunde, lebenserhaltende Reaktion. Bevor ich selber völlig zugrunde ging. Ich zitierte das Sartre-Interview, wo der Analytiker schließlich »Hilfe – Hilfe« aus dem Fenster schrie (nur, weil der Patient ein Tonband aufgestellt hatte). Mein Analytiker reagierte sehr ernst. Ob ich mir das wirklich vorstellen könne? Ja, sicher, mit einem Revolver. Ich fände mich auch wirklich ichstark, daß ich so etwas nicht tue. Den Affekt dazu hätte ich; mit weniger Bremsen könne ich mir das sehr leicht vorstellen. Ich wundere mich auch, daß das nicht häufiger in Analysen vorkomme. Wenn ich in der Tiefe, in der Identität so subtil

vernichtend, immer wieder getroffen werde – es sei doch ganz gesund, mich zu wehren, mich zu retten? Die fundamentale, permanente Bedrohung meiner Person aus der Welt zu schaffen. Mein Analytiker erschreckte wirklich.

Für wie aggressiv, explosiv, gewaltig hielt er mich? Für wie unberechenbar, unkontrollierbar, daß ich ihm wirklich Angst machte?

Ich war doch keine wirklich Rabiate, die wirklich viel in Frage gestellt hatte. Ich hatte mich doch über die höhere Tochter in mir geärgert: politisch lahm, nur mit Träumen. Was war denn an mir so beängstigend? Hielt er es tatsächlich für möglich, daß ich mit einer Pistole in der Stunde erschiene? Mit einer vitalen Drohung eine Entscheidung herbeiführte? Offenbar ja. Das Sartre-Interview hatte er früher auch witzig gefunden; wir hatten schon einmal darüber geredet. Dieser intellektuellen Freude war der Pfiff genommen.

Vorübergehend dachte ich: wenn ich ihm tatsächlich ohne Witz, ohne Ironie, ohne Spielerisches Angst einflößte, dann hatte sich doch meine Analyse mit ihm erübrigt. Verstand er nicht meine Ironie? Meine Form der ironischen Aggression? Er hatte wirklich echte Angst. Ich ärgerte mich auch; ich war doch kein hochexplosives Ungeheuer, keine blutdürstige Hyäne; besser hätte ich meine Wut gar nicht gestanden.

Die Spannung war kaum auszuhalten. Ich fand ihn intellektuell nicht integer. Unter äußerem Druck vergaß ich diese Episode wieder.

Nach einer intensiven Westwallphase war die Spannung abgeflaut und mir gingen laufend Melodien durch den Kopf; verschiedene, in ziemlich rascher Folge. Ich war müde, unkonzentriert, sprach mit kleiner hoher Stimme (er hatte einmal gemeint (in freundlicheren Zeiten), eine etwas tiefere Stimme in Richtung Zarah Leander würde mir stehen), fühlte mich spielerisch, nicht unwohl, etwas veralbert. Auf meine Schlager- und Volksliedermelodien mit Textfetzen explodierte er plötzlich: ich verhalte mich wie ein Bettnässer, – in vielen kleinen Portionen – und überhaupt sei mein Verhalten hochaggressiv. Ich war erst einmal gekränkt, daß er die Texte nicht ernst nahm, daß er so ablehnend, verärgert reagierte. Nach einer Weile fühlte ich mich aber doch erleichtert, auf einmal wieder Beteiligung bei ihm zu finden. Also ärgerte er sich immerhin; ich war ihm nicht so gleichgültig, wie er es demonstriert hatte; ich verursachte Aufregung; es störte ihn, daß ich mich nicht anders, nicht für ihn verständlicher ausdrückte. Etwas von mir kam immerhin an, rauschte nicht völlig neu-

tral an ihm vorbei. Er saß die Stunden doch nicht nur ab, ließ mich nicht nur abprallen, empfand doch mit.

(Ich lernte daraus, wie boshaft arrogant es wirken kann, sich konsequent neutral gegenüber jemandem zu verhalten, »verständnisvoll«, »wohlwollend«, wenn es gar nicht stimmt. Das kann auch ein totales Nich'-ernst-Nehmen, Nicht-einmal-zum-sich-Ärgern-für-würdig-Befinden bedeuten. Das kann viel mehr Verachtung und Kränkung sein als Zurückschießen.)

Meine aggressive Grundstimmung hatte ich bisher nicht gemerkt gehabt; ich glaubte sie aber. Es erleichterte mich sehr, daß die Kälte nicht so perfekt war. An sich hätte ich auch gerne über die Melodien, die Texte, die damit verbundenen Stimmungen etwas verstanden; ich hatte ja jetzt soviel mit Liedern zu tun. Die Deutung »Bettnässer« war unfreundlich; abwertend: zur Unzeit, in vielen kleinen Portionen, nicht mit geballter Kraft Inhalte loslassend. Bettnässerin war ich nie gewesen; nur im Kinderheim hatte ich einmal so gewirkt; da war es aber verboten gewesen, nach 20 Uhr auf den Locus zu gehen, und ich hatte solange es ging eingehalten, und dann im Traum losgelassen. Die Deutung traf mich nicht.

Alles in allem zeigte er sich aber wieder zugänglich; ich war ihm nicht gleichgültig.

Ich hatte immer Schuld. Es gab Frauen, die mich sahen, und vehement ablehnten. Ohne Kompromiß, und ohne mich näher kennengelernt zu haben. »Was haben *Sie* mit ihr gemacht?«, als ich einer wohlgezielten, mich ungeschützt treffenden Aggression ausgesetzt gewesen war. Ich war von vornherein die, die etwas mit der Unschuldigen anderen angestellt hatte. Was hatte ich ihr wohl angetan, mit meiner Grundstruktur? Wie *ich* die Situation erlebt hatte, war sekundär. Konterte in meine Darstellung hinein, als habe die Bemerkung schon in ihm geschlummert, nur auf Abruf gewartet. In dubio contra reo.

Mit dem Lachen der Frau war eine solche Wucht an Aggressivität, Verachtung, Nicht-ernst-Nehmen an die Oberfläche gekommen – das hatte einfach weh getan, gespürt hatten das auch andere. Es machte mich traurig, immer auf andere als Zeugen hinweisen zu müssen. Diese Wahrnehmung übersprang er; er ging davon aus, daß ich ihre Reaktion ausgelöst hatte. Das war ja wohl so, aber doch wohl nicht ich allein; das gehörte doch auch in ihre Problematik. Und für die war ich doch nicht zuständig.

Mußte jeder vor mir geschützt werden? Ohne mich ausreden zu lassen, hatte er Partei ergriffen, gegen mich. *Ich* war die Traumatisierende; diejenige, die Konflikte brachte.

Beim Skifahren hatte ich einen getroffen, der dann, grob organisch ausgedrückt, »impotent« reagiert hatte. Da stimmte »Was haben Sie mit ihm gemacht?« Eindeutig war ich wirklich nicht mit ihm umgegangen; er war sensibel; es war genaugenommen ein kleiner Machtkampf gewesen. Diese Frage klärte; ich hatte mich vorher gekränkt gefühlt, nur halb gewollt, und dann wohl atmosphärisch zugeschlagen. Sowieso hatte ich das Gefühl, daß viel in meiner Macht stand auf sexueller Ebene. Andererseits hatte mein Analytiker sofort und ohne den Hintergrund zu kennen, die Schuld bei mir gesucht. Nicht einmal in der Beziehung zwischen uns beiden. Denn der Ski-Mensch war ja auch mit mir irgendwie umgegangen; und meine Ambivalenz war ja nicht aus heiterem Himmel gekommen. Ich fand die Rückfrage streng. War ich eine so Zerstörerische? Eine, die Männer impotent machte? Seine Frage fand ich an sich ja wichtig; aber der Beiklang war schlimm. Er als Mann hatte Gewicht; seine Wertungen spürte ich.

In einem langen schönen Traum wurde ich ausgiebig gestreichelt, sehr zärtlich, wohltuend. Ich lag, tat gar nichts, fühlte mich wohl. War wohlig weich aufgewacht. Dazu: ich habe etwas von einem »Teddybär«, so »passiv«.

Ich genierte mich schnell. So mochte er mich nicht; ich sollte besser aktiv, eigenständig handeln. Ich war noch immer nicht weiter gekommen; hatte immer noch passive, regungslose, inaktive Träume, statt wenigstens einmal im Traum wilde Sachen zu machen. Ich fand den Traum nicht mehr gut; entblößend, peinlich. Machte mir Vorwürfe. Eine solche hätte er nicht gewollt, das war zu hören.

Ich hätte einem solchen Traum ja auch Sehnsüchte, Wünsche, Defizit entnehmen können. Den Traum als Wunscherfüllung sehen können.

Nach einem flüchtigen, ansatzweise sexuellen Kontakt mit einem Bekannten, war ich gründlich ernüchtert; ich fand ihn gruselig, ungeschickt, unerfahren, dilettantisch wurschtelnd, ihn und das Zimmer ästhetisch scheußlich; schon sein mit Engagement und Mühe Gekochtes war mir im Magen liegen geblieben; ich habe mich dann schnell abgesetzt, hatte das nicht aushalten können.

Woran ich mich so gestört habe? – An dem scheußlichen Neckermanntisch mit sich verjüngenden Füßchen, am Andersartigen, Un-

eingefühlten, Dilettantischen. – Was stört Sie daran? – Ich mochte das nicht; es störte mich, wenn jemand so ganz und gar unerfahren war. Und die ganze Wohnung war so häßlich. – Ich hätte ihm aber doch auch etwas zeigen können? – Ich hatte aber noch nie so jemanden gekannt; und in seinem Alter hatte ich nicht damit gerechnet. Alles war auch so häßlich, unästhetisch gewesen. Mein Analytiker erinnerte an den Film »Ein Schiff wird kommen«; da habe sie es ihm gezeigt, auf freundliche Weise; da habe sie einem unerfahrenen Mann geholfen. Ich kannte den Film nicht. Sie sei sehr freundlich mit ihm umgegangen. Das könne ich doch auch; das sei doch auch eine Möglichkeit. – Ich hatte aber alles so häßlich und abstoßend gefunden; er hatte mich plötzlich angewidert. An sich hätte ich ja wirklich einmal die Führung übernehmen können; das stimmte ja.

Ich fühlte mich dann kindlich und unfreundlich, daß ich mir nicht einmal vorstellen konnte, mit diesem Mann so wie die Darstellerin umzugehen. Sie war offenbar mütterlich und erwachsen gewesen; sie gab Männern viel, half ihnen. Er hatte sie mit freundlichen Worten beschrieben. So eine war ich nicht.

Wutentbrannt dachte ich oft: jeder Oberhesse, jede Normalfrau, jeder Nichtakademiker, jeder Inder hat mehr Sensibilität und Sinn für Symbolik als mein Analytiker. In den Volksliedern ist viel mehr enthalten, viel mehr selbstverständlich, als ich es in meiner analytischen Situation hätte darstellen können:

»Ein Schäfermädchen saß im Grünen
und pflückte sich der Blumen viele.
Da dachte sie in ihrem Sinn,
ach wär ich eine Jägerin.
Kaum hatte sie es in Gedanken,
da schlich der Jäger durch die Ranken.
Er sprach zu ihr ganz liebevoll:
Mein Kind, kennst Du die Rose wohl«.

Was mit der Rose gemeint ist, wäre jedenfalls für Oberhessen klar. Ohne Deutung, ohne Ausbildung. Ein Bauarbeiter kam fröhlich mit Materialien an, um meiner Mutter den »Ritz [zu] verputzen«, zwischen Straße und Gartenmauer. So etwas verstand sich von selbst; ohne zwanghafte Sexualisierung, ohne narzistisches Defizit des Bauarbeiters, das ihn zu sexuellem Imponiergehabe gezwungen hätte. Er freute sich über die Vorstellung; ihre Realisierung hätte ihn auch

nicht überfordert. Oder, wenn etwas nicht ganz paßte: »So genau fickt kein Edelmann.«

Ein Bauarbeiterdialog: »Ach, ein oller Dummfick war's; ean gestunke hat's!« – »Ai, stinke misses (muß es)« aus dem vollen. Sicher macht sich der zweite Geruchsgenießende keine Gedanken darüber, an welchen präödipalen Befriedigungsmodi er pathologischerweise fixiert ist.

Unheimlich berührte mich ein Wiedersehen mit meiner Analytikerin, über ein Jahr nach Beendigung der Analyse bei ihr. Ich hatte mich auf sie gefreut; glaubte aber, inzwischen ein abgeklärtes Verhältnis zu ihr zu haben. Als ich sie aber nicht sofort auf dem Fest sehen konnte, wurde mir ganz weh vor Sehnsucht, Hoffnungslosigkeit, Alleine-und-verlassen-Sein. Getrennt vom Wichtigsten auf der Welt; ich überbrückte die Zeit, aufgelöst und unter Tränen in freundlichen Armen, formal tanzend. Als sie dann kam, hätte ich am liebsten ganz eng mit ihr gesessen, gelegen, fest verbunden; auf Stühlen übereck zu sitzen war nicht genug, verschärfte meine Sehnsucht noch. Ich wollte alles wissen, ihre Antworten kamen langsam, reichten längst nicht, meinen Hunger auch nur annähernd zu stillen. Sie hatte sich verändert; trug Hosen, war nicht mehr geschminkt; nur ihre Haare glänzten. War sie einigermaßen zufrieden? Konnte ich ihr helfen? Brauchte sie etwas? Sie wirkte ein bißchen alleine; aber unabhängig. Meine Intensität traf mich unvorbereitet; mein Erschrecken über die Heftigkeit, das Ausmaß war noch schlimmer als das Sehnen. In der Nacht schlief ich kaum; grübelte, unheimlich berührt, getroffen, sehnsüchtig, und weinend. Die Frage ging mir dauernd durch den Kopf: »Wie kann ich je jemanden wirklich lieben, wenn ich in toto so absorbiert bin von ihr?« So geheimnisvoll, nicht zu verstehen, hatte sie alles Liebe in mir auf sich gezogen, besetzt. Wie durch einen Trick. Ich hatte doch längst Zweifel in sie bekommen; in ihre Distanziertheit, ihre Herzlichkeit; hatte sie doch eher kühl und karg eintaxiert inzwischen. Ich hatte doch gar keinen Grund mehr für die ganze Zuneigung und Sehnsucht; sie hatte unbemerkt in mir gelagert, unnötig, sinnlos und bedrohlich.

In einem Gespräch am nächsten Tag fand sie meine Gefühle gar nicht verwunderlich. Schließlich sei doch der Abbruch für mich in eine schwierige Phase gefallen, und ich habe doch durch diverse Veränderungen (beruflich, analytisch, privat) noch gar nicht die Muße gehabt, diesen Bezirk zu bearbeiten. Dazu habe ich noch ausreichend Zeit.

Trotzdem erschreckte mich die ungeheure, subcutan irgendwie, irgendwann eingeschlichene immense Sehnsucht und Abhängigkeit. Wenn es so ist, daß frühes Defizit in der Analyse reaktiviert, durchgearbeitet, gestillt wird, wäre es ja gut. Konnte ich da aber wirklich sicher sein? Was war denn, wenn diese mysteriöse Verbindung ein Leben lang bestehen blieb? Dabei war sie doch eine ganz und gar artefizielle Beziehung. Würde ich ihr – wenn ich Pech hatte und die Lösung der Übertragung nicht gelingt – ein Leben lang treu bleiben? Ohne es überhaupt richtig zu merken? Dabei hatte ich doch keinen vernünftigen Grund zu solcher Sehnsucht; ich wußte doch auch von anderen, die sie eher kühl, distanziert und karg fanden, jedenfalls keine positive Alternative zu meiner Mutter. Von der war ich elf Monate gestillt; und sie war von sich aus herzlicher und liebevoller. Das fand ja nicht nur ich. Die Diskrepanz war da; für Übertragungsversuche, mir von meiner Analytikerin auf diesem Sektor etwas zu holen, hatte ich keinen Grund. Ließ sich eine Übertragung überhaupt je wieder ganz lösen? Paare (Analytiker und Analysand nach Analyse) in meiner Umgebung machten mich eher skeptisch. Da war so viel reflektorische Unterordnung, Knaben- bzw. Jungmädchenhaftes, so wenig Frech-Vitales, Unabhängiges, Unverschämtes auf der einen, so viel (fragwürdige) abgeklärte Milde, pseudoväterliche Distanz, selbstverständliche Autorität, sexuelle Neutralität auf der anderen Seite. Manche, die mit mir noch frech waren, verloren, wenn ihre Analytiker nur in der Nähe waren. Sie schienen zusammenzuschrunzeln; »sie haben Schiß«, würde ein Außenstehender sagen. Aber auch manche Analytiker konnten souveräne, freche Männer sein, ohne Analysanden am Tisch. Manchmal glaubte ich gar nicht, daß es möglich wäre, Übertragung wirklich aufzulösen; sie schienen so in der Tiefe gebunden.

Natürlich ließ sich sagen: eindeutig Übertragung; wahrscheinlich habe mich diese feste Nabelschnur bisher im Leben und Lieben behindert; ich könne froh sein, wenn auf diese Weise sie wenigstens bearbeitbar werde. Die entwickelte Übertragungsbeziehung zeige ja, daß meine Bindung an meine Mutter nicht ausreichend gelockert sei.

Ich mochte mir aber auch nicht vorschreiben lassen, wie oder wie wenig liebevoll, intensiv, zärtlich meine Kontakte optimalerweise zu sein hatten. Auf jeden Fall war so eine Bindung gruselig; so wollte ich sie nicht. Nicht an Menschen, die mir doch gar nicht so verbunden waren; an denen ich doch auch einiges zu kritisieren hatte. Ich wollte sie mir selber aussuchen; nicht in etwas hineingeraten.

Manchmal fühlte ich mich mit meinem Analytiker wie in einer unglücklichen Liebe. Nur fehlte die Offenheit, Ehrlichkeit (»Ich mag Dich nicht, kann Dich nicht mögen, da ist jemand anderes; das wird sich auch voraussichtlich nicht ändern«). Da hätte ich mir noch überlegen können, wo ich ihn gekränkt hätte, was ich falsch gemacht hatte, was ihm an mir fehlte, ihn störte. Ich hätte mir auch die andere ansehen können, und vielleicht verstanden, daß die beiden besser zusammenpassen, überzeugender miteinander auskommen. So etwas hätte sich einsehen lassen; wenn auch schmerzlich.

Hier war ja aber mein Partner ausgeklammert; seine Reaktionen, seine Vorlieben, Gereiztheiten, Ablehnungen, Ängstlichkeiten, seine Aufmerksamkeit, Gelangweiltheit, Schläfrigkeit waren ja nur Antwort auf mich, auf mein Verhalten, Echo meines Inneren. Nicht seine persönlichen Eigenheiten, für die er vielleicht auch gute Gründe gehabt hätte. Seine Gegenübertragung setzte sich aus zwei Bereichen zusammen, hatte ich gelernt: Gefühle meiner früheren Bezugspersonen, in deren Rolle und Reaktionen ich ihn zwang, und seine persönlichen Gefühle mir gegenüber, die aus seiner Problematik entsprangen. Es war ja aber klar, daß er diese zweiten unter Kontrolle hatte; als Lehranalytiker.

Manchmal griff ich gerne auf meine verzerrte Realität zurück; dann war er also gar nicht gereizt; ich hatte ihn nicht böse gemacht, mit meiner Übertragung, meiner Neurose.

Als ungeklärtes Problem hatte ich ja noch das Gruppendynamische Laboratorium im Gehirn. Ich selber hatte es ja nützlich, sinnvoll, klärend gefunden; aber viele ja nicht. Meine Reaktion darauf war ja später generell auf Mißtrauen gestoßen. Mir waren aber Fähigkeiten von damals geblieben. Dem ganzen Komplex wollte ich auf den Grund gehen; meiner vermuteten Labilität. Um dies innerlich ad acta legen zu können, meldete ich mich zu einem Kurs an.

Dieses von drei Männern lustlos geleitete Laboratorium strengte sehr an. Ich fand eine immense, von den Trainern fast überhaupt nicht durchschaute Frauenfeindlichkeit; auch in den – an sich guten und lehrreichen Übungen – ging es vor allem um Mann-Frau-Beziehungen (d. h. weibliche Unterordnung). Wichtig für meine Analyse wurden einige sehr intensive Erlebnisse (losgelöst klingen sie »verrückt«, unter den Umständen fielen sie nicht aus dem Rahmen):

1. der feste, stabile Felsuntergrund der Schweizer Berge kam mir unwirklich, unglaublich vor: Ich probierte mit dem Fuß, er wackelte

nicht, gab nicht nach, explodierte nicht, krachte nicht in sich zusammen. Mir fielen einstürzende, explodierende Bunkerbauten ein; Tod durch Hineinfallen, Ersticken, durch zerfetzende Explosionen, mit denen alles durch die Luft fliegt, zerstört wird; verlorengeht, nicht mehr aufzufinden ist. Wo alles stirbt, sich auflöst, auseinanderfliegt.

2. Braune Kühe – nicht schwarz-weiße, wie ich sie gewohnt war – grasten ruhig und ansteckend genüßlich auf intensiv blühenden Wiesen. Auch das schien unwirklich; falsch. Braune Kühe waren angebrannte, versengte, die noch gerade eben mit dem Leben davongekommen waren. Wie die auf dem Hof meines Stiefvaters bei einem Brand 1948. Die Tiere waren angekettet gewesen, brüllten, bäumten sich auf, wurden halbversengt und angekohlt gerettet. Danach hatte ich eine Weile Angst gehabt, alleine in dunkle Zimmer zu gehen. Daß diese Kühe hier so friedlich und ohne Angst grasten, mampften, ohne jede Hektik; daß das auf die anderen, die Schweizer, auch so wirkte – das verstand ich gefühlsmäßig nicht. Ich war auf Katastrophen gefaßt; auf Erdbeben, Explosionen, tierische Panik.

3. Von einem Berg aus erklärte mir ein Schweizer die Silhouette; auf jeden einzelnen Gipfel war er stolz. Ich konnte bald nicht mehr zuhören: zu fast allen Namen fielen mir gruselige Unglücke ein: Eiger-Nordwand – abgestürzte, erfrorene Männer; in der Kälte vermißte, nie wiedergefundene Expeditionsteilnehmer; verschollene, verhungerte, erfrorene Schulklassen; tödlich abgestürzte, blutig zermatschte Bergsteiger; Wanderer, die in Gletscherspalten gefallen, unter Schmerzen und blutig erfroren, verhungert umgekommen waren; und so weiter. Der Schweizer gab sich alle Mühe, mir seine Heimat nahezubringen; mir wurde halbübel vor Elend, vor dem Unheimlichen, vor den Toten und den vielen Katastrophen. Und ich fand mich sehr, sehr anders als ihn.

Jedenfalls wurde ich summa summarum auf diesem Kurs sicher, daß ich mir nichts Gutes tue, wenn ich diese ganze unsichere, chaotische Zeit mit mir aufwühlte. Daß mich das schwächte, schädigte. Ich sah auch keine Bezirke, die mir nicht bewußt zugänglich gewesen wären; um die ich einen Bogen gemacht hätte; das spürte ich. Mich intensiver zu erinnern, brachte keine neue Gefühlsqualitäten. Es schwächte, riß Wunden auf, lähmte. Das sollte ich besser ruhen lassen. Diese Überzeugung gewann ich sehr deutlich.

In diese Stimmung erfuhr ich, daß mein väterlicher Freund seit Wochen gekidnappt war, und seit längerem auch jedes Lebenszeichen

fehlte. Die Parallele zu Stalingrad war deutlich: Ungewißheit, keinerlei Nachricht, verschollen, vielleicht schon längst erschossen. Vielleicht wurde nie mehr Nachricht kommen, vielleicht war dies das offene Ende.

Am schwersten auszuhalten fand ich die Unklarheit. Vielleicht waren dies jetzt Gefühle meiner ersten neun Jahre, meine Trauer schien zu gewaltig, um normal zu sein. Trotzdem fühlte ich mich intakt und stark mit ihr; eine vehemente Trauer, mit viel Zuversicht und Zutrauen. Ich stelle ihn mir vor, wie er beherrscht und geplant den Tag verbringen würde. Da mir der Dialog mit ihm gewohnt war, schrieb ich weiter; hob die Briefe auf, um sie ihm später dann zu geben.

Mit meiner aufgelösten Erschütterung kam ich in meine Analyse zurück. Ich war ein angestrengtes, sensibles Wesen, das um seine Haltung kämpfte. Wieder war er lieb und freundlich und fürsorglich. Die Westwallstimmung schien eine böse Sage; meine Erlebnisse interessierten, er fand sie wichtig. Ich hatte ja das sichere Gefühl bekommen, daß ich eben eine von außen her – Bomben, Luftschutzkeller, Brände, Tote, extreme existentielle Unsicherheit – eine unsichere, katastrophale frühe Zeit gehabt hatte. Besonders im Vergleich zu (Nichtkriegs-)Schweizern, und auch zu nach 1945 Geborenen, die ich immer als etwas anders als mich empfunden hatte. Daß ich besser täte, auf mein wackeliges Kriegsfundament eine sichere, gutartige Beziehung zu setzen; eine, die mir Sicherheit und Stabilität gäbe. Jedenfalls wollte ich keine weiteren Tiefbohrmanöver. Meine Sensibilität reichte mir; auch meine Einsichten. Durch die frühen Katastrophen und Lebensängste war ich wohl jetzt sensibler für basale Bedrohungen, glaubte vielleicht leichter an totalen Untergang als vielleicht ein Schweizer; aber dies war real, ich empfand nur besonders stark, und früh.

Mein Analytiker war schon halb umgezogen; die Analyse fand über das Wochenende bei ihm zu Hause statt. Einmal, als ich verschwitzt und durstig ankam, gab er mir ein Glas Wasser. Das fand ich unkonventionell. Manchmal begegnete mir seine Frau, oder seine Kinder; das beruhigte. Ich war dankbar; für seine Hilfe, seine Analyse mit mir. Seine Welt schien heil. Ein zuverlässiger, mindestens präsenter Vater. Ich fühlte mich anders; seine Frau fand ich wieder imponierend; fremd, stark.

Meine Angeschlagenheit war irgendwie ganzkörperlich; ich konnte mich dabei wohl und intakt fühlen. Ich war sehr in Sorge,

fühlte mich aber auch tüchtig. Dazu kam eine bewegende Arbeit: Ich war zuständig für den Kreißsaal, für die schwierigen Geburten; hatte die Kinder direkt nach der Geburt in Empfang zu nehmen und zu versorgen; als Erste auf der Welt. Außerdem war ich zuständig für alle, auch gesunden, Neugeborenen an der Klinik.

Manchmal dachte ich, daß ich doch psychisch gar nicht so wackelig sein könne, wenn ich in dieser Arbeit hier funktionierte. Wenn irgend etwas geeignet war, frühe Ängste zu mobilisieren, dann doch die Situationen jetzt: hilflos, bewußtlose Frauen, von Männern aufgeschnitten, blutig liegend zu sehen; sich quälende, blasse, dem Tode nahe Frauen, blutig geschnitten, vielleicht Tote aus sich hervorbringend. Blut, Schleim, Schmerzen, Ängste, bei leichteren Geburten ab und zu orgastische Stimmungen. Wechselbalge – Zwerge – verhexte Kinder – Mißgebildete – Todesängste. Außerdem war die dauernde Rufbereitschaft eine Belastung; ich mußte ja immer erreichbar sein. In meinem Neubauappartment konnte ich mich in Platzangst einfühlen; ich rannte auf dem Flur entlang, machte Kniebeugen, um mich zu entlasten. War ich wirklich so in der Tiefe kaputt, wenn ich doch funktionierte? Mein Schlafrhythmus veränderte sich. Jederzeit konnte ich angerufen werden; konnte auch jederzeit schlafen. Ich verwechselte die Tage; wenn ich mehrfach pro Nacht tief eingeschlafen und geweckt worden war, dachte ich, Tage seien vorbei. Wenn sich nur jemand verwählt hatte, war ich hellwach und auf dem Sprung. War ich wirklich so kaputt, wenn ich das konnte?

Er meinte, ich vollziehe eine Identifikation mit meinem Vater; deshalb gebe mir jetzt Organmedizin einen solchen Halt. Die Mode war auch wie nach 1945; mit leichten Puffärmeln; ich hatte ein Kostüm, in dem ich meiner Mutter ähnlich sah. Ohne mein Infini-Parfüm von dem väterlichen Freund ging ich gar nicht mehr aus dem Haus. Beim Autofahren mußte ich plötzlich weinen; wie im Schwall; kam mir komisch vor; ließ aber die Tränen laufen. Meinte, daß das wohl richtig so sei. Es war keine abstrakte, künstliche Trauer; mein Körper war dabei, total warm. Mich bei einem Freund auszuweinen, gab Sicherheit; irgend etwas kam in mir hoch; ich ließ es, und beruhigte mich.

Daß ich die Frau meines Analytikers jetzt gesund und stabil fand, bekam einen analytischen, guten Sinn: Meine Mutter war nach 1945 fast verhungert gewesen; sie war sehr krank; die Ursache wurde lange nicht erkannt; die letzte Diagnose war Verdacht auf Hirntumor gewesen. Sie hatte dann aus einer Beschreibung über Hungerschäden

ihre vermutliche Diagnose entnommen; und sich selbst kuriert, indem schwarz ein Schwein aufgezogen und geschlachtet wurde. Meine Realität war gewesen, daß sie von Ärzten aufgegeben war, wir Kinder auf Bekannte aufgeteilt waren für die Zeit nach ihrem Tod. Wahrscheinlich hatte ich ihren Zustand – mit drei Jahren – neurotisch verarbeitet: ich war schuld; hatte sie leergesogen elf Monate lang; hatte gerne und immer weiter getrunken, obwohl ich schon Brot dazu aß, obwohl ich es gar nicht mehr nötig hatte. Durch mein gieriges Trinken hatte ich sie in Lebensgefahr gebracht; ich wäre schuld an ihrem Tod, an der Auflösung der Familie. Diese Schuldgefühle hatten sich möglicherweise addiert, denen über meinen Vater und über die, die bald starben, so daß ich mich insgesamt als todbringend, nicht liebenswert abgeleitet hatte. Es war ja bekannt, daß Kinder frühe Tode auf ihre Aggressionen, ihre Todeswünsche beziehen, als reale Folge ihrer Empfindungen.

Wenn ich seine Frau jetzt nicht mehr als ausgemergelt, am Rande des Hungertodes sah, hieß dies ja, daß ich innerlich weitergekommen war, daß ich dabei war, meine wieder gesundende, wieder vitale Mutter in mir aufzubauen. Mich mit dieser vielleicht später dann auch identifizieren können werde, und so eine vollwertige Frau zu werden.

Auf dieser analytischen Ebene waren wir uns einig. Das Laboratorium hatte ja meine ganze Problematik enthalten, fast mein ganzes Leben. Ich hatte mich auch so gefühlt, als ob ich alles noch einmal in Windeseile durchlebte. Aber die Erlebnisqualität war ganz, ganz anders gewesen als in der Analyse. Was da gewaltig und überzeugend und einfach klar mir wieder in Erinnerung kam, hatte Wucht, Beweiskraft; mehr als praktisch jede Situation meiner Analyse bisher. In ihr hatte ich bröckchenweise, scheibchenweise Bereiche angegangen; langsam angedaut, angesprochen; aber insgesamt sparsam und karg, in Miniportionen, und auch nie mit solcher Klarheit. Das Laboratorium faßte meine Analyse zusammen. Daß es mich so angestrengt hatte, war verständlich. In meiner Analyse verteilte sich ja alles auf Stunden, Tage, Wochen, Jahre.

Die relative Dünnblütigkeit, bisweilen karge Kühle waren also nicht in erster Linie Ergebnis unserer gestörten Beziehung; sie lag in der Methode. Vielleicht war sie auch zusätzlich noch ein bißchen aus meiner Abwehr heraus zu verstehen, die mich vor vehementen Emotionen schützen sollte. Mit Recht und Logik, wie ich sah.

Meine Zweifel in diese Analyse begrub ich wieder.

Als gemeinsames Projekt hatten wir jetzt meine frühen Erfahrun-

gen, meine vaterlose Kriegs- und Nachkriegszeit.

Melodien waren: »Wer hat mein Lied so zerstört?«, »Denn ich liebe die Welt, und ich finde sie schön, ich will nicht überall nur die Schatten sehen« und »Get the tiger«. Dies ging mir besonders in spannenden, konzentrierten Momenten im Kopf herum. Wenn es schwerfiel, eine Vene zu treffen, beim Intubieren usw. Ich hatte mir inzwischen angewöhnt, den Texten nachzugehen; manche Texte waren plump, peinlich: »Let's spend the night together«, »Wenn Du ihn siehst, sag ihm, daß ich ihn liebe, ich möcht so gern an seinem Busen ruhn.«

Mit meinen aber wirklich anhaltend wichtigen Liedern (»Ich hatt einen Kameraden«, »Es war anno 42 in Paris, als er ein Neugebornes hinterließ. Verfrachtet wurde er nach Stalingrad . . .« (Degenhardt), »Mariechen saß weinend am Strande« (es geht um den abwesenden Vater des Säuglings, vermeintlich böswillig verlassend, dann aber doch liebend, durch äußere Gewalt umgekommen), traute ich mich nicht mehr hervor. Ohne Zweifel konnte man diese Lieder als kitschig einordnen. Auch praktisch jeden meiner banalen Schlager; ich hörte viel im Autoradio.

»Analyse ist Sprache« fiel; meine Liederwelt Musik, Töne, Melodien gehörten nicht in die Analyse.

Die Moritaten (in denen es praktisch immer um alleingelassene, werdende junge Mütter ging), konnte ich mir noch als Kindheitserinnerungen erklären; auch weil ich sie vom Dorf, von meiner Patentante her kannte. Auf Geburtstagen auf dem Land wurden sie ab einer bestimmten Stimmung immer gesungen; schön und aus der Tiefe. Mit archaischen, verstümmelten Texten.

Er konnte meinen Galgenhumor würdigen, anerkennen; als eine Möglichkeit, mit Gräßlichem umzugehen, als wichtige Ich-Funktion. Eine Wellenlänge mit ihm wurde er aber mit ihm nie; nie so wie mit meinen Brüdern, manchen Freunden und jetzt einem Vorgesetzten. Bei dem konnte ich meine ganze Ironie ablassen; er lachte und fühlte sich nicht gekränkt. Unterhaltungen mit ihm entlasteten mich sehr. Mit meinem Analytiker fand ich nie die Leichtigkeit dazu; seine Deutungen fielen auch oft einfach zu ernst aus; zu sehr in der Tiefe bohrend, ohne den Witz. Am besten konnten wir kommunizieren, wenn ich hilfsbedürftig und sehr traurig war. Vielleicht war ich ja wirklich so ein depressives Kriegskind, voll ungeweinter Tränen, und dies war mein wirklicher, echter Zustand? Und meine möglichen

strahlenden, sicheren, intakten Seiten waren dünne Tünche über Kastrationstendenzen, Aggressionen, Männer-, Menschenfeindlichkeit? Jedenfalls war ich froh, daß ich einen Teil an mir wieder gefunden hatte, den mein Analytiker auch mochte. Wo ich auch ein fachliches, neutrales Interesse an meiner Analyse empfinden konnte. Diese Erinnerungen schienen wirklich wichtig.

Ein Freund hatte viel Sinn für meine Lieder; besonders die Moritaten. Er hatte eine ähnliche, väterliche Biographie; verstand wortlos. Er tat gut, füllte etwas in mir. Er witterte auch meine belastende Unordnung mit meinen Papieren; pulte nach, geriet an Mißstände, gab mir einen Tritt und zwang mich zu dringenden Erledigungen. Ich hatte mir bisher ja ganze Wochenenden mit dem Unerledigten vermiest. Verquere, lähmende Müdigkeit resultierte, der unerledigte Wust beklemmte; absorbierte mögliche Lebensfreude. Ich hatte es aufgegeben, dies analytisch zu bearbeiten. Der Freund brachte Luft in mein Chaos; zwang mich einfach, zu ordnen und abzuschließen, half, wo ich es nicht schaffte. Meinen ganzen Deutungen nach dem Kurs blieb er kühl gegenüber; sie überzeugten ihn nicht. In der ganzen Spannung aß ich viel, hatte zugenommen. »In Wirklichkeit kaust Du noch an etwas ganz anderem herum; und deshalb bist Du so dick.« Meine Erzählungen von meiner Aggressionsauslösung aus der Klinik, den Laboratorien, seien ihm vertraut von zu Hause; das kenne er genau von seiner Mutter (einer beruflich erfolgreichen). Ich konnte nichts damit anfangen; wunderte mich, daß er – obwohl analysiert – nichts mit meinen Deutungen anfangen mochte; und auf eine so komische, mir fremde Ebene kam. Ja, aber ich solle mir doch einmal die analytische Vereinigung ansehen, wieviel Frauen in führenden Positionen säßen? Adäquat ihrer Anzahl? Wahrscheinlich doch überhaupt keine. Leicht verärgert gab ich zu, eigentlich nur eine. Eine solche Sichtweise fand ich komisch, hatte so etwas noch nicht in meiner Analyse gehört. Es kam mir verkrampft klassenkämpferisch, auf Mann/Frau-Ebene vor. Mein Analytiker konnte auch nichts damit anfangen.

Der Freund hatte keine grundsätzlichen Einwände gegen mich, freute sich über Ausfahrendes an mir, und ich konnte in meiner aufgefieselten Seele wohlwollende, um ihn besorgte Anteile entdekken. Sie ließen sich zwar erklären, reduzieren, unterminieren als väterliche Übertragung, aber sie überzeugten mich. Zumindest Ansätze von Liebesfähigkeit hatte ich in mir. Etwas in mir tat ihm auch gut; er konnte sich erholen, auftanken; etwas Gutes mußte es in mir geben.

Ich hatte viele Abschiede zu leisten; von der Klinik, von meinen geheimen Träumen, von Menschen. Ich machte mir Vorwürfe über meine mangelnde Aktivität, hatte viel zu wenig Psychoanalytisches einbringen können. In der permanenten Überforderung war ich aufgegangen; hatte laufend schlechtes Gewissen über organmedizinische Inkompetenz gehabt (die nur durch Nachlesen zu überwinden gewesen wäre), und auch über psychoanalytische. Insgesamt hätte ich wohl jemanden gebraucht, der mich gestärkt hätte; nicht nur immer wieder alles in Frage gestellt hatte; durchpult auf neurotische Anteile, meine Überzeugung geschmälert, aufgefasert hätte. (Grundlegende Literatur, z. B. Bowlby habe ich erst später kennengelernt).

Ich sah auch keinen gangbaren Weg, eine psychoanalytische Sichtweise zu integrieren. Alle waren fast dauernd am Rande ihrer Kräfte. Und alles Psychische erforderte ja einfach Zeit und Muße. Ich war ja auch dauernd in einer Zwickmühle gewesen: Wenn ich mich darauf einließ, nachzuempfinden, mitzufühlen, wie es dem Kind bei der Rückenmarkspunktion – im Schwitzkasten bewegungsunfähig gehalten –, bei Röntgenuntersuchungen im abgedunkelten Raum, Einführen eines Schlauches zur Magenspülung nach Vergiftungen ging, war ich mitgenommen, litt, strapazierte mich ab. Hielt auch den Betrieb auf. Wenn ich vor einem Eingriff einem Kind in Ruhe Notwendigkeit, Gründe und das Vorgehen erklärte, hätte ich in der Zeit auch lagernde Briefe diktieren können; etwas Dringend-zu-Wissendes nachlesen, mein Gutachten endlich fertigstellen können.

Jedenfalls ging ich mit schlechtem Gewissen von der Klinik, fand mich eine Niete an Durchsetzung. Hatte wohl auch einige Erwartungen enttäuscht. Positive Ansätze waren verpufft.

In diese Trennung fiel die Freilassung meines väterlichen Freundes aus dem Kidnapping nach 6 Monaten. Sein Überleben, sein Wiederkommen, seine Nähe gaben eine satte Sicherheit, eine Bestätigung meiner Welt, meiner Träume; ich fühlte mich einfach wohl, wie mit einem starken Rückgrat. Ich wußte nicht, ob dies einfache Freude war, oder ob ich jetzt aufgewühlte frühe Ängste, Wünsche und Hoffnungen symbolisch mit besserem Ende durchgespielt hatte. Jedenfalls hatte ich mich ja während der Zeit ein bißchen verrückt traurig gefühlt; aber wohlig, und jetzt hatte ich meine Bestätigung.

Ein Phänomen Männern gegenüber wurde wieder akut und füllte viele Stunden. Es hat mich lange und fundamental beunruhigt; es trat auf, wenn ich mich wohlfühlte und das Leben Spaß machte. Meistens

lief es ähnlich ab; zuerst fühlte ich mich gemocht; für mich plötzlich ging dies über in Fremdheit und Distanzierung. Bemerkungen, die ich dann machte, wurden nicht oder nur widerwillig aufgegriffen; ich fand mich wie ein fremdes Tier betrachtet. Der nächste Grad war Zurückschrecken, wenn ich z. B. auf den Betreffenden zuging oder sonst einen alltäglichen Kontakt mit ihm hatte; dann offene Ablehnung. Wenn ich versuchte, Spannung und Distanziertheit zu überwinden mit Ansprechen und mehr Intensität, erreichte ich das Gegenteil. Mich verwirrte, daß dies regelmäßig nur bei einigen eintrat, andere mich genau dann mochten.

Bei meinem ersten Freund hatte ich das schon gemerkt; er meinte immer wieder, er habe Angst vor mir, wisse aber nicht warum.

Stark ging es mir jetzt wieder so in der Klinik. Ich schüchterte ein, zog Aggressionen auf mich, ohne überhaupt zu verstehen wofür. Nach und nach registrierte ich unnatürlichen, ängstlichen Umgang mit mir; glaubte meinen Empfindungen aber nicht ganz. Einer erschrak, als ich in sein Zimmer kam, um ihm den Nachtdienstpieper zu übergeben. Da ich ihm nicht an die Gurgel gewollt hatte, ärgerte ich mich; er bestätigte mir dann schließlich, er habe irgendwie Angst vor mir.

Irritierenderweise fand ich das überhaupt nicht gegenüber Patienten oder eindeutig Übergeordneten.

In Konferenzen kam es vor, daß meine Bemerkungen nicht gehört wurden, übergangen wurden oder fast Widerwillen auslösten; immer besonders dann, wenn ich mich gut und klug gefunden hatte. Meine Ideen wurden oft nicht anerkannt, kaum aufgenommen, wie etwas Ekliges abgelehnt. Manches, was ich vor einiger Zeit in allgemeine Ablehnung hinein formuliert hatte, konnte etwas später von jemand anders formuliert und dann mit zeitlichem Abstand angenommen werden, ohne daß sich jemand an meine Bemerkung überhaupt noch erinnerte.

Extrem so war es mir ja im ersten Laboratorium gegangen. In einer kleinen, vorwiegend männlichen Gruppe hatten wir die Aufgabe gehabt, ein Paper zu formulieren; ich hatte Ideen gehabt, die aber, als ich sie aussprach, auf erheblichen Widerwillen stießen; teilweise ging überhaupt niemand darauf ein, man hörte gar nicht zu, bis ich nach einer Weile merkte, daß es sich so eingespielt hatte, daß dieselben Inhalte nach einigen Minuten von einem anderen wieder gebracht wurden, und dann sofort in das Papier aufgenommen wurden. Ich hatte mich dann spezialisiert, etwas auszusprechen und abzuwarten auf die Umformulierung aus männlichem Mund, da ich

relativ sicher sein konnte, daß meine Aussage so in das Paper aufgenommen wurde. Damals hatte ich es mir zu erklären versucht, daß ich eben in der Aufregung nicht ausreichend diplomatische und adäquate Form gefunden hätte, daß ich wohl auch einen aggressiven Beiklang, der aus früheren Begegnungen mit Gruppenmitgliedern oder aus meiner Familie stammen müßte, wohl doch hatte einfließen lassen. Oder etwas Kastrierendes, Triumphierendes. Jetzt ging es mir aber ähnlich unter »normalen«, beruflichen Umständen.

Wieder kamen schon bekannte Erklärungsversuche: Unbemerkt, aber effizient wiederholte ich die familiäre Situation mit meinen Brüdern, die vermutlich meine ersten Sprechversuche auch nicht ernst genommen hatten; ihre Brüder-interne Kommunikation wichtiger nahmen, als auf mich Kleines zu hören; und/oder, daß ich durch Konflikthaftes in mir Aggression und Mißachtung auf mich zog. Phallisch-kastrierende Frauen gab es ja; und Männer reagierten nicht ohne Grund. Die Möglichkeiten verwirrten und verunsicherten mich. Ich sah nur immer die Reaktion, das Ergebnis, so sehr ich mich auch um diplomatischere, nettere, adäquatere, passendere, eingefühltere, dem Gruppenprozeß besser eingefühlte Formen bemühte.

Auch meine Erinnerung, die mir keine vergleichbare Leidenssituation meinen Brüdern gegenüber brachte, war ja kein Gegenbeweis; Nichterinnern, blandes Vergessen, konnte ja gerade auf eine verdrängte, besondere traumatisierende Situation hinweisen.

Unerklärlich war mir auch, daß das Phänomen jetzt so mit Wucht gekommen war; an der ersten Arbeitsstelle, wo ich mit gewisser fachlicher Qualifikation angefangen hatte, und daß es mir ja nicht mit allen so ging. Es gab ja immer einzelne, die das, was die anderen in Diskussionen überhörten, besonders anerkannten. Nicht nur, um mich zu trösten.

Verstehen konnten wir das Phänomen nicht. Ein bißchen ähnelte die Spannung der Westwallstimmung. Ich merkte seine Tendenz, mich zu meiner Schonung eher aus Konflikten herauszuhalten, nicht so verbissen zu sein. Oft einigten wir uns darauf, daß ich doch eine Aggression hatte einfließen lassen, daß ich gereizt gewesen war, oder mich nicht ausreichend diplomatisch oder mit Charme präsentiert hatte. Von allem Vermuteten, Angetippten, zur Annahme Freigestellten, blieb mir der Verdacht auf das Böse in mir, auf meine Konfliktneigung, meine Kastrationswünsche, meinen Männerhaß. »Es entsteht sehr viel Unruhe in Ihrer Nähe.« Meine Umgebung war die Norm.

Wie andere Analysanden verhielt ich mich offenbar nicht. In gereiztem Ton: »Ja, Sie erzählen ja viel außerhalb herum«. Das stimmte wohl. Wo sollte ich aber hin mit dem ganzen Unverstandenen in mir? Mit der Wut, der Empörung, der Erschöpfung, dem Unklaren? Auch mit den Resten meiner Hoffnung. Warum sollte ich nicht einmal mehr mit anderen mich zu unterhalten versuchen? Vielleicht dort mir eine Klärung, Lösung für meine Schwierigkeiten holen? Wieso war denn diese Regel ein Verbot? Wieso konnte er nicht meine Intensität schätzen, mein Unglück auch sehen? Ich war doch gezwungen zu anderen Kontakten.

Daß eine Beziehung, in der ein Partner permanent Intimes außerhalb erzählt, bespricht, diskutiert, nicht optimal läuft – um das zu sehen, braucht man kein Analytiker zu sein. Daß in einer einigermaßen befriedigenden Situation gar kein Bedarf nach erneuter Diskussion außerhalb besteht, ist klar. Diesen Zustand kannte ich ja auch; außerdem bestünde keine innere Notwendigkeit, Dinge, die für mich klar und erledigt sind, erneut zu bereden. Mein Mitteilungsdrang kam doch aus einer ungelösten Frage.

Mit pädagogischem Zeigefinger fühlte ich mich von allen Seiten auf meinen Analytiker zurückverwiesen.

Wie konnte ich mein gesamtes Innenleben einer oder mehrerer Tage in fünfzig Minuten packen? Ihn so informieren, daß er sich nicht doch irgendwo, irgendwie, von irgend etwas ausgeschlossen fühlte? Daß ich nicht doch den – mindestens fühlbaren – Vorwurf abbekam, etwas nicht schon früher, nicht ausführlicher oder überhaupt nicht mitgeteilt zu haben? »Warum sprechen Sie das erst jetzt an? – Sie konnten das jetzt bringen, weil . . . – Was hinderte Sie . . .« in Varianten. Warum immer so eine pulende und doch nie ganz zufriedenzustellende Neugier auf mein Leben? Warum hatte ich nicht die Berechtigung, etwas in mir ruhen, reifen zu lassen oder überhaupt ganz und gar für mich zu behalten? War das nicht für mich gerade dann notwendig?

Klatsch, Mutterübertragung. Nicht er war so drängend, pulend, mich ausfragend, neugierig, mir keinerlei Privatleben lassend, keine Geheimnisse – meine Muter war es. Und wenn nicht jetzt, dann war sie es früher gewesen. Ich verkannte die Realität jetzt durch meine Übertragungsmechanismen ($[a + b]^2 = a^2 + 2\ ab + b^2$; deshalb).

Aber ich fühlte es doch immer wieder? Es hatte doch auch mitgeschwungen in seiner Verärgerung über mein Außerhalb-Erzählen. Daß ich anderen Bereiche, die in die Analyse gehörten, öffnete. Ich

spürte doch seine Neugier; ich hatte mich doch auch geärgert, daß er es gerne hatte, wenn ich von Kongressen erzählte, berichtete, Hintergrundinformationen gab, die ihm nicht zugänglich gewesen waren. Ich hatte doch auch seinen Stolz gespürt, informiert zu sein, als er einmal erwähnte, über mich Gutes gehört zu haben. Offenbar hielt er es mit anderen Analysanden auch so.

Es stimmte, daß meine Mutter oft zuviel von mir wußte; daß ich ihr Interesse manchmal abblocken mußte. Daß sie immer sehr sensibel viel von mir merkte. Verliebtheit z. B. konnte ich ihr absolut und überhaupt nicht verheimlichen; das wußte sie dann einfach; lachte; da hätte ich noch so viel abstreiten, erklären, vorschieben können. Das roch sie, verließ sich auf ihr Gefühl und war da sicher. Ich hatte mich aber nicht von Erzählzwang terrorisiert gefühlt; jedenfalls nicht in der Art wie hier jetzt. Sicher war sie geschickt, ein solches Klima herzustellen, in dem ich von alleine erzählte. Das ging mir ja überall so, nicht nur mit meiner Mutter. Da störte mich aber nicht das Gefühl, zu müssen, auf subtile Weise ausgesogen zu werden; gegen meinen Willen.

Sie hatte mich nie so gründlich daneben verstanden; war primär meine Partei gewesen, mit großen, kämpferischen Augen; gegen die Lehrer, gegen die Schule. Laufend verkehrt interpretiert zu werden – das kannte ich von ihr nicht, und auch nicht von meinen Brüdern.

Wenn aber mein Gefühl *doch* Übertragung war, von wem dann? Die Neugier vielleicht doch von meiner Mutter; aber das Verkehrte? Das permanente Mich-Mißverstehen? Vielleicht lag dies auf der Linie: »Wie kommt es, daß andere das Gefühl haben, Sie nicht genug zu kennen?« War ich es, die meine Mitteilungen so verschlüsselte, verdrehte, ambivalent belud, und anderen den Zugang zu mir verbaute?

Meine Volksschullehrerin, die nach längerer psychiatrischer Behandlung in die Klasse kam, hatte meiner Mutter mitgeteilt, ich sei ein bißchen verrückt. Meine Mutter hatte gelacht.

Ich hatte ein Gedicht vor der Klasse aufsagen sollen und abgelehnt, nach vorne zu gehen; ich würde es vom Platz aufsagen; vorne sähen mich zu viele Augen an. Ich sei dann trotz intensiver Aufforderung nicht nach vorne gegangen. Meine Mutter hatte das nicht gewundert; schließlich hatte ich den Schulstandard meiner Brüder; und die hatten nach 1945 länger überhaupt keine Schule gehabt, dann mit Kohleferien, und überhaupt hatten wir ja fehlen dürfen, soviel wir wollten. Warum hätte ich nach vorne gehen sollen, wenn ich das nicht

einsah? Dies war damals eine eher komische Geschichte gewesen; ich hatte aber Rückhalt zu Hause gehabt.

Wenn ich mich aber doch auf subtile Weise auch vor meinem Analytiker vernebelte, mich unverständlich machte und ihn so als Analytiker depotenzierte? Schließlich war doch Verstehen seine berufliche Qualifikation.

Die Theorie mochte ich aber doch nicht glauben. Ich hatte mich oft und deutlich mißverstanden gefühlt. Jedenfalls deutlich schwerer und mühsamer verstanden, als ich es gewohnt war. Außerdem wirkten diese Überlegungen mathematisch kühl, abstrakt; ich hatte schon viel auf mich, auf meine Neurose, genommen. Das ging jetzt nicht noch.

Manchmal gelang es mir, auch so mathematisch abzuleiten. Dann fand ich meine beobachtende Distanz, meine minderbeteiligte Kühle als Fortschritt gegenüber früher, dem verquälten Rotzgeheule. Vielleicht war *so* sachlich-theoretisches Interesse an Psychoanalyse, mit dem es bei mir haperte? Es erinnerte an schulische Übersetzungsübungen; eine Verbform konnte mehrere Bedeutungen haben, in besonderen Sinnzusammenhängen, unter Berücksichtigung spezieller grammatikalischer Regeln auch noch einige mehr, seltenere. Es kam darauf an, die wahrscheinlichste in diesem Satzzusammenhang herauszufinden; das wurde honoriert. Nur ließen Lehrer wenigstens grammatikalisch ebenfalls legale, wenn auch nicht gut zum Sinn passende, *auch* gelten; sie waren nicht falsch. Nicht mit dem Rotstift markiert, allenfalls als »Sinn«. Grammatikalische Regeln hatten ubiquitär Gültigkeit. Wenn es theoretisch möglich und korrekt war, nur inhaltlich unpassend, war es kein Fehler. In solchen Stunden gab es keine Westwallstimmung; ich merkte, was ich schon gelernt hatte; wie ich mit den Begriffen umgehen konnte. Mein Ausmaß der Beteiligung war wohl dann auch passender; es ging mir nicht so nah.

An der neuen Klinik fand ich zu etwas Selbstbewußtsein zurück; im Vergleich zu manchen merkte ich deutlich, wie ich arbeitete, und was ich auf Grund meiner Analyse vermied, peinlichst; manche Kränkungen würde ich nicht setzen. Auf Spannungen achtete ich sehr genau.

Ich merkte aber auch Veränderungen an mir, die ich nicht gut fand, im Vergleich zu früher. Ich hatte ja nun drei Jahre praktisch therapeutisch pausiert.

Jetzt war ich schlicht ängstlicher, mehr an den Regeln orientiert, darauf bedacht, ob es auch technisch richtig war; ich wagte weniger,

hielt genau den Radius an Freiheit ein, den meine Analytiker gehabt hatten. Als ein Patient ein Glas Wasser haben wollte, war mir dies kein Problem; das hatte ich ja auch einmal bekommen. Als es aber um Orangensaft ging (der auf einem Bord in der Nähe stand, nicht mehr Mühe machte, zu holen als Leitungswasser), kamen mir fachliche Skrupel. Als einer mit einem Tablett ankam und mit mir Kaffee trinken wollte, wenn ich dies »dürfte«, wurde ich wirklich unsicher, und mußte mich mühsam bremsen, nicht gleich defensiv zu reagieren. Mit einem spazieren zu gehen, weil wir so besser miteinander konnten, es auch einfach schön war in der Landschaft, traute ich mich erst, nachdem ich mir von oben die Erlaubnis dazu geholt hatte. Dabei hätte ich mich dafür an sich auch auf Freud berufen können. Ein »ungewöhnlich strenges analytisches Über-Ich« wurde mir bescheinigt von einem, mit dem ich meine Bremsen besprach; allerdings war ich nicht damit geboren.

Zu den Stunden fuhr ich jetzt fünfzig Minuten, 75 km. Ich konnte mich einstellen, nachdenken, Abstand bekommen; die Stunde war eingepackt in je eine eigene. Ich aß nicht mehr so viel danach, kaufte mehr, schnurstracks und sicher. Anfangs fand ich die Stadt auch schön, luxuriös. Der Zeitdruck, die Entfernungen, das lahme Auto, der Benzinverbrauch, störten mich aber bald.

Nach einer Analysestunde kaufte ich innerhalb von zehn Minuten eine Kaninchenjacke; grau-beige, hübsch. Als sich das Fell an mehreren Stellen auflöste – Materialfehler –, fand ich nach der Arbeit ohne bewußt zu suchen, eine Wolfsjacke. Sie saß; war einfach richtig. Ein Identitätskauf. Ich konnte mich mit ihr absichern, sie gab wirklich ein dickes Fell, stärkte. Für ein Kleidungsstück hatte ich noch nie so viel ausgegeben; Wolf hieß mein Vater. Daran fand ich jetzt nichts Schlimmes. Warum sollte ich mir diesen mystischen Beistand nicht holen? Statt Kaninchen.

Ich nahm wieder gierig auf, wenn ich Gutes, Lobendes, Anerkennendes über meinen Analytiker hörte. Er finde dies »geradezu rührend«; ich bemühte mich auch um solche Schilderungen; sie freuten mich; bestätigten mich.

Mit seiner formalen Strenge schien er manchmal nicht glücklich. Als ich mich wieder einmal beklagte, kam: »Aber es ist doch eine *Lehr*analyse«. Immerhin verstand ich dann etwas besser. Es ging mir aber doch nicht um ein mir Vor-Analysieren, das ich dann später reproduzieren könnte; es kam doch auf das intellektuelle und emotionale Ergebnis an, auf das, was ich von meiner Problematik würde erken-

nen und bearbeiten können. Und falls ich mit meiner speziellen Geschichte nicht optimal in das gewohnte Setting paßte, vielleicht leichter Zugang zu Wichtigem unter nicht ganz so pingelig eingehaltenen Regeln hätte, wäre dies doch schon eine ausreichende Begründung. Seine Begründung jetzt kam aber spät; ich hatte mich oft an der Strenge gestoßen. War er jetzt wirklich vom klassischen Setting überzeugt, oder bestand er nur bei mir als Lehranalysandin darauf? War er in Wirklichkeit ängstlich und abhängig von Oberen? Denen, die ihn unter anderem nach dem Verlauf meiner Analyse voll anerkennen würden? Zur Zeit war er ja erst beauftragt mit Lehranalysen; dies war etwas, was ihn vielleicht beeinträchtigte.

Zeitweise ärgerte ich mich über seine Art, Deutungen zu formulieren: »Meinen Sie nicht, daß . . .? Könnte sich Ihre Erregung nicht beziehen auf . . .? Erinnert das vielleicht daran, daß . . .? Könnte sein, daß . . .? Könnten Sie sich denken, daß . . . Wäre es möglich, daß . . .? Ich könnte mir denken, daß . . . Könnten Sie sich vorstellen, daß . . .? Wie wäre es, wenn . . .?«

Wenn ich schon gereizt war, konnten mich die Unsicherheit, Unterwürfigkeit oder forcierte Neutralität wütend machen. Er formulierte wackelig, aber ich spürte ja doch, was er meinte, welche Alternative er vorzog, zumindest für wahrscheinlicher hielt. Die Fragestellung allein schien Lüge. Er hatte ja doch seine Meinung; dann konnte er das auch zugeben; warum stand er dann nicht zu ihr, schob mir die Entscheidung zu, obwohl er seine eigene schon längst getroffen hatte? Davon würde er sowieso nicht leicht abgehen; ich würde ja doch kämpfen müssen um meine mir wahrscheinlichste Lösung. Seine Neutralität schien gespielt; die Tatsache, daß er die Deutung als Angebot formulierte, eher verwirrend. Meist war er seiner Sache in irgendeiner Richtung sicher; das hörte ich und spürte ich. Warum dann die zitterige Unsicherheit, das wackelige vorsichtige Als-Frage-Formulieren? War er generell so unsicher, vorsichtig, oder war das seine erlernte Abstinenz?

Die endgültige Deutung sollte ja in der Tat bei mir liegen. Es waren ja *meine* Erinnerungen, Sinnzusammenhänge, *mein* Leben; ich sollte ja nicht manipuliert werden. Nur spürte ich seine Einstellung. Um so genauer, je länger ich in Analyse war.

Es konnte sehr unecht, pastoral klingen, wenn er sich vielleicht dachte: das ist doch so klar, das muß sie doch kapieren – deutlicher geht es doch nicht – und dann wertfrei seine Überzeugung als mögliche Deutung in Frageform kleidete.

Auch wenn ich meinte, eine Deutung nicht annehmen zu müssen, sie mich nicht traf, mich nicht überzeugte, und er auch nicht auf ihr bestand, konnte doch ein Zweifel bleiben. Wenn er so vermutet hatte, vielleicht stimmte es doch – und ich konnte sie nur gerade jetzt nicht nachvollziehen. Ich blieb hellhörig in der angegebenen Weise.

Ein gewaltiger Analytiker, den ich aus der Ferne wegen seiner Stärke und Eindeutigkeit bewundert, wegen seiner Härte in Gruppen leise gehaßt hatte, erschütterte mich: sein Sohn sah so geknöchelt, eingeschränkt, lieb, gehemmt, mickerig, kaputt gemacht aus; nicht einmal so groß zu wachsen hatte er sich getraut. Die beiden nebeneinander zu sehen, war einfach schlimm. Dieser Sohn hatte den starken Vater zum Identifizieren gehabt; so zart werden konnte man auch ohne jeden Vater. Das Paar kam mir vor wie eine Bankrotterklärung der ganzen Theorie. Das konnte doch nicht sein. So eine zarte Maus. Ich versuchte, meinen Schreck mit andern zu bereden; ein Freund fand den Sohn aber sehr nett. Das glaubte ich ja; aber darum ging es mir ja nicht. Schlimm fand ich das Geknöchelte, Prägenitale, unnötigerweise Knabenhafte. Da waren doch Schritte zu einem frechen, unverschämten Mann, der auch an Hinternkneifen und so weiter denkt, gar nicht vollzogen; auch wenn die physiologischen Vorgänge regelrecht funktionieren mochten. Das war aber doch nicht das Leben; diese liebe, freundliche Milde war moralisch und menschlich ja wohl wertvoll. Das war aber doch nicht alles, nicht das, was Spaß machte. Der Freund konnte meine Beschwerden nicht nachvollziehen; allerdings war dies auch nicht sein Problem; daran haperte es nicht bei ihm. Vielleicht hätte ich dies besser mit einer Frau bereden können. Ich fand mich dann doch unsachlich, ungerecht, vorschnell im Urteil. Schließlich wußte ich ja überhaupt nichts über die beiden; und es war in keiner Weise legal, einfach so loszuurteilen. Wahrscheinlich mengte ich doch einiges aus meiner inneren Welt hinein.

Ich schien wieder eine Qual; eine Zumutung, die er mit Anstrengung ertrug. Oft konnte ich nicht unterscheiden, ob er generell angestrengt war oder ob es sich auf mich bezog. Auf meinen anstrengenden, schwer erträglichen Charakter; auf mein nie und nimmer liebenswertes Wesen, auf das, was ich an mir hatte.

In der verachtenden, distanzsuchenden Gereiztheit lag eine starke Verurteilung. Gegen Worte hätte ich mich wehren, vielleicht ein Mißverständnis aufklären können. Sprache war ja das Element. Die emotionale – vollzogene – Ablehnung war aber ein Faktum; und als

solches überzeugend. Da konnte ich mich höchstens anschließen, um einen Gleichklang zu erzielen, wenigstens irgendwo. Ich verstand nicht, warum und wofür; aber die Botschaft war deutlich.

Beim Abendessen erzählte ein Kollege ansteckend und überzeugend, daß er angefangen habe zu laufen, Runden auf dem Stadion, und sich seitdem viel besser fühle; nicht mehr wie sonst regelmäßig nachmittags müde; durch und durch wohler. So sah er auch aus: glatt und ausgearbeitet, nicht angestrengt und gestaut um die Augen wie oft um diese Zeit. Eine Kollegin (in Analyse) kam an den Tisch, hörte kurz zu, krähte dann belustigt hinein: »Wovor laufen Sie davon?« Diesen Ton kannte ich; solch einer Stimme, hämisch, Aggressives formal in Humor gepackt, würde ich nie gewachsen sein. Da konnte man auch gleich mit einem Sägemesser loslegen. Sie war aber auch eine Analysandin, eine ernsthafte; verschwiegen und deklariert positiv ihrem Analytiker gegenüber. (Rein theoretisch – wenn man sich schon so simpel und klatsch um die Ohren Deutungen verpaßte – hätte es auch erfreulichere Assoziationsrichtungen gegeben: in Gang kommen – in Schwung geraten – auf etwas zulaufen. Aber ich kannte ja diese Art zu reagieren und zu reden; und meine Analytikerin und sie waren sicher nicht damit geboren. So hatten sie es vermutlich gelernt, und gaben es jetzt so weiter.)

Ein polnischer, jüdischer Mediziner ließ nachfragen, ob mein Vater oder jemand von dessen Familie noch lebte. Meine Mutter fuhr hin; mein Vater hatte ihn als Pfleger untergebracht und rechtzeitig gewarnt gehabt. Ich heulte, verkroch mich; meine Welt stimmte.

Eine depressive junge Frau, die sich meiner Mutter in Indien angeschlossen hatte, erklärte mir, sie sei einfach der erste zufriedene Mensch, den sie seit langem getroffen habe. Deshalb sei sie mitgekommen.

Patienten veränderten mich:

Ich war nicht sicher, ob ich einen jungen Mann, nach üblichen Kriterien wohl am Rande der Psychose, in diesem stationären Rahmen, und überhaupt ich, behandeln konnte. Ich hatte Bedenken; meinte, mit seinen aggressiven Impulsen Schwierigkeiten zu bekommen. Er trainierte mit Bodybuilding-Geräten, konnte Karate. Ich war mir nicht sicher, ob er der Wucht seiner Affekte nicht zu sehr ausgeliefert war; wußte auch nicht, ob ich speziell als junge Frau für ihn geeignet war. Seine Ernsthaftigkeit, Intelligenz und Engagement mochte ich sehr.

Ich besprach dieses mit einem erfahrenen Kollegen; summa summarum teilte er mir mit, wenn ich Angst empfinde, sei dies *meine* Problematik; er habe körperlich schmächtige Pfleger in der Psychiatrie gesehen, die keinerlei Schwierigkeit mit Hochaggressiven gehabt hätten. Er vermittelte mir, mehr Mut zu zeigen.

Da ich aber trotzdem kein ganz gutes Gefühl hatte, stellte ich bei einem noch Erfahreneren das Problem vor. Ich hörte lapidar, meine Angst sei typisch für meine mindere Erfahrung.

Trotzdem blieben Bedenken; ich fragte meinen Analytiker. Mich hatte man doch seinerzeit unter Psychopharmaka gesetzt; jedenfalls war ich doch »schwerer gestört« als andere. Eine genaue Diagnose hatte ich ja nie erfahren; ich wollte aber doch nun nichts übernehmen, für das ich nicht geeignet war: »Sie haben sich doch in Wirklichkeit schon entschieden«; er begrüßte mein Engagement. Ich hatte Lust; meine Bedenken fand er nicht gravierend.

Andere nahmen mich später doch ernst, sahen meine Wahrnehmung als reale Empfindung; als Aussage über den Patienten. Halfen mir, als es zu Komplikationen kam. Der Patient hatte den Zuwendungsverlust nicht aushalten können, als ich mich verliebt hatte. Seiner Sensibilität blieb wenig von meinen Träumen verborgen, er fühlte sich verlassen, verraten und verkauft; reagierte aggressiv; nach einer von ihm schnell eingefädelten Liebesbeziehung stellte er mir das Ultimatum, ihn sofort in eine geschlossene psychiatrische Station zu bringen, oder ich werde die nächste Stunde nicht überleben. Die Drohung war glaubhaft; auch er mußte vor seinen aggressiven Impulsen geschützt werden.

Später erfuhr ich, daß bei ihm ähnlich gefährliche, folgenschwere Situationen schon früher eingetreten waren. Das hatten mir die Angehörigen nicht mitgeteilt.

Ein starker Eindruck war mir seine tiefe Ernsthaftigkeit, seine innere Verantwortung, sein klarer Blick. Er war nicht einfach auf mich losgegangen; er hatte gedroht, mit den ihm zur Verfügung stehenden Mitteln dringend auf seine innere Bedrohung hingewiesen und mich veranlaßt, das für ihn im Moment Adäquate, zu seinem und meinem Schutz, zu organisieren. Ihm ein inneres Korsett durch äußere Struktur (der geschlossenen Station) zu geben. Weil er alleine seine Impulse nicht mehr beherrschen zu können drohte. Er hatte mich zu elterlicher Funktion gezwungen, die ich vielleicht schon etwas früher hätte übernehmen sollen.

Ich hatte seine Schwierigkeiten, die Risiken dieser Therapie doch

richtig gespürt gehabt. Von meinem Analytiker fühlte ich mich nachlässig behandelt. Ich hatte ihm doch meine Bedenken vorgetragen. Wenn ich jetzt erwürgt wäre oder der Patient sich etwas getan hätte? Wieso hatte mein Analytiker sich nur gefreut über meinen Mut ohne auch die Verantwortung für die Risiken mitzutragen? Deshalb hatte ich ihn doch als meinen Analytiker, der mich und meine Grenzen, auch meine zu vermutenden fachlichen, kannte, um Rat gefragt.

Im Grunde hätte ich meine Gefühle ernst nehmen können; das bestätigte auch die Anamnese. Alle fachlich erfahrenen Besprechungen hatten nichts genutzt. Gerade von meinem Analytiker hatte ich keine Hilfe erhalten. Jetzt reagierte er »besorgt«. Es entstand ja so viel Unruhe in meiner Nähe; hatte er schon früher gesagt. War ich jetzt dafür verantwortlich? Dieser Patient hatte aber doch schon viel früher, als er mich noch gar nicht kannte, erheblich aggressivere Durchbrüche gehabt. Ein Zweifel blieb, obwohl ich mich bewußt gegen ihn wehrte.

Ich wurde sicher, daß ich ganz, ganz ehrlich sein mußte in meinen Therapien, daß auftretende Spannungen sehr oft auf realen Differenzen zwischen mir und dem Patienten beruhten, selten auf reinen Übertragungen. Jedenfalls mußte ich erst die aktuelle Beziehung klären, ehe ich mich an Übertragung herantasten konnte; das hätte ja sonst sämtlichen Grund verloren. Und sehr häufig verschwand die Spannung, wenn wir unsere Differenzen aufgelöst hatten. Ich merkte, daß viel mehr Sensibilität vorhanden ist, als ich es gelernt hatte, zumindest einzuberechnen gelernt hatte. Als es mir auch in meiner Analyse als Quasi-Patientin zugetraut wurde. Das übliche abstinente, höchstens wohlwollende Gesicht funktionierte bei mir sowieso nicht, weil man mir immer viel hatte ansehen können; und auch mit besserer Beherrschung wären meine Empfindungen den feinen Antennen vieler nicht verborgen geblieben. Ich sah um mich herum die Neigung, in Therapien an einem Konflikt sehr schnell den neurotischen, wiederholten Anteil zu deuten und den aktuellen kaum anzuerkennen.

Eine Patientin meinte in einem Nebensatz, ich hätte mich wohl über sie geärgert. Davon war mir nichts bewußt; ich sagte das, lehnte aber die Möglichkeit nicht generell ab; die Stimmung entspannte sich. Als sie ging, fragte ich noch einmal, ob sie wirklich meinte, ich hätte mich geärgert. Lächelnd, wissend: »Na, ein bißchen schon.« Ich mußte auch lachen; konnte mich dem nicht entziehen. Es stimmte einfach;

sie hatte mehr wahrgenommen als ich.

Ich merkte, daß manche klüger und schneller reagierten als ich; daß ich dies einkalkulieren mußte. Manche hatten ganze Sachverhalte schon durchdacht, wenn ich gerade dazu ansetzte; ich fühlte mich stumpf und mühsam denkend gegenüber manchen. Viele hatten spezielle Lebenssituationen schon längst oder wesentlich intensiver durchlebt als ich. Sie wußten menschlich mehr als ich; ich hatte lediglich eine Ausbildung und kam nach formalen Kriterien besser im Leben zurecht.

Einer mochte mich sofort; ich ihn auch; ich fühlte mich vertraut. Er hatte blutige Kriegserinnerungen, war verschüttet gewesen, litt jetzt unter diffusen Angstzuständen, Arbeitsstörungen, depressiven Verstimmungen. Sein Zustand galt als nahe der Psychose; andere Therapeuten hatten ihn als aggressiv geschildert, zugestimmt, als er zu mir wechseln wollte. Ich fand ihn ohne jede Wahnvorstellung, ohne jede psychotischen Symptome, nur sehr, sehr sensibel; er wirkte weich, intelligent, empfindlich; ärgerte sich schnell und heftig bei Unehrlichkeiten, auch schon bei konventionell üblichen Redewendungen; auch schnell, wenn ich ihn qualitativ nicht richtig verstand. Hinter seinem Tempo herhinken durfte ich, aber nicht fehlinterpretieren. Mit einer Putzfrau hatte er sich giftig angelegt: er hatte sich mit nacktem Oberkörper gezeigt, gefragt, ob er nicht gut aussähe, und sie hatte geantwortet: »nein«, er sei nur »eitel«. Sie lüge, sei unehrlich und rede Unsinn. Er schien wirklich auffallend anziehend; und sie hatte vielleicht Mühe gehabt, ihre Tangiertheit abzuwehren.

Ich fand ihn reizvoll, frech, auch sehr witzig. In der ersten Stunde redete er nur davon, wie attraktiv er mich finde, wie gerne er mit mir und so weiter. Er war schnell auf meiner Wellenlänge von Ironie, erzählte viel, flirtete viel, und es breitete sich eine immense erotische Anziehung aus. Sie irritierte mich, paßte nicht in die Therapiestunde; er merkte das, machte eindeutige Vorschläge, spürte meine Unsicherheit und fühlte sich – in dieser Situation zu Recht – überlegen. Ich zwang mich zu Neutralität, fühlte mich zu Distanz und Überblick verpflichtet, wußte nicht, wie ich eine »normale« Stimmung herstellen konnte; suchte nach einer Übertragungsdeutung (ob ich vielleicht seine Mutter, Schwester usw.), kam mir dumm vor, ärgerte mich. Ich wurde steif, wollte eigentlich auf die Regeln verweisen; er sollte auf seinem Stuhl ruhig sitzen, das Setting beachten. Eine unangenehme Spannung kam auf; widerwärtig; das Ende der Stunde kam mir zu Hilfe.

Ich war betroffen, genierte mich für meine plötzliche Neigung, formal und steif zu werden, genauso künstlich wie mein Analytiker. Diese Spannung kannte ich auch. Jedenfalls sehr, sehr ähnlich.

Nach einigen inneren Kämpfen entschloß ich mich zu maximaler Offenheit.

Die nächste Stunde begann er erneut mit sexuellen Angeboten, Anziehung und Spannung kamen wieder: Ich fände ihn sehr reizvoll, könne mir Kontakte mit ihm sehr wohl vorstellen, dies ginge aber nicht und begründete das nach meinem erlernten Wissen. Wichtig war ihm: »Aber Lust hätten Sie?« Ich gab das zu, und er meinte triumphierend: »Und Sie haben auch gedacht, für so einen wären Sie gar nicht erfahren genug!« – »Das habe ich nicht gesagt.« – »Aber gemeint.« Ich mußte lachen, damit waren wir entspannt. Er brauchte Anerkennung, Bestätigung, daß er etwas bei mir ausgelöst hatte, daß ich ihn mochte. Dann fand er sich aus der Verpflichtung, den Supersicheren zu spielen, entlassen. Die Stimmung wurde schön.

Er konnte später weinen, extreme Ängste, Aggressionen, Schwächen zeigen; die Stunden begannen meist mit Geflirte, bis er sicher war, daß ich ihn noch mochte; dann konnte er sich an gruseliges Elend herantrauen. Er hatte mindestens im Krieg und der Nachkriegszeit viel mitgemacht, biographisch Pech gehabt, litt extrem sensibel mit wesentlich weniger seelischer Hornhaut und Schutz als andere an realen Brutalitäten. Aktuelle Politiker fand er verlogen, das Leben einen kalten Machtkampf, in dem die Stärkeren die Schwächeren traten, Zuneigung sehr selten. Er merkte, daß ich das Leben freundlicher fand, winkte quasi ab, weil ich noch nicht so den Durchblick habe.

Nach einer Therapiestunde blieb ich gereizt, unzufrieden mit mir; mir fiel später ein, daß ich – viel zu forsch – über Onanieren geredet hatte; eine falsche Sicherheit, einen natürlichen Umgang damit vorgegeben hatte, die ich gar nicht hatte und die auch in dieser Situation überhaupt nicht angebracht gewesen waren. Ich hatte unsicher, unecht und daneben reagiert; fand mich nicht gut. Die folgende Stunde begann mit gespanntem Schweigen. Die Stimmung wurde mir sehr unangenehm. Schließlich nahm ich meinen Mut zusammen und probierte. Ich hätte mich nach der letzten Stunde nicht wohl gefühlt; ich sei unehrlich gewesen, habe eine Sicherheit vorgetäuscht, ich könnte mir vorstellen, daß er das gemerkt habe. Er sah mich nur weich und kurz von unten an; das Thema war geklärt; die Stimmung

wurde wieder richtig. Eine kleine Liebe blieb im Raum.

Verschlossen und verärgert wurde er, wenn ich nicht ganz ehrlich gewesen war; gemessen mit seinen feinen Antennen. Wenn ich etwas am Rande meiner inneren Wahrheit operiert hatte; manchmal merkte ich überhaupt erst an seiner plötzlichen Zugeknöpftheit, daß ich nicht echt gewesen war, z. B. Konventionelles, nicht ganz zu mir Gehöriges von mir gegeben hatte. Er hatte mehr Ansprüche an Wahrhaftigkeit. Nichtverstehen, Nichtnachvollziehenkönnen, zögerndes Verstehen nahm er nicht übel, dafür hatte er Toleranz. Gereizt und verärgert wurde er bei Unechtem, Lügen.

Seine Stimmung dann konnte ich so direkt nicht als Übertragung werten; ich hatte ihm ja direkt Anlaß gegeben. Ich konnte höchstens ableiten, daß er empfindlich war und früher da wohl schlechte Erfahrungen gemacht hatte.

Ich merkte genau die Versuchung, wenn er mir zu anstrengend wurde, (wenn er mißtrauisch mich beobachtete, wenn ich – ertappt bei einer Unechtheit – ärgerlich wurde), ihm dann dies allein als »Übertragung« zu deuten. Seine leicht ausbrechende Wut hätte ich manchmal gerne als »Mutterübertragung« abgetan; hätte wohl auch zum großen Teil recht gehabt. Nur hatte ich ihm jetzt auch Anlaß gegeben. Und wenn ich den nicht zugab, konnte er ja seinen biographischen Anteil, der ihn so empfindlich machte, auch nicht sehen.

Meine Reaktion war mir ein Erfolgserlebnis; ich brachte sie aufgeregt in meine Analyse; als Beispiel dafür, wie wir – mein Analytiker und ich – miteinander analytisch umgehen müßten. Ich fand ja vieles zu unecht, nicht offen genug, zu formal gehandhabt zwischen uns. Ob er nicht so, genauso mit mir umgehen könne? Er war beeindruckt; machte mir das Kompliment, daß er wohl in der Situation nicht den Mut gehabt hätte, sich so zu äußern. Es wurde wieder sehr schön in der Stunde; ich bekam Anschluß an die erste Analysezeit bei ihm; mit allen Träumen. Er staunte, fand mich gut und gab das auch zu. Ich glaubte wieder, daß doch noch etwas Gutes aus dieser Analyse würde; der Dauerkampf hatte jetzt wohl ein Ende.

Ein Patient hatte die Stunde beendet mit intensiven sexuellen Phantasien und Angeboten. Am nächsten Tag hatte ich etwas Unangenehmes erlebt, war niedergeschlagen, mochte die Stunde aber nicht absagen. Er kam in mein Zimmer, wurde nach einer Weile gespannt, aufgeregt und ängstlich, fast verzweifelt. Auf einmal bekam ich die Idee, daß er meine beherrschte Blässe ja auch auf sich beziehen könnte; als Folge seiner Zudringlichkeit. Ich versuchte

Klarheit: ich sei traurig, dies habe aber nichts mit ihm zu tun; es handele sich um etwas von außerhalb.

Das erleichterte offensichtlich; er hatte seine Felle davonschwimmen sehen, Angst und Schuldgefühle bekommen. Die Stimmung entspannte sich; er erfaßte dann schnell atmosphärisch meinen Zustand: »Ach, gehen sie nicht freundlich mit Ihnen um?« in einem sehr lieben Ton, weich, besorgt.

Ich war so mitgenommen, daß ich daraufhin weinte; meine Tränen liefen, ließen sich auch nicht mehr verstecken. Mein therapeutisches Gewissen machte mir die Situation schwierig, ich versuchte, mich zu fassen, entschuldigte mich, wollte die Stunde beenden. Sehr aufmerksam blieb er auf seinem Stuhl, sah mich ernst an: »Aber ... wenn Sie sich nicht trauen, bei mir zu weinen, wie soll ich es denn dann bei Ihnen?« Das kam so lieb und überzeugend, daß ich wieder weinte, in meine Hände versteckt, mit etwas weniger schlechtem Gewissen. Er ließ mir Zeit; ihn schien das nicht zu befremden; ohne Ausnutzen, ohne Verachtung, ohne falsche Fürsorge wartete er ab, bis ich ausgeweint und mich beruhigt hatte. Damit hatte ich für ihn nicht verloren; ich war menschlich. Er erwartete nicht, daß ich mich nie am Boden zerstört fühlte. Jetzt war zusätzliches Vertrauen da.

Ein junger Mann geriet durch einen Telefonanruf seines Vaters in die Stunde hinein in einen hochaggressiven Zustand, bedrohte mich, konnte seine Affekte nicht mehr kontrollieren, vielleicht mich auch nicht mehr vom Telefon-Vater unterscheiden. Ich schwitzte vor Angst, entschloß mich schließlich, ihn rigoros zu unterbrechen, redete auf ihn ein, bis er zuhörte; gab meine aktuelle Angst, meine Unterlegenheit zu. Den Telefonanruf hatte er als abgekartetes Spiel aufgefaßt und ihn gemäß seinen Vorerfahrungen interpretiert. Die Wut hatte er dann nicht mehr im Griff gehabt. Nachdem ich ihm glaubhaft gemacht hatte, daß ich »wirklich Angst« hatte, von dem Telefonanruf auch vorher nicht gewußt hatte, wurde er ruhiger. Eine, wenn auch noch so geringe Lüge von mir hätte er registriert und nicht toleriert.

Wichtig wurden einige Stunden Konzentrative Bewegungstherapie: Die Sensibilität, die Spannung, Wärme, Erotik, die einfach nur bei einer simplen Übung – Hände des anderen Ertasten, oder Auflegen – sich einstellten, wunderten mich, überzeugten mich. Wenn ich solche intensiven Gefühle in mir hatte, so leicht abrufbar – dann konnte ich

nicht so fundamental krank sein; dann hatte ich vielleicht gar nicht die Defekte, an denen ich herumgekaut hatte. Meine heißen Hände erinnerten an ein Körpergefühl, das ich schon einmal gehabt hatte. Das vergessen war. Auch im Vergleich zu den anderen reagierte ich mindestens durchschnittlich stark. Bei einer Übung sollten wir im Liegen blind das eigene Gesicht ertasten und die Gefühle dabei beobachten. Eine Frau erschrak, hatte ein spitziges Katzengesicht gespürt, eine wurde traurig, fand sich häßlich; ich fand die Stirnhöcker meiner Großmutter und mich mit meinem Aussehen zufriedener, als ich es gedacht hatte. So furchtbar krank und neurotisch, verglichen mit den anderen, konnte ich nicht sein.

Von einem Kohut-Seminar trafen mich einige Gedanken:

1. Es gebe Erlebnisse, Situationen, die so traumatisch für einen Menschen gewesen seien, daß er sie gefühlsmäßig quasi ausgeschieden hat, wie ein Einzeller Abfall. Zu diesen Bezirken bestehe dann kein emotionaler Kontakt mehr, es sei eine biologisch gesunde Funktion, diese Bezirke emotional auszuscheiden, wie eine abgeschlossene Blase. Solches müsse man dann ruhen lassen; emotionaler Zusammenhang sei auch nicht mehr zu reaktivieren. Daran rühren, hieße, das Individuum schwächen, schädigen, da, wo es sich mühsam, aber effektiv selbst geholfen, selbst geheilt habe. Er warnte, solche Bezirke wieder zu beleben zu versuchen.

2. Er unterschied Agieren in Positives, die Analyse Weiterbringendes und eines, das der Abwehr dient. Das aktive, bei dem der Analysand selber weiterdenkt, weiterhandelt, im Sinne der Analyse, dürfte man auf keinen Fall behindern. Das war mir neu; das hatte es in meiner Analyse nicht gegeben.

Beides leuchtete mir sehr ein; ich bezog es auf meine Kriegssituation; Bomben, Luftschutzkeller, Angst um das Überleben, um alles, Explosionen, Feuer, in die Luft gehen usw. Auf die Ängste, die ich in dem Lab wiedererlebt hatte. Nach denen ich den Schluß gezogen hatte, diese Bereiche ruhen zu lassen. Mich nicht zu schwächen durch Aufpulen und Reaktivieren der gruseligen Ereignisse. Zu meinem Entschluß Nicht-mehr-daran-Rühren, war ich alleine gekommen; es tat gut, daß so etwas anerkannt, richtig war; daß ich im Rahmen der Norm, in die Theorie einzuordnen war.

3. Das Allerwichtigste sei, den Pat. »erst einmal ernst« zu nehmen; was er auch sage. Vor allem anderen und ganz besonders vor jeder

Deutung. Genau über den Mangel daran hatte ich mich ja penetrant beschwert.

4. Im Zusammenhang damit berichtete er über einen Analysanden, der darauf bestanden hatte, die ganze Analyse zunächst nicht zu bezahlen. Ihm das zuzugestehen, sei wahrscheinlich das Allerwichtigste gewesen, heilender als viele Deutungen später. Der Patient habe dadurch die Sicherheit erhalten, etwas für sich behalten zu können; daß er nicht müsse, wenn er nicht wolle; daß er als Person wertvoll, eine Analyse wert sei; daß er nicht wertlos, nicht vernichtet, nicht völlig fallen gelassen werde, wenn er nicht zahle. Jedenfalls ließ sich mit Nichtbezahlen offenbar auch anders umgehen, als es mein Analytiker getan hatte. Dieser Ton hier schien so gutartig, wohlwollend, abwartend. Offenbar war ich innerlich auf dem richtigen Weg gewesen, wenn so ein Bekannter, Berühmter, Anerkannter ähnlich dachte. Jedenfalls fand ich das Seminar begeisternd; und heilend.

Auf einem Kongreß sah ich, wie ein Analytiker, den ich mochte, lediglich für seine Offenheit, Klugheit, dafür, daß er Lästiges, Verdrängtes aussprach, in der Diskussion quasi seelisch blutig gehauen wurde. Seine Voten wurden vergessen, nach Erinnerung dann als neurotisches Agieren mit Hinweis auf seine persönliche, aktuelle Problematik disqualifiziert usw. Ich war getroffen von der Vehemenz, der Brutalität, mit der er bekämpft wurde; völlig unsachlich. Es erinnerte mich an meine Klinikskämpfe. Offenbar war sein Bekämpftwerden, die Intensität des emotionalen Widerstands auch ein Hinweis auf die Richtigkeit, die Widerstände, Verdrängungen, an denen er gerüttelt hatte. Er machte mir Mut; hatte nicht aufgegeben; sich nicht verunsichern lassen. Er hatte das Klarste und Begeisterndste vom ganzen Kongreß gesagt; das Bekämpftwerden hatte ihn auch mitgenommen. Die anderen waren innerlich noch nicht so weit gewesen; hatten noch nicht so weit und so unbequem gedacht. Er war ein »Konflikthafter« in dieser Gruppe gewesen. Es war nicht seine Neurose, sondern die Abwehr der anderen, die ihn zum zu bekämpfenden Außenseiter in dieser Situation gestempelt hatte. Er hatte seine Meinung nicht aufgegeben; vielleicht einige weitergebracht; ich wollte mich auch nicht aufgeben und solche Stärke wie er aus dem Kämpfen ziehen.

Schließlich lernte ich jemanden kennen, der sehr viel Weiches, Mütterliches, Fürsorgliches, Gutartiges wieder in mir weckte. Den ich sehr mochte, einfach so, und eindeutig. Meine Gefühle für ihn

überraschten und überzeugten mich. Daran hätte jetzt so schnell keine Deutung rütteln können; ich bewies es mir selber. Ihm war ich dankbar, daß er es mir ermöglichte, nicht nur zu hassen, zu kritisieren, mich zu beklagen, nicht nur Vorbehalte zu haben. Ich fühlte mich menschlich plötzlich reich und üppig. Ich tat gut, sein »so verrückt finde ich Dich nicht«, nachdem ich meine beschämende Analysegeschichte erzählt hatte, auch.

Ich wunderte mich über meine Eindeutigkeit; diesem und Patienten gegenüber; da konnte ich keine larvierte Bosheit feststellen; kein kühles Abwehrgebilde skelettieren. Ich staunte, daß so eine wie ich solche Empfindungen haben konnte. Und daß ich bekömmlich war.

Auf einmal sprach man mich an, »wo mein Mann arbeite«; sonst hatte man allenfalls gefragt, *ob* ich verheiratet sei. Immerhin schien so etwas bei mir vorstellbar; nicht völlig außerhalb meiner psychischen Möglichkeiten.

Ich bekam Wutanfälle auf meine Analytikerin: Wieso sollte ich so sinnlich verkrüppelt sein? Wie war sie überhaupt auf eine solche Deutung gekommen? Sie hatte den speziellen Bekannten doch nie gesehen gehabt, nicht seine Neutralität, seinen Mangel an Pep. Und eindeutig war *ich* die Defekte für sie gewesen. Und an so etwas hatte ich gelitten. Was stimmte überhaupt an der Wasserleichendeutung? Es konnte doch auch anders sein; war doch früher anders gewesen – nicht nur gekonnter überspielt. Wenn ich jemanden körperlich nicht richtig mochte, sollte ich darauf hören; dann lag auch sonst etwas im Argen; oder ich mußte erst kleine Kräche klären, ein schönes Klima wiederherstellen. Wie konnte sie mir denn so etwas Generalisiertes, mindestens Generalisierbares, so dezidiert sagen? Ganz gewiß hatte ich mich früher zuviel gezwungen; hatte zuwenig getraut, mich zu wehren; viele waren zu schnell auf mich losgegangen; nach Tanzstundenjünglingen hatte ich mich ja manchmal gesehnt, zumindest nach deren langsamer Behutsamkeit. So kaputt war ich doch gar nicht gewesen. Wieso hatte ich das überhaupt alles so vergessen, so verdüstert? Wieso litt ich denn an *solchen* Deutungen? Was stimmte überhaupt von dem, was sie mir vermittelt hatte? Wofür hatte ich mich denn so pathologisch gefühlt, so krank, anders als alle? Auch an den Psychopharmaka hatte ich ja lange herumgekaut; das war noch immer eine wunde Stelle, wenn mich jemand danach fragte. Da hatte sie mich *nicht* angenommen, mich gestoppt. In mir die Angst verfestigt, vielleicht doch irgendwie verrückt zu sein. Am Rande der Psy-

chose; jedenfalls ganz anders als andere.

Ich fauchte, giftete: Alte Krähe; saure Gurke; an einsäuernder Wirkung von keiner führenden Essigmarke übertroffen, usf. Ich wollte ihr einen Riesenbrief schreiben, alles klarstellen, sie beschimpfen, wüten, auf ihre Irrtümer aufmerksam machen, sie zur Rechenschaft ziehen. Dachte dann an ihre distanzierte Kühle, mit der sie mich verunsichern würde, an der ich abprallen würde; oder an ihre Traurigkeit, wenn ich nicht freundlich an sie dächte. Es war ja so viel Zeit vergangen; und für sie vor allem viel Leben vorbei. Dann fand ich mich verantwortungslos, wenn ich so auf sie einwüten würde; sie war ja alleiner, einsamer, als ich es früher phantasiert hatte; wußte ich inzwischen. Ihr Dementi würde mir ja nicht einmal etwas nützen. Die Deutungen saßen ja in *mir*; ich hatte sie aus mir herauszuschaffen; ich hatte sie ja wahrscheinlich auch übernommen, sie zum Teil wahr werden lassen. Vermutlich würde sie sich nicht einmal erinnern; oder wenn, vielleicht in anderem Kontext. So habe sie sich nicht ausgedrückt, es nicht so gemeint; wie ich sie denn so habe auslegen, verstehen können? Das wäre *noch* schlimmer; dann wäre ich *noch* einmal schuld. Ich hatte sie so gehört.

Neun Tage war ich in ihrer Stadt; vermieste mir die Zeit mit Wut, Resignation, Unentschlossenheit, ob ich sie nun treffen solle oder nicht. Schließlich übernahm ich die Einstellung eines, der sie kannte und mich verwundert fragte, was ich mir denn davon verspreche. Es war jetzt meine Sache.

Als ich von einem Freund erzählte, den ich getroffen hatte, kam eine Pause, Schlucken, dann staunende Nachfrage. Ich fühlte mich wohl, lachte, warum er schlucke, ob er Lust habe? Ob er es sich schön vorstellen könne mit mir? Damit hatte ich aber meine Grenzen überschritten. Westwall. Meine Assoziation war nicht richtig; er habe nicht geschluckt. Ich hatte es aber gehört; besonders seine Pause, seine Verblüffung registriert; seine Ungläubigkeit; seine Mühe, die neue Beziehung zu realisieren. Ich bestand jetzt auf seinem Schlukken; ich hatte es gehört. Warum er nicht zugebe, daß ihn meine Schilderung angeregt hätte? Ich traute mir schon zu, so etwas anstekkend zu erzählen. Andere fänden mich doch auch reizvoll? Wieso er eigentlich nicht? Dann solle er auch nicht schlucken. Ich bestand zuerst spielerisch darauf; dann kam mir die ganze Analysespannung um die DM 600,– wieder in den Sinn; ich wurde wütend, und penetrant. Er rigider, kühler, distanzierter.

Wieso überhaupt ein solcher Zirkus aus Sexuellem während Analysen gemacht werde? Es gebe doch auch Berichte und auch spätere Ehepaare (aus Analytiker/Analysandin), die miteinander geschlafen hätten. Die seien doch auch nicht an Vaterübertragung gestorben. Und schließlich könne man ja in einer Analyse machen, was man wolle, solange man es nur reflektierte. (Dies war unter der Hand anerkannt; eine Art Glaubenssatz). Ob er denn wirklich im Grunde an dies Verbot glaube? (des Miteinanderschlafens). Er schwieg.

In der nächsten Stunde brachte er, von sich aus, daß er *doch* davon überzeugt sei; aus den bekannten Gründen. Ich war enttäuscht; eine artige Antwort; mit Verzögerung. Die Stimmung wurde wieder eisig. Ich ärgerte mich; fühlte mich wieder abgelehnt. Auf einem neutraleren Thema, den Kliniksspannungen, konnten wir dann besser, wenn auch nicht wärmer, kommunizieren.

Dort war ich in extreme Auseinandersetzungen geraten: Durch äußere Faktoren hatte sich ein Machtvakuum – gebildet, in das hinein bürokratische – wie es schien antitherapeutische – Strukturen überhandzunehmen drohten. Den Sensibelsten, Kränksten (Psychosenahen) Patienten ging es schlecht; sie spürten die Konflikte. Auf einigen Großgruppenveranstaltungen vertrat ich die Anliegen von Patienten, die sich beklagten, Ärzte hörten nicht ausreichend zu; es bestehe ein Informationsdefizit zwischen Patienten und Ärzten; eine solche Stimmung lasse resignieren. Ich fand es wichtig, diese Beschwerden ernstzunehmen; einige, zunächst sehr gehemmte, wurden mutig, konnten sich in den Diskussionen ausdrücken; ich achtete darauf, daß sie nicht unnötig eingeschüchtert wurden von der Bürokratie; daß sie sich äußern konnten. Jedenfalls setzten sie ihre aktuellen Bedürfnisse soweit gegen einen verunsichernden und lähmenden Verwaltungsapparat durch, daß sie ein Fest selber planten und auch mit Erfolg durchführten. Danach, und im Zusammenhang mit dem Ernstnehmen anderer Patientenbeschwerden, geriet ich in Schwierigkeiten; hatte aber zunächst noch Unterstützung von mehreren. Als die Auseinandersetzungen mit der Bürokratie größer wurden, damit auch die Existenzängste, standen nur sehr wenige noch zu mir. (So stellte ich es mir im Dritten Reich vor.) Dafür hatte ich dann ein solidarisches, warmes Echo von Patienten und Leuten der unteren Hierarchien. Da konnte ich mich fühlen wie ein Fisch im Wasser; mit manchen reichte ein Blick, und ich war gestärkt. Von einigen Kollegen wurde ich u. a. mit affektiv gegebenen Deutungen und diffusen Kündigungsdrohungen gezielt verunsichert. Über eine Unterschrif-

tenliste gegen meine Kündigung, die Patienten sehr früh in Gang gesetzt hatten, als ich mich noch nicht gefährdet fühlte, hatte ich mich gewundert; sie unnötig gefunden. Später merkte ich, daß sie die Stimmung mir gegenüber sensibel und völlig richtig wahrgenommen hatten. »Solche wie Sie bleiben nicht lange; das ist doch überall so; die werden gekündigt«, teilte mir ein Gewerkschaftler mit. Jedenfalls gab es in meinem realen Leben Spannungen, die mich belasteten.

Eine erwachsene nichtanalysierte Kollegin teilte mir mit, die (mich beunruhigende) Stimmung sei genau die, die ihr als erster Frau im Stadtrat entgegengekommen sei; es habe ihr damals fast den Atem verschlagen; später habe sie gehört, daß die Männer sich am Abend vorher Mut angetrunken hatten. Was denn überhaupt mit mir los sei: so eine Frau, und kein Mann im Hintergrund! Ich kam mit meinem Analysandenstatus; sie konnte sich aber die analytische Situation nicht einmal als sinnvoll vorstellen: wie es denn zugehen solle, daß zwei erwachsene Menschen, die eine auf dem Bett vor dem anderen, nicht in sexuelle Spannungen kommen sollten? Ob man so überhaupt etwas besprechen könne, einigermaßen natürlich? Ich konnte sie nicht überzeugen; fühlte mich aber auch nicht wohl bei ihrer Kritik und ging auf Abstand.

Mein Analytiker war beunruhigt. Ich war konflikthaft; in meiner Nähe traten Spannungen auf; ich galt als verantwortlich, auslösend. Die Stimmung mit ihm und die Schwierigkeiten bei der Arbeit konnte ich jetzt kaum aushalten. Die Arbeit an sich, manche Patienten strengten ja auch an. Ich brauchte doch meine Kräfte für meine eigentliche Aufgabe, nicht für zusätzliche Reibungen. Nach den Stunden blieb ich gereizt und wütend; mein Husten kam wieder, manchmal das unheimliche Gefühl hinter dem Brustbein.

In meiner Angestrengtheit kam meine ganze verbitterte Verzweiflung wieder; in eine kühle Westwallstimmung beschwerte ich mich dezidiert, wieso eigentlich ein so schrecklicher Analyseverlauf ihn kalt ließe. Wieso es ihn nicht einmal bedrücke, zu sehen, wie es mir während seiner Analyse immer schlechter gehe? So sei es eigentlich überhaupt nicht mehr auszuhalten. Wieso er sich nicht einmal Sorgen mache? Speziell seine gleichgültige Kühle fände ich fürchterlich. Ich war wütend, verzweifelt, drängte auf Antwort.

Schließlich kam sie aus der Tiefe: »Wissen Sie – wenn ich Ihnen sagen würde, *wie* ich darunter gelitten habe, wie mich diese Analyse mitgenommen hat – das kann ich Ihnen nicht sagen; dann würden Sie vor Schuldgefühlen gar nicht mehr zu sich kommen.« Seine Sätze

stimmten; mit Wucht, spontan. Ich blieb still, die Stunde ging zu Ende. Zu Hause reagierte ich dann.

Ich fragte nach in der nächsten Stunde: »Was« ich ihm denn getan habe? *Was* mir solche Schuldgefühle machen müsse? Dies müsse er doch jetzt sagen. Er wollte sich nicht äußern, wirkte eher peinlich berührt. Ich blieb penetrant; schließlich müsse ich doch immense Schuldgefühle bekommen, wenn ich nur phantasieren könne? Er blieb wortkarg. Welche Schuldgefühle ich denn jetzt in mir entwikkeln müsse, wenn er nur andeute und dann schweige? Ängste seien doch immer gewaltiger als die Realität. Mir fielen als Schlimmstes ein: Unfall oder Suicidversuch. Auf mein Herumgerate teilte er schließlich mit, einen Auffahrunfall gehabt zu haben; einen leichten, konnte ich ihm als weitere Information entziehen. Darüber müsse ich mir aber doch keine Schuldgefühle machen; zumindest keine solch gewaltigen, traumatisierenden, wie er sie angedeutet hatte. Ich drängte. Ihm schien alles unangenehm. Ja, seine Familienstruktur habe sich verändert durch mich; seine Frau habe sich geärgert über die Belastung, die ich verursache. Wieso? Na ja, sie hätte schon gerne gehabt, wenn diese Analyse bald beendet würde; ich mache ihn ja noch ganz kaputt. Ich verstand nicht schnell; ich mußte doch keine Schuldgefühle haben über Eifersucht von Analytikerehefrauen. Das war doch nicht mein Problem. Auf mein weiteres Nachfragen schließlich definitiv: Man zweifle dann schon an seiner Liebesfähigkeit insgesamt.

Ich wurde still. »Sie kastriert mit lachender Hand« hatte ich schon früher gehört, von fertigen Analytikern. Also bezog sich alles auf meine Kastrationstendenz; auf meine zerstörerische Grundstruktur, die seine Liebesfähigkeit kaputt machte, die ihn an sich zweifeln ließ. Mein hassendes, liebloses, liebesunfähiges, alles in Unruhe bringendes Inneres. Mein Charakter, ich als Ganze, mit meinem Wesen hatte ihn so leiden lassen, ihn so mitgenommen. So geschädigt, an den Rand gebracht, daß sogar seine Frau sich Sorgen um ihn machte. Als Person, als Mensch, als Frau, als Analysandin, als intellektuelle Partnerin war ich zerstörerisch, unbekömmlich, schwer erträglich, eine Zumutung.

Mein innerer Kern hatte so auf ihn gewirkt.

Zunächst konnte ich noch wütend reagieren. Wieso hatte er all das nicht früher gesagt? Wieso hatte er an mir gelitten? Wieso hatte er nicht etwas verändert, es wenigstens geäußert, verbalisiert? So hatte ich doch die Stimmung durch die Poren mitbekommen. Also hatte

ich recht gehabt mit meinem immer wieder auftauchenden Gefühl, er lehne mich ab, möge mich nicht, könne mich nicht ausstehen. Also hatte ich real empfunden, und die Westwallstimmung symbolisierte nur einen ausgeprägten Zustand seines an mir Leidens, seiner Reaktion auf mich. War das nicht alles extrem unehrlich? Wieso sollte ich denn offen sein, verbalisieren, wenn er solch fundamentale Zustände bei sich beherrschte, nicht zugab? Nicht der Bearbeitung oder wenigstens Wahrnehmung zur Verfügung stellte???? Das Wahrscheinlichste war doch, daß ich sein Leiden, seine Antipathie die ganzen Jahre über gespürt hatte, doch mitbekommen hatte. Ob er das nicht auch so sehe? Was für ein Selbstbild ich denn von mir entwickeln müsse, wenn nicht mich mit dem, was er von mir hatte, zu identifizieren? Und wie sollte ich denn je seelisch auf einen grünen Zweig kommen, mich mögen, mich akzeptieren, lieben, wenn er mich nur mit aller Anstrengung und unter Federlassen ertragen konnte???? War das denn nicht extrem verlogen, schädlich, traumatisierend? Ob er denn im Ernst glauben könnte, daß ich seine Empfindung mir gegenüber nicht irgendwie gespürt hatte – vielleicht nicht verbalisierbar aber doch in der Tiefe?

Ich war einfach empört über seine mangelnde Offenheit. Fand sie indiskutabel. Damit traf ich bei ihm auf ein offenes Ohr. Ich bestand auf mehr Ehrlichkeit auch seinerseits; brachte noch einmal alle Beispiele von Patienten, die mich so beeindruckt hatten. Was wäre z. B. rein hypothetisch gewesen, wenn er wirklich anhand meiner Beischlaferzählung mit dem neuen Bekannten Lust bekommen hätte? Warum denn seine Bremsen, seine minimale Offenheit? Schließlich einigten wir uns darauf, uns in Zukunft anders zu verhalten. Eine offenere Form der Analyse zu praktizieren. Vor seinem Urlaub meinte er, jetzt sei er zum ersten Mal traurig über die Unterbrechung und gespannt auf den weiteren Verlauf.

In der folgenden Analysepause tauchte ich seelisch erst noch einmal in den Sumpf meiner hassenden, zerstörenden, lieblosen Bosheit, die mir nun wieder vorgeführt war. Ich konnte solche Empfindungen kaum noch aushalten. Nicht nur war ich so, ich machte auch noch andere kaputt; wohl kaum je zu behandeln. Solche Stimmungen ließen mich liebevolle Kleinigkeiten aus der Umwelt überstehen. Die Zeit war kritisch. Dann fand ich wieder den ganzen Verlauf eine Ungeheuerlichkeit. Was war denn das für eine Analyse, in der ich sinnlich miterleben mußte, mir demonstriert wurde, was für ein unerträgliches, nicht liebenswertes, zerstörerisches Wesen ich war? Wo

ich ertragen wurde, mühsam mit letzter Kraft, wie eine kirchliche Fron? Und wo mir auch noch explizit mitgeteilt wurde, *wie* jemand unter mir gelitten hatte, unter meiner bloßen Gegenwart? Wenn ich dies alles ernst nähme, wie sollte das Leben weitergehen?

Alles kam ins Schwimmen: eine wie gewaltige, wie zerstörerische omnipotente Person war ich, wenn ich so etwas konnte? Einen Lehranalytiker so leiden lassen; so, daß es ihm nicht einmal möglich war, mir das Ausmaß seines Leidens, meiner Zerstörungswut mitzuteilen?

Was für eine war ich denn? Ich verstand nichts mehr. Wieso war es nicht möglich, mit mir umzugehen, wie mit anderen auch? Warum nicht zu gegebener Zeit eine Deutung oder einfach Mitteilung und ich wäre vielleicht nicht so zerstörerisch für ihn weiterhin gewesen? Oder war ich so im Grunde – so böse – so unanalysabel, – so maligne? Warum diese Vorwürfe, so spät? Warum dann nicht früher eine Beendigung? Konnte ich etwas bei ihm wieder gutmachen? Mußte ich es? War es überhaupt möglich? Was hatte ich in meiner basalen Bosheit angerichtet, zerstört, kaputt gemacht? Mit welchen Teilen von mir? Ohne es wirklich zu bemerken, ohne überhaupt eine Wahrnehmung dafür zu haben? Was passierte überhaupt um mich herum, wenn ich solche einschneidenden, gewaltigen, zerstörenden Wirkungen gar nicht wahrnahm oder nur vermutete? Wenn nicht einmal mein Analytiker sich traute, mir meine Schlechtigkeit zu zeigen, zu offenbaren? War ich so zerbrechlich, daß er es sich nicht getraut hatte – oder so zerstörerisch, daß es ein zu harter Schlag gewesen wäre, mir dies mitzuteilen, bewußt zu machen? Was war mir denn sonst noch verschwiegen worden, über mich? Wenn ich nicht einmal in meiner Analyse eine wirkliche Offenheit bekommen hatte, wenn nicht einmal mein Analytiker mir zugetraut hatte, diese Offenheit zu verkraften – wie war das denn dann im Normalleben? Fanden mich vielleicht viele gräßlich, fürchterlich, und trauten sich bloß nicht, mir das zu zeigen? Logen sie um mich herum? War die Zuneigung, die Wärme, an der ich mich zur Zeit festhielt, auch gar nicht echt, gespielt? Was stimmte überhaupt noch? War ich insgesamt so gefährdet, so wackelig, so wenig toleranzfähig den Realitäten gegenüber, d. h. speziell meinen psychischen Realitäten gegenüber?

Ich hatte mehr Freizeit ohne die Analyse, täglich drei Stunden. Auch innerlich Raum für andere Kontakte. Eine junge reife Frau gab mir Sicherheit, auch ältere, die einfach meine ganze Verkorkstheit nicht glaubten, mich normal behandelten. Weiche, erwachsene Kontakte, oft nur mit den Augen mit manchen Patienten. Viele verstan-

den mein wehes Angeschlagensein; es störte nicht. Mini-Liebesge-
schichten gaben Kraft. Die Anstrengung in der Klinik schien nicht
sinnlos, ich fühlte mich trotzdem stark. In meinem Notizbuch trug ich
Fotos von Freunden und Brüdern mit mir herum; sie gaben Kraft.
Ein väterliches schnelles Auto hatte ich mir bestellt; ein Traumauto,
in einer Farbe, die ihm stehen würde und auch jemand anderem. Ich
konnte mich hinein zurückziehen, in meine schöne Welt eintauchen.

Beim Aufräumen fand ich mit alten Sachen etwas wieder: An
meinem Tanzstundenkleid, dem ersten Bikini, einer beigen Popelinhose aus der Oberprima, einem Faschingshut, einem großen roten
Pullover aus dem ersten Semester hingen Wohlbefinden, Was-kostet-
die-Welt-Gefühl, eine Sicherheit, die ich vergessen hatte. Mich irritierte, wie ich mich verändert hatte; und daß ich mich spontan gar
nicht an so angenehme Zustände erinnern konnte. Sie kamen jetzt
langsam wieder beim Anprobieren. Mit dem viktorianischen Hut mit
Bändern war ich mir vor der Pubertät auf einem Fest wie eine erwachsene Verführerische vorgekommen; braun im Bikini hatte ich
mir gefallen; und in der glänzenden Popelinhose mit lockerem Pullover im Semester war ich für mich eine fast ganz Richtige gewesen.

Seitdem hatte ich gelitten.

Daß ich nicht verheiratet war, hatte fraglos als Folge meiner insuf-
fizienten, instabilen Objektbeziehungen gegolten. Verheiratete hatte
ich beneidet, mich unterlegen, unerfahren, retardiert gefühlt. In
Frauengruppen merkte ich zum ersten Mal, daß auch Verheiratete
gar nicht notwendigerweise mehr Liebevolles zu erinnern hatten als
ich; daß meine Erlebnisse im Vergleich gar nicht so kümmerlich
wirkten; daß ich über manches sehr zufrieden sein konnte. Vielleicht
nicht gemessen an meinen Sehnsüchten, aber daran, wie es anderen
ergangen war. Auch Freundschaften hatte ich in keiner Weise weniger, oder weniger zuverlässig, als andere, vielleicht sogar mehr. Über
die Jahre hatten sich einige als sehr konstant erwiesen. Manche Ehe-
frauen konnten sich an weniger Schönes erinnern als ich; und hatten
weniger Freunde und Freundinnen. Wenn ich davon ausging, daß von
mir das, was andere in ihre Ehe gesteckt hatten, in verschiedene
Richtungen geflossen war, fiel ich gar nicht so unglücklich aus dem
Rahmen. Ich bekam fast ein schlechtes Gewissen über meine Unzufriedenheit. Daß ich gemessen an meinen Plänen zu wenig glücklich
geliebt hatte, schien mein individueller Luxuswunsch, auf den ich
keinerlei juristisches Anrecht hatte, schon gar nicht im Vergleich zu
Frauen aus ähnlichem Milieu.

Meinen spontanen Ideen konnte ich jetzt oft folgen. Ein als Psychotiker diagnostizierter Patient traute sich nicht in das Auto, das ihn nach Hause bringen sollte. Ich hatte ihn vorher schon einmal kurz getroffen; seine Panik jetzt war schwer mit anzusehen. Ich hatte gerade einen bemalten Stein in der Hosentasche und gab ihn ihm. Damit stieg er ein, und die Fahrt ging gut, er kam in relativer Ruhe zu Hause an, wie seine Mutter später mitteilte. Ich war zufrieden; sein Zutrauen hatte mich gestreichelt. Psychotiker unter sich, könnte man sagen; ich hatte den Stein von einem mutigen Freund bekommen und mich eine Weile an ihm festgehalten. Trotzdem war ich für diesen Patienten in dieser Situation richtig gewesen. Ich hätte keinem genützt, wenn ich meinen Impuls durchreflektiert und gebremst hätte.

In einem Buch über Urschrei las ich von »toxic influence« von manchen Personen; daß es dann gar nichts nütze, sich das zu überlegen; man müsse einfach nur konstatieren, daß dies so sei und jeder könne davon nur bestimmtes Maß aushalten. Die Idee war befreiend; nicht jeden aushalten zu müssen, jede unangenehme Beziehung durchdenken zu müssen, einfach mit Berechtigung mich aus dem miesen Einfluß herauszuhalten. Ich lachte über die Idee; aber praktisch und schonend konnte ich sie benutzen.

Ich fand zurück zu einer gewissen Souveränität. Auf einmal schien mir idiotisch, etwas fortzusetzen, unter dem beide Teile litten. Fand es besser, so schnell wie möglich dies zu beenden. Mit Abstand kam mir meine Analyse wie eine verquere Ehe vor. Auch da hatte ich Schwierigkeiten zu verstehen, wenn Leute zusammenblieben, die nur viceversa zu leiden schienen. »Wenn Sie wüßten, wie . . .« war eine klare Aussage.

Warum sollten wir uns weiter quälen? Ich ihn weiter quälen? Auch wenn er sich bereit erklärt hatte, anders, offener mit mir umzugehen. Hatte das Ganze überhaupt noch einen Sinn? Die Supervision seinerzeit hatte nichts wesentlich verändert. Die gesunde – zumindest normale – Reaktion im Leben wäre doch, eine solch quälende Beziehung zu beenden, jetzt, da ich es wirklich wußte und nicht nur meine Phantasien in der Hand hatte. Ein analysierter Freund meinte, die Reaktion meines Analytikers sei so, wie wenn ein Patient mit psychogenem Erbrechen zu ihm käme und er ihm als erstes mitteilen würde: »Wenn ich Sie sehe, wird mir übel.«

Es schien jetzt gut, daß er sich wenigstens so klar geäußert hatte.

Alles in allem war diese Analyse von der Substanz her sinnlos. Dazu verstand ich inzwischen zuviel. Keinem Patienten würde ich so etwas zumuten. Auch keinem Analytiker eine solche Kirchenfron-Analyse. Ich wurde mir sicherer. Wollte aber meine Analyse formal richtig und sinnvoll beenden und meldete mich deshalb bei einem bekannten Analytiker an, besprach den Verlauf und bekam Zustimmung. Insgesamt fand er den Verlauf für mich gut, ich habe in dieser Analyse kämpfen gelernt. Er meinte auch, eine Ernsthaftigkeit von mir sei mehr zum Durchbruch gekommen, die man früher eher hätte ahnen können.

Als mein Analytiker aus seinen Ferien zurückkam, überraschte ich ihn mit der neuen Entwicklung. An sich war er ja nach der letzten Auseinandersetzung vor seinen Ferien auf eine neuere Form der Analyse eingestellt gewesen.

Er war einverstanden, daß ich mich setzte.

Ich hatte mir genau überlegt, was ich sagen wollte: Während der Analysepause habe sich für mich viel verändert. Ich hätte viel Schwung, an der Klinik mache es Spaß, ich könne mich mehr realisieren. Ich hatte mit Großgruppen angefangen, dies sei ein sehr wichtiges Erlebnis. Ich wolle schreiben, hätte auch den Schwung in mir, es dränge aus mir heraus. Ich erzählte von dem bekannten Analytiker, der ja den Analyseverlauf für mich als gut bezeichnet hatte. Außerdem habe ich über Weihnachten viele Bekannte getroffen, die übereinstimmend meinten, jetzt sei ich ja wieder wie früher.

Außerdem habe ich meine Mutter und Brüder noch einmal genau unter die Lupe genommen und sei zu dem Ergebnis gekommen, daß meine Mutter doch eine imponierende Frau sei, zuverlässig, die ihre Kinder jederzeit verteidigt hätte. Sie lebe mit ihrem dritten Mann und sei nicht so krank wie gemeint. Ich meine, daß ich mich doch recht gut mit ihr identifizieren könne, und auch sollte. Daß ich auch glaube, jetzt gut mit ihr auskommen zu können. Auch meine Brüder seien angenehme Menschen, meine Stellung ihnen gegenüber jetzt gestärkt. Ich meine nicht, daß ich noch einmal so untergebuttert werden könne wie früher. Eine kleine graue Maus werde ich wohl nicht mehr. Kurzum schiene mir die ganze Familie nicht so pathologisch.

Alles in allem meine ich auch, daß ich nach klassischen Kriterien gar nicht so krank sei; arbeitsmäßig hätte ich immer funktioniert; die Examen hätte ich schnell gemacht, die kleineren Arbeitsstörungen jetzt mit Arztbriefen glaubte ich zu überwinden. Auch sexuell fände

ich mich nicht so gestört. (Er lächelte: »Macht es Spaß mit X?« Ich antwortete artig »ja«; meine Bremsen seien nicht so schlimm, eigentlich mehr kosmetisch zu behebende Schönheitsfehler.) Am überzeugendsten schien ihm das Argument mit meiner Mutter. Mit ihr habe ich ja früher nicht gut umgehen können, wenn ich das jetzt könne, sei es ja schön. Er hatte mir aufmerksam zugehört, die Stimmung war gut. Ich setzte dann zu dem mir Wichtigen an: Ich wolle etwas schreiben; und immer wenn ich hier gewesen sei, darüber geredet habe, sei der Schwung weg, ich hätte keinen Elan mehr, es aufzuschreiben. Es sei dann einfach weg; danach ging es nicht mehr richtig. »Sie können gerne ein Tonband aufstellen, ich habe nichts dagegen.« (Mein Hauptargument hätte dies entkräftet.) Zusätzlich befände ich mich aber auch am Rande meiner Kräfte; mit der Fahrerei und nur dem Minimum an der Klinik sei ich täglich 11 bis 12 Stunden in Aktion ohne jede Pause und es gehe einfach nicht so weiter. Außerdem laufe das Stipendium jetzt nicht mehr weiter, und sei gezwungen, zusätzlich bezahlte Therapien zu machen; das ginge insgesamt über meine Kräfte. Dafür hatte er Verständnis. Das Fahren sei eine Belastung, unter der sowohl die Arbeit wie die Analyse leiden könne. Ich teilte ihm dann mit, daß ich aus all diesen Gründen diese Analyse beenden möchte; ich sei wirklich entschlossen und fühle mich auch wohl jetzt. Die Stimmung war gut; er stellte noch Fragen, wieso ich so plötzlich zu diesem Entschluß gekommen sei. Ich erklärte es durch die Pause und meine Art, daß eben manchmal alles gewaltig passiere in mir. Er meinte noch, es sei merkwürdig, daß ich es nötig habe, etwas zu verteidigen gegen ihn, daß ich das Gefühl habe, hier ginge etwas kaputt. Er war aber einverstanden und fragte, wann ich aufhören möchte, heute, morgen, nächste Woche oder wann? Ich wurde unsicher; fragte, was er für sinnvoll halte; war erstaunt, daß er so total darauf einging.

Wir besprachen dann, daß er die Analyse als ordnungsgemäß abgeschlossen betrachte und auch auf Anfrage so bezeichne, wenn ich mich verpflichte, bei späteren eigenen Analysen noch einmal ein Stück Analyse zu machen. Entweder bei ihm oder jemand anderem. Er würde es gerne machen, nehme es mir aber nicht übel, wenn ich mir jemand anderen suche. Er selber habe drei Analytiker gehabt, zuletzt einen, auf den er nicht hätte verzichten mögen. Ich war dann dafür, die angefangene Woche regulär zu Ende zu bringen, dann mit der folgenden Woche noch eine Doppelstunde als Abschluß zu machen und nach drei Wochen noch ein Gespräch mit Abstand zu ha-

ben. Dies schien mir in der Situation der Stunde eine gute Lösung.

Ich war überrascht und erfreut, wie widerstandslos er alles angenommen hatte. Meine Rede hatte ich ja gut vorbereitet; ich fand sie diplomatisch; so sollte eine Analyse optimalerweise beendet werden. (Nur verheiratet war ich nicht und auch nicht schwanger.)

Bis zur nächsten Stunde hatte er seine Einstellung geändert. Ich sei »nicht analysabel«. »Bei Ihnen muß man ja Abwehr aufbauen, nicht abbauen.« »Es ist nie ein Arbeitsbündnis zustande gekommen.« »Jemand anders hätte das nie so lange mit ihnen gemacht. Ich habe mein Bündel getragen; es hat mich sehr belastet.« »Sie können oft nicht unterscheiden zwischen dem, was *Sie* fühlen und dem des anderen.« Ich sei »maligne projektiv«. Er war verärgert. In Zukunft werde er Erstinterviews ernster nehmen; länger und ausführlicher gestalten; damals seien einige Fragen offen geblieben, die er besser sofort geklärt hätte. Meine Begründungen schienen vorgeschoben, ich möchte doch einmal ausführen, weshalb ich nun *wirklich* diese Analyse beenden wolle.

Sein Ton erinnerte an die erste Zeit der Analyse. Er brachte mich ab vom Vorsatz, meine Analyse formell und verlogen zu beenden. Ich bekam plötzlich Hoffnung, daß jetzt zum Schluß doch noch alles geklärt werden könnte: »Ich bin es müde, um Sie zu werben.« Das war wirklich meine Quintessenz, deshalb wollte ich nicht mehr; konnte ich nicht mehr. Er wurde still; fast als ob er Tränen in die Augen bekam. Nach einer längeren Pause stieg die Spannung aber wieder, der Kontakt war vorbei. Verwundende Westwallstimmung.

Er deutete dann meine Absicht, meine Analyse zu beenden: Jetzt werde diese Analyse genital, und jetzt bekomme ich Angst. Dies sei ein Teil meiner Problematik; meiner Ängste. Er habe sich jetzt auf diese Analyse mit mir gefreut, ihr mit Spannung entgegengesehen; das habe mich offenbar geängstigt; vor Genitalität habe ich Angst. Für mein Gefühl war diese Ebene mit ihm durchlebt, ausgeschöpft und dann gestorben. So lange konnte ich niemanden in mir warm halten, mit dem es so schwierig war. Ich hatte ja nicht einmal mehr Eifersucht gespürt, als ich real wirklich Grund dazu gehabt hätte. Seine Liaison hatte mich ja eher beruhigt in meinen Zweifeln an ihm total. Mir schien diese Ebene nicht leicht wieder erweckbar, jetzt jedenfalls garantiert nicht. Ich hatte sowieso lieber Verrücktere, Exzentrischere, Wortgewandtere, Ironischere, Witzigere. Ich fühlte mich jetzt aufgehoben in einem Netz von Freunden, Brüdern, Patienten, Freundinnen. Menschen, die mich mochten, verstanden, nicht prinzi-

piell fehlinterpretierten. Ich fühlte mich ja auch geliebt. Seine Deutung schien Routine.

Er beharrte aber auf ihr. Die Spannung konnte ich jetzt besser aushalten. Trotzdem fühlte ich mich verletzt, fein verwundet. Rauh, wund, hinter dem Brustbein, zum Husten reizend, mit eingeschränkter Atmung. Noch eine Weile nach der Stunde. Das kannte ich ja.

Der jetzt für mich zuständige Ausbildungsleiter hatte die Unklarheit in meinen Papieren bemerkt und vorgeschlagen, dies mit mir zu besprechen. Ich hatte mich über sein Interesse und die Tendenz zu Klarheit gefreut; nahm mir vor, ganz genau alles darzulegen. Nachdem ich ihm in einer Stunde nicht alles hatte erzählen können, vereinbarte er mit mir Bezahlung, damit er sich ausreichend Zeit nehmen könne und ich nicht in Druck gerate; dies war mir angenehm, da ich ja viel und Kompliziertes mitzuteilen hatte. Ihm ging es vor allem um die Frage meiner Belastbarkeit, d. h. fraglichen Labilität.

Die erste Stunde fand in seiner Praxis in der Stadt statt, die zweite kurz vor Weihnachten in seinem Arbeitsraum zu Hause.

Am Abend vor der dritten Stunde (nach Neujahr) merkte ich, daß wir den Ort nicht verabredet hatten; zumindest konnte ich mich nicht daran erinnern. Da ich ihn im Wochenende nicht deshalb stören wollte, fand ich es am einfachsten, montags von unterwegs dann zu üblicher Telefonzeit nachzufragen. Der Weg zur Stadtpraxis oder Privatwohnung war die ersten 40 Autominuten der gleiche.

Ich nahm an, daß er wahrscheinlich in seiner Praxis arbeiten werde, vielleicht aber auch zu Hause, wenn die Pause über die Feiertage noch nicht beendet war; manche Analytiker mochten nicht Patienten zu Hause empfangen, aber eine echte Patientin war ich ja nicht. Am Telefon nannte mir dann seine Frau die private Adresse, damit war dies Problem für mich erledigt.

Gleich beim Eintritt sah er mich auffällig an; ich habe ja angerufen. – Ja, wir hatten doch nicht ausgemacht, wo die Stunde heute stattfinden solle. – Das ist aber doch sehr merkwürdig! – Wieso, wir hatten doch wirklich nichts vereinbart, oder habe ich das überhört? Irre ich mich? – Nein, das ist doch sehr merkwürdig. Darauf müssen wir noch zurückkommen. Fällt Ihnen denn gar nichts auf?

Nein, ich weiß wirklich nicht, was Sie meinen, was mir auffallen sollte. – Aber Sie waren doch schon einmal hier, das letzte Mal, fällt Ihnen wirklich nichts auf?

Ich bekam Zweifel, ob ich überhaupt in diesem Raum gewesen war, nicht vielleicht alles verwechselt hatte; die Luft sirrte, wurde

unwirklich; er schwieg.

– Davor war ich aber doch in der Stadt gewesen, und für diesen Termin hatten wir doch nichts vereinbart, oder irre ich mich? Ich habe mir nichts aufgeschrieben vor Weihnachten. –

– Aber fällt Ihnen denn wirklich nichts auf hier? Sehen Sie sich doch einmal um! –

Ich wurde immer unsicherer, es fiel mir in dem Raum nichts auf: Ich weiß wirklich nicht, was Sie jetzt meinen, oder was mir besonders auffallen sollte. –

Dann mit Gewicht: Ja, aber fällt Ihnen denn nicht auf, daß *genau dieselben* Möbel hier wie in dem anderen Zimmer stehen? – Schließlich fand ich eine Lösung: Ach so, sind Sie umgezogen? (Erleichtert lächelnd:) *Ja.*

Ich fühlte mich betrachtet und behandelt wie eine Verrückte und wurde wieder kämpferisch, als meine Unsicherheit nachließ: Wissen Sie, mit etwas weniger analytischer Abstinenz, wenn Sie mir diese Information gegeben hätten, früher, hätten wir uns diese Viertelstunde sparen können. –

Er lächelte mühsam und wir gingen dann zu meinem Thema über.

Ich konnte mir gut vorstellen, daß jemand, dem es schlechter geht, eine solche Situation nicht ohne Angstzustände übersteht.

Zu Hause kamen mir wieder Zweifel: hätte ich die Möbel registriert haben müssen? Daß das Zimmer ähnlich aussah, war mir schon aufgefallen; aber das konnte ja sein Stil sein. Wenn ich mich konzentrierte auf für mich sehr Wichtiges, mußte ich mir doch an sich nicht die Umgebung einprägen; Möbel, die sowieso nicht sonderlich individuell waren: cognacfarbene Lederdaunensessel mit Sitzen, wie sie eben zur Ausstattung von gehobenen Büros gehörten; in der Lufthansafiliale standen solche in schwarz. Und daß er umgezogen war, hatte ich nicht gehört, da ich 75 km entfernt wohnte.

Ich hatte aber doch auch Gewinn aus den Gesprächen: Für mich klärend fragte er – verwundert über die schnelle Verordnung von Psychopharmaka seinerzeit –, ob ich möglicherweise bei meiner Analytikerin Ängste mobilisiert habe. Diese Idee tat mir gut, in sachlichem, interessiertem Ton vorgebracht.

Allerdings schien er auch irritiert – soweit ich ihm das überhaupt anmerken konnte – durch meinen Entschluß, diese Analyse zu beenden; er hatte sich während des Zeitraums der vier Stunden herausgebildet.

Zu meiner Verwunderung teilte er mir am Ende des letzten Ge-

sprächs mit, daß er meine in Frage stehende Stabilität nicht beurteilen könne. Es schien auf einmal selbstverständlich, daß so etwas nicht aus Gesprächen zu bewerten sei, ich fragte nach, da ich nicht wußte, wozu dann überhaupt die Gespräche gedient hatten. Wenn er speziell Labilität bzw. Stabilität gar nicht aus Berichten so feststellen könne. Nein, er sei unsicher; ich reagiere aber auffällig offen und intensiv. Das fand ich nun wiederum nicht so verwunderlich, weil ich ja schon Analyse hinter mir hatte; und nicht mehr mit derselben Abwehr wie ein Anfänger herumlief. Nein, so könne er meine Belastbarkeit nicht beurteilen. Ich geriet in leise Verzweiflung, weil ich nichts verstand. Er sagte dann vermittelnd, aber ich werde ja Nachricht bekommen. Ich wußte nicht, von wem: Vom überregionalen Ausschuß; er habe dies als Diskussionspunkt auf die Tagesordnung setzen lassen; das sei man mir schließlich schuldig.

Davon hatte ich nichts gewußt; hätte möglicherweise mich auch dezenter, weniger intensiv um eine inhaltliche Klärung bemüht verhalten unter solchen Umständen. Ich fühlte mich in eine Falle gelockt. Wieviel von dem, was ich ihm hier im Vertrauen mitgeteilt hatte, unter Bezahlung, quasi als zusätzliche Analysestunden, würde er denn da berichten? Selbstverständlich stehe all dies unter Schweigepflicht, teilte er mir mit. Das wußte ich ja an sich; aber was konnte er denn dann überhaupt sagen? Wie verschwiegen waren Analytiker wirklich?

Zusätzlich riet er mir, einen Antrag auf vorübergehende Beurlaubung zu stellen, da voraussichtlich – so wie er die Stimmung und Sachlage übersehe – meine Ausbildung beendet werden würde. Dies könne ich höchstwahrscheinlich mit einem solchen Antrag umgehen; dies sei seine persönliche Einschätzung, er sei auch bereit, diesen Antrag für mich zu stellen. Dies teilte er mir mit als örtlicher Leiter des Ausbildungsausschusses; und ich hatte keinen Grund, an ihm zu zweifeln. Da mir Kongresse immer Spaß gemacht hatten, und ich auf sie nicht verzichten mochte, einigten wir uns auf einen Antrag auf vorläufiges Ruhen der Ausbildung mit Genehmigung, weiterhin an Kongressen teilnehmen zu können. Dies schien auch deshalb sinnvoll, weil ich ja mit oder ohne Ruhen der Ausbildung weiterhin mit Patienten arbeiten würde, und für diese waren sie ja letzten Endes da.

Ich schrieb dann den Antrag, und er erklärte sich bereit, ihn für mich zu stellen.

Nach dem Sitzungstag wartete ich; aus leisem Aussätzigenstatus,

feiner Distanzierung, einem unerwarteten solidarischen Brief schloß ich Negatives, hörte aber nichts. Nach sechs Wochen fragte ich an, erhielt die Antwort, man teile mir gerne mit, daß der Antrag für mich gestellt worden sei, und sicher werde ich bald Nachricht bekommen. Meine Unruhe wuchs; nach einer weiteren Wartezeit erhielt ich tatsächlich Antwort: als Quintessenz entnahm ich, daß man meine Ausbildung als beendet ansehe, da ich ja bisher nicht die Zwischenprüfung gemacht habe, und man auch aus meinem Antrag schließen müsse, daß ich bis auf weiteres nicht die Absicht habe. Über weitere Teilnahme an Kongressen hatte man sich nicht geäußert; es verstand sich offenbar von selbst (daß mir dies nicht gestattet war).

Diesen Argumentationspunkt – Interesselosigkeit – konnte man mir nicht guten Gewissens vorwerfen, und ich hätte ihn auch nicht spontan geliefert. Ich fühlte mich ausgetrickst, wie ein Arbeiter, den sein Konzern mit Raffinesse zum Kündigen verleitet hat.

Drei Jahre später hörte ich, daß sich die Konsequenz der Ablehnung, und die überraschende Verzögerung schlicht und einfach durch eine Aktennotiz erklären ließe. Davon hatte ich nichts gehört; ich hatte nur mein Paranoid-Gefühl gehabt, was dem entsprochen hätte. Und das hatte ich nicht festgehalten gehabt.

Einen solchen Umgang unter Analysierten, mit mir, einer Analysierten, konnte es doch gar nicht geben.

Die letzten Stunden wurden noch ein Kraftakt zur Verständigung; endeten in verbissener Verletztheit, maximaler Westwall-Stimmung. Ich hatte die Hoffnung nicht aufgegeben, mich zu einigen, vielleicht doch noch auf den Grund der Blockade zu kommen. In der Spannung ging es nicht. Zwischendurch honorierte er meine Kleidung: ich ziehe mich »berauschend« an; und auch wieder die Analyse: bei mir sei er nie in Versuchung gekommen, einzuschlafen. Das war ein Kompliment. Offenbar kam er ins Dösen andernorts. Ich fand es eine verquere Anerkennung. Ich hatte nie ernsthaft daran gedacht; es für einen Witz gehalten, daß ein Analytiker einschläft. Meine eigenen Stunden hatte ich abgebrochen, wenn ich zu müde war; meine erste Analytikerin hatte zugegeben, wenn sie erschöpft war. Aber wirklich eingeschlafen war ich selber nie, auch sie nicht. Auch bei ihm war ich nie auf eine solche Idee gekommen. Was sollte das Kompliment über meine Kleider? Ich fand mein schwarzes Kostüm auch schön; es stand im Zusammenhang mit einem Vaterkummer, und meiner Mutter sah ich darin ähnlich. Der Stoff war gemütlich und weich und kratzte nicht. Das Kompliment fiel aber aus dem Rahmen, überschie-

ßend; untypisch.

Ein unklares Analysenende war unwürdig. Ein analysierter Freund hatte sich diskussionslos geäußert, zur Ablösung noch ein halbes Jahr einzuplanen. Er kannte aber meine Situation nicht, konnte sie sich wohl auch nicht so kraß vorstellen. Der bekannte Analytiker hatte mir recht gegeben, sobald wie möglich aufzuhören. Vielleicht mußte ich einige Analyseträume begraben. Mein Versuch, jetzt doch noch – nach vorbereiteter (und verlogener) Mitteilung meines Wunsches zu beenden – zu einer Verständigung zu kommen, war vergeblich in solcher Stimmung.

Außerhalb lief nicht alles komplikationslos. Nach meinem Entschluß, und den ersten Stunden nach der Mitteilung wurde ich krank: eine spastische Bronchitis mit starkem Husten und einer Nacht mit Atemnot setzten mich zur Ruhe. Ich habe dann über eine Woche lang das ganze in mir Gestaute in die Maschine gehämmert und viel herausgehustet. Das erleichterte, ich sah auch keine andere Möglichkeit als Aufschreiben. Der vollen Wucht meines komprimierten Lebens, der konzentrierten, durchdachten und durchlittenen analytischen Erfahrungen zeigte sich – zumindest in dem Ausmaß wie es mir adäquat gewesen wäre – keiner meiner Freunde aufnahmefähig. Sie hatten ja auch ihr Leben, ihre eigenen Probleme und nur zum Teil lief manches parallel. So viel Elend, Zerstörung, labile Zukunftsaussichten, Mitempfindungen und gemeinsame Empörung Verlangendes war ja schwer zu verkraften. Die Maschine hörte zu, ohne Rückfragen und Widersprüche. Direkt nach dem Analyseende wurde ich wieder krank mit noch stärkerem Husten, Atemnot, Verdacht auf Lungenentzündung. Es kam viel zäher, grüner Schleim aus mir. Konstanten Husten hatte meine Analytikerin gehabt. Jedenfalls war ich damit außerhalb der ganzen Spannungen; ich fuhr zu Bekannten, dann nach Hause, tippte. Das brachte Erleichterung. Ich hatte auch Angst, zu vergessen, ohne verstanden zu haben. Mein Hirn war zu voll, ich mußte es festhalten, noch klären, ordnen, bevor es weg war.

Die letzten Stunden taten noch sehr weh. Von mir aus waren sie ja Zugeständnisse gewesen an das übliche halbe Jahr, das ein Analysand in jedem Fall noch einhalten sollte, um die Ablösung und mögliche abgewehrte Beendigungsmotivation und so weiter und so fort. Außerdem hatte ich die Aussicht, daß wir uns doch noch ein bißchen verstehen könnten, nicht begraben. Im Grunde konnte ich mir nicht vorstellen, wirklich einfach so – gescheitert – unsinnig – undurch-

schaut – unverstanden – in emotionaler Verknäulung – Verhakelung, Verwurschtelung – meine Analyse zu beenden. »Abzubrechen.«

Ich empfand mich mehr in Notwehr; vor der gruseligen Spannung, Zerstörung, bleibenden Schädigung nach jeder Stunde. Beendigung war das kleinere Übel, einfach notwendig.

Ich wollte eine Diagnose, fragte nach, bekam mühsam und zähflüssig: »Sensitiv paranoide Persönlichkeit, narzistische Störung.« Dies war teils modisch, teils altertümlich. Die Thematik »paranoid« war ja ein Zankapfel geblieben; ich meinte ja, daß er meine sensiblen Wahrnehmungen einfach nicht nachempfinden konnte und sie deshalb als verrückt bezeichnete. In der Situation, als ich die Diagnose empfing, schien er mir zu indiskutabel, um sie noch wirklich ernst zu nehmen. (Eine andere Frage ist, wie weit sie sich später in mich hineingefressen hat.)

Seine Deutung »Angst vor Genitalität« fand ich antik; Plastik-Analyse, Woolworth-Analyse, simpel reflektorisch. Vor dreieinhalb Jahren hätte sie Sinn gehabt. Die Ebene hatte sich aber verflüchtigt. Ich kam mir mehr vor wie in einer Uralt-Ehe, wo Anziehung historisch geworden ist. Wie sollte jemand wie er mir sexuelle Ängste einjagen? Ich konnte es mir nicht einmal mehr vorstellen, mit ihm.

Daß ich »inanalysabel« sei – plötzlich – machte zunächst angst; ich nahm es aber mehr als defensive Verlegenheitsdeutung. Wie eine Retourkutsche: *Sie* konnten mich nicht analysieren – nein, Sie konnten sich nicht analysieren *lassen*. Oder wie im Sandkasten: Du bist ja doof – nein, du bist ja viel doofer. Trotzdem blieb ich nicht unberührt von dieser Aussage; das merkte und merke ich in niedergeschlagenen Stunden.

Wenn ich »inanalysabel« war, dann wären die drei Erstinterviews, die erste Analyse und die Zeit bei ihm barer Unsinn gewesen. Dann hätte das früher diagnostiziert werden müssen und mir diese – potentiell vernichtende – Mitteilung nicht jetzt noch als kleine Zeitbombe mit auf den Weg gegeben werden dürfen. Außerdem war ja progressive Lehrmeinung, daß jeder/jede, auch der schwerste Psychotiker, analysiert werden könne; es komme nur darauf an, daß er den für ihn passenden Analytiker finde: einen, der ihn verstehen könne. Vielleicht stimmte das inanalysabel ja: für ihn. Die Generalisierung fand ich nur bösartig. Wer garantierte, daß es nicht jemand anderen gebe, der mit mir besser auskommen könne als er? War es nicht gemein, mich auch noch für spätere analytische Versuche zu

entmutigen?

Wenn diese Analyse gescheitert war, mußte ich deshalb wirklich alle Träume ad acta legen? Sowieso gelang es mir doch nur mit allen Kräften, mit allen möglichen Mini-Hilfsmitteln und Stützen, mich aus dieser Analyse herauszuhebeln. So sicher und stark war ich doch überhaupt nicht. Woher sollte ich jetzt noch die Fähigkeit haben, entschieden und ohne große Skrupel ein Gefühl zu haben, zu einer Entscheidung zu stehen?

Im Moment versuchte ich wohl, mich wütend und zornig über seine Deutungen hinwegzusetzen. Aber »inanalysabel« bohrte doch in mir; unterminierte mich; er war mein Lehranalytiker. Und er kannte mich dreieinhalb Jahre lang. In trüberen, schwächeren Stunden fand ich es wie einen Fluch: (»Du sollst mit niemandem glücklich werden.«) Auch spätere Analysen würden mir nicht helfen. Das sollte ich mir nur ja nicht einbilden. Sowieso – wer würde mich überhaupt noch nehmen? Wenigstens ohne große Vorbehalte, mit mittlerem Zutrauen??? War es denn überhaupt zu verantworten – selbst, wenn er schon seit längerem meine »Inanalysabilität« bemerkt hätte, mich jetzt mit einem solchen Faktum zu konfrontieren; jetzt plötzlich, zu einem Zeitpunkt, wo ich dies doch gar nicht mehr würde verarbeiten können. Hätte er denn nicht früher, im Laufe von dreieinhalb Jahren, Konsequenzen aus seiner Beurteilung ziehen müssen? War es nur ein affektiver Bumerang in der Trennung – einige Stunden vorher war er ja doch noch ganz zufrieden gewesen mit dem Verlauf? Er hatte doch auch noch zugestimmt zum Ende. Oder hatte er mich bisher schonen wollen wegen meiner besonderen Störung, die ich so ausblenden mußte, daß ich sie nicht wahrnehmen, verstehen, einsehen wollte?

Wenn er mit mir nicht konnte – dann wäre es wichtig, menschlich verantwortlich gewesen, diesen Zustand frühzeitig zu beenden. Nicht an mir zu leiden, mir nicht noch Schuldgefühle zu machen, und auch, mich nicht generell, für unbehandelbar zu erklären. Zu seinen Grenzen zu stehen; mich nicht für sie verantwortlich zu machen; mich nicht für sie zu verurteilen.

Selbst, wenn ich unbehandelbar wäre, generalisiert (was es höchstwahrscheinlich gar nicht gibt) – wäre es dann nicht existentiell wichtig für mich, dies zu verstehen, einzukalkulieren in mein weiteres Leben? Damit hätte ich mich doch einzurichten; auch meinen Beruf daraufhin zu modifizieren. Wie sollte denn eine Unbehandelbare andere behandeln? Meine Inanalysabilität wäre doch schließlich nicht

nur meine persönlich gegen ihn gerichtete Bosheit gewesen, die nur ihn als meinen Analytiker getroffen hätte. Im Grunde war ich doch die Leidtragende, die Betroffene, die ein ganz basales, schlimmes Problem mit sich herumträgt. Durfte man mich denn damit alleine lassen? Mir dies in der – abgemacht – drittletzten Stunde mitteilen, klatsch, als Waffe, als Erklärung des Analyseverlaufs? Um wen ging es eigentlich in meiner Analyse? Manchmal sträubte sich mein Gehirn: das konnte doch nicht wahr sein, so konnte eine Analyse nicht enden. Solche Kommunikation gab es doch einfach nicht in einer Analyse: Ätsch – bätsch. Warum? – Darum! Klatsch, ohne Kommentar.

Wieso hatte er es total mir überlassen, das Ende der Analyse zu bestimmen? »Wann wollen Sie aufhören, heute, morgen . . . wann?« Hatte er ein Konzept, eine Diagnose? Was hatte er überhaupt von mir verstanden? Auch, daß ich nicht unterscheiden könne zwischen ihm und mir, zwischen seinen und meinen Affekten, war neu. Wieder hatte ich die Schuld. Und wenn es stimmte, war dies eine sehr ernste Störung.

Oder rechnete er damit, daß ich seine Deutungen nicht mehr ernst nahm? Daß ich sie relativierte? (Ich bin mir jetzt [drei Jahre später] noch immer nicht ganz sicher, ob ich nicht viel von seiner destruktiven Beschreibung in mich aufgenommen habe. Ich vertraue mir, meiner relativen Gesundheit wenig; bin leicht zu verunsichern, wenn mich jemand fragend, zweifelnd, mißtrauisch, als potentiell Verrückte ansieht. Wieviel habe ich vielleicht auch von seiner mißtrauisch-negativen Deutungstechnik in meinen Umgang mit anderen und mit Patienten übernommen?)

Die letzte vereinbarte Stunde war wohl zu früh. Von vornherein maximale Westwallstimmung, er kam seine dann üblichen Minuten zu spät, begründet durch äußere Zwänge. Wir setzten uns beide. Er ging auf gereizten Abstand; ich rutschte dann fast therapeutisch mit meinem Sessel zurück: Wissend-abwertendes Lächeln: »Sehen Sie.« Die Stunde wurde eine Quälerei. Er war gepanzert; ich auch. Noch einmal bekam ich zu hören und zu spüren, welche Zumutung ich war, welche Belastung er mit mir gehabt hatte. An ein Verstehen war gar nicht zu denken. Gereiztheit, verletzte Spannung beiderseits; ich bekam wieder das brennend wunde Gefühl hinter dem Brustbein, Hustenreiz, wurde unruhig, konnte es kaum im Zimmer aushalten.

Meine Analyse war beendet. Er würde bestätigen, auf Anfrage »in beiderseitigem Einvernehmen beendet«. Er wolle mir keine Steine in den Weg legen. Er werde mir auch die Stunden noch ein halbes Jahr frei halten, falls ich meinen (neurotisch bis psychotischen) Entschluß revidieren sollte oder es mir nicht gut gehen sollte.

Direkt nach dem Analyseende bekam ich dann noch mal eine spastische Bronchitis und zog mich damit zurück. Die Spannungen an der Klinik waren auch gewachsen; ich wußte nicht, ob ich dort bleiben konnte. Meine Mutter, Freunde waren sehr zuverlässig: Pflege und Solidarität waren schön. Als ich aus Husten und Fieber heraus war, zog ich mich in mein altes Zimmer zurück, entlastete mich mit Maschineschreiben. Meine Mutter und Bekannte waren selbstverständlich, ohne Rückfrage, auf meiner Seite. Ich mußte nicht viel erklären. Wahrscheinlich war alles richtig so, wie ich es machte. Ich brauchte Ruhe und Zeit, und dann würde sich schon alles wieder regeln. Ich mußte nicht mich verteidigen, nicht mit permanentem Mißverstehen rechnen. Ich faßte wieder Fuß zu Hause und Wurzeln. Und war froh, daß nicht alles kaputt und zerfetzt war. Das Wohlwollen fand ich nicht nur direkt zu Hause, auch in der Umgebung, eine nonverbale hessische, tierische Wärme, die einfach gut tat.

In den Wochen und Monaten nach dem Analyseende wachte ich oft mit einem sehr unangenehmen Gefühl auf, konnte mich an Traumfetzen erinnern, die mit Analyse oder »wieder in Analyse« zu tun hatten. Ich war dann völlig zerschlagen, wie gelähmt, konnte mich mühsam zur Routine zwingen. Als ob mein Rückgrat aufgelöst wäre, meine Vitalität. Anfangs kamen die Träume ein- bis zweimal pro Woche, dann weniger häufig. Ich lernte, das gruselige Gefühl morgens dann einzukalkulieren, nahm es dann eben hin, wie ein Abheilen mit Rückschlägen. Unheimlich blieb es mir und bedrohlich. Wenn ich eines Morgens gar nicht mehr aus dieser Lähmung herauskäme, mich gar nicht aufraffen könnte?

Bei der Arbeit zog ich mich zurück, engagierte mich nicht mehr so. Ein Analytiker-Kollege wollte mir ein Kompliment machen, meinte, jetzt habe ich mich aber mehr integriert. Ich hätte mich auf der Stelle mit ihm anlegen können: es konnte doch nicht wahr sein, daß auch er, ein ausgebildeter Analytiker, derartig oberflächlich und anpasserisch urteilte. »Ja, ich bin stiller: resigniert.« Damit waren die Fronten aber wieder geklärt.

Unter meinen (analysierten) Bekannten bemerkte ich eine Veränderung, die mich sehr mitnahm: viele behandelten mich kritisch, mißtrauisch, vorsichtig, legten meine Worte mehr auf die Goldwaage; eine gewohnte Vertrauensbasis, eine selbstverständliche Zugehörigkeit, die ich eigentlich erst beim Verlieren merkte,' schwand. Bisher mögliche, übliche Ironie, Witze über Analyse in der Kneipe beim Bier schienen plötzlich nicht mehr passend; zumindest nicht von mir. Man ging auf Distanz, piekte, wenn ich versuchte, die neue Fremdheit zu überwinden. Langsam, aber unüberfühlbar, wurde ich zu einem zu meidenden, aussätzigen Wesen, von dem man Abstand hält.

Zunächst nahm ich die Veränderung auf meine kontakthungrige Überempfindlichkeit – ohne Analyse hatte ich wohl mehr Wünsche an andere – oder als meine Neigung zu paranoiden Gefühlen. Ich fand mich überempfindlich; versuchte, mich anders, freundlicher, angenehmer zu verhalten; ohne wesentlichen Erfolg. Klärend erzählte mir schließlich eine Bekannte, sie habe einen Schreck bekommen, als ich mein Analyseende erwähnt habe. Es habe ihr Angst gemacht, daß so schnell und unglücklich eine Analyse aufhören könne: an meiner Stelle würde sie das nicht erzählen. Das konnte ich dann verstehen. Ich war mir schon vorgekommen, wie ein Lästerer unter Gläubigen. Trotzdem war die schleichende kühle Ablehnung, leise Ächtung und Ausstoßung sehr schmerzlich und unangenehm. Besonders, so lange ich sie nicht verstand, und meine Gefühle mir selber nicht glaubte.

Die Arbeit gab aber einigermaßen Sicherheit. Zum Teil war sie begeisternd, ich hatte mich bis an die Grenzen meiner Kräfte angestrengt, und es war gut gewesen. Ohne die tägliche Analysestunde war ich jetzt nicht so in Eile und auch nicht so gereizt. Es gab aber nur wenige, die wirklich einverstanden waren mit dem Analyseende. Viele erschreckte es; oft verurteilten sie es und deuteten es mir als meine Problematik. Einzelne überzeugte, daß es mir insgesamt besser zu gehen schien.

Mir selber fiel es schwer, bei meiner Überzeugung zu bleiben. In einem Kraftakt, mit Unterstützung von Oberen, Freunden, mit 120 PS, einem dicken (Wolfs-)fell, vom familiären background heraus, hatte ich mich herausgehebelt. Hatte durchgeführt, was ich vor drei Jahren schon einmal ernsthaft erwogen hatte; wovon ich mich hatte abbringen lassen. Durch Deutungen, Hinweise auf meine Problematik usw. Der Druck meiner Kollegen und analytisch tangierten Bekannten war jetzt ganz eindeutig, mich doch wieder in Analyse zu

begeben. Es war fast ein Sog. Im Geheimen, in nicht analytischen Rahmen, holte ich mir wohl einiges Kluges. Ich war ja gar nicht der Meinung, daß ich überhaupt keine Neurose hätte. Hätte ja gerne Überzeugendes über mich gelernt, verstanden. Nur eine *solche* Analyse fand ich ja schrecklich. Ich war nicht prinzipiell dagegen.

Wenn ich mich jetzt nicht wohl fühlte, wenn etwas bei Therapien nicht zur Zufriedenheit gelungen war, bei kleinsten Anlässen, drohte mein gesamtes Selbstvertrauen zusammenzufallen. War ich nicht *doch* schädigend für meine Umwelt? Hatte ich vielleicht *doch* eine ganz besondere, dringend zu behandelnde Neurose? Die mich unerträglich machte? Zeigte man mir das nur nicht offen? Spielten Patienten die Zufriedenen aus opportunistischen Motiven? Wenn mein Lehranalytiker solche Schwierigkeiten mit mir gehabt hatte – hatte er nicht völlig recht gehabt? War ich eine so Uneinsichtige, minimal Einsichtsfähige??? Sollte ich doch besser wieder in Analyse?

Die Möglichkeit hatte ich ja; er hielt mir die Stunden ja noch frei. Jeder milde Hinweis, aber praktisch von jedem, auch von Leuten, die ich als mikro-sensibel bis überhaupt nicht kompetent für mich eingestuft hatte, konnte mich gänzlich aus dem Gleichgewicht bringen. Mir meine mühsam zurückgehaltenen Zweifel in mich wieder vorhalten. Ich war oft davor, ihn wieder anzurufen. Wäre mir ja auch seiner Zuwendung dann, in meinem mickerigen Zustand, sicher gewesen. Abgehalten hat mich, neben dem Gedanken der Kapitulation, meine Erfahrung der verletzenden Westwallstimmung. An der sich ja qualitativ nie etwas geändert hatte. Was für eine Störung hatte ich? Mußte ich – sollte ich? Wenn so viele und solch ein Lehranalytiker so große Schwierigkeiten mit mir hatten, war nicht etwas Wahres daran? Aber bei ihm war es einfach zu fürchterlich gewesen. Die Erinnerung bremste mich; auch in schlimmen Zuständen.

Ich lernte einen Analytiker kennen, der zuhörte, glaubte und keine Deutungen gab, obwohl ich mit großen Ohren wartete. Er schien nicht mit ausgefahrenen diagnostischen Antennen bei banalen Kontakten auf Beweise meiner Störung zu lauern, behandelte mich, als ob ich eine normale Frau sei, meinte lediglich, ob ich nicht noch freundliche psychoanalytische Erfahrungen sammeln wolle. Um eine substantielle Analyse fühlte ich mich ja betrogen, fand es auch indiskutabel, intensive Therapien durchzuführen, ohne ausreichende Supervision und entschloß mich, nach einem zu suchen, der dies verbinden würde mit Bearbeitung meiner persönlichen Problematik. Analyse alleine, l'art pour l'art, als Selbstzweck, konnte ich mir nicht

mehr vorstellen. Das widerte mich an, nach all den Jahren. Wenn ich anhand meiner Arbeit auf eigene Probleme stieße, wäre es sehr schön, dazu hätte ich wohl Lust gehabt.

Ich hatte dann mit fünf Analytikern und Analytikerinnen Vorgespräche. Wichtig war für mich bei Frauen ihre weibliche Identität, bei Männern ihr Umgang mit Frauen, speziell ihre Souveränität mir gegenüber. Eine Analytikerin war lieb, wohltuend, gutartig, ich hätte vielleicht auch bei ihr Analyse gemacht, wenn ich in extrem schlechtem Zustand gewesen wäre; ihre Realisation als Frau hinderte mich; darin hätte ich mich nicht mit ihr identifizieren können. Die vier Analytiker waren nicht wesentlich älter, und teilweise auch nicht wesentlich erfahrener als ich. Ihre Reaktionen reichten von Neutralität, mildem Erröten, sich hinter den Schreibtisch verschanzen, bis zu einem halbseitigen Gesichtstic, der die blanke Panik offenbarte, als ich ihn – diagnostisch – anstrahlte. Bei keinem, außer vielleicht dem etwas Errötenden, hatte ich den Eindruck, daß ich sie nicht relativ leicht aus dem Gleichgewicht hätte bringen können. Bei dem mit dem Gesichtstic hätte ich mir wohl einige Portionen sexuelle Schuldgefühle zusätzlich erwerben können; über meine alles aus dem Gleichgewicht bringende Ausstrahlung.

Damit waren die Möglichkeiten, unkompliziert noch etwas Analyse zu machen, erschöpft. Sowieso hatten mich seit längerem neuere Therapiemethoden interessiert; relativ schnell hintereinander habe ich dann an einigen Kursen teilgenommen und dabei heilende, wohltuende Erfahrungen gemacht:

1. Auf einem Gestalttherapiekurs traf ich eine Frau, die mir immer wieder die Realität, die Stärke meiner Gefühle bestätigte und mich davon abhielt, meine Gefühle als verrückt abzuqualifizieren, auf das Maß der anderen herunter zu korrigieren; die mir Sicherheit gab, meinen Empfindungen zu trauen. Außerdem lernte ich meine intensiven körperlichen Mitreaktionen mit Affekten anderer (Trauer, Erregung usw.) ernstzunehmen. Auch darauf zu vertrauen. Nie war ich alleine mit Empfindungen: mit Spannungsgefühl im Kopf, Übelkeit, Druck im Magen, Krämpfen im Unterleib, sexueller Angeregtheit, aggressiver lächerlicher Stimmung, gelähmter Müdigkeit usw. Immer empfand ich genau und stark mit anderen mit. Als einer nicht weiterreden konnte, still wurde, mußte ich mich fast übergeben; er hatte es als Kind damals gemußt; es hatte sich mir mitgeteilt; war nicht meine Problematik, ich schwang nur mit. Und nicht nur ich; alle. Dies war

beruhigend. Ich war sensibel, vielleicht etwas mehr als mancher, empfand aber nicht falsch.

Aggressivität meinen Wahrnehmungen gegenüber legte sich im Verlauf des Kurses; ich hatte früher und schneller etwas Unangenehmes wahrgenommen als manche, hatte Verdrängtes geäußert, war ein bißchen voraus gewesen; bekam dann aber Recht und fühlte mich gemocht. Mir Wichtige fanden mich »lieb« und körperlich anziehend. Ich war auch lieb, mochte einen sehr gerne. Sein therapeutisches Gedeihen lag mir am Herzen, war mir viel wichtiger als mein Anliegen. Ein Analytiker fand mich eine »reife, liebende Frau«, ein erfahrener Analytiker, den ich verrotzt, verheult und ungeschminkt nicht mit Äußerem korrumpiert haben konnte. Der Bekannte mochte meine starken Seiten. Wir konnten ringen, ich konnte stärker sein; wir konnten intellektuell in der Gruppe kämpfen um irgendein Thema: wenn ich mich durchsetzte, fand er das schön. Fühlte sich nicht bedroht, untergebuttert, kleingemacht.

Ich war es nicht mehr gewöhnt, einfach gemocht, körperlich anziehend gefunden zu werden; mich nicht ducken zu müssen in meinen Fähigkeiten; er fand mich nicht kastrierend. Über diese Idee lachte er, auch darüber, vor mir Angst zu haben. Ich hatte vergessen, daß ich anziehend sein konnte; war es nicht mehr gewohnt, einfach so als gutartig eingeordnet zu werden. Mit am wichtigsten war die Erfahrung, daß ich überhaupt fähig war, für jemand anderen intensiv und vorrangig zu empfinden. Daß dies auch auf andere so wirkte. Daß ich vielleicht doch nicht, zumindest nicht immer und nur, ein liebloses, egozentrisches Wesen war. Es gab eine Sinnlichkeit in mir; ich konnte gutartig sein.

Am ersten Abend spürte ich eine immense Wut in mir; auf meine Analyse, meinen Analytiker, die Vereinigung. Ich hätte schreien, prügeln, mit einem Holzscheit zuschlagen, morden können. Meine Affekte kondensierten sich in beißenden Darmkrämpfen, stechenden Schmerzen im Unterleib. Der therapeutische Versuch, meine Gefühle auf Stiefvater und Vater zu beziehen, zu erleben, funktionierte nicht. Meine mörderische Wut ließ sich nicht umdirigieren. Sie bezog sich auf meine Analyse. Ich wurde neidisch auf die, die Teile ihrer frühen Kindheit erleben konnten. Sie litten an biographischen Traumen, erinnerten sich an Schlimmes mit Vätern, Müttern, Geschwistern; wollten morden, würgen, vergewaltigen, hassen. Ich kam immer wieder auf meine Analyse. Manche verarbeiteten in diesem Kurs Traumen, Mißverständnisse früherer Kurse. Das beruhigte mich

dann auf eine Weise wieder; gab eine Parallele zu meinen Analyse-
traumen. Allerdings schien beides unnötig. Kurse sollten nicht den
traumatischen Erlebnisstoff für neue Kurse geben; und Analysen
sollten nicht von ihren eigenen Traumen leben, von der Verarbeitung
der während ihr gesetzten Mißverständnisse und so fort. Es gab Lie-
bes in mir, andere konnten mich ohne Gegenleistung mögen, meine
Sensibilität wurde mir bestätigt, meine Analysewunde auch. Einige
hatten ähnliche Erfahrungen mit ihren Analysen; wenn auch nicht so
stark.

2. Auf einem Kurs für Gestalt-Therapie und TZI kam am ersten
Abend gleich eine sehr unangenehme Spannung (wie Westwall) zwischen mir und dem Leiter. Ich unterhielt mich deshalb noch einzeln
mit ihm, versuchte auf einen Nenner zu kommen; die Spannung
wurde aber immer schlimmer. Ich schlief unruhig, verzweifelnd; das
konnte doch nicht möglich sein. Ich hatte doch etwas an mir, was die
Spannung auslöste. Am nächsten Morgen kam der Kursleiter zu mir,
erklärte, daß ich sehr anziehend auf ihn wirke; dies sei gestern sehr
plötzlich für ihn gekommen, er habe so schnell nicht gut damit umgehen können. Er war einfach nur offen; und durch die Haut, über die
Augen und Stimme hatten wir eine weiche Wellenlänge, ich fühlte
mich gestreichelt. Seine Ehrlichkeit imponierte mir, auch sein über-
nommenes Risiko, als Kursleiter so etwas zuzugeben. Offenheit hatte
die Situation entspannt, ohne ihn zu schwächen. Er war mir wegen
der ausgelösten Gefühle nicht böse, nicht verärgert, bedrängte mich
nicht. Ich war für ihn eine Anziehende, kein schwerer Brocken, keine
extrem Diffizile, keine extrem Neurotische, keine Kastrierende. Mit
sehr weicher Sensibilität verstand er meine Stimmungen, meine tastenden, fragenden Berichte; meine geschilderten Störungen konnte
er nicht nachempfinden. Gut tat mir eine aggressive Auseinandersetzung später mit ihm. Ich durfte zu meiner Wut stehen, sie ausleben;
und alles ging gut aus. Danach konnte ich Ärger über Schwimmen
loswerden. Ich fühlte mich dann stark und wohl, als ob die Wut direkt
in Kraft überginge. Wichtig wurde mir außerdem: Einer Teilnehme-
rin, mit der er nicht konnte, mit der es auch nicht gelang, sich zu
verständigen, stellte er die weitere Teilnahme frei, als sie wegfahren
wollte. Er bestand nicht auf dem Geld, erkannte ihre Argumente an.
Sein Renommée litt zunächst, sie ging aber ohne Traumen aus dieser
Situation hervor. Es wäre leicht gewesen, sie in ihrer Außenseiterpo-
sition unter dem Gruppendruck mit einer Deutung zu treffen, zu

verletzen und zum Bleiben zu zwingen.

3. Auf einem Urschreikurs reagierte ich heftig und schnell: Bei anderen kamen Kindheitserlebnisse, bei mir wieder mit Wucht meine Analysegeschichte. Verquollen und mit Blutpunkten im Gesicht ging ich aus einer Sitzung hervor. Ein Analytiker war betroffen: Dies sei ja noch eine ganz frische Wunde ($1^1/_2$ Jahre nach Beendigung), mühsam mit Schorf überdeckt, wie meine Brandwunde am Handgelenk, die ich mir gerade an einer Glühbirne zugezogen hatte. An ihn hatte ich gedacht als eventuellen weiteren Analytiker. Er wunderte sich: Wozu denn? Warum? Mir sei doch mit einem Kollegen, einem Freund, mit dem ich Schwierigkeiten in Therapien offen besprechen könne, gedient. Mit einer realen Beziehung. So dachte ich ja auch im Grunde; wurde nur immer wieder schwankend, wenn meine Umgebung mich drängte. (Alles in allem wäre ja die Lösung, daß ich eben doch eine schwierig zu behandelnde Neurose hätte, für mich die schonendste und eleganteste Lösung gewesen. Ich wäre dann immerhin ein besonderer Fall, ein ganz ausgefallenes Exemplar; mein Analytiker ein Fähiger, der nur gerade einer so komplizierten Störung nicht gewachsen gewesen war. Darauf hätten wir uns einigen können, und ich wäre in dieser Welt geblieben.) Dieser Analytiker jetzt meinte, der Kursleiter lehne mich ab, ohne es zu merken; dies sei aber kein Wunder bei seinem deklarierten Haß auf seine Mutter. Aha.

Ein Teilnehmer brachte mich der Lösung eines anderen Phänomens näher: Anfangs konnte ich gut mit ihm, wir mochten uns, hatten eine weiche Welle miteinander; einfach so. Dann kam Gespanntheit, schließlich eindeutig kühle, gereizte Ablehnung; Feindseligkeit. Ich war hilflos, wieso das jetzt wieder kam. Er ging mir aus dem Weg oder reagierte einfach nicht auf meine Fragen. Schließlich, unter einem Schwips, mit wissendem Lachen: »Weißt du, im Grunde ist das ganz einfach: *so* einer Frau reiche ich doch nie, und das macht wütend; da setze ich mich doch lieber ab.« Für diese Erklärung war ich dankbar; zusätzlich war seine Einschätzung ein Irrtum gewesen.

Nach diesem Kurs blieb ich lange geschädigt, fühlte mich verletzt, waidwund. Ich beschloß wieder, erst einmal alles ruhen zu lassen; mich langsam ausheilen zu lassen, nicht herumzustochern in meiner Analysewunde. Aus mir floß Vitalität ab so; ich verlor.

4. Einen letzten Therapieversuch schon gegen innere Überzeugung unternahm ich in einem TZI-Gestalt-Kurs bei einer Frau. Meiner Sensibilität wurde ich mir sicherer, im übrigen wurde der Kurs eine Mini-Hölle: auf mir landeten in Windeseile viele und intensive Projektionen: Haß auf die jüngere Schwester, auf die jüngere Freundin des Mannes, auf Nazi-BDM Mädchen, Neid auf Jüngere und Freiere schlechthin, männliche Wut auf unerreichte Freundinnen, Begehrte, Mütter und so weiter.

Auch wenn ich es verstehen, interpretieren und auf die jeweilige Biographie reduzieren konnte im Einzelfall – es tat doch weh; und da der Betreffende selber auch nicht sofort nach Deutung totale emotionale Konsequenzen ziehen konnte, sein Problem damit gelöst gewesen wäre, bekam ich ja wirklich viel ab. Wenn ich einen Kinnhaken bekomme und mir hinterher erklärt wird, er gelte einer anderen, hat er mir doch wehgetan.

Einen konnte ich aus einer analytisch perfiden Situation befreien: er hatte wütend auf die Kursleiterin reagiert, und dann im Einzelgespräch mit ihr seine Wut auf seine Mutter bezogen, als reine Übertragungsreaktion gesehen. Voller Schuldgefühle und mutlos konstatierte er, seine Mutterproblematik immer noch nicht besser verarbeitet zu haben. Ich hatte die Situation anders erlebt: Die Kursleiterin hatte ihn tatsächlich ungewöhnlich spitzig behandelt, seine Verärgerung darüber war verständlich, auch ohne lagernden, unverarbeiteten Mutterhaß; eine logische und wahrscheinliche Reaktion. Das Perfide, fand ich, daß sie ihren aktuellen Anteil überhaupt nicht sehen mochte; daß sie ihre Gereiztheit ausklammerte und seine emotionale Wucht in toto und schnurstracks auf seine frühe Kindheit bezog. Sie hielt sich (jetzt) »abstinent« heraus, und er war der Neurotische, Therapiebedürftige. Für mein Empfinden hatte sie sich von ihm vernachlässigt gefühlt und ihm dafür eine übergebraten. Sie hatte seine alte Wunde aufgefrischt und dann so getan, als ob er eine solche blutende mit sich herumtrüge.

Auf diese Art hatte ich einen Haß entwickelt.

Ich weiß, daß es völlig oberflächlich sein kann, was ich als heilend für mich beurteile. An diese Ereignisse habe ich mich aber geklammert; sie gaben in wackeligen Phasen Mut. Vielleicht liege ich mit meinen Erklärungen auch viel zu sehr an der Oberfläche. Vielleicht stand ja der englisch sprechende Analytiker in dem Urschreikurs, in dessen Arm ich mich ausgeweint und -geschrien hatte, und der mich dann zu

einem Freund verwiesen hatte, für Vater oder amerikanische Väter, und ich hatte jetzt die Erlaubnis, mich jemand anderem, jüngerem, Gleichaltrigen, Gleichrangigen zuzuwenden. Mußte nicht mehr meinem »Vater treu« bleiben. In meinem Erleben war mir jedenfalls wichtig, daß er mich für normal, gesund gehalten hatte; und für liebenswert, und keine Zweifel in mich als Mensch gesetzt hatte. (Aber um die analytischen Höhenflüge, um die höhere Mathematik fühle ich mich ja betrogen.)

Nach Analyseende habe ich auch wieder einige intakte Männer kennengelernt. In ihrer Gegenwart konnte ich mich so wohl fühlen, wie ich es vergessen hatte. Ich glaube nicht, daß ich in solche Selbstzweifel geraten wäre, hätte ich noch solche gekannt während der Zeit meiner Analyse. Wenn ich nicht dann fast nur Menschen getroffen hätte, die ebenfalls in Analyse, ebenfalls sehr empfindlich und unsicher waren, deren Mutter- und Frauenproblematik aufgerührt und hochakut die Interaktionen bestimmte.

In gleichberechtigtem Kontext bekam ich überzeugende Deutungen: Ich beobachtete gereizt und organmedizinisch: »Deine Hände sind irgendwie nicht mit deinem Körper verbunden, die hängen so komisch.« Aufmerksam, amüsiert: »Das stimmt doch nicht; ich spiele doch ein Instrument; – streichle ich dich vielleicht nicht genug?« Ich war ertappt und berührt. Die Deutung – ein Verstehen auf tieferer Ebene – brachte eine zärtliche Wellenlänge zurück, von der ich mich mit meiner medizinischen Beobachtung entfernt hatte. Ich fühlte mich getroffen, und mein Körper reagierte mit; ich bestand nicht argumentierend rechtend auf seiner pathologischen Handmotorik. Mich überzeugte der Anteil meiner Sehnsucht an der Wahrnehmung; ich hatte Vergessenes über mich und meine Wünsche wieder erfahren und fühlte mich so wohler, als in der vorhergehenden kühl mäkeligen Diskussion; schon ohne Beheben meines Defizits.

Ich hatte mich in der Tür geirrt und war in das Zimmer einer Frau geraten, mit der ich an sich im Moment nichts zu tun hatte; einer, der gerade aus dem Zimmer kam, lachte, ob ich nicht vielleicht doch hinein wollte. Ich stritt dies sachlich ab, wurde innerlich steif, ließ mich auch nicht bewegen hineinzugehen, obwohl sie sich gefreut hätte und er mir auch mit den Augen einen Schubs gab. Meine Fehlleistung war mir peinlich, ich fühlte mich nicht wohl mit meiner zu hohen sachlichen Stimme und erledigte in dem bewußt angepeilten

Zimmer das Notwendige. Die Unklarheit bohrte aber; und später merkte ich, daß ich sehr wohl Lust gehabt hätte, mich mit dieser Frau zu unterhalten. Sie hatte mir mit Portionen von Solidarität und Verständnis oft gutgetan, obwohl wir wenig organisatorisch miteinander zu tun hatten; die Zeit, die ich mir zu meiner Fehlleistung ausgesucht hatte, war auch so ziemlich die einzig mögliche in der Woche, wo ich sie in ihrem Raum ungestört hätte treffen können. Der im Hinausgehen hatte das wohl verstanden; einer solchen Deutung hätte ich wohl folgen können und einen meiner aktuellen Wünsche befriedigen können; nach etwas menschlicher Wärme.

Auf dieses Gefühl, kühl und rigoros etwas abzulehnen, mit zu sachlicher Stimme und leisem Mich-unwohl-fühlen, konnte ich mich dann auch verlassen. Dann war wirklich eine tiefere Schicht, die ich vielleicht gerade nicht so recht wahrhaben wollte, angesprochen. Manchmal war mein mich-Wehren dagegen so stark, daß ich nicht daran kommen konnte. Oft kamen aber neue Stimmungen dann an die Oberfläche, richtigere.

Mit einem Nichtanalysierten saß ich an der Theke und hatte gerade leise verknautscht und sperrig meine weiteren Pläne erzählt, mit fader Stimme und etwas verquer. Die nahm er aber offenbar nicht so gewichtig, meinte nur belustigt: »Na, Weichi?« Diese Anrede war nicht üblich; sie veränderte aber zusammen mit seiner Lebensfreude die Stimmung. Meine weiteren beruflichen Pläne und so weiter waren ja wirklich nur ein Gerüst, an dem ich mich gerade festhielt; überwiegend war ich Sehnsucht.

Ab und zu bekam ich Anfälle von Kinohunger und ging dann an einem Abend in mehrere Filme hintereinander. Wenn mir einer nicht gleich gefiel, war ich schnell wieder draußen. Vor einem solchen Abend rief mich ein Freund an: ich hatte mir aber gerade mehrere Filme ausgesucht. Er meinte, eigentlich wolle ich wohl von einem Bett ins andere; ich fand das Quatsch, verabredete mich vage für nach meinen Filmen mit ihm, und folgte meinen Kultur-Plänen. Unterwegs kam aber seine Anregung in mir an; ich ließ dann die nächsten Filme aus, suchte ihn, fand ihn nicht, kam mir promiskuitiv vor, ärgerte mich über die mangelhaften Möglichkeiten für Frauen; war froh, daß es mir nicht öfters passierte, so direkten und wahllosen Wünschen ausgeliefert zu sein.

Nachdem ich einem Nichtanalysierten ausführlich erklärt hatte, weshalb ich kam, was ich alles zu tun, zu erledigen hatte, meinte er zusammenfassend: »So, und du willst dein Liebesleben hier auffri-

schen?« Das fand ich auch abwegig, reagierte nicht, bzw. erst eine Weile später. Das war wirklich meine tiefere Motivation; mit seiner Bemerkung veränderte er mich, meinen Körper, meine Stimmung; das fand ich eine wirkliche Deutung, wenn man so will. (Nur habe ich keine Lust, alle vitaleren, lebensfroheren, richtigeren Männer nach analytischen Kriterien zu durchforsten.) Manche leben offenbar sowieso auf einer vitaleren, echteren Ebene.

Einige Bücher wurden mir heilsam:
»Mit dreißig muß man wissen, was man will«: Frauen, die Karriere gemacht hatten, wurden interviewt. Sie erzählten fast einstimmig, daß eben eine Frau, die in einem Männerberuf arbeitete oder überhaupt eine gewisse Machtstellung erreichen wollte, erheblich qualifizierter sein müsse als ein Mann in vergleichbarer Position. Daß sie immer wieder die Erfahrung gemacht hätten, in Diskussionen überhört, totgeschwiegen zu werden; daß Äußerungen auf Widerwillen stießen. Daß sie Männern Angst einflößten. Das kannte ich.

Daß man in einer Analyse »unversöhnlich« bleiben konnte, daß das erlaubt war, sogar ein Ziel sein konnte, war mir neu (Vorwort von »Lehrjahre auf der Couch«). Wenn ich jemanden ablehnte, irgend etwas nicht mochte, sah ich das als mein Problem. Ich hatte etwas noch nicht verstanden. Durch meine Analysen hatte sich das Ideal gezogen, alles verstehen zu können und sich mit allem versöhnen zu können. Wenn ich etwas vehement ablehnte, war dies der Beweis für meine Impulse, die ich z. B. bei anderen wie bei mir ablehnen mußte. Im Grunde durfte ich nicht werten, durfte nicht entschieden auf einer Seite stehen. Ich mußte verstehen, Empörung war neurotisch. Jedenfalls hatte ich es gefühlsmäßig so aufgenommen. Kämpfen war nicht honoriert worden.

»Die Angst vor dem Vater«: Schatzmann zeigt, daß das, was in der Analyse als Wahnsystem auf Grund komplizierter Abwehrleistungen des Sohnes (z. B. homoerotische Triebe) diagnostiziert wird, sich schlicht und einfach und ohne irgendwelche Veränderungen als reale Wahrnehmungen der Erziehungsmechanismen durch den Vater erklären läßt, der auf gruselige Weise wirklich seinen Sohn verfolgt hatte (mit Maschinen, grauenhaften Apparaten, Kontrollmechanismen und vielem anderen). Sein einziger psychotischer Mechanismus war, diese Verfolgung nicht auf seinen Vater zu lokalisieren. Es wäre zu schrecklich gewesen, klar zu sehen, daß wirklich und wahrhaftig

sein Vater so mit ihm umging. Der dem Überleben dienende Abwehrmechanismus war eben nur, diese Verfolgung abzuspalten, auf eine Instanz außerhalb, fern vom Vater, in diesem Fall Gott, zu lokalisieren. Der Bruder hatte sich suicidiert, dieser Sohn hatte einen solchen Ausweg gefunden. Für mich war wichtig, daß das Wahnsystem erst einmal ernst und genau so zu nehmen war, wie der Patient es erlebte. Die Genauigkeit, mit der der Autor den »verrückten« Wahrnehmungen des Sohns Schrebers nachging, seine Gutartigkeit, das Ernstnehmen und Annehmen zeigte, daß der Patient völlig recht hatte, daß nicht einmal eine Fehlwahrnehmung dabei gewesen war. Seine reale Welt, der er ausgesetzt gewesen war, hatte er sehr fein wahrgenommen. Auf seine Weise hatte er völlig recht, ohne irgendwelche Abstriche. Die Gutartigkeit, das Verständnis, die Sorgfalt des Autors taten mir gut.

»Meine Reise durch den Wahnsinn«: Eine Frau, bei der eine Psychose diagnostiziert worden war, bekam während der Therapie unter freundlicher Begleitung die Möglichkeit, ihre Gefühle und Bedürfnisse – Kotschmieren, Regressionen u.a.m. – auszuleben und wird schließlich Malerin. Ihre Wünsche, ihre Bedürfnisse wurden ernst genommen, sie hatte Nachholbedarf in vieler Hinsicht, konnte diesen befriedigen und wurde eine geglückte Frau. Der Therapeut bemühte sich, ihrer inneren Stimme zu folgen, hatte Vertrauen in *ihre* Gefühle, in *ihre* Planung. Alles hatte seine tiefe Richtigkeit, und sie hatte ihre Heilung selbst geleitet. Er half nur, ihre Wünsche, Pläne, Ideen in die Tat umzusetzen; ließ sie nicht alleine mit ihren Wagnissen, in ihrer Angst. Ihre Aktivitäten wurden nicht verboten, nicht einmal auf diskrete Weise, auch wenn sie noch so chaotisch wirkte. Der Therapeut fühlte sich auch nicht fehlerfrei; er sah seine Schwächen, seine partiell mindere Reife im Vergleich, seine Bremsen und Hemmungen. Er lernte selber, veränderte sich dabei. Er nahm sie als Person ernst, als Selbständige, Kluge, Intelligente; als eine, die mit dem Leben unter den Bedingungen, die sie vorgefunden hatte, nicht so zurande gekommen war wie er. Er ließ sich auch nicht von äußerer Form abschrecken. Einen solchen Umgang mochte ich wohl.

»Frauen, das verrückte Geschlecht?«: Wichtig waren mir die Berichte von Analysandinnen, Therapierten, über erotische Spannungen in den Analysen. Das kam mir bekannt vor. Auch Reaktionen von Analytikern. Ein zweiter Punkt war: Viele Frauen wurden dann

als »krank«, »psychotisch« diagnostiziert, wenn sie sich wehrten, revoltierten, gegen die ihnen aufgezwungene Rolle. Sie wurden *dann* unter Psychopharmaka gesetzt, psychiatrisch behandelt, wenn sie sich aggressiv wehrten. Kamen wieder nach Hause als depressiv, d. h. resigniert. Solche sah ich auch; sehr gut konnte es ihnen gehen unter verändertem Klima, ohne jede Psychopharmaka. Mit – berechtigter – Wut im Bauch. Nach Absetzen der Medikamente fanden sich sehr wütende Frauen, über Ungerechtigkeiten, dann wieder mit Schuldgefühlen über ihre barbarische Wut. Ich fand sie im Grunde sehr gesund, fand ihre Wut bzw. Depression (nach innen gewandte Aggression) logisch. Ich konnte kaum je, und wenn, dann nur minimal, einen ausreichenden biographischen Anteil ihrer diagnostizierten Depression entdecken. Die reale Unterdrückung, ihr Ärger über ihre Behandlung und Mißachtung überwogen. Diese Frauen waren weder »verrückt« noch »neurotisch«, sie waren schlicht wütend und kamen auch aus ihren Depressionen schnell hervor, wenn sie die Berechtigung ihrer Wut erkennen konnten, wenn sie ihre Schuldgefühle mindern konnten. Sie blühten auf in Gruppen mit ähnlichen anderen Frauen. Manche waren zu schwach – voraussichtlich – um ihre Situation ändern zu können; diese sahen wenig oder schwer. In einer Gruppe meinte eine Frau, die wiederholt psychiatrisch behandelt worden war, dezidiert, sie würde nie wieder einen Suicidversuch unternehmen. »Dieser Mann ist es nicht wert.« Von vier Frauen der Gruppe waren drei krankenhausreif geprügelt worden. Ich fühlte mich betroffen. Diese Frauen waren sehr sensible, fein wahrnehmende, liebende Frauen im Grunde. Keine Oberflächlichen. Eine »Patientin« kam: »Ich bin eine gute Hausfrau – eine gute Mutter – kann gut repräsentieren – wer hat mich dazu gemacht? Ich wollte das nicht!« mit all ihrer zur Verfügung stehenden Wut. Sie kam wegen hartnäckiger Schlafstörungen. Ich kam zu dem Schluß, in meinen Augen sei sie »gesund«. Ich würde gerne einen Tee mit ihr trinken; aber »behandeln« könne ich sie nicht. Ich sähe gute Gründe, die sie nicht schlafen ließen, aber wenig neurotische Fehlverarbeitung. Ich war selber konsterniert. Meine ärztlichen Kollegen hatten viel Grund zur Neurose gefunden. Mir war sie völlig einfühlbar.

Aus einem Vortrag von Bruno Bettelheim trafen zwei Gedanken:
    1. Für Kinder sei das Allerschlimmste Gleichgültigkeit und Desinteresse der Eltern. Das setze die tiefsten Wunden. Weil das Kind machen könne, was es wolle, und doch keine Zuwendung bekomme;

für alles und jedes nur Gleichgültigkeit ernte. Dagegen bliebe ihnen bei Eltern mit noch so strengen und starren Erziehungsvorstellungen immer noch eine Möglichkeit, gemocht zu werden, indem sie sich nach den Vorstellungen richteten.

Ich dachte an meine Mutter; wie sie Kinder anstrahlen konnte, wenn sie ihr gefielen, wenn vermutlich ein Teil ihrer Bedingungen dazu erfüllt war. Gleichgültig war sie ganz und gar nicht. Und in einem solchen Haß, wie die meisten meiner analytischen Umgebung mochte ich nicht verharren.

2. Alle Kinder – auch schwerstkranke – seien im Verlauf einer Therapie zu einer Versöhnung mit ihren Eltern gekommen. Auch mit den allerschwierigsten Eltern. Wenn sie noch im Haß steckten, sei auch die Therapie noch nicht gelungen. Analysierte und Analysanden aus meinem Umkreis schienen nie Frieden zu schließen; am wenigsten mit ihren Müttern.

Nach einer Fernsehsendung war ich völlig ruiniert: Ehemalige Suchkinder, Findelkinder waren heute interviewt worden: Viele hatten ihre Familien nie wieder gefunden, die meisten nie einen Elternteil kennengelernt, von vielen war nichts oder nur ein ganz bißchen an Herkunft (Gegend, Nationalität, Milieu) bekannt. Diese Suchkinder waren ja nur besonders Ausgeprägte des Kriegsjahrgangs wie ich, Kriegskinder in Reinkultur. Bei anderen waren die Väter irgendwann wieder gekommen; die auf der Flucht, bei Evakuierung, im Luftschutz verlorenen Verwandten wiedergefunden; Trennungen durch Bomben vorüber, der familiäre Rahmen meist bekannt. Mindestens gibt es Fotos von Vätern, Müttern, anderen Verwandten; mindestens kursieren Geschichten über deren Eigenheiten, denen ein Kind ähnlich werden kann, mit denen es sich in eine bekannte Tradition verwurzeln kann. Von diesen ehemaligen Suchkindern kam – einheitlich und einfach zum Weinen – eine weiche, traurige Sehnsucht; eine liebevolle Sorgfalt und ernsthafte Verantwortung ihren (neuen) Familien gegenüber; eine vage Unsicherheit über sich selber. Zum Beispiel hatte ein Vater als Dreijähriger als Herkunftsindiz nur eine Geschichte von einem Pferd mitgebracht; in einem Dialekt, der an ostpreußisch erinnerte. Sein Sohn wurde aber dunkelhaarig: also stammte er vielleicht doch mehr von der polnischen Grenze oder weiter aus dem Süden. Vielen schien unsicher und nicht vorhersehbar, was sich aus ihnen und ihren Körpern entwickeln würde. Eine in Rußland aufgewachsene, nicht Verheiratete, hatte erst vor einigen

Jahren ihre Familie in der BRD gefunden und lebte jetzt bei ihr. Sie wirkte sehr liebevoll und ging mit ihren Eltern wie mit Kostbarkeiten um. Eine Frau erzählte über ihren Mann; manchmal verstünde sie ihn nicht; aber schließlich wisse man ja auch nicht, woher er gekommen sei. Er guckte dazu weh und hilflos. Jeden einzelnen hätte ich am liebsten in den Arm genommen, ein Nest gebaut; eine wehe Sehnsucht umgab alle; sie wirkten besonders sensibel und ernsthaft; im übrigen nicht anders als andere.

Wirklich versöhnlich mit mir, meinen Schwächen, Stärken und Eigenheiten hat mich das Buch »Familienkonstellationen«, Toman gemacht. Nach dem Ende meiner Analyse habe ich es während einer Erkrankung (Gehörgangsentzündung) gelesen. Ich konnte nicht mehr hören und lag mit Schmerzen im Bett. Das Lesen begeisterte mich zum Teil, wühlte aber auch auf und erschütterte. Vieles stimmte genau, machte traurig, bestätigte aber auch. Trotz allem schien ich eine typische jüngste Schwester von Brüdern. Mitten im Buch wurde ich immer aufgeregter, unruhiger, fühlte mich verletzt, auch verstanden, und mochte nicht mehr weiterlesen. Der zweite Teil machte aber wieder ruhig; manches an mir hatte ich eben einfach zu realisieren, einzuberechnen; manche Empfindlichkeiten, Schwächen und Stärken hatte ich eben. Manche Vorlieben, über die ich gegrübelt und sie analytisch aufzufieseln versucht hatte (z. B. die Nähe von wichtigen Männern) konnte ich bei anderen Schwestern auch sehen. Sie waren einfach typisch, und bei einer solchen Konstellation zu erwarten. Wenn die Sonne von links scheint, wächst eine Pflanze meistens auch nach links; sofern die Sonne ihr wohltut.

En miniature hatte ich Empfindungen beim Lesen, wie sie während einer guten Analyse zu erwarten wären: Aufgewühltsein, Unsicherheit, einigermaßen objektive Sicht der eigenen Person mit Konstatieren von Schwächen und Stärken, Versöhnung. Sehr viel von mir, meinen Schwierigkeiten und Fähigkeiten konnte ich so erklären; ich mußte mich nicht wundern oder ärgern. Der Autor schrieb in einem wirklich toleranten, von Vorurteilen freien Ton, allenfalls belustigt; er beobachtete, war offenbar niemandem, keinem Typ gegenüber feindselig. Vielleicht war so etwas mit wohlwollender, wertfreier Analyse gemeint.

Wenn ich diese familiären Gesetzmäßigkeiten gekannt hätte, meine Umweltbedingungen – ich glaube nicht, daß ich mich so total in Frage gestellt hätte.

Möglicherweise hätte mich auch das Wissen um meine Kritikar-

mut größeren Brüdern gegenüber vor zuviel analytischer Zuversicht bewahrt.

Unangenehm war mir: »Sie ist meistens alles, was ein Mann sich konventionell von einer Frau vorstellt...« Darüber hatte ich mich lange geärgert. Auch wenig gewaschen und in dunklen Farben wirkte ich eher gepflegt, »Meister Proper« hörte ich in einer Gruppe. Zum Aushorchen eines Ordinarius hatten mich Berliner Bekannte mitgenommen, weil ich so ordentlich wirkte. Daß ich auf der DDR-Strecke an den Grenzübergängen selten kontrolliert wurde, hatte mich gekränkt; mit einer kämpferischen Freundin im Auto war das schlagartig anders.

»Ihre Arbeitsfreude und sachliche Einsatzbereitschaft im Berufsleben sind eher durchschnittlich« kränkte; allerdings konnte ich »einem ehrgeizigen Mann zuliebe« auch so werden. Immerhin war es möglich, daß ich intensiv arbeiten konnte. »Für einen Mann, den sie liebt und Grund hat zu lieben, tut sie alles.«

Daß ich von mir aus zu wenig wirklich eigene Interessen hatte, mich viel zu sehr nach Männern richtete, hatte mich oft betroffen; zuletzt durch die sehr scharfe Kritik eines analysierten Freundes. »...wie sie überhaupt dazu neigt, sich dem Leben und den beruflichen Interessen eines oder mehrerer Männer anzupassen... Kulturelle und geistige Interessen entwickelt sie eher in Anlehnung an die Brüder oder Männer überhaupt, als aus eigenem Antrieb...«

Interesse an Politik hatte ich nur durch einen Artikel meines einen Bruders bekommen; ich weiß nicht, ob ich sonst überhaupt die Argumente in mich aufgenommen hätte. Während des Studiums hatte ich mich eine Weile für Endokrinologie begeistert. Ich wollte Frauen jung und vital erhalten, über Hormone. Was mich dann unter anderem davon abgehalten hatte, war, daß ich den ganzen Tag im Labor mit Reagenzien zu tun gehabt hätte, und, je besser und spezialisierter, dann vielleicht einen Diskussionspartner in Japan, den USA oder Finnland gehabt hätte, aber keine anregenden Männer in der Umgebung. Ich stand sprachlos vor der Energie und dem Schwung, mit dem eine Freundin mit den leblosen Reagenzgläsern umging. So ein sachliches, losgelöstes Interesse fiel mir schwer. Ich hatte Angst, in dem menschenleeren Labor ganz lahm zu werden.

Meine Schlampigkeit mit Geld hatte mir immer wieder ein schlechtes Gewissen gemacht. Als Medizinalassistentin hatte sich mein Konto im Prinzip um Null bewegt. Als die Banken Kredit in Höhe des dreifachen Bruttogehaltes gaben – ohne Antrag, einfach zu

überziehen –, blieb ich dann ungefähr in dieser Höhe im Minus. Mit vollem Assistentengehalt vermehrten sich meine Ausgaben stillschweigend so, daß jetzt das dreifache volle Gehalt im Minus stehen konnte. Höchstens stand mein Konto auf Null. Tatsächlich hatte mich dies nie beunruhigt. Ich staunte eher über andere: eine Medizinalassistentin hatte sich während der zwei Jahre einen neuen Volkswagen zusammengespart. Andere hatten Bausparverträge, Lebensversicherungen, Prämiensparen, Aktien. Ab und zu bekam ich ein schlechtes Gewissen und fand mich kriminell. Aber es machte mir auch nichts aus, Geld zu verleihen. Irgendwie schien ich nicht den richtigen Sinn dafür zu haben. An sich wollte ich irgendeinem sinnvollen Projekt Geld abgeben. Schließlich lebten von einem Gehalt wie meinem ganze Familien. Es gelang mir aber nicht, wirklich regelmäßig zu sparen. »Materieller Besitz bedeutet ihr nicht viel«, tröstete mich da. »Ihr geliebter Mann ist ihr größter ›materieller Besitz‹.« Ich mußte mir keine so großen Vorwürfe machen, wenn andere jüngste Schwestern auch so waren.

Versöhnlich wirkte: »Wenn sie besondere Talente hat, bringt sie diese nicht unbedingt zur Entfaltung und praktischen Anwendung.« Das hatte ich immer wieder gehört; und mir Vorwürfe über mangelnde Initiative gemacht. Mit Malen, Sprache, meinen Händen habe ich Begabung, hatte man mir gesagt; aber de facto war mir dies ziemlich egal. Nur später hatten mich Theorien über Unterwerfung, mangelndes Rivalisieren, Angst, Vater oder Mutter oder Brüder zu übertreffen und mich deshalb nicht voll realisiert zu haben, beunruhigt und gekränkt.

»Im Beruf kommt es ihr nicht auf die Verwirklichung hoher eigener Ziele oder auf ihre Selbstverwirklichung an. Wichtiger ist ihr, daß sie tun kann, was ihr Freude macht, oder daß sie in der Gesellschaft geschätzter Männer . . . arbeiten darf.«

Tatsächlich war mir die Nähe von Interessanten sehr wichtig gewesen. Überzeugt von Psychoanalyse hatten mich in Wirklichkeit Freunde. In der Oberprima hatte mir ein Freund meines Bruders Freud empfohlen; und als ich ihn wirklich las, hatte mir das ein anderer Freund wieder geraten. Mit ihm hatte ich dann darüber telefoniert. Er war begeisternd, und die Leute an der Klinik, um die ich mich dann bemühte, auch.

Allein das hätte vermutlich für mich zur Berufswahl gereicht. Vielleicht hätte ich gar nicht nach der tiefen, motivierenden Störung fahnden müssen. Möglicherweise hätte ich mich auch für Proktologie

oder irgendeine komische Spezialisierung begeistert, wenn ich dort Interessante getroffen hätte; Leute mit intellektuellem Charme.

Klärend war: ». . . ihre Freundinnen neiden ihr . . .« Ich hatte mir oft Vorwürfe gemacht, welche Aggression ich in meine bewußt freundlichen Empfindungen hineingepackt hatte, so daß sie so reagierten.

»Sie fasziniert Männer nicht nur flüchtig . . ., sondern nachhaltig.« Dies war oft ein Konfliktpunkt gewesen. Es war mir natürlich, mit alten Freunden weiterhin zu rechnen. Er hatte gefragt, woher ich meine Sicherheit nehme, noch auf sie zählen zu können, nach langer zeitlicher Unterbrechung. Ich hatte mich gewundert über seine Zweifel; dann auch mein Vertrauen reduziert. Ein anderer Analytiker hatte mir mit superneutralem Gesicht gesagt: »Sie haben es leicht, jemanden für sich zu gewinnen«, als ob ich über einen besonderen Trick verfügte, den er aber durchschaut hatte.

Es war auch klar gewesen, daß ich auf Grund meiner Schuldgefühle, meiner sexuellen Ängste und ödipalen Problematik ausblenden mußte, nicht realisierte, nicht wahrnahm, wenn mich jemand mochte, liebte, begehrte. Tatsächlich hatte mich das oft überrascht. »Es geschieht aber mehr im stillen oder jedenfalls ohne großes Aufsehen . . . keine femme fatale.« Ein Analytiker hatte mir Vorwürfe gemacht darüber, daß ich zu wenig aus meinen Erfolgen mache, daß ich doch viel Echo habe, dies aber gar nicht auffalle; hatte es mir als meine Neurose gedeutet, im Hintergrund zu bleiben als »dienende Magd« und so nicht adäquate soziale Anerkennung für meine Erfolge zu bekommen; ich hatte wohl intellektuell verstanden, aber nicht darunter gelitten. Mit meiner Indifferenz (Abwehr, Unterordnung . . .) darüber stand ich offenbar auch nicht allein (». . . weniger darauf einbildet als andere Mädchen.«)

Auch meine intensiven Reaktionen konnte ich nachlesen: »Verluste können sie tief erschüttern. Unter allen Leidtragenden . . . scheint sie die am meisten Betroffene . . . Sie leidet und trauert mit großer Hingabe . . . Sie drückt sozusagen freimütig aus, was andere ebenfalls empfinden . . .« Ich mußte mich nicht wundern, warum mir vieles »so nah« ging. »Gelegentlich kann ihr Leid . . . so groß sein, daß auch Tröstungen der anderen nichts helfen. Sie will dem geliebten Toten nachfolgen. Nicht durch Selbstmord, sondern durch stille Lebensverweigerung . . . aus der Welt ›welken‹.« Ich hatte immer Achtung vor Selbsttöten gehabt; ich wäre eher deprimiert liegengeblieben; lahm geworden.

Auch meine mangelnde Führungsfreude, meine geringe medizinische Karrierelust betraf mich nicht alleine: Berufe wie »Sekretärin, Arzthelferin, wissenschaftliche Mitarbeiterin, bewundernde Gefährtin eines Künstlers, als Schauspielerin williges Instrument eines eigenwilligen Regisseurs« ergreifen solche Schwestern häufiger. Wenn sie immer hinter großen Brüdern hergedackelt sind, in kritikloser Bewunderung, prägt dies wohl. Das mußte ich wohl sehen.

Ich hatte relativ viel geschenkt bekommen; auch ein ganzes schönes Auto. »Dabei fließt er ihr (materieller Besitz) oft großzügiger zu als anderen. Schon ihre Brüder achten meist darauf, daß ihr nichts fehlt.« Das hatte ich als infantil gesehen; mir Vorwürfe über meine mindere finanzielle Unabhängigkeit gemacht. Tatsächlich hätte ich aber praktisch immer jemanden gehabt, von dem ich mir hätte leihen können, und der mir ausgeholfen hätte.

Zufrieden machte mich: »Sie kann nachgeben, ohne unterwürfig zu sein. Sie ist eine gute Kameradin, einsatzbereit und hingebungsfreudig, wenn jemand, den sie schätzt oder liebt, das verlangt.« ». . . für einen Mann, den sie liebt und Grund hat zu lieben, tut sie alles. Dann machen ihr auch sachliche Enttäuschungen nichts aus.« ». . . von allen Mädchen trifft sie am ehesten den für sie richtigen Partner. Sie weiß, was sie als Frau haben möchte, ist aber in allem anderen anpassungsfähig.«

»Ihre beste Wahl wäre im allgemeinen ein ältester Bruder von Schwestern . . .«: wirklich kannte ich fast nur solche. Mindestens waren meine Freunde älteste Brüder; fast alle hatten mindestens eine jüngere Schwester. Ich hätte eine Landkarte machen können von älteren Brüdern. Auch die gewesenen Konfliktpunkte stimmten: »An einem jüngsten Bruder von Schwestern würde sie die Führungs- und Verantwortungsfreude vermissen, an die sie von ihren Brüdern gewöhnt ist« – das hatte ich bemängelt, und er vice versa an mir. Bei einem ältesten Bruder von Brüdern erlebt sie »allerdings zu ihrem Bedauern oft, daß er sie nicht nehmen kann, wie sie ist. Er will zuviel an ihr herumerziehen« – das kannte ich mehrfach. Älteste Brüder hatten einen Zauber für mich, aber die ohne Schwester mäkelten so viel. »Relativ am ungünstigsten wäre für sie ein jüngster Bruder von Brüdern oder ein Einzelkind . . .«: das kannte ich gut; hatte meine Beschwerden oft anderen nicht glaubhaft machen können.

Ich war relativ typisch, häufig; obwohl solche Eigenschaften nur ausgeprägt sein sollen ohne frühe Verluste und ohne Kriege. Da aber auch meine beiden Brüder so typisch waren – mußten wir doch ir-

gendwie relativ unversehrt aufgewachsen sein. Diese Familie konnte so krank nicht sein.

Auch die Ehe meiner Eltern, die Kritiklosigkeit meiner Mutter meinem Vater gegenüber, schien jetzt glaubhaft: als jüngere Schwester eines Bruders und älterer Bruder einer Schwester waren sie eine günstige Kombination.

Ich war eine typische Jüngste; meine Schwächen und Stärken hatten auch andere, ich war normal, keine Ausnahme, und damit wohl auch nicht so über die Maßen neurotisch verbogen. Zumindest nicht wesentlich mehr als andere, die unter ähnlichen Umweltbedingungen, in dieser Gesellschaft, aufgewachsen waren.

Verletzend war gewesen, daß fast alles unter negativem Aspekt gesehen worden war, daß ich mich für vieles krank, fixiert, verknäult in frühe Beziehungen gefühlt hatte.

Es mag wohl sein, daß Geschwisterbeziehungen nicht ausreichend erforscht sind, daß die typischen Rollen sich unter reichlich psychischem Elend notgedrungen so ausbilden, so erzwingen, in Kleinfamilien im Kapitalismus.

Nur sind manche Eigenschaften eben unter üblichen Umständen häufig und nicht zum Oho-Schreien. Zunächst einmal wäre es bei mir um Erkennen gegangen. Bei einem Ostfriesen ist es unnötig, in ungläubige Verwunderung über Haarfarbe oder Körpergröße auszubrechen, nachzuprüfen und zu grübeln, ob er wirklich so groß und echt blond ist; das ist in der Gegend einfach häufig. Irgendwann sollte es möglich sein, den eigenen, inzwischen einigermaßen festgelegten Typ wahrzunehmen und zu Eigenheiten zu stehen, die sich schwer grundlegend ändern lassen, wenn dies auch mit Anstrengungen möglich wäre.

Ein regelrecht Analysierter erzählte, daß er lange an einer Deutung herumgerätselt habe, die er in der Stunde nicht verstanden hatte. Als er schließlich nach Jahren seine Analytikerin fragte, hatte sie sie vergessen, konnte sich auch mit Anstrengung nicht erinnern. In ihm saß es aber und blieb eine Frage, und seine hilflose Wehmut war lebensfrisch.

Ich konnte ja froh sein, wenn ich mich überhaupt an eine Deutung erinnerte; wenn sie nicht einfach in der Tiefe bohrt und frißt und schädigt.

Danach

Das Schlimmste war und ist der fundamentale Zweifel in fast alles an mir, Gefühle, Urteile, Gedanken, an Vernunft. Vor allem der Zweifel, ob ich doch nicht eine geheime schwere Krankheit hätte, eine »tiefe, frühe Störung«, oder ob »am Rande der Psychose« oder ähnliche, mir nie explizit mitgeteilte Verdachtsdiagnosen, auf mich passen.

Durch den leisen, erst langsam bemerkten Aussätzigenstatus wurde meine Ungewißheit noch verstärkt. Kollegen waren verunsichert, sahen mich wirklich mißtrauisch an. Dazu kam meine reale Unsicherheit, potenziert durch die Wahrnehmung der Ängstlichkeit und des Zweifels der anderen. Als ich zu Beginn meiner Analyse, in der ersten Euphorie, in der ich noch vieles begeisternd fand, Kollegen traf, die laut Gerücht einen oder gar mehrere Analytiker »verbraucht« hatten, bis sie einen für sie passenden fanden (jemanden, der die »schwere Störung behandeln« konnte), habe ich diese auch mit verächtlichem Mißtrauen wie Verrückte angeguckt. Ich konnte es jetzt nicht einmal übelnehmen. Zweifel, oder nur nicht ganz so himmelstürmende Erwartungen nur anzudeuten, ist ähnlich frustran und auf heftige Ablehnung stoßend, wie einen frisch Verliebten auf Makel an der Auserwählten hinweisen zu wollen. Schlimm ist der Zweifel, die Unklarheit. Alles verschwimmt, Andeutungen, Verdächte von anderen bekommen ungebührliches Gewicht. Unter dem Gruppendruck, der schon allein von den in Analyse ihre große Therapie Erhoffenden ausgeht, wird vieles gewichtiger, als es unter »normaler« (nicht in Analyse befindlicher) Umwelt wäre.

Das Argument – Sie sind nur zu verunsichern, weil sie selber die Zweifel auch haben – trifft nicht alles und wird oft überstrapaziert. Schließlich gibt es ausreichend Experimente, die die Beeinflußbarkeit unter Autoritätsdruck, Gruppendruck usw. zeigen. Wenn man nur ein bißchen gutwillig, kooperativ in der Analyse ist, ist man ja nur zu geneigt – schließlich ist dies ja der Sinn – persönliche Faktoren zu sehen. Die äußere Realität hat ja – üblicherweise jedenfalls – eine untergeordnete – und wenn einmal übergeordnete, so uninteressante – nicht eigentlich dahin gehörige Bedeutung.

Es ist wirklich schwer beschreibbar widerwärtig, mißtrauisch, ob nicht ganz erheblich krank bis »verrückt«, betrachtet zu werden. Darauf kann ich mich nicht vorbereiten; ich kann die Worte, die Witze auf ein Minimum reduzieren; auch das wirkt dann wieder auffällig. Und einfach so zu sein, so loszulegen, wie mir gerade ist, wird ja auch mißtrauisch beurteilt. Speziell unangenehm war das Unausgesprochene; daß ich genau ihr Mißtrauen gespürt habe, daß aber niemand es mir gegenüber zugegeben hat. Wenn man mir gesagt hätte, »Sie sind zu depressiv, – zu undifferenziert, – zu wenig empathisch, – zu krank in irgendeiner Weise, Sie würden einigen Patienten nicht gut tun«, oder dergleichen, hätte ich das wohl verstehen, zumindest als logisch annehmen können. Die Unklarheit, das nie Aussprechen einer Diagnose zugunsten einer ganz großen Ungewißheit war am schlimmsten.

Auch jetzt habe ich noch Angst, wirklich die Wut, die Verzweiflung, die Gequältheit, das Unglück, die Hoffnungslosigkeit aus mir herauszubringen, da ja obere Analytiker dies lesen könnten, irgendwo eine Fehleinschätzung entdecken und mir das wieder als Beweis meiner Störung interpretieren könnten; etwas, wogegen ich machtlos bin.

Dieser Zweifel war nicht in mir. Ich betrachte ihn als ein Kunstprodukt. Das nützt aber nichts; d. h. es schützt mich nicht vor fundamentalen Zweifeln; auch nicht, wenn ich mir vergegenwärtige, daß früher – in der Schule, im Studium, bei den Aufnahmeinterviews, während der Arbeit unter Kontrolle von reichlich erfahrenen Analytikern – nichts wirklich etwas ernsthaft Beunruhigendes sich gezeigt hatte; daß das Echo von Patienten so war, daß ich damit zufrieden sein konnte (ich meine, daß am ehesten sich Schwierigkeiten bei diesen Hochsensiblen auswirken würden) – der Zweifel ist da, sobald jemand an diese Wunde rührt. Es ist etwas anderes, »Schuldgefühle« ihm gegenüber zu realisieren, von ihnen zu reden, als sie wirklich zu vermindern. Während des Schreibens habe ich mir immer wieder zu versichern gesucht, daß ich keinen Anlaß zu Scham, Schuld habe, daß mit mir verantwortungslos, blind, affektiv, ohne Sicht eigener Grenzen umgegangen worden sei. Das hatte mich auch immer wieder überzeugt. Nur an Stimmungsschwankungen merke ich, daß ich doch wohl ein vehementes Potential an Schuldgefühlen in mir habe, zumindest zum Verschieben auf andere Personen parat. Über einen spontanen verärgerten Brief an einen Freund gerate ich nach dem

Abschicken in Vorwürfe, finde mich ein liebloses Aas, nicht fähig zu irgendeiner konstanten Beziehung, egozentrisch, unfähig zu Versöhnung, Abstraktion, Abgeklärtheit, aus persönlicher Verletztheit zurückschießend, so daß ich am liebsten alles aufgeben möchte und an allem in mir zweifele. Solche Gefühle überfallen mich, und ich kann mich schwer aus ihnen hervorholen. Wenn noch irgend jemand zusätzlich leise Kritisches über mich äußert, bin ich überzeugt und fühle mich gerichtet; und ich kann mich einfühlen, daß andere ihre eigene Schlechtigkeit nicht haben aushalten können. So jemand ist ja wirklich nicht berechtigt, andere mit sich zu belasten. Mit meiner inneren Bosheit stifte ich ja nur Unfrieden, Zank, Haß. Ich muß mir dann mühsam wieder Bestätigung von außen holen. Oft bin ich dazu zu resigniert. Gut wirken Säuglinge; sie können sich meistens noch etwas von mir holen, beruhigen sich.

Zum Glück hatte ich einige wichtige, mich überzeugende Bekannte. Ich weiß aber nicht, wie ich ohne sie so vehementen, mich lähmenden und überschwemmenden Stimmungen aushielte. Ich staune über andere, die ohne Freunde solche Schuldgefühle überleben.

Ich kann mir auch immer wieder sagen, daß ich jahrelang abgelehnt und als nicht zu Liebende angesehen und behandelt worden bin, und daß so etwas wohl Spuren hinterläßt – das ändert aber noch lange nicht meine Einstellung zu mir. Ein Bekannter bekam per Telefon eine Wut, als er merkte, welche tiefen Zweifel ich habe; auch, diesen Beruf überhaupt je wieder auszuüben; das heißt, Patienten meiner Bosheit, Lieblosigkeit auszusetzen; Bedenken, die mir allen Mut nehmen.

Zwei Jahre nach Analysenende habe ich nur noch selten Angstträume, die mich resigniert und zerschlagen aufwachen lassen und erinnerten an eine absolut gräßliche Zeit, deren Erwähnung mich je nach Ausgangslage in gelähmte Resignation oder mörderischen Zorn brachte. Das Gefühl, völlig zerstört, devitalisiert, gründlich unfähig zur Liebe, Zärtlichkeit zu sein, verblaßt langsam zu einem bösen Alptraum. Meine Lebensgeister, mein Selbstbewußtsein kann es auflösen, mich entleeren.

Das depressive und vorwurfsvolle Rinnsal, das sich eine Weile in fast alle Beziehungen mengte, die im entferntesten an Analyse erinnerten, ist fast verschwunden. Öfters habe ich mich bei Freunden entschuldigt wegen meiner mißtrauischen Distanz; dies konnte ich

aber erst, als ich das verstanden und ein bißchen verdaut, zumindest angedaut hatte. Ich komme noch in Alarmstimmung, werde kämpferisch, bin auf der Hut. Nach solchen Kontakten bleibt dann ein fades Vakuum in mir, das ich nur langsam durch irgendwie liebende äußere Zufuhr wieder füllen kann. Meine Wärme geht da kaputt.

Für Verständnis bin ich dankbar geworden; registriere es als etwas Außergewöhnliches, das mir zustößt. Einmal hatte ich von Analyse geträumt, erinnerte nur unklare Fetzen, saß mitgenommen beim Frühstück: »Du siehst so wund aus« – ich fing wie auf Knopfdruck an zu weinen, daß ich ohne Diskussion, ohne Verbalisieren, verstanden wurde. (»*Sie* müssen sich verständlich machen – woher kommt es, daß Sie so leicht mißverstanden werden?«)

Ich bin darauf eingestellt, Überlegungen, Gedanken, Ideen, Stimmungen für mich zu behalten, *alleine* zu durchdenken, sie vor Mißinterpretation zu schützen, mich zu wappnen, abzusichern. Es überrascht mich, wenn eine Anregung von außen mich weiterbringt, zu tieferem Verständnis beiträgt. Ich merkte, daß ich fruchtbares Diskutieren aufgegeben hatte. Das Leben war nicht so isoliert, so schwierig gewesen, früher. Ich beobachte mich jetzt oft präventiv zuschlagend, um mir einen Freiraum zu schaffen. Eine vielleicht lebenstüchtigere, aber nicht sonderlich liebenswerte Veränderung.

Mich trifft, wenn mir jemand – mit und ohne leisen Vorwurf – erzählt, wie mitgenommen mein Analytiker aussehe. Dann falle ich wieder in alle Tiefen, alle Zweifel, ob ich nicht doch etwas ganz Schlimmes, Schlechtes, Böses, Zerstörerisches in mir habe. Er ist doch ein Unauffälliger, gar nicht so strenger, oder Orthodoxer. Wieso habe ich ihn so mitgenommen? Blaß, farblos gemacht? Wieso zu einem, mit dem manche Mitleid bekommen? Das war doch früher nicht so. Bin ich doch so schlimm? Er ist doch sonst anerkannt, auch als unkonventionell. Wieso meine ich immer wieder, an einen so Grausamen, Unerbittlichen geraten zu sein? Wie ist es denn gekommen, daß ich meine, unter ihm gelitten zu haben? Stimmt das vielleicht alles gar nicht? War nicht letzten Endes *er* doch der Leidtragende? Habe ich ihn so zerstört? Ihn, mit dem ich weich und milde hätte umgehen sollen? Bin ich vielleicht doch eine, die keinen Mann leben läßt? Die nicht eher ruht, bevor sie ihn nicht zerstört hat? Vor allem so einen; freundlichen, harmlosen. Sinngemäß, atmosphärisch, höre ich das immer wieder. Und es aktiviert alle schlimmen Ängste. Besonders, wenn es mir in freundlichem Kontext oder neutral fra-

gend angetragen wird. Dann könnte ich nur heulen. *Mir* hört niemand zu. Ich bin auch noch verantwortlich jetzt für ihn, sein blasses Äußeres. *Mir* glaubt kaum jemand; und ich kann es schon kaum noch glauben, wenn jemand mich wirklich ernstnimmt, mir statt mit diagnostizierenden, mit verstehenden Augen zuhört. Und schuld bin ich dann vielleicht auch dann. »Wie konntest Du Dir denn einen solchen aussuchen?« Meine Wahl scheint meine geheime Strategie zu beweisen. »Du bist doch eine Ästhetin! Der paßt doch gar nicht zu Dir!« Als ob es eine wirkliche Wahl gewesen wäre. Außerdem war mir nie besonders wichtig gewesen, ob Männer gut aussehen; ich fühlte mich mehr von intellektuellem Charme angezogen. Meinte ich jedenfalls.

Die Verbundenheit hört einfach nicht auf; ich werde angesprochen auf ihn; fühle mich für seinen Allgemeinzustand verantwortlich gemacht; ernte Vorwürfe, wenn ich immer noch nicht versöhnt bin; er scheint ein Hinweis für meine Störung, meine neurotische Destruktivität. Meine Malignität.

Zufällig merke ich manchmal, welches stille Leiden, Dulden, Ertragen, Aushalten ich mir angewöhnt habe: Ein Theaterstück fand ich nach den ersten zehn Minuten banal, formal ungekonnt, und durch beziehungslose hektische schlecht gespielte Dialoge quälend kühl; eine widerliche Atmosphäre. Früher wäre ich dann einfach gegangen. In der Tanzstunde, während der Schulzeit, war ich auch nur mit solchen ins Kino gegangen, die gegebenenfalls mit hinausgingen. Jetzt saß ich; anfangs verärgert, kritisch, noch aktiv; dann resignierend, wissend um meine krankhafte Reizbarkeit, meine extreme Sensibilität, meinen Problemwust, den abzubauen mir in all den Jahren nicht gelungen war, mit Anstrengung dabei, nicht so stark zu reagieren, es mir nicht so nahe gehen zu lassen, meine negativen Reaktionen jetzt nicht so ernstzunehmen, zu beherrschen; und so gesund, aufmerksam interessiert, aufgeschlossen dem Leben gegenüber, genießend, zu werden wie die anderen um mich herum. (»Warum sind Sie so verletzlich? Welche Thematik hat das Stück in Ihnen berührt? Warum wollen Sie fliehen? Welcher essentiellen Problematik weichen Sie aus? Was wehren Sie ab durch Verärgerung, Langeweile, Desinteresse? Warum geht es Ihnen so nahe? Was hindert Sie, jetzt einfach zu genießen? Die anderen können das doch auch. Was wehren Sie ab? Wovor sträuben Sie sich?« – »Ich finde das Stück aber wirklich banal, links-modisch, ohne innere Überzeugung, Schlüssigkeit, nichtssagend, Klamauk, unintelligent; es reicht doch nicht, gängige Theatertricks aneinanderzureihen – so wie die das

machen, sind die nackten Körper nicht einmal erotisch« – »Ihre strengen Normen – Ihre Überich-Anforderungen! Warum können Sie nicht genießen, warum müssen Sie sich das jetzt vermiesen?«) Das Schlimme ist, daß solches Denken fast automatisch abläuft; wie Schalten beim Autofahren; ich weiß ja, daß ich kranke, zu korrigierende Reaktionsweisen habe; anders als alle anderen.

Dagegen kann ich kaum rebellieren, weil ich es gar nicht merke. Ich sitze dann eben resigniert, könnte heulen, ertrage die Vorstellung, die mir wieder die Allmacht und Präsenz meiner neurotischen Verbiegungen unter die Nase reibt. Allenfalls versuche ich, mich einigermaßen bequem hinzusetzen, damit nicht auch noch der Körper weh tut.

An diesem Abend hatte ich Glück. Mein Begleiter fand das Stück noch blöder; wäre von sich aus schon früher gegangen, belustigt hatte ihn nur das Beobachten meines leidenden, entschlossenen Durchhaltens.

Empfindlicher, vorsichtiger, jemand nahe an mich heranzulassen, bin ich geworden. Jemanden, den ich nicht wirklich sehr mag, von dem ich mich nicht wirklich angenommen, gutartig getrachtet fühle, kann ich nur schwer in meiner Wohnung haben. Abwertende oder auch nur fragende Blicke verletzen; es liegt so viel Persönliches offen zu Tage, wenn man sich umsieht. Kühle Kritik kann mir vieles an mir vermiesen; ich habe nicht die Kraft, danach die Wohnung, ein Bild, das Objekt der Kritik noch so zu mögen wie vorher. Als sich ein ziemlich Fremder hineingedrängelt hatte, und dann kritisch untolerant sich umsah, blieb noch Stunden ein widerlicher Dunst im Zimmer; ich mußte mich erholen von seiner Ablehnung. Ich brauche dann lange, um meine Welt wieder einigermaßen schön zu finden.

Kritik kommt in mir fundamental an, sehr ernst; ich kann dann schwer meine eigenen Maßstäbe aufrechterhalten. Ich kann nicht einfach abschütteln. »Der hat keinen Geschmack, kann mir egal sein.« Andere haben mehr Gewicht für mich als ich.

Meine Analytiker sitzen in mir. Ich hatte Lust, einem Freund zu schreiben, den ich gerade nicht erreichen konnte. Fand aber nicht die passende Karte, konnte mich zu keiner richtig entscheiden (mit ihm schreibe ich fast nur Karten; das Bild sagt den Rest); schickte ihm dann einfach alle Karten der engeren Wahl (18 in einem Umschlag). Ich wußte, daß dies mein Analytiker nicht mögen würde. Was war mit meinen Ichfunktionen – mit der Realität – dem Üblichen – war

ich umtriebig – distanzlos – hyperagil – ihn überschwemmend – überwältigend? Waren 18 Karten nicht etwas viel, ungewöhnlich? Zu direkt? War mein Selbst so in Stücken, so aufgelöst und desintegriert, daß es mir nicht möglich war, mich in einer kompakten Karte adäquat auszudrücken?

Solche Gedanken sind Quatsch; denn mein Analytiker hat sich nie dazu geäußert. Ich bin nur inzwischen selbständig geworden, autark, kann so denken, ohne ihn noch hinter meinem Hinterkopf sitzen zu haben. Mich dagegen zu verhalten, kostet Mut und Kraft. Der Freund hatte gelacht, sich gefreut und eine kahle Wand beklebt.

Häufig finde ich in mir die Überzeugung, daß ich eine belastende Nervensäge bin, daß ich von Glück oder minderem Durchblick reden kann, wenn mich jemand nicht als solche empfindet. Wenn ich bei Bekannten war, den Abend schön gefunden habe, mich wohl gefühlt habe, bin ich später in keiner Weise sicher, daß sie ähnlich empfunden haben. Ob ich sie nicht doch gestört habe? Lästig war? Sie sich nur nicht getraut hatten, mich abzuwimmeln? Mißtrauisch und ängstlich warte ich ihre Reaktion ab; zögere, einfach anzurufen oder direkt mitzuteilen, daß ich es schön gefunden hatte bei ihnen. Wenn ich doch spontan freundliches feedback bekomme, atme ich erleichtert auf; ich bin ihnen *nicht* zu nahe gekommen, sie haben *nicht* unter mir gelitten, ich habe sie nicht emotional ausgenutzt, ausgelaugt; nicht mit meinem lieblosen, bösartigen Kern geschädigt; mit meinem konflikthaften Wesen, meiner beziehungslosen Egozentrik, meinem hassenden, bösen, zerstörenden Grundcharakter.

Im Grunde überrascht es mich immer wieder, wenn Menschen mich einfach so mögen; daß ich keine Landplage bin.

Es kann befremden, wenn ich vorsichtig wittere, wie ich wohl auf den anderen gewirkt habe. Ein Freund schimpfte, warum ich denn wie ein wundes Reh gucke; so ein Abend sei doch gar nicht so immens wichtig; es sei ihm lästig, zu verantwortungsvoll, wenn sein flüchtiges, nicht besonders überlegtes Urteil bei mir in alle wunden Tiefen fiele. Selbst wenn ich wie eine blöde Pute auf ihn gewirkt hätte, müsse doch deshalb nicht meine gesamte Welt zusammenbrechen? Wo denn mein eigenes Urteil bliebe? Dann fühle ich mich ganz, ganz anders als andere; in der Tiefe zerstört, nebulös, ohne wirkliche Substanz, ohne wirkliche Hoffnung, daß sich das einmal wieder ändern könnte, und möchte mich heulend verziehen.

In gewisser Weise bin ich »weiblicher« geworden; milder, verständnisvoller für Männer meiner Umgebung; inaktiver, unengagier-

ter, unpolitischer, ängstlicher. Ich traue mich ja nicht mehr, spontan einen Politiker einen schwachsinnigen, verantwortungslosen, impotenten Idioten zu finden; die Wucht meines Ärgers offenbart ja nur meine intellektuellen Größenphantasien, meine Kastrationstendenzen, meine infantile Sehnsucht nach verantwortungsvollem Vater, und so fort. Ich stehe perplex oder ohnmächtig wütend vor der Robustheit, mit der manche Lügen vertreten, ihren notwendigen Rücktritt verzögern, ungeniert korrupt sind, und denke gleichzeitig: Bin ich nicht in Wirklichkeit neidisch auf sein dickes Fell? Auf seine Standfestigkeit, mit der er ganz durchsichtige Lügen um seiner Karriere willen, und oder des Parteiinteresses willen, vertritt? Auf seine Ungeniertheit, Skrupellosigkeit? Bewundere ich nicht eigentlich das und wehre mit meiner Wut meine eigenen Neigungen ab?

Eine kleine autonome Kastriermaschine habe ich in mir; mir erworben, erarbeitet; sie stutzt meine Affekte, Ideen, Gelüste auf das rechte Maß. (Das meinen Analytikern rechte – deren Analytiker rechte? – deren Vater/Mutter rechte??)

Nach den sechs Jahren habe ich das Gefühl, menschlich unter einer Käseglocke, Glashaube gewesen zu sein. Kontakte vorher waren vitaler gewesen; nicht so verdünnt, distanziert, vorsichtig, spielerisch, reflektiert. Während Analysepausen konnte manchmal etwas von früher zurückkommen; Gespräche konnten dann wieder wichtiger, besser werden; ich hatte ja dann auch echten Bedarf.

Es ist fremd, verunsichernd, wieder völlig verantwortlich für mich zu sein; ohne die Entschuldigung im Hinterkopf: meine Gereiztheit, schlechte Laune, Niedergeschlagenheit, Empfindlichkeit, Fröhlichkeit hängen mit meiner Analyse zusammen. Daß ich jetzt selber und total für mich zuständig bin. Daß ich mich ganz ernst nehmen kann und muß. Eine Bekannte (in Analyse), über die ich lachte, als sie von kribbeligen Gefühlen beim Schwimmen neben ihrer Freundin erzählte, antwortete (völlig im Ernst), dies sei jetzt noch zu früh, das komme später in Bearbeitung, jetzt sei noch nicht die Zeit für Homosexuelles, soweit sei sie noch nicht. Diese Argumentation war mir geläufig; so ungehemmt ausgesprochen hatte ich das wohl nicht, mich aber so verhalten. Nur nicht jetzt, und selbständig, und ohne Erlaubnis durchdenken, damit in Kontakt kommen. Dafür gab es ja auch immer eine Entschuldigung; meine Ängste werden schon ihre Legitimation haben; schließlich würde ja sonst mein Analytiker deuten, sich einmischen. Wer garantierte mir aber wirklich, daß ich soviel

Zeit hatte? Daß ich solange lebe, daß ich es mir leisten kann, wichtige Erfahrungen und Entscheidungen auf die Zukunft zu verschieben? Konnte ich das wirklich? Ist es nicht auch eine stramme Abwehr, wenn ich mich darauf verlasse? Was weiß ich denn, wie meine Welt in einem Jahr aussieht? Warum soll ich mich nicht jetzt, sofort, wo ich das möchte, die Sehnsucht in mir habe, auf etwas einlassen, etwas wagen? Werden nicht so – mit dem »zu früh« – meine sämtlichen Ängste, Bremsen, Skrupel verstärkt, perpetuiert?

Ich habe jedenfalls dieses diffuse In-die-Ferne-Schieben, fast Aufheben, hassen gelernt. Es devitalisiert mich. Mit spontanen Entschlüssen, Aktivitäten, Ideen habe ich persönlich mehr Glück gehabt, war wohl dann auch mit meinem aktuellen Schwung, Hunger, Sehnen überzeugender. Die Chancen, daß daraus etwas wurde, waren jedenfalls größer, als wenn ich es durchreflektiert, von Übertragungsresten gereinigt, wiedergekäut dann schließlich mit einem Rest an Vitalität in die Tat umzusetzen versucht habe.

Ich bin es müde geworden, mich zu erklären, jemandem verständlich zu machen, der mich nicht von alleine und wohlwollend ungefähr so sieht, wie ich mich, wie ich etwas meine, wie ich es ihm vermitteln möchte.

Es macht mich gereizt und ungeduldig, und ich resigniere schnell. Stoße ich auf Staunen, Verwunderung, Ablehnung, fällt es mir schwerer als früher, einfach mit Überzeugung die rezeptiven Bremsen des anderen zu überwinden. Auch auf sachlich völlig berechtigte, nicht einmal Widerstand signalisierende, nur interessierte Rückfragen bin ich allergisch; sie machen mich leicht ärgerlich, kränken, entmutigen, erinnern und drohen zu bestätigen die Erfahrung, nicht, daneben oder mit Mühe verstanden zu werden. Eine Unbekümmertheit, Zutrauen ist kaputt.

In Diskussionen brauche ich mehr Kraft, mehr Anstrengung, allfällige Kränkungen zu verkraften, zu übergehen; bin verletzbarer, verhakele mich leichter in persönliche Querelen, bin leichter vom Thema abzulenken zugunsten meiner Verteidigung und Rechtfertigung. Nehme ich dies wieder einmal wahr – meist im Vergleich mit Robusteren –, addiert sich eine resignierende Wut, die mich auch nicht souveräner macht.

Dabei hilft die intellektuelle Einsicht des Vorgangs spontan nicht. Meine Empfindlichkeit, wunde Stelle ist da; ich habe etwas eingebüßt, soviel ich mich darüber auch ärgern mag.

Ich wundere mich immer wieder, wenn mich Leute ernst nehmen;

wenn sie meine Ansichten, meine Meinung beachten, sie in ihr Denksystem einbauen. Wie die einer Erwachsenen. Manche betrachten mich verwundert über meine Unsicherheit, die sie nicht berechtigt finden. Im Normalberuf werde ich nicht als Kleine betrachtet.

Bei Analytikern habe ich es schwer, mich als 35jährige einzubringen. Ich scheine die Kleine, die nette junge Kollegin zu bleiben; über die man sich amüsieren kann, die man vielleicht genießen, sich über ihren Schwung belustigen kann; die man aber nicht als Gleichberechtigte anzuerkennen braucht. Meine Argumente wirken lustig, witzig, amüsant, je ernster ich sie meine; versuche ich, diesen Heiterkeitseffekt durch vermehrte Intensität zu überwinden, scheine ich verbiestert, fanatisch, motiviert durch persönliche Problematik, die zu diagnostizieren und mit wissendem Lächeln zu kommentieren nicht schwerfällt. Zumindest scheint es generell kein Problem, lächelnd so zu tun, und meine Aussage nicht ernst zu nehmen.

Ich bin ja selber immer wieder verblüfft, wenn ich als erwachsene Frau wirke. Wo ich doch gelernt habe, mindestens zu fühlen gelernt habe, alle meine Gedanken und Gefühle auf Erlebnisse vorwiegend der ersten sechs Lebensjahre zurückzuführen. Auf Kindererlebnisse, Kindergefühle, Kindergedanken. Und als solche mitleidig zu belächeln. Das wäre ja nicht schlimm, wenn Kinder ernst genommen würden, so, wie es ihnen zusteht. Aber ein Teil der Kinderfeindlichkeit in der Gesellschaft hat sich eben auch eingeschlichen als Wertung mindestens in meine Analysen. Cachiert als Erheiterung, Niedlichfinden, Rührung über die Naivität.

Kindertherapeuten unter Analytikern haben ja auch ein reduziertes Image, wie Kinderärzte unter Organmedizinern; u. a. abzulesen am niedrigsten Einkommen bei durchwegs höherem Einsatz (zeitlich und gefühlsmäßig).

Es fällt schwer, meine jahrelange Infantilisierung nicht nahtlos selber fortzusetzen.

Meine Wärme (der Ausdruck »Liebesfähigkeit« ist mir als plattfüßig und abgenutzt vergällt) hat gelitten; mindestens mein Glaube daran. Je heftiger die Spannung in der Stunde, meine Kampf-Verteidigungsstimmung, um so gereizter und offensiv-defensiv wurde ich. Proportional meiner Verletztheit, meinem Gefühl, abgelehnt, mißverstanden, fehlinterpretiert zu werden, hatte ich mich abgekapselt, gewehrt, gepanzert. Das finde ich kein Wunder; wenn ich mich per-

manent auf der Hut fühlte, vor etwas, das mir nicht gut tat, weh tat, schadete, kaputt machte. Wo ich besser, bzw. überhaupt überlebte, wenn ich es nicht an mich herankommen ließ, sofern mir das möglich war. Nackt durch Dornengestrüpp zerfetzt und reißt blutig; mit einem festen Mantel hört man nur Schaben an der Oberfläche.

Während der Anstrengung der Verteidigung, der Abdichtung, Verarbeitung der frischen Wunden blieben – auch ohne daß wesentliche Energien durch aufgewühlte Problembereiche gebunden waren – wenig Valenzen, noch irgend jemand anderen so wichtig zu nehmen wie mich; mitzudenken, mitzufühlen, mitzusorgen, Wärme zu verströmen, die ich selber dringend gebraucht hätte, fast vergessen hatte.

Dazu kamen Insuffizienz- und Schuldgefühle über meine Kümmerlichkeit. Das klassische Therapieziel war ja »Liebes- und Arbeitsfähigkeit«, auch wenn dies modifiziert und relativiert und nicht ganz wörtlich gesehen werden sollte. Aber ich hatte doch erfahren, daß ich wirklich und total und mit ganzem Herzen vielleicht überhaupt niemanden mochte, niemanden liebte, nach niemandem mich wirklich ohne Ambivalenz sehnte.

Ich habe Schuldgefühle bekommen über meine menschliche Ausstrahlung, über meine mögliche Wärme, meine intellektuellen Fähigkeiten, meine Anziehung.

Die Unruhe, die ich in manchen Ehen verursache, allein durch mein Auftauchen, kann ich mir wohl intellektuell erklären. Schließlich sind viele Beziehungen jetzt wieder wackelig geworden; ich habe einen Beruf, gearbeitet, während die Frauen Kinder bekommen und karrieremäßig und oder intellektuell im Haushalt steckengeblieben sind; gerne oder zwangsweise. Ich bin oft Kollegin von den Männern, mindestens eine beruflich Ebenbürtige, Selbständige; ich habe einiges verwirklicht, was manche Frauen noch planen; eigne mich, Träume auf mich zu projizieren, Sehnsüchte, Wünsche.

Ich neige dann dazu, mich zu verurteilen für meine »Konflikthaftigkeit«, Schlechtigkeit, die Unruhe bringt; die schöne Familien in Aufregung bringt; für meine sexuelle Anziehung, die Kummer machen kann; mindestens zu Träumen inspiriert; Familien zerstören, auflösen könnte; auf jeden Fall geeignet ist, schwelende Konflikte zu katalysieren, zum Explodieren zu bringen.

Zwanghafte Sexualisierung – kastrierende sinnlose Aufreizung – brauchen Sie diese Bestätigung? – Zerstörerische Sirene – im

Grunde beziehe ich alles auf mich. Daß Konfliktpotential lange vorhanden war, Beziehungen kurz vor der Explosion, nur auf den Funken gewartet hatten, nach durchschnittlich zehn Jahren Ehe sich wohl einiges verändert haben mochte, will mir nur theoretisch ins Gemüt. Ich habe erlebt, wie zerstörerisch, schädigend, belastend ich bin. Und wirklich hätte ich ja ein paar eindeutige Bemerkungen aussparen, manches Lachen lassen können; mich weniger aufreizend geben können. Weniger auf ihn, auf sie, auf sie beide reagieren können. Aber fällt mir denn nur, mir alleine, Zweideutiges ein, wenn sie nicht auch solches signalisieren? Solches Potential bei ihnen da ist? Aktuell ist? Wenn sie nicht auch irgendwie bereit waren zu Unordentlichem, Ungeplantem, Unkonventionellem? Vorwürfe über Anziehung, sexuelle Anziehung, treffen mich.

Von dem Analytiker, den ich angestrahlt und angeflirtet hatte, und dessen Gesichtshälfte sich dann zu einem fratzenhaften Tic, die blanke, pure, nackte Panik ausdrückend, verzogen hatte, hatte ich wohl eine erheiternde Story in der Klinikskonferenz erzählen können; nur hatte ich mir unmittelbar danach, zu Hause, zweimal tief und blutig in den Daumen geschnitten. Schuldgefühle sitzen; auch wenn ich wohl wirklich nicht für seine Ängste verantwortlich war; nicht seine Mutter, Vater, Schwester, Tante, Großmutter, Beichtvater, Tanzstundenliebe, oder was auch immer.

Ich glaube schon, daß es meine spezielle Analyseerfahrung war, die mir ein solches blutiges schlechtes Gewissen gemacht hat. Die sich zu meinen sowieso und in dieser Kultur vorhandenen Schuldgefühlen addiert hat.

In Gruppen mich zu äußern, macht mich unsicher. Ich bin es gewohnt, mich zu zweit auszutauschen; zu erzählen, etwas zu besprechen, zu überlegen. Dritte und Vierte stören mich, irritieren; meinen intensiven Kontakt kann ich nur einem zuwenden. Dem Dritten, den übrigen gegenüber, habe ich dann ein schlechtes Gewissen, fühle mich verpflichtet, mich genauso an sie zu wenden, ihnen dasselbe Interesse entgegenzubringen wie dem mir im Moment wichtigen Partner aus der Gruppe. Das gelingt dann nicht; dem ersten Partner gegenüber bekomme ich ein dummes Gefühl, mit anderen in seiner Gegenwart ebenso zu kommunizieren, promiskuitiv und ohne Unterschiede, und versuche, meine Aufmerksamkeit zu verteilen, damit niemand sich gekränkt fühlt. Vor allem nicht der, den ich wirklich anspreche. Das macht mich unruhig, angespannt, unnatürlich. Im Grunde stören mich die anderen; ich möchte alleine mit

einem sein, dem aktuellen Gesprächspartner, dem Angesprochenen; meine gleiche Zuwendung ist Lüge. Ich kann mich heimlich bemühen, die anderen innerlich auszublenden, zu fühlen, als ob sie nicht da wären, und in der Gruppe allein mit meinem Partner zu reden. Das ist aber ein Kraftaufwand, und es ist mir eine Lüge, und eine Unfreundlichkeit den anderen gegenüber.

Mich wohlzufühlen in einer Gruppe, habe ich fast verlernt; in einer Gruppe etwas zu erarbeiten, zu diskutieren, zu überlegen. Ich habe das Gebot in mir, jeweils nur mit einem zu kommunizieren. »Hast Du das schon mit Deinem Analytiker besprochen?« (von Mitanalysanden); »Warum haben Sie das nicht hier – früher – angesprochen?« »Sie erzählen viel außerhalb der Analyse herum« – »Aus der Analyse nach außen tragen«, ungefähr der schlimmste Vertrauensbruch, Verrat. Manchmal kann ich mich fühlen wie eine eifersüchtig bewachte Ehefrau; nur ja kein intensives Engagement nach mehreren Seiten, zu mehreren Punkten, auf Bemerkungen mehrere Personen hin. Andere können offenbar einfach losreden, sich aufregen, wütend, begeistert werden, wenn Inhalte sie angehen, bewegen, und sie sich dazu äußern möchten. Ich wittere; vorsichtig, ob nicht zu laut, zu intensiv, aggressiv, unkontrolliert, niemanden kränke, niemanden vernachlässige. Wenn mir das Votum eines Teilnehmers gefallen hatte, ich das auch gezeigt habe, darf es kein anderer mehr sein.

Ich setze eine Eifersucht, eine intellektuelle Monogamie, voraus, die gar nicht real ist, andere gar nicht von mir erwarten. Sinnvoll, erlaubt und richtig scheint mir die ausschließliche Zweierkommunikation. Ich kann gut und schnell mit einem Kontakt haben, mich mit ihm austauschen, etwas klären.

Ähnliches in einer Gruppe ist mir ein Krampf; ich kann mich nicht hineinfallen lassen, einfach darin aufgehen lassen, die Diskussion einfach ihren Gang gehen lassen.

Ich glaube, daß die Bebrütung in der isolierten analytischen Situation mich verändert hat; mich zu einer sensiblen, auf das labile Wohl des anderen konzentrierten Partnerin gemacht hat. Wenn es ihm nicht gut geht, fühle ich mich schuldig. Ich habe gelernt, daß es an mir liegt, meinem Inneren, wenn die Beziehung nicht schön ist. Vielleicht ist mein Analytiker in seiner Ehe ein eifersüchtiger, einengender, ängstlicher; vielleicht liegt es aber allein an der Technik. Daran, daß es selektiv um meine Probleme gegangen ist; und daß eine Bipolarität, Rollenbeziehung, Das-Tun-des-einen-ist-das-Tun-des-Anderen nicht emotional präsent gewesen ist. Ich habe keine Informationen,

könnte sie mir auf redlichen Wegen wohl auch schwer holen, um zu unterscheiden, ob ich etwas von den Schwierigkeiten meines Analytikers übernommen oder mich vom Setting habe beeinflussen lassen.

Für Setting, analytische Regeln, stand in meiner Fantasie bald: Konventionen, das Übliche, wie man sich verhält, usw. Deutungen verselbständigen sich, verallgemeinern; tingieren die gesamte Lebenseinstellung. Wenn es nicht gut ist, schon im Mich-Hinlegen, etwas vor der Rückenlage auf der Couch zu sprechen anzufangen, dann ist es wohl auch nicht gut, wenn ich nicht die übliche Partei wähle; wenn ich nicht die Lehrmeinung übernehme; das Übliche, die Tradition, das Klassische. Seine amüsierte Belustigung über manch Unkonventionelles, Nicht-Spielregelmäßiges an mir erhob sich von einer soliden angepaßten Basis. Wenn ich die bürgerliche Essensetikette voll anerkenne und beherrsche, kann ich es mir wohl leisten, einmal Kartoffeln mit dem Messer zu schneiden, ohne auffällig zu werden; ohne in Verdacht zu geraten, einer niederen Klasse anzugehören. Das ist dann eher High-life-Lässigkeit, und spricht für meinen großbürgerlichen Chic, der weiß, daß das im Elsaß erlaubt ist. Jedenfalls nicht dafür, daß ich vielleicht diese Etikette für Quatsch halten könnte. Im Ernstfalle wüßte ich wohl schon, wie ich mit Kartoffeln umzugehen hätte.

Ich finde mich immer wieder dabei, meine Analytiker, die analytische Bürokratie vor mir zu entschuldigen; mich zu Verständnis zu bringen, warum sie gerade mich so behandelt haben. Kann mich schwer innerlich lösen von Verpflichtung und Dankbarkeit, die ich für ihre schwere Arbeit mit mir schulde. Dabei bin ich an sich nicht aus purer Bosheit, um sie zu ärgern, in solch einen desolaten Zustand gekommen.

Im Grunde ist man mit mir nicht anders als in einer konservativen Psychiatrie umgegangen; nur diskreter, auf höherem intellektuellen Niveau, vornehmer. Als sich stärkere Affekte und Kritik an die Oberfläche wagten, ich wohl eine Weile intensiveren Kontakt gebraucht hätte, wurde nicht mehr zugehört, abgedeckt, gedämpft mit Psychopharmaka, und die aktuelle Problematik zu etwas Krankem diskriminiert. Meine Kritik, die sich noch auf dem Umweg über eine Melodie äußern konnte, wurde nicht verstanden.

Und dafür mag ich nicht dankbar und verständnisvoll sein.

Schnell und heftig mache ich mir persönliche Vorwürfe, sehe meine individuellen Fehler, Mängel, neurotischen Mechanismen, wenn andere etwas neutral beobachten, allenfalls als normale Grup-

penerscheinung sehen:

In einem Gymnastikkurs wurde die Gruppe geteilt, je vier sollten die eben erlernte Übung vormachen, während der Rest zusah. Unter den beobachtenden Augen der anderen wurde ich unsicher, vergaß einen Teil der Übung, konnte nicht weitermachen; meine Bewegungen wurden steifer, nichts klappte mehr; Vordermann und Nachbarin fühlte ich mich unterlegen, genierte mich auch in toto für meine Bewegungen, ärgerte mich zusätzlich über meine Hemmungen. Gleich hatte ich Überlegungen bei der Hand: Wenn ich jetzt nicht mit der Nachbarin rivalisieren konnte, ihr mich gleich unterlegen fühlte, innerlich aufgab, wie sollte ich dann im Leben bestehen? Wenn ich unter den Augen der anderen, die mich prüften, ansahen, schlechter war als sonst – hieß das nicht auch, daß ich dem konkurrierenden Existenzkampf der Welt nicht gewachsen war? Jedenfalls nicht so unter Anstrengung aufblühte, besser wurde, meine Kräfte hervorholte, einsetzte, mich anstrengte, wie es erforderlich war, um im Leben zu bestehen? »Sie sind begabter und kränker als der Durchschnitt«, hatte er mir ja mitgeteilt. Warum konnte ich denn nicht meine Fähigkeiten, jetzt speziell das bißchen gelernte Übung, beibehalten, wenn andere zusahen? Warum ließ ich mir mein Können zerstören? Wieso war ich so empfindlich, zerbrechlich, hypersensibel, unnormal? (»Sensibilität einer Schizophrenen«.) War ich wieder eine intrafamiliäre kleine graue unfähige Maus, Mini-Schwester in dieser Vierer-Gymnastik-Kleingruppe? Ließ ich mich schon wieder durch idiotische Übertragungen (Nachbar = Bruder, Nachbarin = Mutter, Umgebung = väterliche hohe Normen = grausames Überich) behindern?

Nach den fünf Minuten Vorüben fühlte ich mich mit meinen Überlegungen gründlich erledigt, hätte heulen können, den ganzen Kurs am liebsten sein gelassen. Es hatte sich nichts geändert; ich steckte immer weiter in meinem neurotischen Mus. Als der Kursleiter weiter in Kleingruppen üben wollte, beschwerten sich dann einige; eine erklärte dezidiert und ungebremst, so sei es ungemütlich, es mache sie befangen, wenn alle zusähen; es sei doch viel leichter und enthemmter, wenn alle gleichzeitig übten. Allgemeiner Konsens; einfach so, und ohne zerebrale Krämpfe. Sie machten sich keine Vorwürfe, sahen ihre Befangenheit als natürlich verständlich, nicht für sie alarmierend. Sie angelten nicht daran das Elend dieser Welt und ihrer persönlichen Geschichte hervor.

Mit mir bin ich unfreundlicher geworden; zumindest mehr, als ich

es war. Habe ich Lust, mich schön zu machen, zu schminken, verrückte Kleider vor dem Spiegel anzuprobieren, muß ich mich gegen kritische Augen wehren: Narzistisches Defizit? Warum, und warum jetzt, brauche ich Bestätigung von außen? Warum bin ich so außenorientiert, so auf mein äußeres Bild angewiesen? Warum ist es mir so wichtig, wie ich aussehe, wie ich auf andere und mich im Spiegel wirke? Wieso brauche ich die Rückkoppelung über den Spiegel, kann mich nicht alleine gutfinden? Muß ich etwas verdecken? Warum kann ich jetzt nicht aus mir heraus gute Laune haben, mich wohl und schön fühlen? Warum brauche ich mein verschöntes Spiegelbild? Habe ich überhaupt, ich selbst in mir ein Bild von mir, oder brauche ich für mein Vakuum Bestätigung? Welche innere Häßlichkeit, Schmutz, Bosheit drohen, sich zu zeigen und müssen jetzt überschminkt werden? Warum habe ich nicht ein stabiles, sattes inneres Objekt, das mich immer gut und schön und angenehm findet, so daß ich den Spiegel, meine Kleider, Schminken, Verkleidungen nicht brauche?

Sitzen Schuhe nicht, fühle ich mich nicht wohl in ihnen, kann ich mich nicht gemütlich und leicht in ihnen bewegen: Was drückt mich, was belastet mich, warum muß ich mich selber behindern, mich lähmen, Impulse kreuz und quer gegeneinander leiten, so daß Linkisches und Unbequemlichkeit resultiert? Warum kann ich nicht lässig und leicht die Schuhe für mich benutzen? Warum bin ich, speziell jetzt, in dieser Situation, so empfindlich und störbar?

Solche Gedanken sind mir näher, als einfach die unbequemen Schuhe durch gemütlichere zu ersetzen; auf die Gefahr, den möglichen Sinnzusammenhang, die mögliche hochgekommene Problematik zu verpassen.

Dabei kenne ich es durchaus, daß dieselben Schuhe je nach Befinden unterschiedlich auf mich wirken können – behindern, drückend oder lässige Fortbewegung ermöglichend; und daß sehr heftig und deutlich und manchmal ausschließlich Seelisches wirkt. Nur verliere ich mich automatisch darin, im Negativen zu pulen, nach Schwierigkeiten, Dunklem zu suchen. Die Freiheit, unbekümmert lästige Schuhe auszuziehen, habe ich spontan kaum; den Anlaß, die Schuld, daß sie mich drücken, sehe ich erst einmal in mir.

Traum (2 J. nach Ende): Ich bin mit dem Auto im Parkhaus, weiß, daß ich schon viel, viel zu lange darin bin. Finde die Ausfahrt nicht,

drehe eine Runde nach der anderen, nach oben und nach unten; schließlich finde ich in der Mitte eine Ausfahrt. Die geht aber nach oben, steigt an; und die Steigung bewältigt mein schwach ziehendes Auto nicht. Ich muß deshalb aussteigen, mein Auto drin stehen lassen. Zu Fuß gehen. Traue mich aber nicht; es ist so steil und anstrengend; außerdem können dauernd andere, stärkere Autos aus dem Parkhaus kommen, mit Schwung, und mich als Fußgängerin überfahren. Für mich als Fußgängerin gibt es auch keinen richtigen Weg hinaus, hinauf. Der ist nur für starke Autos vorgesehen. Ich muß am Rand gehen, und hoffen, daß mich nicht ein schnelles Auto von hinten überfährt. Ich warte ein bißchen am Ausgang, versuche Mut zu fassen. Da steht ein kleiner dunkler Mann; er wartet auch gerade da; aber ist schon ein Stückchen weiter aus dem Parkhaus herausgegangen. Hat offenbar nicht solche Angst wie ich. Er bewegt sich viel freier als ich am Ausgang; ich habe dauernd Angst vor den herausfahrenden Autos. Schließlich nimmt er mich an der Hand, hat eine warme, weiche, schöne Hand, und zieht und führt und stützt mich den Ausfahrtsgang hinauf. Ohne ihn hätte ich wohl nicht die Kraft gehabt.

Angeblich soll alles mit Worten vermittelt werden können; das vergleichsweise künstliche Setting durch gekonnte Sprache ausgeglichen werden.

Bei mir hat dies nicht funktioniert. Mich auszuweinen auf der Couch, auch unter wohlwollendem, mitfühlendem, anteilnehmendem Schweigen oder Sprechen, hat nie, auch nur ansatzweise so tröstlich, stärkend, beruhigend, den Kummer verarbeitend gewirkt wie im Arm, nackt, Haut auf Haut. Es ist einfach etwas anderes, Zusätzliches, das über den Körper vermittelt wird. Handfester, anhaltender, glaubhafter. Wie ein seelisches Korsett, Stahlbetongerüst, von dem Ruhe, Stärke, Sicherheit, Struktur übergehen kann.

Vielleicht wirkt das Verbalisieren bei Menschen, die extrem distanziert, ohne Hautkontakt, von Geburt an gewickelt, ohne Stillen aufgewachsen sind. Ich kenne intensivere Kontakte; auf die Entfernung auch bei Analytikern, die sehr viel durch die Haut durchlassen können, vermitteln, mitgeben können. Sie sind aber Ausnahmen.

Der Bericht einer (in Isolationsfolter) Inhaftierten berührte mich: der wöchentliche Besuch mit 30 Minuten Gespräch sei in der wohltu-

enden Wirkung nicht zu vergleichen mit dem wöchentlichen Bad; dessen synthetisierende, Körpergefühl wiederbringende Wirkung hielte tagelang an; das Gespräch sei schon nach Stunden unwirklich, verblaßt, vergessen.

Etwas an der ganzen Situation ist künstlich, unnatürlich geblieben.

Was wirklich in einer Analyse vorgehe, was das Wirksame, Heilende daran sei, sei noch nicht bekannt, war progressive Meinung; daß emotionales Defizit von früher lediglich bewußt erlebt werde, so daß der Analysand sich sein Leben außerhalb befriedigender zu gestalten beginne, meinten einige; andere, daß das Defizit auch nachgeholt werde in den Stunden. In meiner Analyse war emotional klar, daß es sich um Bewußtwerden und auch Nachholen (innerhalb und außerhalb) handeln sollte. Die Mitteilung sollte auf die Sprache beschränkt sein (»Analyse ist Sprache, bitte verbalisieren Sie«, Musik, Melodien gehörten nicht dahin; obwohl Freud sein Denken nicht vor Bildern, Malerei, Skulpturen gestoppt hat).

Dabei merkte ich von ihm über Stimme, Tonfall, Bewegungen, Kleidung viel; auf Händedruck, Begrüßung und Verabschiedung konnte ich mich spezialisieren, und je nach Stimmung viel hineinlegen. Früher, in der Tanzstunde, hatte ein Händedruck ja auch viel mehr sein können, als manche direkten Kontakte später. Das war nur eine Frage der Übung; wenn man es wollte, konnte man daraus einiges ziehen; schon von daher bestand eine Unklarheit, Unehrlichkeit; ich kann mich durch Worte, Tonfall streicheln lassen, wenn der andere es auch will, und auch ablehnen lassen.

Das Argument, es gehe nicht vorwiegend um Nachholen in einer Analyse, tauchte immer dann auf, wenn ich mich beschwerte, zu wenig zu bekommen, abgelehnt zu werden. Dann konnte die (nonverbal anerkannte) These, des Nachholens, fallengelassen werden; dann waren es meine unstillbaren Wünsche, meine Übertragung, für die er nichts konnte.

Vielleicht schreckt auch die festgelegt distanzierte analytische Situation geradezu ab, sich dort etwas zu holen versuchen, was es bei Eltern, unter hoffnungsvolleren, realeren, handfesteren Umständen nicht einmal gegeben hatte. Und daß das Dünne in der Beziehung daher kommt.

Eine positive Übertragung ist ja schon per se konfliktfreier als eine

negative; sie ist zunächst einfach der Weg des geringsten Widerstandes; es ist vergleichsweise leicht, alles Schöne, Liebenswerte, Zuverlässige dem Analytiker zuzuschieben. Die Harmonie kann auch via Aussenfeind (Eltern, Geschwister, frühe Bezugspersonen) länger als vielleicht physiologisch aufrechterhalten werden.

Ich merkte, daß ich fast nichts mehr alleine entschieden habe; jede Kleinigkeit in Analyse getragen und dort darüber einen Diskussions- und Reflexionsvorgang begonnen habe, über manchmal nicht so gewichtige Dinge. Das fiel mir im Vergleich mit anderen auf, die einfach in derselben Zeit schon mehr erledigt hatten, geregelt hatten, nicht dazu tendierten, alles zu bereden, zu fragen. Ich fühlte mich seelisch unselbständig im Vergleich zu anderen. Am liebsten hätte ich alles immer erst besprochen.

Dabei hatte ich meine jaulende Unterwürfigkeit und freundliche Verbeugung vor analytischen Autoritäten satt; irgendwann sollte ich selber in der Lage sein, für mich zu entscheiden, zu beurteilen, bzw. mir nur dann jemanden zu Hilfe, zum Beraten zu holen, wenn ich es für nötig hielt, selber nicht weiter kam.

Ich sehne mich danach, *wortlos* verstanden zu werden. Nicht mühsam, unter Kraftaufwand mich auszudrücken; unter permanenter Wachsamkeit, daß ich nicht falsch, ins Negative interpretiert werde, und das wieder korrigieren muß. Daß ich erschöpft sein, und aussehen kann, schweigen, verschweigen darf, freiwillig für mich behalten; nicht berichten müssen, wiederkäuen, durchspeicheln, was in mir schon verarbeitet, geklärt, nicht mehr aktuell ist – ohne daß dies als Widerstand, gehässiges, bösartiges, kastrierendes Mich-Vorenthalten ausgelegt werden kann. In feinen, systemimmanenten, analytisch nicht angreifbaren, aber doch sicher verletzenden Worten.

Ich möchte halbe Gedanken, Unausgegorenes, nicht zu Ende Gedachtes, nicht vollends durchformulierte Sätze einfach loslassen, losschicken, freilassen, und sie in Ruhe sich setzen, sammeln sehen, ohne daß sie sich an Hindernissen stoßen, sich verändern, in verquere, nicht intendierte Richtungen abgelenkt werden.

»Freie Assoziation« auf Kommando – wehe, wenn nicht. Ich habe ja auch gelernt: wenn ich einige Male den pädagogischen Impetus zu spüren bekommen habe bei Assoziationen in nicht genehme Richtung (»weit hergeholt – zu früh« oder nur zögerndes Nachvollziehen), in noch zu bearbeitende, d. h. zu korrigierende Bereiche, werde

ich meine innere Streubreite, meinen Radius dem wohl anpassen. (Auch Einzeller schwimmen ja einen Bogen, sobald sie einige Male einigen Schlag abbekommen haben.)

Im Zweifelsfall sehe ich mich als gefährlich, konflikthaft, zerstörend, schlecht. Ich habe inzwischen verstanden, daß einige Männer, die mich im Grunde sehr mögen, meinen, sich gegen mich, meine Anziehung schützen zu müssen und mir mit System und diskret regelmäßig seelisch Ohrfeigen geben. Sie betrachten mich dann kritisch, auf der Suche nach Nachteilen, Fehlern, Eigenschaften und Verhaltensweisen, für die sie mich zu Recht ablehnen dürfen: Sie können dann schnell bei der Hand sein mit politischen Standortbestimmungen, deren Ergebnis vom eigenen differiert, Erörterungen über mein Aussehen (Kleidung, Gewicht, Blässe), meine berufliche Aktivität und Perspektive; mein zu geringes bzw. zu unruhiges Privatleben, den Stand meiner Finanzen, die Art meiner Wohnung und so weiter. Etwas haben sie dann auszusetzen, dünsten dies mindestens gefühlsmäßig intensiv aus. Dabei können sie auch sehr sensibel gerade das kritisieren, über das auch ich mir leise Vorwürfe mache.

Mit schöner Regelmäßigkeit gehe ich aus einem solchen Kontakt, der anfangs meist schön war, da ja prinzipiell Anziehung zwischen uns besteht – nach einem Essen, Kaffee, Kino o. ä. – mitgenommen und voller Selbstzweifel hervor; speziell mit dem unheimlichen Gefühl, doch ganz, ganz anders und zerstörerisch und lebensuntüchtig zu sein. Wie eine Verderbenbringende, die auf nichts aus ist als auf Zerstörung und Parasitentum.

Auch wenn ich inzwischen gelernt habe, ihren Kampf mit Anziehung, eigentlich ihren Gefühlen und Wünschen zu verstehen, treffen solche Begegnungen doch auf Wunden, zartes Gewebe. Es ist ja eben so, daß gerade solche, die mich eigentlich besonders mögen oder mochten, so mit mir umgehen, und ich in der anfänglichen Freundlichkeit gar nicht auf der Hut war. Ich kann mir zehnmal sagen, daß sie mich prügeln für Träume, die ich ausgelöst oder abgerufen habe. Jedesmal bin ich wieder ruiniert, halb aufgelöst in meinem Bild von mir. Mit ihren wachen Augen finden sie fix Verbesserungswürdiges, sprechen Richtiges aus, und wir sind uns *darin* ja grundsätzlich einig. Ich sehe mich ja nicht als Fehlerfreie, nur kann ihre Sicht so schonungslos, einseitig sein mit dem Ergebnis: »Du mußt selbst sehen – so eine kann man (= ich) nicht lieben«, und sie geben keine Ruhe, bis sie mich nicht heimlich von ihrem Bild überzeugt haben, wenn wir

– in dieser Beziehung einig – auseinandergehen. Sie sehen dann wohl, manchmal richtig rosig aus.

Einen analysierten Freund hatte ich länger nicht gesehen. Als wir von früher redeten, wunderte ich mich schon, weil *ich* mich an sehr Schönes erinnerte. Seine exclusive Erwähnung meiner leider nicht angenehmen Verhaltensweisen hatten ihm aber nur als einleitender Background für sein ehrlich gemeintes Kompliment jetzt gedient: »*Diesmal* gibt es nichts zu kritisieren.« Das war nie mein Ziel gewesen; vor dem Heulen ging ich dann; wahrscheinlich wunderte er sich über weibliche Verletzlichkeit.

Manchmal fühlte ich mich wie unter schlechtem Einfluß; hineingezerrt, -gezwungen, zu etwas gebracht, was mir nicht gut tat, was nicht wesentlich zu mir gehört hatte. Meine guten Seiten wurden nicht gestärkt, aber sehr Hassendes, Hinterlistiges, Raffiniertes. Manches fand ich künstlich in mir geschürt, gefördert. Nach Analysenende konnte ich mir eine Zeitlang gut vorstellen, ihn sadistisch zu quälen, zu martern, jedenfalls sehr weh zu tun, und mich an seinem Leiden zu freuen. Mit Telefonaten hätte ich ihn vielleicht an den Rand seiner Möglichkeiten bringen können; oder mit bissig-bösartigen oder auch anonymen Briefen. Erschießen, blutig zerstören, steinigen, zerschnitzeln, zermalmen. Das machte dann wieder Schuldgefühle. Eine so intensive Rache kannte ich nicht von mir. Mit meinem Stiefvater hatte ich mich noch wütend auseinandersetzen wollen, bevor er gestorben war. Auf eine so verhakelte Ebene wollte ich nicht kommen; ich fand das ungut. Trotzdem ist es wohl kein immenser Schritt, sich dann auch eine Waffe zu besorgen; und es wundert mich, daß nicht mehr Gewalttaten vorkommen. Ich kenne eine Patientin, die sich schon eine Pistole besorgt hatte. Möglicherweise geht dies in Autoaggressives, Depressionen, Suizidtendenzen.

Warum darf ich nicht hassen? Vielleicht auch dauernd, für immer, wenn dies meine adäquate Reaktion wäre? Warum muß ich mich versöhnen? Analytiker reagieren allergisch, wenn ich noch wüte; finden mich unreif, uneinsichtig. »Merken Sie nicht, daß Sie übertragen? Den Haß auf ihren Vater, der Sie verlassen hat, nicht wiedergekommen ist, Sie im Stich gelassen hat? Von dem Sie meinen, er habe sie bösartig, nachlässig, eiskalt behandelt?« Dies ist kein Zitat, nicht einmal sinngemäß; es hätte aber so gesagt werden können. Zumindest hatte ich diese Art von Deuten gelernt, war selbständig tätig geworden.

Traumfetzen (23. 2. 78):

Linke Hand vor meinem linken Ohr; aus den Falten der Ohrmuschel hole ich mit Daumen, Zeige- und Mittelfinger unter Hautschuppen einen kleinen kompakten Pinsel hervor; Stiel hell, etwas plump, mit brauner Quaste; das Ganze schmierig, klebrig, glänzend. Freude über ihn wie an Kinder-Weihnachten. Dann hole ich noch einen Wurm, wie eine große Made; er ringelt sich, die Ohrmuschel ist von ihm unterminiert, durchlöchert; unterhöhlt von seinen Gängen. Wie eine gebleichte Kellerassel, stark und fest. Er läßt mich neutral, verwundert; ist aber überraschend gesund.

Aufgewacht wird mir unheimlich: wie ein Bild aus der Psychiatrie; meine Analytiker hätten besorgt reagiert. Vom Wurm zerfressene Ohrmuschel – Hand und Ohr isoliert – Depersonalisation – Körperschema – Pinsel – Penis – Penisneid, das sollte ich keinem Mann verraten.

Wider erlerntes Traum-Deute-Wissen, wie von einem Unorthodoxen geraten, einfach mir einfallen lassend, im Vertrauen darauf, daß ich für mich Stimmendes schon spüren werde:

Für den Pinsel brauche ich nicht zu zahlen, er wird mir geschenkt, ich brauche nur danach zu greifen, er steckt in mir. (Penis – müßte ich denken, stimmt aber gefühlsmäßig nicht.)

Der Pinsel kommt aus der Ohrmuschel (concha – für Möse in Lateinamerika) wie ein Säugling mit braunen glänzenden Haaren; jetzt kommt er ans Tageslicht; war die ganze Zeit darin, in ihr, die knorpelige Grundstruktur ist unterminiert, durchlöchert, daraus hole ich aber den Wurm; er ist lebendig, stark, hat ein festes Gerüst um sich, kommt jetzt an die Oberfläche, obwohl er die ganze Zeit schon darin war. Etwas bleich und anämisch; ein richtiger Wurm, wie er, wäre braun, schwarzbraun wie die Haselnuß. Aber er hatte ja keine Sonne.

Fast von selbst kommt er, ich hole ihn mit links. Und er ringelt sich und lebt, obwohl er frische Luft und Helligkeit nicht gewohnt ist. Die weißen Furchen wie bei einem gewickelten Säugling bei Wilhelm Busch; er kann sich aber gut bewegen; und wenn ich ihn nicht geholt hätte, wäre er auch bald von alleine herausgekommen. Die Ohrmuschel wäre ja in sich zusammengefallen, und er hätte sich neuen Lebensraum suchen müssen.

So mochte ich den Traum doch gerne.

Krümel

Auf einem Kongreß saß ich neben einem, den ich klug finde und gerne mag; ich freute mich, weil ich sonst wenig mit ihm zu tun hatte. Als er nach etwas zum Schreiben suchte, gab ich ihm einen Kuli; ich kenne es von mir, daß ich in heimliche Panik gerate, wenn ich etwas aufschreiben, festhalten möchte und nichts dabei habe. Als er ihn mir zurückgeben wollte, meinte ich, er könne ihn ruhig behalten, da ich mehrere hatte. Er sah mich an wie ein bedrohliches Tier, das Vertraute war kaputt. Nach dem Vortrag vergaß er den Stift auf der Bank und verschwand im Gedränge.

Sie sehen nicht Ängste vor Frauen, nicht ihre eignen, und nicht die von anderen. Wenn eine Frau bedrohlich wirkt – auch in dieser Gruppe – ist es ihre persönliche Problematik; sie ist die phallische, kastrierende, bedrohende, Männer in die Flucht schlagende. Das Traurige ist aber, daß damit Männer ihre Schwierigkeiten, die ihr Leben und Lieben behindern, nicht bearbeiten, nicht verändern können. Daß sich gerade bei den Männern, die mit ziemlich bewußten Schwierigkeiten und Ängsten in Analyse gegangen sind, wenig ändert, spüren diese; und es geht ein in die Resignation über das Leben, ihre Analysen, Lieben. Bei manchen hat sich wirklich sonst etwas verändert; aber überhaupt nichts gerade an diesem Punkt. Es tut mir weh, wenn sie sich abmühen mit sich, mit aller Anstrengung und analytischen Arbeit; und sie bleiben betrogen um wirkliche Bearbeitung ihrer Ängste. Aber wie sollen sie das, wenn ihre Oberen dies auch nicht sehen? Wenn diese nicht einmal anerkennen, daß es als Phänomen in der Umgebung Frauenfeindlichkeit gibt, nicht sehen, daß viele Männer heute Ängste gerade vor selbständigen, liebenden, tüchtigen Frauen haben? Wenn ihre Ängste immer nur als Reaktion auf die Kastrierende interpretiert werden? Dann wird die Frau ja immer gefährlicher, wenn Männer lernen, daß ihre Ängste zu Recht bestehen. Dann können sie nur immer weiter suchen, immer reduziertere Frauen, die solche Ängste nicht in ihnen auslösen. Wenn diese aber geliebt werden, blühen sie auch auf, und können Schrecken auslösen. Und dann ist wieder alles wie am Anfang.

Bei ihm fand ich es traurig, fast tragisch, weil er sich so bemühte. Betrug am Leben nach so vielen Analysestunden und Jahren.

Wenn sie dann wenigstens Zärtliches unter Männern ausleben dürften; vielleicht würde es ausgeglichener, weniger hungrig, weniger

sehnsüchtig im Grunde machen. Aber wer von ihnen hat schon solche Erfahrungen, und wer könnte es sich leisten, sie offen zuzugeben? Manche haben nie in ihrem Leben solche Erfahrungen gemacht und träumen heimlich wie von etwas Schaurig-Schönem. Verständlich, wenn sie es wirklich nie kennengelernt haben; als sie es sich hätten leisten können, oder nur auf die Idee kamen, waren sie schon Analytiker und steckten in engen Zwängen. Es gab auch keinen Lehranalytiker, der sich offen als Homosexueller dargestellt hätte; von einem aus einer anderen Gruppe wurde es gemunkelt. De facto war es aber ein Hindernis für die Karriere, als Homosexueller zu gelten, und manche fühlten sich auch offenbar zu Demonstrationen von Heterosexualität gezwungen.

In einem Seminar über (männliche) Homosexualität bestand der Seminarleiter fast leidenschaftlich auf den Kastrationsängsten, die zu dieser Verirrung geführt hatten, zumindest auf dem existentiellen Elend, an dem alle Homosexuellen litten. Daß es nicht nur Krankes war, meinten nur einige, heimlich, und nicht offiziell.

Wenn Lehranalytiker es wenigstens mehr in den analytischen Zweiersituationen zulassen könnten. Aber gerade sinnlichere, erotisch anziehendere Analysanden hatte ich ja so leiden sehen unter dem »jahrelangen Nichtakzeptieren« durch ihre Analytiker. Als ob diese mit Ausdauer und Sorgfalt ihre Erektion bekämpft hätten, monate-, jahrelang, jedenfalls solange, bis die Attraktion vorüber war. Oder bis der Analysand so reduziert und niedergeschlagen war, daß er nicht mehr blühte. Es gab auch keine Lehranalytikerin, die sich als offen lesbisch verstanden hätte.

Zu meiner Lähmung und Resignation mag auch beigetragen haben, daß ich keinen Erfolg gehabt habe mit Intensität, Kraftanstrengungen, Ernsthaftigkeit; ich habe mich angehalten gefühlt, ängstlich, vorsichtig unterhalb meines Niveaus zu agieren. »Sie sind nicht so belastbar, wie Sie wirken« – »Warum nehmen Sie dies jetzt so wichtig?« – »Warum geht es Ihnen so nah?« – »Welcher frühere Konflikt treibt Sie jetzt?« – »Schonen Sie sich etwas mehr; warum müssen Sie sich so anstrengen?« – »Sensibilität einer Schizophrenen«. Wenn ich etwas ernstnehme in einer Diskussion oder Konferenz, signalisiert mein Gesichtsausdruck vielleicht nicht abgeklärte Freundlichkeit; ich finde es nicht schlimm, wenn ich angestrengt aussehe, oder erschöpft. Kräfte sind ja auch dazu da, sie zu benutzen, auszuleben. Ich finde es unbefriedigend, nie bis an den Rand meiner Kräfte mich anzustrengen; auf die Gefahr hin, zusammenzubrechen oder mit Gedanken zu

einem extremen Ergebnis zu kommen. Wenn ich das Ergebnis aber wenigstens selber, alleine gefunden hätte, ohne daß wertende Maßstäbe, bremsend, hineingehagelt hätten. »Politisch liberal«; lächelnd über Empörung, unausgegorene Meinungen, in diskreter Distanz.

Ich habe seine Grenzen zu spüren bekommen; und deren Verteidigung in mich aufgenommen. Sie haben nicht gepaßt zu meinen potentiellen Fähigkeiten.

Meine Familie habe ich gründlich in Frage gestellt; wohl einige einengende Bindungen dabei gelockert. In meiner explodierenden Vehemenz war ich aber schwer erträglich: und ich habe Glück gehabt, daß es eine ist, die sich im Grunde nicht hat verprellen lassen. Daß ich wieder den Schutz für Katastrophen, Notzeiten, die Stabilität, den Zusammenhalt bekommen und habe annehmen können. Das kann Mut und Freiheit für Wagnisse geben.

Ich habe mir eine Rille in die Zähne geknirscht, teilte mir mein Zahnarzt mit. Ob ich innere Spannungen habe, ob ich wisse, daß – wenn ich so weitermache – die Vorderzähne abbrächen? Auf meine heftige Ablehnung, das könne nicht sein, das habe noch keiner gesagt, mit überlegenem Lächeln: das sagten alle, es reiche schon ein halbes Jahr, und die Rille sei frisch. Ob mich noch niemand habe knirschen hören?

Auch deshalb muß ich schreiben.

Lähmende Loyalität meinen beiden Analytikern gegenüber. Wer war aber von ihnen mir gegenüber wirklich loyal, hat sich wirklich adäquat um mich gekümmert? Ich bin lustlos, vielleicht sogar mit beherrschtem Widerwillen, in Analyse genommen bzw. weiter analysiert worden, als er schon längst wissen mußte, daß er es nicht wirklich können werde. Nicht einmal die vergleichsweise wertfreie, nicht Schuld fixierende Diagnose Gegenübertragungsproblematik fiel, sondern Gegenübertragungs*falle*. In die ich hinterlistig auf Grund meiner raffinierten, aufs Glatteis führenden Neurose hineingelockt hatte. Nicht *er* hatte seine Funktion, seine Tätigkeit nicht optimal ausgeübt; *ich* hatte ihn daran gehindert, war an seiner partiellen Unfähigkeit und meinem Nichtgedeihen schuld. Eine Portion Schuldgefühle mehr, und ein noch wacheres Überich, das meine restlichen spontanen Aktivitäten schärfer beobachtete.

Meine intellektuelle Suche nach Verstehen, Erkennen ist nicht ange-

nommen worden; gestoppt oder umgeleitet worden auf eine Ebene, die mir nicht einleuchten wollte. Das lag dann eher an meinem Widerstand, meiner Abwehr, meiner Schwierigkeit, Gutes annehmen zu wollen, als daran, daß Deutung und Assoziation vielleicht für mich nicht paßten, auch wenn sie für den emotionalen Hintergrund des Analytikers stimmen mochte. Im ruhigen Durchdenken, Überlegen, Suchen spielerischen Ausprobierens habe ich mich oft durch robuste Meinungsäußerungen beeinflußt gefühlt. Es entmutigt, für ein Endergebnis kein Echo zu finden, oder kein ausreichend zustimmendes, oder es gegen Widerstand verteidigen zu müssen. Das gelingt dann oft gar nicht mehr; meine Überlegung war ja manchmal nicht mehr als eine lose Vermutung gewesen.

Ich habe nicht gewußt, welche lebensmäßige und menschliche Investition sich mit meiner Analyse verbinden werde; ein wie großer Teil meines möglichen Engagements, meines Interesses am Leben, der Umwelt, meiner freien Valenzen nach innen gewendet, gebunden und gelähmt wurde, sich in bohrende, zweifelnde Unruhe verwandelte, die mich reizbarer, kränkbarer und mißtrauischer machte als ich es gewesen war. Daß es schwerfiel, mich für etwas Sachliches zu engagieren; und wenn, dann einfach dünnflüssiger wurde. Daß auch menschliche Beziehungen an Substanz verloren, unwichtig wurden; Verliebtheit milde sonnig, vielleicht schon auf das spätere Berichten hin eingefädelt, strukturiert. Bedarf an Bekannten hatte ich nicht wirklich, jedenfalls viel weniger als früher, da ja schon alles Intime in der Stunde beredet war, bzw. ich es für die folgende Stunde in mir konservierte. Eine Analyse lief ja nicht richtig, wenn Wichtiges mit anderen Personen geklärt wurde (agieren, Nebenübertragung, u.a.m.).

Die Forderung, alle aggressiven Spannungen, Unstimmigkeiten, Kräche, Ärgernisse in Gruppen oder mit Bekannten, Partnern »zu besprechen«, zu klären und sich letzten Endes nach Ausräumung von Mißverständnissen und Bearbeitung beiderseitiger neurotischer Beiträge verstehen zu können, hat sich als Ideologie durch meine Analyse gezogen. Theoretisch mag dies möglich sein, ich fände es auch wünschenswert.

Nur habe ich in der Praxis – mit Patienten, Kollegen, unter Analytikern – die Erfahrung gemacht, daß das – auch bei bestem bewußten Vorsatz beiderseits – oft nicht geht. Daß es Unterschiede gibt der Wahrnehmung, der momentanen Fähigkeit, sich einer (oder eigener)

Problematik auszusetzen, Widerstände, die auch Analytikern nicht bewußt sind, die eine basale Verständigung – eine, die wirklich auf Verstehen und nicht auf beiderseitigem Auf-Distanz-Gehen beruht – schlicht unmöglich machen. Dies kann dann als »unverträgliche« Personen laufen oder irgendwie sonst bemäntelt werden; ich glaube aber, daß es häufiger ist, als allgemein angenommen, daß die aktuellen Freiheitsgrade eben nicht ausreichen, um an die gemeinsame Basis einer Problematik zu kommen. Und daß man sich das Leben nur erschwert, wenn man dann auf Klärung, Besprechen besteht. Viele Beziehungen laufen ja auch – nach Distanzierung – wieder beschwerdefrei, und Probleme können sich auch völlig verflüchtigen, wenn beide Seiten wieder die ihnen adäquate Distanz bzw. Nähe gefunden haben.

Schließlich wimmelt die Welt von konfliktuösen Situationen, die ich sowieso nicht alle bis auf den Grund klären kann.

Kurzum: Mir war die Möglichkeit (die mir eine Stationsschwester wieder eröffnet hat), bei manchen Spannungen und Schwierigkeiten im Arbeitsbereich und im Privaten leise auf Distanz zu gehen, statt gemäß meinem analytischen Überich nun alles zu verstehen, klären zu müssen, eine neue Freiheit, die mir den Alltag erleichtert hat. Sich-auseinander-Setzen bedeutet ja wörtlich ähnliches. Mit vielen Schwierigkeiten konnte ich jedenfalls durch Beachtung, Veränderung von Nähe bzw. Distanz besser umgehen als durch Aussprachen. Pinguine hacken auch aufeinander herum, wenn der Abstand (im Fernsehfilm etwa 40 cm) nicht gewahrt bleibt.

Wenn es darum geht, den Analysanden aus früheren traumatisierenden Beziehungsgeflechten zu lösen, ihm neue, angenehmere emotionale Erfahrungen zu ermöglichen, muß der Analytiker wirklich eine vorzuziehende Alternative zu früheren Bezugspersonen sein; ein gutes Geschäft, ein Schneppchen; liebevoller, zuverlässiger, toleranter, klüger, zur Identifikation einladender, empathisch begabter als pathogene frühere Gestalten. Bekanntes gibt man wohl nur auf gegen etwas eindeutig Besseres; der Tausch muß lohnen. Ohne die relative Isolation in der analytischen Situation hätte ich mich wohl nicht für meine Analytiker begeistern können. Die leise Kühle, das durchscheinende Unglück am Leben, am Lieben, ein Mindermaß an der Fähigkeit, das Leben jetzt einfach mal so schön zu finden, komme, was da wolle, haben mich gehemmt.

Es war schwer, anderen (Analysanden) begreiflich zu machen,

oder nur einen milden Einblick zu geben, wie es mir gegangen war. Mein Analytiker war von außen gesehen, verglichen mit anderen, kein strenger, orthodoxer; er galt eher als locker, unkonventionell, unsicher den (tradierten) analytischen Prinzipien gegenüber, auch offen gegenüber neueren Methoden. Er lehnte zum Beispiel auch nicht prinzipiell Teilnahme an Kursen anderer Methoden (Gestalttherapie, Bioenergetik u.a.) während der Analyse bei ihm ab. Er verbot nicht, bestrafte dies nicht, schien interessiert.

Meine Erklärung für seine – an sich für ihn untypische – plötzliche Unerbittlichkeit wäre, daß er auf Grund seiner Unsicherheit durchlässiger war für die (partiell unerbittliche) Gruppenstimmung; für die herrschende Lehrmeinung, für die strenge (wohl speziell deutsche) Variante der angewandten Psychoanalyse. Wenn ich von der Retourkutschen-Deutung absehe, seine demonstrierte Unkonventionalität und Lässigkeit sei Abwehr der gegenteiligen Impulse, kann es gut sein, daß er einfach dem analytischen Gruppen-Überich (mit dem sadistischen Akzent, der sich eingeschlichen hat) weniger Widerstand entgegengesetzt hat als andere. Daß er in Zweifelsfällen, in ihm unklaren Momenten darauf zurückgegriffen hat, wie »man« mit solchen Situationen umgeht; auf das in dieser Gruppe Übliche. Und ich nehme an, daß dies das für mich Zerstörerische war; denn dieses Überich hatte ich ja genauso andernorts kennengelernt; das hatte mich ja umgeben und umgab mich weiterhin; im Umgang mit analysierten Kollegen, auf Kongressen, Seminaren, überall in der Freizeit. Kleine Teile davon trafen ja auf bearbeiteten Boden. Und insgesamt funktionierte so das System.

Ich habe gesehen, daß ich einfach nicht leben kann, ohne irdische Götter; ohne jemanden, den ich einfach sehr mag. In den ersten (guten) Monaten der zweiten Analyse habe ich den Analytiker in den Himmel gehoben, kurzfristig Fehler, Mißverständnisse und Versäumnisse der Analytikerin registriert; dies dann aber wieder revidiert, als es schwierig mit dem Analytiker wurde. Dann habe ich sie wieder idealisiert; fand sie die Güte, Intelligenz, Klarheit, Liebesfähigkeit in Person; so dachte ich auch noch eine ganze Weile nach dem Analyseende. Erst, als ich wieder mehr Freunde hatte und es mir besser ging, konnte ich sie langsam relativieren; konnte ihre Fehler, mir nicht bekömmliche Eigenschaften langsam, unter Erschütterungen, realisieren.

Es war einfach ungeheuer schwer, – auch vor mir selber – zuzuge

ben, daß sechs Jahre Leben, intensive Identifikation, Emotionen, Beschäftigung, Introspektion nicht gut getan, geschadet hatten; mich möglicherweise irreversibel verändert hatten; daß es in jedem Fall einige Jahre Aufbau kosten würde, wenn überhaupt.

Sehen, wahrnehmen, zugeben konnte ich das nur unter dem Rückhalt von Freunden, Leuten, die mich wieder begeisterten. Ohne Alternative hätte die Einsicht meine seelische Ökonomie wohl überfordert.

Wenn ich jetzt schwärmend idealisierende Analysanden treffe, macht mich das eher mißtrauisch; vielleicht haben sie es nötig; und der jetzt im Schatten Stehende war gruselig gewesen; oder sie müssen das am aktuell in den Himmel Gehobene Finstere übertünchen vor sich. Ich habe jedenfalls mehr Stabilität gebraucht, um viel Schlechtes gleichzeitig zu realisieren, als um mich unkritisch für jemanden zu erwärmen.

Wenn eine teure Reise unbefriedigend war, ist dies schon schwer zuzugeben, zu realisieren, um so mehr bei vielen Jahren Leben und sehr viel Geld. Da auch noch der zukünftige Beruf, die finanzielle Basis vom Erfolg dieser Jahre abhängig sind, wird der Freiraum zu kritischem Denken noch kleiner. Es läßt sich ja auch wirklich überlegen, ob es nicht produktiver, sinnvoller, zukunftsträchtiger ist, eine vielleicht inzwischen gegründete Familie wohlbehalten finanziell über die Runden zu bringen, als sich in extenso zu überlegen, ob die eigene Analyse richtig verläuft und sich darüber in berufliche Risiken zu stürzen. Die Berufsform ist ja dann doch weitgehend festgelegt; an sich ist es ja auch ein enormer Luxus, in dem Alter, nach so langer Ausbildung überhaupt noch die Möglichkeit zu haben, sich zu überlegen, ob man wirklich Analytiker, Psychotherapeut oder Allgemeinarzt oder Facharzt werden möchte. Das können die allerwenigsten; Nichtmediziner schon sowieso nicht; und Mediziner haben meist während der analytischen Ausbildung die Organmedizin innerlich über Bord geworfen. Jedenfalls wären sie vermutlich im Nachteil durchgängig identifizierten Organmedizinern gegenüber.

Auch wenn er sich noch so vorsichtig und liberal gibt, bekommt der Analytiker doch ein ganz gewaltiges Gewicht; wird wesentlicher und ausschlaggebender als jede Außenbeziehung. Ein Zweifel an ihm würde die ganze Analyse, das ganze persönliche Engagement, den Sinn des zeitlichen, emotionalen, finanziellen Aufwandes in Frage stellen, nicht zuletzt die berufliche Identifikation. Es ist schwer zu vermitteln, welche Wichtigkeit, welchen Absolutheitscharakter

Worte, Werte, Meinungen (die man zu erahnen lernt) des Analytikers bekommen; und wie im Vergleich dazu andere (Freunde, Bekannte, Verwandte) an Wichtigkeit, Glaubwürdigkeit, Substanz verlieren. Um am Analytiker, inklusive dem gesamten sozialen Angebinde, zu zweifeln, braucht man Selbstbewußtsein, das mir jedenfalls schnell abhanden gekommen war.

Vielleicht ist Psychoanalyse etwas viel zu Gefährliches, zu viel Grundlagen und menschliches Allgemeinwissen Erforderndes, um überhaupt angewandt zu werden.

Vermißt habe ich ausreichende Übernahme elterlicher Funktionen; Verantwortung in Krisensituationen, die wirklich Sicherheit gegeben hätte. Das Nicht-so-ernst-Nehmen von auto- und fremddestruktiven Impulsen, das fast gelangweilte »Da-müssen-Sie-Durch«, »Das-ist-häufig-So«, »Das-gehört-Dazu«, das desinteressierte Alles-schon-Kennen, sich Nicht-aus-der-Reserve-locken-Lassen als nicht agierender Analytiker, die relative Sorglosigkeit, mit der mit Suizidgedanken umgegangen wurde, fand ich gemein. Die gesamte Verantwortung für den Verlauf hatte der Analysand mit seiner Neurose. Wenn ein Patient in Gefahr kommt, sich ernsthaft mit Suizidgedanken trägt, die aus dem analytischen Prozeß zu erklären sind, müßte es klar sein, daß streckenweise die Ichfunktionen soweit vom Analytiker übernommen werden, daß irreversible Handlungen ausgeschlossen werden; daß er z. B. solange in stationäre Behandlung kommt, bis die Phase überwunden ist. Daß die Schwelle, einen Lehranalysanden vorübergehend stationär zu behandeln, höher liegt, als die für sogenannte normale Analysanden, daß Analytiker und Lehranalysand in dieser Konstellation erhebliche Sperren haben, diese Möglichkeit überhaupt in Betracht zu ziehen, ist verständlich. (Schließlich ist es ja das Vernichtendste, was man über einen Analytiker gerüchteweise in die Welt setzen kann, der effizienteste Rufmord, er sei einmal psychiatrischer Patient gewesen. Damit ist er im allgemeinen gestempelt. Es spricht nicht unbedingt für ein progressives Verständnis von psychischer Erkrankung, wenn Mediziner unter sich genau dieselbe Ausstoßung und Diskriminierung praktizieren wie in der übrigen Gesellschaft. Man kann nicht ernsthaft von einem Betrieb erwarten, einen wieder Symptomfreien, nach einer psychotischen Episode, wieder aufzunehmen, wenn man selber eine Scheu vor solchen aus den eigenen Reihen hat. Das Verständnis müßte da beginnen. Zwar heißt es unter der Hand, der beste Therapeut, mit der

besten Empathie, der überzeugendsten Zuversicht sei ein geheilter Schizophrener. Aber dies ist mehr ein spielerischer, High-life-Gedankengang. Analytiker kurieren ihre Dekompensationen im allgemeinen lieber unter organmedizinischen Diagnosen.)

Es wird nur gefährlich, wenn die beiderseitige Abwehr so die Analyse tönt, daß die reale Gefährdung des Analysanden nicht mehr ernst genug eingeschätzt wird; Krisen als fällig und häufig und nicht beunruhigend eingestuft werden. Ich hatte jedenfalls den Eindruck, daß Suicide und aggressive Durchbrüche leichtsinnig riskiert, fast wie Spielerpech einkalkuliert wurden.

Ein »stabiles Introjekt« sollte ich im Laufe meiner Analyse erwerben, daran mangelte es mir, unter anderem wegen des abwesenden Vaters. Nur habe ich in meiner privaten und fachlichen Umgebung ganz einfach nicht – oder nur als exotische Ausnahmen – die Unabhängigkeit in Urteil und Auftreten gefunden, sehen können, auch nicht die unabhängige Kampfkraft, Kompromißlosigkeit, Standfestigkeit, Isolationsresistenz, die die guten stabilen Introjekte bringen sollen. Wenn eine wichtige Beziehung auseinandergeht, kommen auch lange Analysierte an den Rand ihrer Möglichkeiten; unter Existenzangst und Gruppendruck verändern auch sie ihre Meinung nicht selten. Ich glaube einfach, daß das Ausmaß an emotionaler Unabhängigkeit, Einstehen für eine Überzeugung, Resistenz gegen Korruptionsdruck, das gefordert und angestrebt wird, Ideologie ist, höchstens eine seltene Ausnahme. Daß die Intensität, mit der die Unabhängigkeit gesucht wird, korreliert mit ihrer Seltenheit.

Auch »Alleine-leben« war ein Stück Ideologie in meiner Analyse. Für wen eigentlich? Damit ich nicht so abhängig bin von anderen, mich nicht so mit Beziehungsverlust erpressen lasse? Damit ich autark alleine leben kann? Ich will das gar nicht; zumindest nicht in dem angestrebten Ausmaß. Ich bin nicht so aufgewachsen, habe nicht solche Prägungen erhalten, daß ein so isolierter Zustand für mich optimal ist. Wahrscheinlich habe ich ja eine Menge Gruppen-Ich via Familie und Gesellschaft mitbekommen. Jedenfalls bin ich für mein Wohlbefinden optimalerweise auf reichlich Kontakte angewiesen. Ich kann mich darauf dressieren, erheblich weniger Kontakte, Gespräche, Menschen täglich um mich zu haben; alles mich Bewegende in die Schreibmaschine zu stecken, dorthin abzuladen, oder überhaupt in mir zu behalten. Mir vielleicht noch einen Partner ausdenken, oder das Ganze überhaupt als Brief formulieren. Das funktio-

niert, zeitweise auch befriedigend. »Freedom's just another word for nothin' left to lose.«

Ich will das gar nicht so; es geht auf Kosten von Kontakten. Den Drang, mich mitzuteilen habe ich; wenn ich dies reduziere, verkrüppele ich sozial. Japanische Krüppelkiefern leben ja auch unter einem Minimum an Spurenelementen; aber wie. Mir war jedenfalls die angestrebte emotionale Autarkie nicht adäquat.

Nach dem Erstinterview bei meiner Analytikerin hatte ich mich sehr ähnlich – niedergeschlagen und vernichtet – gefühlt wie nach einem Jahr Analyse; die Stimmung hätte ich als programmatisch nehmen können. Seitdem achte ich jedenfalls auf erste Kontakte; bremse mich in der für mich praktischen, mich schonenden Erklärung als Übertragungsmechanismus, und achte darauf, ob ich jemanden mag. Wenn ich mit meiner Ausbildung immer noch allergisch oder gereizt auf bestimmte Problematik reagiere, halte ich es inzwischen für unwahrscheinlich, dies nun bei mir durch Introspektion, vielleicht ein paar Stunden Supervision oder erneute eigene Analyse klären zu wollen. Ich habe jedenfalls einige, mit denen ich nicht zurechtkam (die ich nicht mochte, auf Grund meiner Geschichte), nicht behandelt und an andere Therapeuten vermittelt; dies ließ sich auch ohne wesentliche Kränkung klarmachen. Es ist einfach ein Grundrecht, gemocht zu werden. »Wenn Sie jemanden nicht mögen, haben Sie ihn nicht verstanden«, wurde mir eine wichtige Regel.

Ich war ja immer im Unrecht; so sah ich es auch bei anderen in meiner Umgebung, deren Analytiker es – wie mir schien – nicht gelungen war, sie zu mögen: sie litten an *ihrer* Neurose, die sie so »unlovable« gemacht hatte, bestenfalls noch an Gegenübertragungsmechanismen, mit der sie ihren Analytiker zu solch negativer Reaktion verleitet hatten.

Wäre es denn wirklich schädigend, unverantwortlich und irreversibel traumatisierend, wenn ein Analytiker einfach – nachdem er für sich konstatiert hätte, auch mit Anstrengung, bestem Bemühen, nicht zurande zu kommen – dies dem Analysanden mitteilte: Etwa: »Mit Ihnen kann ich nicht; ich verstehe Sie nicht; Sie gehen mir auf die Nerven; ich kann Sie nicht ausstehen« sinngemäß. Die meisten (wenn nicht alle) merken es ja sowieso. Neurotischen (nichtpsychotischen) Patienten wird im allgemeinen wenig Sensibilität zugetraut. Vielleicht, weil sie sich nicht heftiger äußern. Jemandem mit einer offenen Psychose kann man einfach nicht so unecht verklausuliert entgegentreten; er merkt dies; protestiert, reagiert auf seine Weise

sofort auf die kleinste Unehrlichkeit, die der Therapeut vielleicht noch gar nicht gemerkt hat. Wer sagt denn, daß sog. Neurotiker nicht ähnlich fein wahrnehmen, auch wenn sie nicht so ungehemmt reagieren? Ich habe jedenfalls sehr viel gespürt, auch wenn ich vieles davon erst später bewußt registriert habe; manche unangenehmen Wahrnehmungen über meine Analytiker habe ich gerne der offiziellen, unproblematischeren Erklärung zuliebe verdrängt. Ich glaube jedenfalls, daß die Wahrnehmung auf tieferen Schichten genauso sensibel abläuft.

Als Analysandin (Patientin) könnte ich letzten Endes verdauen, wenn *ein* Mensch, *eine* bestimmte Person, dieser spezielle Analytiker nicht mit mir auskommen kann. Der wäre ja nicht die ganze Welt, die ganze Menschheit, Vater, Mutter, Familie; seine persönliche Beurteilung hätte dann keinen Absolutheitscharakter, müßte nicht die generelle Wahrheit über mich sein. *Diesem* Analytiker ginge ich auf die Nerven, er könnte mich nicht mögen. Gut; auch schlimm; aber nicht abstrahiert vernichtend. Wenn eine Privatbeziehung auseinandergeht, ist das ja auch verletzend; aber nach der akuten Erschütterung gibt es da doch dann wieder die Hoffnung, daß ich mit jemand Neuem besser auskommen könnte. Und irgendwann findet sich ja auch eine neue Liebe. Ich muß aber nicht von vornherein mit Etikett der Unerträglichkeit herumlaufen. Vielleicht ist ja mit dem anderen alles gut; und es lag an beiden in der früheren Beziehung.

Die Vergleiche mit der Organmedizin hängen mir zwar zur Nase heraus; aber wahrscheinlich würde nicht einmal ein Chirurg, der sich nicht in Kondition fühlt, unter dem Risiko, lebenswichtige Schlagadern anzufetzen, unbekümmert weiteroperieren. Er würde sich wohl nach einem umsehen, der sich an diesem Tag, in dieser Situation besser fühlt.

Wenn ich handfest organmedizinisch unsachgemäß behandelt worden bin und Schäden davongetragen habe, kann ich wenigstens noch mit Mitgefühl und Verständnis der Umgebung rechnen; möglicherweise auch auf objektive Feststellung, wenn das auch schwierig ist. Mit einem seelischen Schaden gelte ich als Verrückte; nichts ist nachzuweisen. Die Deutungen kann ich – und das ist dann absolut meine Schuld – ja völlig verkehrt aufgefaßt haben; ganz anders, als sie gemeint oder formuliert waren, läßt sich sagen. Trotzdem sind Deutungen, mit welcher Betonung in welchem aktuellen Sinnzusammenhang gegeben, eben nicht nur das, was sie grammatikalisch enthalten.

Und es ist an sich unfair, einem Laien, dem Analysanden, Patienten, die Verantwortung dafür aufzubürden, wenn er falsch versteht und traumatisiert wird. Es gehört ja zum Fachwissen des Analytikers, Situationen und Auswirkungen von Deutungen zu übersehen. Wenn ein Patient Blutbildveränderungen auf Antibiotika bekommt, rechnet ihm dies auch niemand als seine persönliche Bosheit an. Dies ist eben eine einzuberechnende, unliebsame, möglichst zu vermeidende Nebenwirkung, um die man weiß. Bei meinem Analytiker, und auch anderen, habe ich oft gemerkt, daß sie primär ärgerlich auf Patienten waren, die ihre Deutungen so »verkehrt« aufgefaßt hatten. Zitate von Patienten werden im allgemeinen nicht wörtlich oder sinngemäß wörtlich, ernstgenommen; man kann sich mokieren, quasi hilflos vor der neurotischen Verdrehung stehen. Dabei liegt es ja an sich primär am Therapeuten, sich verständlich zu machen; an sich ist er ja für den Patienten da.

Ich meine, daß ich es auch bei mir nicht für sonderlich sinnvoll halte, mir vorzuwerfen, warum ich nicht aufgehört habe, wenn ich solche Zweifel hatte; warum ich Deutungen, auch wenn sie nicht treffend waren meiner Meinung nach, dann so ernstgenommen habe; warum ich mich habe so verletzen lassen. In dem ganzen Sinnzusammenhang, als Ausbildung, mit Bekannten, die sich auch in ihrer Analyse veränderten, war das kaum mehr möglich. Im großen und ganzen glaubte ich ja auch an Psychoanalyse, an den Sinn meiner Analyse. Und auf die banale Ebene von Analysegegnern: »Da haben Sie's; warum machen Sie auch diesen Unsinn mit?« mochte ich mich auch nicht begeben.

Spielerisches, unordentlich nicht zu Ende Gedachtes war nicht gut. Als ob ich einen Polizeistaat hinter mir, in mir sitzen hätte: Jeder unkontrollierte, abweichende, nicht ganz einzuordnende Impuls wird sofort denunziert, kriminalisiert, dingfest gemacht, untersucht. Und an genauen, strengen, feststehenden Gesetzen gemessen. »Ja, aber . . .«, »Meinen Sie nicht, daß . . .«, »Aber das ist doch jetzt wieder . . .«, »Was läßt sie *so* stark reagieren?« (= *zu* stark, außerhalb der Norm, falsch, abwegig, neurotisch, zu verändern). Ansätze von Kreativität können eine solche Behandlung wohl schwer überleben. Im Grunde ist es ja auch das Gesündeste, wenn sich freche, undurchdachte, spontane Impulse einfach zurückziehen, wenn ich dann weniger Anlaß zu Korrektur biete. Einzeller reagieren ja auch auf Stromstöße, nach einer Weile, je nach Lernvermögen, abhängig von der

Stromstärke.

Das Vermiesen als »Größenfantasie« bedrohte ja alles: Spontanes, jede gute Laune, jede Unbekümmertheit, jede gefühlsmäßige Zuversicht, Begeisterung.

Zu isoliert sind bei mir Empfindlichkeiten, Störbarkeit, Neigung, unter Spannungen zu leiden (vielleicht ja auf Grund erhöhter Wahrnehmung) herausgearbeitet worden ohne Vergleich mit anderen, denen es vielleicht ähnlich ging, und durch die ich dann Überichentlastung hätte bekommen können; mich zumindest hätte einordnen können. Zu sehr bin ich mir dabei besonders empfindlich, kränkbar, labil vorgekommen, habe mir zu sehr Schuldgefühle über meine Empfindlichkeit gemacht (»Auf Grund welcher [früheren] Situation belastet Sie das jetzt so? Weshalb empfinden Sie es so stark?«), bin zu sehr in emotionale Abgründe gefallen (es läßt sich ja praktisch immer eine frühkindliche, der aktuellen ähnlichen Situation finden) und habe mich zu sehr als speziell, ungewöhnlich reagierende, fremdartige Person erlebt. Bei etwas mehr Gruppenkontakt, Vergleich mit anderen, Einsicht in soziale Zusammenhänge, wäre dies nicht in der Härte nötig gewesen.

Als Vergleichspunkt war ja nur der Analytiker da; seine Art und Ausmaß der Empfindung. Die Tendenz, mir als ganz besonders pathologisch vorzukommen, dürfte mehr am isolierenden Vakuum und dem Übergewicht des Analytikers gelegen haben als an meiner Neurose. Für mich selber ist es ja auch weniger konfliktträchtig, das Schwierige in mir zu sehen, als aktuell aktiv und verändernd mit der Umwelt umzugehen, und damit möglicherweise auf erhebliche Widerstände und Mißstände der Umgebung zu stoßen. Zusätzlich war ich ja auch nicht in die Analysestunde gekommen, um die vergleichsweise banale Feststellung mitzunehmen, daß Gerumpel des Aufzugs, schrilles Telefon, Straßenlärm, viele Personen im selben Raum meiner Konzentration hinderlich sind. Da ist es schon interessanter, an biografisches Leid zu geraten über die beengte Wohnsituation der Nachkriegszeit, die die Realisierung von manchen Impulsen erschwert hatte.

Und schon ist der Schwung, die an sich sachlich gerechtfertigte Empörung gebunden, und der unter Anstrengung arbeitende Analysand fast noch dankbar für die schwierige Arbeitssituation, die ihm einen wertvollen Einblick in sein Unverarbeitetes ermöglicht hat. (Jedenfalls gehen an Kliniken Veränderung ermöglichende ungebro-

240

chen polternde Aktivitäten – wenn sich z. B. jemand ganz einfach weigert, unter solchen Umständen zu arbeiten – nicht gehäuft von Analysanden aus.)

Wahrscheinlich stimmt ja, daß die jetzige Situation mit damals in Zusammenhang steht – es gibt ja auch Menschen, die sich besser in Lärm und Hektik konzentrieren können – aber emotional ist ein solcher Gedankengang wohl nur für Analysanden nachvollziehbar.

Weder bei mir noch bei anderen, die ich während und nach ihrer Analyse erlebt habe, habe ich eine wirklich überzeugende Erhöhung der Sensibilität gesehen; wohl etwas mehr Durchblick, Möglichkeit, Affekte einzuordnen, zu kontrollieren, ernstzunehmen, zu beobachten. Sicher lassen sich einige neurotische Einengungen der Empathie (z. B. durch homosexuelle Abwehr) beseitigen, und das Gesichtsfeld erweitern. Aber das scheint nur etwas Kosmetik, unerheblich im Verhältnis zu dem, was der einzelne mitbringt. Unter völlig Unausgebildeten (Pflegehelferinnen, Sozialarbeitern, Praktikanten, -innen) gab es Fähigkeiten, an die manch lange Analysierte nicht herankamen.

Ich habe es einfach satt, mit dem Makel und dem in mir ungelösten Problem einer mißglückten Analyse herumzulaufen; dem Zwang, jedem mir Wichtigem es erklären zu müssen. Das kann ich bei der Häufigkeit der Fragen und der Kompliziertheit des Sujets ein paarmal mit Volldampf, aber dann werden die Worte automatisch, Routine, und ich will mich nicht dauernd rechtfertigen. Es ist so mühsam; die aufgeworfenen Fragen mobilisieren so viel beim anderen (viele haben ja – in durchgeführten Therapien oder in der eigenen Analyse – doch irgendwie auch einige miese Erfahrungen und Zweifel, an die sie nicht gerne denken); und es ist offenbar am einfachsten, mich als seltenen, persönlich ganz besonders unglücklichen und problematischen, speziellen Ausnahme- und Einzelfall zu sehen; dann brauchen auch die Gefahrenpunkte, an denen meine Analyse eine zerstörerische Richtung bekommen hat, nicht beängstigen.

»Sie ist zu krank« – oder – »das war kein guter Analytiker« – »So kann man aber auch keine Analyse machen«, finde ich schlicht eine Abwehr dessen, daß eine Analyse eben auch infaust verlaufen kann; daß sie als wirksame Methode auch erhebliche Schäden (Nebenwirkungen) verursachen kann.

Dagegen, meinen Verlauf als besonderen Einzelfall abzuwerten, spricht, daß ich vor Beginn ja von drei erfahrenen Analytikern interviewt worden bin, einige Zeit verantwortlich mit Patienten gearbeitet

habe, ohne daß mich Beaufsichtigende Zweifel angemeldet hätten, und daß mein Analytiker nicht als besonders minderqualifiziert oder starr gilt.

Trotzdem spüre ich im Kontakt mit Analysierten genau die Tendenz, entweder mich als gründlich verrückt zu sehen oder meine besondere Analyse an sich mit meinem speziellen Analytiker, meiner Analytikerin als unmöglich zu verurteilen.

So habe ich auch länger gedacht; es geht mir aber um Verständnis. Und das ist sehr schwierig zu erreichen; fast alle, die ich kenne, sind doch auf irgendeine Weise persönlich oder beruflich involviert und somit parteiisch. Wirklich befriedigend waren ihre Erklärungsangebote nicht; z. T. erhielt ich wieder Theorien, die vage oder dezidiert auf meiner Biographie basierten, in mir nicht zündeten; oder ich fand einseitige, wohlwollende Parteinahme mit Empörung über den Partner; das tat wohl gut, löste aber intellektuell nicht viel. Am besten waren für mich Berichte von Bekannten, die ähnliches selber erlebt oder von anderen gehört hatten, auch von Kollegen, die Vergleichbares aus unglücklich verlaufenen, selbst durchgeführten Therapien erzählten. Mit solchen war ich gleichberechtigt; nicht in abhängiger Situation; sie sahen in mir einen Partner, fühlten sich nicht (wegen Honorar oder vom Status her) unter Zugzwang, mir eine alles erklärende Deutung zu geben; es kam mehr spielerisch, in privatem Kontext. Von beiden Seiten kam dann nicht ein solcher Druck, Erwartungshaltung wie in einem offiziell vereinbarten Termin. Bei solchen bezahlten (und damit auf meine intellektuelle Unterlegenheit festgelegten) Terminen hatte ich oft gemerkt, daß ich unzufrieden wurde, wenn gegen Ende der Stunde nicht eine zufriedenstellende Erklärung sich andeutete (schließlich war ich hergefahren – das Geld – seine Ausbildung – seine Erfahrung; warum erzählte ich das alles, für mein Geld, was ich sowieso weiß, wenn ihm nichts einfällt; warum bringe ich Interessantes – ich habe ein merkantiles Recht auf Auskunft). Viceversa wird es nicht anders gewesen sein; und wahrscheinlich ist eine solch latente Stimmung nicht förderlich, nicht sehr anregend.

Unterhaltungen mit Freunden unter privaten, gleichberechtigten Bedingungen haben mir einfach viel mehr gegeben als professionelle Versuche. Sie waren entspannter, von Leistungsdruck freier, von gegenseitiger Vorsicht freier, da auch ich über den anderen einiges wußte, über seinen Hintergrund, aus dem möglicherweise seine Beurteilung kam. Gegen zerstörerische Deutungen hätte ich mich – dank meiner Kenntnis seines Hintergrundes – wehren können; not-

wendigerweise mich Kränkendes konnte ich unter privater, liebevoller Atmosphäre besser annehmen. Man konnte sich auch Zeit lassen, sich etwas einfallen zu lassen. Bezahlung macht asymmetrisch, unterlegen.

Wenn ich es noch einmal nötig fände, in Analyse zu gehen, dann nur zu jemandem, der wirklich mehr Freiheiten hätte als ich. Bei dem ich mich nicht mit seinen Ängsten und Bremsen infizieren könnte.

Wenn Probleme wirklich bearbeitet wären, müßten sie sich weitgehend verflüchtigt haben; im Rahmen des Möglichen. Meine Analytiker waren relativ glanzlos; warum bewegten sie sich nicht freier, unbeschwerter, warum strahlten sie nicht einfach einmal, weil sie die Welt schön fanden, den Tag, den Abend, die Stunde? Warum sind Analysierte nicht eindeutig zufriedener, fröhlicher, nicht schöner auf ihre individuelle Weise als Nichtanalysierte? Warum haben sich so viele nicht optimal verwirklicht? Nur, weil sie kränker, gehemmter, neurotischer in ihre Analysen gegangen sind als andere? Die Argumentation stimmt nicht.

Bei mir kann Ausstrahlung, ganz ohne Worte, sehr stark wirken. Manche können mich allein durch ihre Gegenwart, das, was sie durch Bewegungen, Art zu reden, zu schweigen, anwesend zu sein, ausdrücken, beflügeln, mutig machen; durch ein anregendes, befreiendes Klima um sich herum; ohne Deutungen, wie durch ein Bebrüten.

Wenn wirklich Hemmungen, Ängste verarbeitet wären, müßte sich dies doch deutlich, überzeugend, fraglos mitteilen; auch im Körper, im Handeln, im gesamten Menschen. Wenn ich selber Angst vor einem Kopfsprung vom Dreimeterbrett habe, kann ich beim anderen wohl diagnostizieren, daß und wovor er Angst hat, seine Ängste mit- und nachempfinden, ihm wohl auch seine speziellen, auf seiner Biographie beruhenden Hemmungen deuten – aber Mut machen kann ich wohl nicht. Den könnte ich nur verbal deklarieren; vielleicht sagen: »Ich habe selber Angst, diese nicht überwinden können, finde sie aber irrational; fände es schön und mutig, wenn Sie sich trauten.« Dann könnte der andere seine Ängste immerhin abstrahieren, vielleicht sie überwinden in einem Kraftakt. Wenn ich ihm meine Schwierigkeiten nicht sage, pseudoneutral exklusiv auf seine Ängste eingehe, sie auf seine Problematik zurückführe, wird er auf einer tieferen Ebene sicher mein ängstliches Zittern mitbekommen; und fühlen, daß er wirklich eine gefährliche, bedrohliche, angsterregende Aktivität plant. Diese nonverbal mitgeteilte, und leicht übernommene Angstportion wird er als seine eigene sehen, die er nur noch

nicht in ihrer Intensität bisher wahrgenommen hatte. Falls sein Über-ich seine Angst und Vorsicht verurteilt, wird es noch mehr Arbeit bekommen; steht er nur wahrnehmend der Angst gegenüber, wird er es in jedem Falle schwerer haben, sie zu überwinden. Sein Ambivalenzkonflikt wird zugunsten der bremsenden Teile verändert.

Mit realen Personen kann ich mich wohl auseinandersetzen; kämpfen, streiten, bereden; irgendwann hat das ein Ende, dann ist das erledigt, die Kränkung ist vorbei. Wie soll das aber hier gehen? Ich traue mich ja gar nicht; als ob er die Mafia hinter sich hätte; die offizielle, und die kleine in meinem Hinterkopf. Die mich verunsichert, verurteilt, gegen mich ist; mich nicht mag; mir meine Schlechtigkeit, Unverträglichkeit, Unbekömmlichkeit, Lieblosigkeit, neurotische Verbiegung vorhält, und so weiter und so fort.

Vielleicht wären drei Monate gut und ausreichend gewesen für diese Analyse; diese Beziehung; zwischen diesem Analytiker und mir in je unserer Situation. Fruchtbringend; vielleicht war danach unser gemeinsames Potential erschöpft. In einer Kursankündigung las ich das Thema: »Wie lange halte ich meine Kontakte aufrecht? Wann zu lange – wann zu kurz?« Das fand ich schön. Wieso soll denn auch jede Beziehung unendlich fruchtbar sein? Manche verändern sich doch sehr; sind dann abgelaufen, ausgebrannt, auch mit viel Hin- und Herüberlegen nicht mehr zu beleben. Muß es denn wirklich immer ein Widerstand sein, wenn eine Analyse unfruchtbar wird? Kann es nicht auch einfach eine Beobachtung, realitätsgetreu, sein? Im normalen Leben ist es doch auch so. Manche Kooperation ist gut und sinnvoll für beide Teile; wenn das gemeinsame Problem bewältigt ist, kann sich auch die Beziehung verlieren, wenn nicht sehr viel mehr da war. Aber nicht jede Beziehung ist doch unendlich.

Ich hätte das Bedürfnis nach einer großen Hand zum Anfassen bei angstbesetzten Exkursionen, Wagnissen gehabt. Nicht nach ängstlichem Händegeringe um mich, das mir Mut abzieht. Warum sollte ich mich nicht vielleicht überanstrengen und dabei auf die Nase fallen? Die Chance, daß ich dabei Neues erreiche, besteht doch auch. Ich hatte meist das Gefühl, daß meine Reaktion gebremst und auf ein Normalmaß gebracht werden mußte.

An meinem minderen Selbstbewußtsein mag noch anderes mitgewirkt haben: Ohne Vater, bei ausgelöschter väterlicher Familie fällt eine indirekte Identifikationsmöglichkeit aus: mütterliche (bzw. vä-

terliche) Verwandte, Freunde honorieren nur die Ähnlichkeit mit ihnen selbst; mit ihrer Familie; die Tradition, Gene, die sich in mir fortsetzen (bei Tieren soll es ja ein genaues Gen-Bewußtsein geben; bei Löwen, Auerhähnen usw.). Wenn ich Verwandte, Freunde meiner Mutter treffe, suchen sie nach Ähnlichkeit mit ihr; freuen sich, fühlen sich bestätigt, fortgeführt, wenn ich ähnlich bin. Die Züge, in denen ich meinem Vater ähnele, verfremden, stören, machen mich ihnen unähnlich, weniger vertraut. Auch wenn sie meinen Vater gerne mochten, ist er doch ein Fremdkörper in der vertrauten Art. Das mögen sie nicht, übersehen es bestenfalls zugunsten der doch anzuerkennenden Ähnlichkeit mit ihnen. Das hat mich oft gekränkt; auf eine Weise war ich ja stolz auf das Väterliche in mir; das wäre sonst tot, ganz weg, ausgelöscht; und lebte so in mir. Von den mütterlichen Verwandten kann ich mich nicht erinnern, daß sich auch einmal jemand über meine Vaterähnlichkeit gefreut hätte; meine Mutter sehr, aber nur sie. Für die anderen war es etwas, was eben notgedrungen zu akzeptieren war, wie ein Schönheitsfehler; aber nicht zu ändern.

Ich glaube nicht, daß sie so eindeutig reagiert hätten, wäre mein Vater dagewesen, nicht zu übersehen, mit Karriere; wahrscheinlich wäre von dem Glanz etwas in meine äußerliche Bewertung eingeflossen. Ohne väterliche Verwandtschaft fehlt Freude über das Aussehen; Freunde und Bekannte, die ihn mochten, sterben aus. Ich glaube, es wäre anders gewesen, wenn ich mich in eine wohlwollende väterliche Familie hätte zurückziehen können; oder wenn z. B. Nachbarn mich mit Wohlwollen über meine Ähnlichkeit mit ihm betrachtet hätten. Wenn ich auch einmal nach ihm erkannt, angesprochen worden wäre. Vielleicht hätte ich einiges an mir nicht jahrelang so häßlich gefunden, eher zu meinem Tempo gefunden. Ein Analytiker traf mich mit einer Bemerkung, er habe mich immer als aus Ostpreußen eingeordnet; wundere sich, daß ich nie da gelebt habe; dahin habe ich mich aber deutlich identifiziert. Ein seelisches Bonbon eines Freundes meines Vaters war: »*Du* siehst ihm am ähnlichsten« mit aller Zuverlässigkeit. Mich bewegt es ja auch, wenn ich Freunde auf einmal in Mini, in ihren Kindern, herumlaufen sehe; da fließt doch einfach das Gefühl für die Eltern auf direktem Weg auf das Kind. Ich kann mich dem jedenfalls selten entziehen.

Wenn ich überhaupt von väterlicher Identifikation reden kann, dann nur von einer ziemlich theoretischen Aktion. Nach Erzählungen, Bildern, Brüdern, die ihm viel ähnlicher sahen als ich, weil ja

auch älter, und Männer. Ich habe seine Hände, seine Zehen. Hände waren mir sehr wichtig; im Studium, beim Untersuchen wunderte ich mich manchmal, wieso Leute mit häßlichen Händen sich getraut hatten, Medizin zu studieren. Durch meine Hände war ich richtig für Medizin. Ich habe keinen Vergleich; aber ich denke, es muß ein satteres Selbstbewußtsein geben, wenn man sich selbst in ihm mögen kann.

Ich möchte nicht wie Spalierobst getrimmt werden; daß meine ausfahrenden Seiten nicht nur bedrohen, zu Korrekturen, Befürchtungen Anlaß geben. In Gruppen habe ich gemerkt, daß ich schlicht schnell und relativ stark reagiere auf Gruppenstimmungen. Wenn ich in narkoseartige Müdigkeit zu fallen drohte, fingen andere um mich herum an zu gähnen; wenn ich albern wurde, keine Lust mehr zu Diskussionen hatte, lockerte sich um mich herum auch gerade die Stimmung auf. Ich habe da keine falschen Wahrnehmungen gehabt, nur starke.

Es schleicht sich so leicht etwas Hämisch-Entlarvendes, Denunzierendes, Abkanzelndes in Deutungsaktivitäten ein; oder nur in den Umgang mit anderen. Es gibt praktisch keinen beschreibenden Ausdruck für seelische Zustände, der nicht auch als Schimpfwort benutzt würde, unter der Hand. »Sie hören gerne Musik, neuerdings, und besonders Gesungenes?« – Klar, daß ich mich isoliere, alleine sein will, infantile Sehnsüchte nach frühem Mütterlichen oder Väterlich-Brummelndem habe. Auch wenn das so sein mochte – es wurde nicht anerkannt, nicht einfach gelassen, und gesehen, was ich da wohl suche, wonach ich wehmütig bin. Mit der Deutung wurde das Bedürfnis, wie in einem Prozeß, enttarnt, und verurteilt; als Neurotisches, Retardiertes.

Seit einer beruflichen Pause habe ich weniger Kontakt mit analytischem Milieu; sehe deshalb auch Bekannte weniger. Bei einem – an sich guten – Freund merke ich dann, wie seine Einstellung zu mir, seine Unbekümmertheit, sein Wohlwollen angefressen, unterminiert sind, je länger ich ihn nicht gesehen habe; ich meine, durch das analytische Klima, durch sein analytisches Überich, was meine unglückliche Analyseerfahrung gleich verrückt (hochneurotisch) setzt. Er horcht genauer hin, spitzt quasi analytisch die Ohren, mißtrauisch, innerlich auf dem Sprung, mir doch noch eine alles umfassende, alles erklärende Deutung zu geben. Diese Einstellung gibt sich dann wieder, sobald ich ihn menschlich überfahren habe, angenehmen Kontakt mit ihm hatte; ich kann ihn dann wieder von mir überzeugen; es

ist aber eine Anstrengung. Ich habe – lauthals und dezidiert – eine schlechte analytische Erfahrung gemacht; das darf nicht sein, kann nicht sein, muß auf meiner besonderen Pathologie, meiner speziellen Variante eines schweren Brockens beruhen. So könnte es ihm gehen mit Patienten; als Analysand während einer vielleicht noch einmal unternommenen weiteren Analyse.

Kommt die Rede doch einmal auf meine Analyse/meinen Analytiker, wird er vorsichtig, geht auf Distanz. Bestenfalls kommt die beunruhigte Nachfrage: »Kaust Du denn immer noch daran herum?« Aus seinem Tone darf ich entnehmen, daß gerade das krank ist; gerade das einen Fachmann aufhorchen lassen muß. Daß ich doch besser lockerlasse, alles vergesse, mich versöhne. Ich *kaue* aber noch daran herum; warum auch nicht? Wenn Kindheitstraumen solange in Erinnerung bleiben, mit voller emotionaler Wucht, wieso dann nicht solche aus der Analyse? Wieso muß ich so schnell vergessen? Sechs Jahre Leben, innerhalb von zwei Jahren. Warum soll es so verwunderlich, neurotisch, bedenklich sein, wenn mir noch vergleichsweise frische Traumen weh tun? Ist es denn nicht auch eine Verleugnung, nicht sehen zu wollen, daß es ganz gruselige Verläufe, Schädigungen, Nebenwirkungen im Rahmen von analytischen Behandlungen gibt? Ich kenne anerkannte Analytiker, die es vor sich zugeben, noch Jahre an ihren Lehranalysen gelitten zu haben; sich davon erholen mußten. Nicht nur von aufgewühlter eigener Pathologie. Daß viele ihre Träume, Hoffnungen, Wünsche nach Veränderung, Befreiung von schlummernden Fähigkeiten sukzessive im Laufe ihrer Analyse begraben haben (vielleicht mit Deutungen wie »Größenfantasie«, »Anspruchshaltung«, »übersteigerte Erwartungen«, »analytische Omnipotenzfantasien«, »Realitätseinsicht«) und auch über das notwendige Maß ihre analytischen Enttäuschungen umgedeutet haben, ist ein offenes Geheimnis unter Analysierten. Dies Wissen entlädt sich aber höchstens in Ironie, vergleichbar den makabren Medizinerwitzen. Daß auch schwere Schäden gesetzt werden können, psychotische Episoden, depressive Phasen, Suicide ausgelöst werden können – unnötigerweise, daran denkt man besser nicht.

Daß ich immer noch meine, etwas sehr Schlimmes in meiner Analyse erlebt zu haben, immer noch nicht die verklärende Güte im Blick habe, nicht versöhnt und nostalgisch und identifiziert diese Jahre ad acta gelegt habe – das stört.

Den Kontaktverlust, die Schwierigkeit, diesen Freund jedesmal wieder etwas für mich zurückzugewinnen, habe ich mit anderen Men-

schen nicht in dem Ausmaß. Da kann ich im wesentlichen bauen auf das Vertrauen von früher; Beziehungen sind nicht so verblaßt. Nie in dieser mißtrauischen Weise unterminiert, ängstlich, abwartend. Ich glaube, auch andere werden in dem System unsicherer, tangiert in ihren Meinungen durch die Gruppenstimmung. Im sog. Normalleben kann ich rechnen mit einem Maß an menschlicher Zuverlässigkeit; ich muß mich selten so menschlich, emotional in die alte Beziehung hineinwerfen, um die frühere Vertrautheit wiederherzustellen. Im analytischen Milieu habe ich selten das Gefühl, die Zeit sei stehengeblieben; wir hätten uns erst vor kurzem zuletzt gesehen. Die Halbwertszeit dieser Vertrautheit ist gering; zumindest kürzer, als in mir, und als ich sie im Umgang mit anderen zu erwarten gelernt habe.

Was ich schreibe, ist im Grunde Unsinn. Aber ich habe die letzten neun Jahre damit verbracht; nicht nur ich; einigen zumindest ist es ähnlich gegangen; wenn auch vielleicht nicht über eine so lange Zeit. Diese Analyse habe ich etwas ernster genommen als manche meiner Bekannten, nichts bewußt verschwiegen, freies Assoziieren vielleicht gründlicher praktiziert als manche. Und dafür eine über die Nase bekommen. »Mußtest Du ihm denn das so genau sagen? So genau darlegen? Konntest Du das nicht eine Weile für Dich behalten, bis Du den Abschluß hattest? Oder diesen Punkt woanders einmal zu klären versuchen?« Das hätte ich wohl gekonnt. Aber was für eine Analyse soll denn das sein, wenn ich nicht da – soweit es in meinen bewußten Kräften steht – offen sein kann? Wenn ich auch da eine solche Korruption walten lassen muß wie sonst im Berufsleben? Dann hätte ich meine Träume gleich zu Beginn ad acta legen können.
Es war fast unmöglich, Problematisches aus meiner analytischen Erfahrung mit Leuten, die in Analyse sind oder waren, oder dort beruflich festgelegt sind, zu besprechen. Auch unter durchaus freundschaftlichen privaten Bedingungen und Beziehungen kam es oft so: Man hörte mir wohl zu; war freundlich und ermunterte mich zu Offenheit; insgeheim war aber die selektive Aufmerksamkeit auf meine noch zu diagnostizierende, doch endlich mir klarzumachende Störung gerichtet; focussiert. Meine Sätze wurden gehört, aber sie dienten lediglich als Grundsubstanz für Indizien meiner Störung. Sie nahmen gar nicht das auf – jedenfalls nicht mit dem von mir gemeinten Sinn- und Gefühlszusammenhang –, assoziierten schon in Richtung meiner unanalysablen Neurose. So, wie ein Organmediziner bei einem Patienten mit Verdacht auf Leberschaden sich bei Symptomen

alarmiert fühlt, die er bei einem mit Fußpilz gar nicht registrieren würde.

Analytisch wenig Tangierte, sogenannte Normalmenschen, verstehen mich da besser, hören anders zu; nehmen mich leicht so an, wie ich mich darzustellen versuche. Ich fühle mich da weniger in immer dieselbe Richtung geschubst.

Dies lieblos-karge mit bösartig spitzem Finger Herumpulen. In Volksliedern, Moritaten, Melodien ist viel mehr von mir enthalten, als in vielen kühlen Worten. »Meinen Sie nicht, daß es sich hier doch eher um ... handeln könnte. Das ist jetzt zu früh; genitale Abwehr prägenitaler Inhalte; ödipale Objektwahl; versteckt sich nicht dahinter doch ...« usw., usw. Irgendwann ähnelt es einem Tranchieren, Sezieren. Selten sind solche weichen, richtigen Seiten von mir angesprochen worden, wie ich sie mühelos fühle z. B. in manchen Kinderliedern; es gibt schwingungsfähigere, empfindungsfähigere Seiten in mir, als sie sich üblicherweise in den Stunden zeigten.

(»Als er das vernahm – packt ihn Graus und Gram«;
»Wenn Du ihn siehst, sag ihm, daß ich ihn liebe,
ich möcht so gern an seinem Busen ruhn«
... so schön wie Milch und Blut
von Herzen war sie einem Räuber gut.)

Es muß etwas anderes geben als diese Sprache, die zerstört, verprellt, verschreckt, auffasernd seziert.

Für Orthodoxe bin ich schuld: Wieso hat sie sich einen solchen Analytiker gesucht? – Neurotische Partnerwahl.

Vielleicht wäre eine schlechte Ehe auch nicht weniger zerstörerisch ausgegangen, denke ich manchmal zum Trost. Und immerhin habe ich während der Zeit keine Kinder neurotisiert.

Was ist das für eine verlogene Forderung, versöhnlich sein zu müssen? Hitler, CIA, ITT? Wieso? Dieses Ideal hatte sich eingeschlichen in die an mir praktizierte Analyse; alles verstehen und dann wertfrei betrachten zu sollen. Manche Vereinigungen sind Mörderbanden, wie diskret man das auch umschreiben und begründen will. Eine andere Sache ist, auf Grund welcher existentieller und/oder neurotischer Zwänge Personen da hineingegangen sind, sich dieser Ideologie verschrieben haben. Aber warum soll ich wertfrei verstehen, wenn ich nicht für sie als Therapeutin zuständig bin? Ich will auch nicht Therapeut meiner Analytiker sein, sie verstehen, interpretieren; ich möchte leben. Und an mir haben sie Schaden angerichtet; auf Grund

welcher Schwierigkeiten auch immer. Ich möchte zu mir zurückfinden; zu meinen Möglichkeiten, Träumen, meinem – partiell zerstörten – Selbstbewußtsein.

Aber wohin soll ich mit meinem Haß? Ich war nicht ihr Typ, könnte ich mir sinngemäß sagen. Auch andere hatten inzwischen an ihr Wahrnehmungslücken, Reizbarkeiten realisiert und kritisierten sie. Ich sollte sie vergessen und manche Interventionen. Ich möchte mich ja nicht mit ihr, ihren Werten, ihrer Lebensweise identifizieren. Meine Mutter hat und hatte ein volleres Leben; nicht so auf Sparflamme. Ich habe meine Analytikerin nie strahlend, wirklich glücklich gesehen.

Bei ihm ging es mir ähnlich. Es wäre brutal, ihn wirklich mit dem Ausmaß meiner Wut, Empörung, Erbitterung zu konfrontieren. Für vieles war ja eine Erklärung, Entschuldigung da: Er war noch relativ jung; auch als Lehranalytiker; seilte sich gerade aus der Universitätshierarchie und von seinem Lehranalytiker ab; hatte seine Behinderung, seine Schwierigkeiten mit der neuen Praxis. Primär bösartig war er nicht gewesen; nur ungeschickt; und in der Wirkung verheerend, für mich. Für andere auch wieder nicht, soweit ich das beurteilen konnte. Für andere, die mit weniger Erwartungen, weniger intellektuellem Hunger herangegangen waren; die vielleicht anderes bei ihm gesucht hatten als ich; für die er vielleicht ein Kontakt, eine analytische Autorität, ein jüngerer Bruder bedeutete. Obwohl ich auch meine Zweifel hatte über seinen Umgang mit Sexuellem, Erotischem in den Stunden mit anderen Frauen. Wo er gedeutet hatte, sie müsse sich in ihrem Alter realitätsgerecht abfinden mit dem Nichtvorhandensein von für sie freien Männern. War das nicht auch seine Abwehr, vor ihren Reizen? Meine Mutter hatte sich mit 62 neu verliebt, mit strahlenden Augen; und diese Frau konnte sehr attraktiv sein, wenn sie wollte. Wieso kam er bei ihr auf die Idee, sie habe sich »abzufinden«? Aber dies war nicht mein Problem, nicht meine Analyse; aber doch verdächtig. Ich glaubte nicht an die altersmäßige Sterilität, Unattraktivität; ich sah sie nicht in meiner Umgebung, nicht bei denen, die ich vital und nachahmenswert fand.

Ich möchte nicht ein solches Leben wie diese beiden führen. Trotzdem haben sie mich aber geschädigt; und ich kann nicht einmal mit voller Kraft mich wehren; zuschlagen. Ich muß verständnisvoll sein, schonend. Haß müßte eine Weile erlaubt sein, auch in mir selber.

Vielleicht hätte ich gar nicht so lange Analyse gemacht ohne die Vorerfahrung durch meine Brüder: ohne meine Gläubigkeit an sie, daß sie alles besser konnten, mehr Durchblick hatten. Ich hatte ihnen ja auch geglaubt, sie könnten zaubern; als ich langsam merkte, daß sie Schmuh machten, kam ich immer wieder in Zweifel, ob sie nicht doch wirklich zaubern konnten, ob sie nicht doch recht hatten. Luft, die sie verzaubert und abgeschlossen hatten, war leicht gelblich; wenn ich lange hinguckte, sah ich das auch. Wenn ich durch diese Luft gegangen wäre, wäre ich zu »brandbläsigem Matsch« geworden, deshalb durfte ich nicht durch. Wenn ich nicht mehr daran glaubte, trotzdem durchging und nicht zu Matsch geworden war, hatte es daran gelegen, daß sie gerade eben um mich zu schonen die Luft wieder aufgeschlossen hatten.

Schlimm, chronisch krankmachend war, daß sich einmal gegebene Deutungen (und Wertungen) verselbständigten. Einmal erhalten, getroffen, saßen sie in mir; rotierten, konnten alles Neue betreffen, unterminieren. Es war dann gar nicht mehr nötig, daß ich wirklich zu einer speziellen Situation schon eine Deutung erhalten hatte; ich wußte ja, wohin sie zu zielen hatte, welchen Tonfall, Wertung sie anzustimmen hatte. Wenn mich eine als verlogen und schwafelnd erlebte Diskussion wütend machte, überlegte ich erst einmal, auf wen sich meine Ablehnung ursprünglich und wirklich bezog, usw...

Ein eigengesetzlicher Ablauf ist dann in Gang; wie herumschwimmende Krebszellen, die nur auf einen lohnenden Nährboden warten. Die Verurteilung, Abwiegelung, Unterminierung kann jede Erregung in einem einmal negativ angedeuteten (wörtlich) Themenkreis treffen. Ratsch, abgesäbelt.

Eine überzeugende Projektion habe ich während meiner Analyse nicht erlebt. Jedenfalls keine, die wirklich eine solche gewesen wäre; vergleichsweise überzeugend waren noch banale Vorkommnisse, wenn ich z. B. mittags andere Hungers verdächtigte. »Sie möchten jetzt essen gehen?« – »*Sie* haben wohl Hunger, ich noch nicht.« Aber auch da würde ich annehmen, daß ich meine Vermutung zwar aus dem hohlen Bauch, aber nicht ohne jeden Ansatzpunkt gezogen hatte. Mit meinem Hunger war ich vielleicht sensibler, wacher für seine sich entwickelnden hypoglykämischen Zeichen, konnte mich vielleicht schneller in seine Lage einfühlen, weil meine ähnlich war.

Sonst verhielt es sich aber meist so, daß meine als Projektion bezeichneten Gefühle noch auch beim anderen bestanden, wenn

auch vielleicht nur im Ansatz. Gibt es überhaupt in einer Zweierbeziehung Gefühle, die wirklich nur der eine hat, die nicht in Beziehung, Reaktion, Verfaserung mit dem anderen aufgetreten sind? In Paartherapien ist es klar, daß nie nur ein Gefühl beim einen vorliegt, der andere nicht heftig involviert ist.

Reagierte der Analytiker nicht doch ganz intensiv mit? Mir ging es jedenfalls so in meinen Therapien.

In den Analysestunden hat mich oft an den Rand meiner Möglichkeiten gebracht, wenn meine Wahrnehmungen über Gefühle des anderen wie ein Bumerang zu mir zurückkamen, an der gläsern-unbeteiligten Kühle abprallten. Erträglich blieb es noch, wenn abschwächende Zusätze kamen wie »auch beim besten In-mich-hinein-Horchen merke ich jetzt nicht Derartiges in mir«; das ging noch; dann konnte meine Wahrnehmung überleben; vielleicht spürte er sie nicht, sie war aber trotzdem richtig. Schlimm war »Es ist jetzt Ihre Wut, die Sie bei mir wahrzunehmen glauben.« Er war mir wohlgesonnen, nur ich bin so böse; habe soviel Haß in mir, soviel gruselig-liebloses, ungerechtfertigt gereizt-aggressives Potential in mir, daß ich seine wohlwollende Aufmerksamkeit nicht wahrnehmen kann, sie verkennen muß, weil ich in mir so vergiftet bin. Da ich den Entlastungsmechanismus Projektion benutzen muß, muß mein Haß so groß, so stark sein, daß ich alleine ihn nicht mehr tragen kann, ihn auf meine Umwelt verteilen muß. Wie eine Psychotische, die Impulse, Wünsche, Gefühle in Form von Stimmen oder Beziehungsideen nach außen verlagert, um ihr bedrohtes Gleichgewicht einigermaßen zu retten.

Daß er genauso wütend wie ich wäre in dem Moment, glaubte ich ja gar nicht; eine Verärgerung meinte ich aber doch zu spüren. Die ich wahrscheinlich ja auch ausgelöst hatte, mit meiner Problematik. Aber das Bumerang »Projektion« war so schlimm; es erklärte meine Empfindung zu Unsinn; unterstrichen durch den Beweis des Projektionsmechanismus (»nicht *ich* bin verärgert – *Sie* sind es« – ich bin es ja tatsächlich, also habe ich projiziert). Der Ausdruck »von sich auf andere schließen« scheint mir da menschlicher; er isoliert nicht so, stellt noch einen Zusammenhang zwischen Personen her. Im Grunde funktioniert doch jedes Verstehen so, von Bekanntem, Eigenem auf Neues zu schließen; dem anderen zu unterstellen, in ähnlichen Situationen ähnlich zu reagieren; deshalb ist es doch verwirrend, sich in fremder Kultur zurechtzufinden.

Jedenfalls war es nie so, daß ich völlig aus der Luft gegriffene Gefühle bei anderen zu spüren gemeint hätte; manchmal irrte ich

mich, dann konnte ich die Idee aber leicht wieder aufgeben. (Vielleicht waren dies echte Projektionen; nur Fantasien, Vermutungen, die sich leicht revidieren ließen, spielerisch.)

Projektionen zu erleben war auch ein Sinn meiner Analyse. Wenn ich davon ausgehe, daß meine Analyse u. a. an meiner relativ höheren Sensibilität gescheitert ist, meine ich, daß Diagnostizieren von Projektionsmechanismen bei mir mehr Schaden als intellektuelle Klarheit gebracht hat. Mit einer so verwirrenden, verunsichernden, an mir generell zweifellassenden Deutung hätte behutsamer, vorsichtiger, sorgsamer umgegangen werden müssen.

Bei Patienten bin ich jedenfalls vorsichtig geworden, schnell auf frühkindliche Faktoren zuzusteuern. Oft weiß ich einfach zu wenig über das mir fremde Milieu, die Arbeitssituation, dort übliche, häufige Konflikte. Auch wenn ich mich informiert habe, einiges gelesen habe, bleibt meine Einfühlung akademisch. Beim Akkordarbeiter einen Überich-Konflikt, Vaterproblematik zu diagnostizieren, fiele mir mit meiner Vorbildung leicht; über den realen Druck, von Vorgesetzten, Kollegen unter Existenzängsten, das Betriebsklima, Angst vor Arbeitslosigkeit kann ich nur Vermutungen anstellen. Die Atmosphäre in Großraumbüros, die ja zu Verfolgungsgefühlen (paranoiden Reaktionen) einlädt, mag ich auch nicht direkt auf die familiäre Situation jetzt oder früher beziehen; ob die – in den seltensten Fällen inexistente – familiäre Problematik bei Schlafstörungen von Schichtarbeitern überhaupt eine nennenswerte Rolle spielt, weiß ich auch nicht. Wie sind Angstzustände von Arbeitern in Betrieben zu beurteilen, wenn wirklich Explosionsgefahr mit Lebensgefahr besteht? Ist es da überhaupt sinnvoll, auf frühere Ängste zurückzugreifen? Oder soll ich diesen Patienten vergleichen mit seinen weniger ängstlichen Kollegen und daraus meine Diagnose ziehen? Vielleicht empfindet er ja am gesündesten, realsten. Eine Gruppentherapiestunde wurde für mich erzieherisch, in der zwei Beschäftigte einer Erdöl-Raffinerie mit fast identischen Ängsten verärgert und verächtlich über intrapsychische Deutungsversuche von Ärzten berichteten, die die permanente reale Explosionsgefahr nicht berücksichtigt hatten; in einer Arbeitssituation, die außerhalb aller sowieso laschen Sicherheitsvorschriften lag. Wahrscheinlich gingen die Angstgefühle ja *auch* auf Wut auf die Oberen und Angst vor Konsequenzen, falls sie sich wehrten, zurück. Nur würde dabei wohl eine Gruppe von Gleichgesinnten mehr helfen, mehr Angst abbauen, als selektive Bearbeitung z. B.

eines Vaterkonflikts.

Vielleicht ist manche sog. psychotische Episode während einer Analyse schlicht eine Reaktion auf die Art der Analyse, ein Kunstprodukt oder ein Heilungsversuch. Der offizielle Tenor ist meist, daß der Analytiker die schwierige Zeit mit dem Analysanden durchgestanden, durchgehalten hat. Dabei ist es in einer Paartherapie selbstverständlich, daß – wenn einer psychotisch wird – beide beteiligt sind; daß der scheinbar oder auch tatsächlich Gesunde zumindest sein Scherflein beigetragen hat. In Analysen wird diese Gleichberechtigung, Abhängigkeit voneinander üblicherweise nicht mehr gesehen; der Analysand hat seine Gefährdung mitgebracht und ist dankbar, daß sich jemand in dem belastenden Zustand um ihn kümmert. Dabei gibt es sicher auch echte Dekompensationen unter einer guten Analyse; nur sind sie möglicherweise seltener als die artifiziellen, unnötigen.

Ein Analytiker müßte seine Grenzen, seine Unsicherheiten sehen, einkalkulieren. Er ist ja nicht verpflichtet, alles und völlig und richtig und umfassend zu verstehen. Nicht einmal Organmediziner haben ja solche Sicherheit; da stellen sich bewährte Therapiemethoden nach Jahren als unsinnig, schädigend heraus oder modifikationsbedürftig; für viele Erkrankungen gibt es ja auch überhaupt keine ernstzunehmende Behandlungsmöglichkeit. Müßte nicht ein Analytiker noch viel vorsichtiger, anbietender, abwägender mit seiner Methode umgehen? Woher weiß er denn, ob einer nicht doch ganz richtig fühlt, was für ihn richtig, wichtig ist!

Es kratzt ja am eigenen Selbstverständnis, an der Sicherheit, sich zugeben zu müssen, vieles nicht oder schlecht zu verstehen, für manches überhaupt keine Lösungsmöglichkeiten zu sehen. Nur wird die Situation außerordentlich verlogen, wenn man eine nicht vorhandene Sicherheit vorspielt.

Mit Berechtigung hätte er mir nur sagen können: »Ich empfinde so – in meinen Augen – meiner Ansicht nach – im Vergleich zu mir empfinden Sie das sehr stark, ganz anders . . .« Aber nicht: »Das *ist* jetzt (*zu* stark, zu früh . . .).

Mein Zweifel in mich mengte sich in alle privaten Beziehungen: Männer hatten für mich eine Weile hauptsächlich danach Wert, als wie »normal«, nicht verrückt sie mich überzeugend und ohne Frage einschätzten. Das begeisterte mich, machte zufrieden; wenn ein ganz offenbar normaler Mann mich gesund fand, anziehend, nicht ver-

rückt, nicht am Rande der Psychose, nicht zerstörend, nicht beängstigend. Das war mein Hauptaspekt. Ein extrem Normaler, »mit der Realität gut Zurechtkommender«, mit dem ich verkuppelt werden sollte, machte mich beim Kaffeetrinken wortlos sehr zufrieden, weil er einfach durch die Haut mitteilte, daß er so eine wie mich mochte, eine richtige Frau fand. Er war innerlich wund, nicht frei für mich; das störte aber überhaupt nicht. Meine Frage hatte er mir schön beantwortet, mehr hatte ich nicht gewollt.

Manchmal dachte ich: Das Schlimmste daran, ohne Vater aufgewachsen zu sein, war für mich, daß es mir analytisch als meine Achillesferse, als Beweis (logisch-mathematisch-deklinatorisch abgeleitet) meiner Störung ausgelegt werden konnte. Ohne diese Beweisführung wäre ich vielleicht nicht so gläubig geblieben; hätte vielleicht früher und heftiger und radikaler Kritik entwickelt, und mich aus dieser Kühle abgesetzt, in vitaleres, freundlicheres, sinnlicheres, liebevolleres Klima.

Ich sehe es als Glück, daß ich an einen technisch weniger versierten, damit aber im Grunde noch durchschaubaren Analytiker geraten bin, und nicht an einen raffinierteren, geschickteren. Von einem solchen wäre ich wohl nicht so losgekommen. Grobe technische Patzer haben es mir ermöglicht, mich auf mich zu besinnen. Seine real ausgesprochenen Worte waren auch für andere – wenigstens für die, die zuhören wollten – überzeugend; das konnte man nicht abwehren, »hast Du das nicht falsch aufgefaßt?« Seine Sätze konnten nicht als meine Projektionen ausgelegt werden. Bei meiner Analytikerin war alles schwerer, weniger handfest; sie war in ihrer Art homogener, weniger angreifbar.

Ich habe es hassen gelernt, mich wegen meiner Reaktionsweisen als verrückt zu fühlen, bzw. als von der Norm abweichend. Wenn ich mich aufgeregt hatte über einen Vortrag, ihn blöde, banal gefunden hatte, wußte ich schon, daß Volldampfwut nicht gut, aus neurotischen Anteilen gespeist war. Warum muß ich aber wie viele andere reagieren? Warum wirkt heftige Reaktion primär als verdächtig? Es gibt an sich genug, über das man in Haß- und Wutanfälle ausbrechen könnte; und seelische Gesundheit soll sicher nicht bedeuten, mit heiterem Gleichmut, innerer Ausgeglichenheit, Wohlbefinden über alles aktuelle Elend, unnötige Brutalität, eingeplante Grausamkeit hinwegzusehen.

Warum mußte ich mir von meinen Analytikern meinen Reaktionsradius vorschreiben, mindestens mich an ihrem messen lassen? (der nicht einmal als ihr persönlicher deutlich gemacht wurde, sondern als der Situationsadäquate). Ich bin anders als meine Analytiker. Ich habe andere Reaktionsweisen, die aber in meiner engeren Umgebung im wesentlichen richtig sind. Wo ich Leute, Freunde habe, die ähnlich empfinden. Und selbst wenn ich nicht solche kennen würde, wer bestimmt denn, ob ich jetzt übermäßig reagiere oder ob ich vielleicht einfach klar sehe? Wenn ich differiere von meinem Analytiker, muß ja nicht unbedingt ich falsch, inadäquat fühlen. Die Meinung der Mehrheit sagt ja nicht unbedingt etwas über ihre Wahrheit aus.

In mir brodelnde Wut wurde für mich ein Indiz meiner unverarbeiteten Konflikte; je gleichgültiger, um so gesünder schien ich.

Den Haß auf meine Mutter kann ich schon deshalb nicht konservieren, weil das für mich selber tödlich wäre: da ist so viel Ähnliches, zumindest merke ich es jetzt, so viele Kleinigkeiten, Angewohnheiten, Redewendungen, Art, sich in Konfliktsituationen zu verhalten, zu lachen, sich zu ärgern, – dagegen kann ich gar nicht sein. Das ist nichts Schlechtes.

An meinen Klagen über den Analyseverlauf sind mir später einige Parallelen aufgefallen (angeregt von einem Analysierten): Man hat mir meine Geschichte zerstört, meine Familie kaputt gemacht, mich aus meinem Beziehungszusammenhang gerissen; Eiseskälte, Westwallstimmung, wo noch geschossen und getötet werden kann aus verbunkerter, vergrabener Stellung; Verhungern nach Zuwendung, intellektuell Begeisterndem; die Kargheit an Leben, mein Verwelken und Verkümmern währenddessen; die Idee, den Analytiker zu erschießen (eine andere Todesart war mir nicht in den Sinn gekommen).

Ich glaube, daß es wirklich in meiner Analyse so war; daß mir wirklich der Zusammenhang mit meiner Familie kaputt gemacht worden ist, unnötiger- und zerstörerischerweise; daß es wirklich eiskalt, verbarrikadiert, unmenschlich, kränkend, zum Erschießen war. Daß ich dies der Realität entsprechend wahrgenommen habe. Es sind aber auch Tatsachen, daß diese Worte auch auf meine Biographie zutreffen: Der Krieg hat meine Familie zerstört, die Männer erschossen; der Onkel, an den ich erste Erinnerungen habe, mit abgeschossenem Bein halberfroren und verhungert nach Transport im Viehwagen

gestorben; mein Vater war vor Hunger und Kälte nur noch fähig zu kriechen, dann erschossen, bevor die Kilometermärsche durch Schnee in die Lager begannen. Beide sind verhungert, erfroren, erschossen; und der letzte Analysetag ist auch der Todestag meines Vaters, 32 Jahre vorher.

Ein wissendes analytisches Lächeln hilft mir nicht; es war in meiner Analyse so; die Stimmung, Situation hatte sich so konstelliert. Da sind wohl Wunden aufgerissen, vielleicht frühe Erfahrung verstärkend, verfestigend, zementierend. Ich glaube nicht, daß eine Deutung als Wiederholung der frühkindlichen Situation etwas geholfen hätte, wenn nicht auch der real jetzt vorhandene (wenn auch noch so als Übertragungsneurose zu interpretierende) Anteil mir bestätigt, zugegeben worden wäre. Dies ist aber eine müßige Überlegung; denn der Begriff Übertragung ist wohl gefallen, auch Übertragungsfalle, aber ohne Sinnzusammenhang mit der Kriegssituation. D. h. wohl einmal ganz spät, in den letzten Stunden.

Wenn ich eine ehemals frühere Situation jetzt erneut durchmache, ist sie eine reale, aktuelle, wenn sie voll mitagiert wird.

Mir kommen immer wieder Zweifel; was ich unter emotionalem Aufwand und ängstlich zu formulieren versuche, kommt mir so banal vor, als Repetieren ganz simpler analytischer Grundregeln, über deren Einhaltung an sich kein Zweifel besteht. An vielen Stellen könnte man die Nase rümpfen: Das war kein guter Analytiker, – das war keine gute Deutung – so können Sie das aber auch nicht auffassen – so darf man das natürlich nicht machen – die Deutung zu früh, zu spät, etwas übersehen, nicht beachtet – das haben Sie falsch aufgefaßt usw.; und sich überlegen abwenden. Trotzdem ist es eben bei mir so gewesen, in einer an sich nicht ungewöhnlich schlechten Analyse, eher einer fachlich guten Lehranalyse. Und ich kenne einige, denen es ähnlich ergangen ist, und die sich zerstört gefühlt haben, noch lange. Es war auch so, daß die nicht befolgten Grundsätze mir aus dem Gedächtnis gefallen sind während der Zeit. Z. B., daß Analyse ein bipolares System ist, in dem bis zu einem gewissen Grade beide für den Verlauf zuständig sind; daß ich auch unversöhnlich sein darf, mich mit meiner Meinung isolieren darf, der Gruppenmeinung widersetzen (nicht gruppenkonform) und daß das sogar eine Qualität sein kann.

Veröffentlichtes über Analyseverläufe konnte/wollte ich lange nicht mehr lesen; es war einfach quälend, zu sehen, wie meine Analyse hätte sein können.

Offenbar hinkt die praktizierte Analyse ganz erheblich hinter dem Theorie- und Diskussionsstand her. Dann sollte man dies aber nicht verleugnen.

Meine Schimpfexzesse von vor einigen Jahren kommen mir jetzt vor wie die Unflat-Kanonaden bei Exorzismussitzungen (»antikreatives Mistvolk – Frauenphobiker – Arschloch – zu Mus schlagen – dummer, beschränkter, verklemmter Feigling, Scheißkerl, geil-erotisierter Schwachkopf – Sauarsch – Mickerföt . . .«). Exorzist und Opfer sind sich ja auch einig in der Verurteilung des Teuflischen (Neurotischen, Agierenden, Übertragenden) in ihr; die Besessene hat aber den Vorteil, das Schlechte nach außen lokalisieren zu können. Die Analysandin muß den Haß als ihre innerste Eigenschaft anerkennen; früher mag er wohl in Reaktion auf die Umwelt entstanden gewesen sein, jetzt ist er aber ihr eigener, ihr innerstes Wesen, und die analytische Umwelt hatte lediglich dazu gedient, ihn hervorzulocken und via Übertragung deutlich zu machen.

Ich wußte ja, daß jeder, auch ich, vehemente aggressive Impulse in sich hatte.

Nur finde ich es nicht sinnvoll, so zu reizen, bis hochaggressive Fantasien und Träume kommen, diese bewußt zu machen, zu bearbeiten, und die sowieso vorhandenen Schuldgefühle noch zu vermehren. Ich glaube jedenfalls, daß ich auf Grund massiver Verständigungsschwierigkeiten und gereizter Interaktion so aggressiv reagiert habe, wie es an sich nicht für mich typisch, zumindest kein Dauerzustand ist. Meine aggressive Gereiztheit über lange Zeit halte ich für ein Artefakt.

(Bei Exorzismussitzungen hört der Pfarrer schließlich auch die Stimmen der Teufel aus dem Munde der Befallenen, nachdem er sich lange genug mit ihr beschäftigt, das Böse hervorgelockt hat.)

Ich möchte mein Gehirn wieder frei haben; nicht vollgestopft mit alten Geschichten, unverarbeiteten, bei jeder Gelegenheit hinausdrängenden; die ich mit immer gleichem Druck wieder erzählen muß. Es ist mühsam, immer wieder schwierige, konzentrierte Ereignisse zu vermitteln; und immer wieder auf Verständnis, Bestätigung angewiesen zu sein; es herbeizusehnen und unzufrieden, zweifelnd zu bleiben, wenn es ausbleibt. Verbittert und blockiert fühlte ich mich; die Gegenwart kann nur mühsam in mich hinein; verfälscht, verdunkelt. Ich kaue an Unverdautem herum: wenn ich Glück habe, zornig; sonst resigniert.

Wenn ich aus meinen Analysen die Überzeugung gewonnen habe, ich sei das Allerletzte, unmöglich zu lieben, wollte man mir das vielleicht auch vermitteln? War es nicht vielleicht die Gegenübertragung (d. h. die Übertragung der Analytiker, ihre Problematik)? Habe ich nicht möglicherweise schlicht ihre Gefühle übernommen? War es für mich am einfachsten, immerhin noch irgendwo mit ihnen einig, wenigstens in meiner Beurteilung übereinzustimmen?

»Nein, *Sie* haben den tiefen Selbsthaß in sich; projizieren ihn auf mich, glauben, ihn bei mir zu spüren, um sich so besser damit identifizieren zu können.« Projektive Identifizierung – selffullfilling prophecy – Selbsthaß des Depressiven – Abspaltung von Ich-Anteilen – Nichtunterscheiden-Können zwischen mir und dem anderen« sitzt mir im Kopf.

Ich mag nicht mehr demütig dankbar sein, weil man mit mir Schwierigen gearbeitet hat; weil man an mir für einen regulären Preis seinen Beruf ausgeübt hat.

Im Grunde ist diese Erwartung nur die perfektionierte der Organmediziner, für die ärztliche Leistung an sich »unbezahlbar« sein soll.

Es war aber einfach so, daß man mir vermittelt hat, ich müsse ganz besonders dankbar sein. Und nicht nur mir ist es so gegangen. Die immer wieder beschworene »Arbeit zusammen«, »gleichberechtigt«, »nicht *ich* mache Analyse mit Ihnen, *wir* zusammen«, »*Sie* machen mit mir *ihre* Analyse« usw. spielte emotional dann keine Rolle. Die Begründung, der magische Sonderstatus des Analytikers käme von außen, werden vom Patienten an den Analytiker herangetragen, stimmte bei mir zumindest nicht. Mit Mechanikern, Klempnern, Verkäufern entwickele ich nicht solche Gefühle wegen bezahlter und geleisteter Arbeit.

Pervertierend finde ich, daß Analytiker schnell und mühelos für bezahlte Zeit eine Zuneigung erben, die Eltern sich erarbeitet hatten, während Keuchhustennächten, Grippepflegen, Kümmernissen aller Art.

Der Analytiker wird für Geld der Gute, alles Ausgleichende, alles Nachreichende, was es gratis, um eines selbst willen, nicht gegeben hatte. Für Geld gibt es das jetzt; das muß einfach wertvoller sein. Und ich selber werde auch nur gegen Geld Gutes weitergeben; wer mir nicht ausreichend zahlen will, dem bin ich nicht teuer. Das habe ich ja auch so erfahren; als Korrektur zu meinem Zuhause. Die Illusion, sich um meiner selbst willen mit mir zu beschäftigen, kann ich

nur behalten, wenn ich ihn eigentlich unterbezahle, wenn im Grunde ihm viel, viel mehr für seine Arbeit mit mir zusteht. Wenn sie viel wertvoller ist als das, was ich ihm zahle. So wird es mir später mit Patienten dann auch gehen.

Ich glaube nicht mehr, daß meine Analyse eine Ausnahme war, ich eine extrem Kranke, Unanalysierbare oder mein Analytiker ein besonders ungeschickter, konfliktuöser; sondern daß zwei bewußt Motivierte in etwas sehr Krankmachendes, Zerstörendes hineingeraten sind und daß so etwas nicht selten ist. Bekannte, die sich »im Narzismus bekämpft«, »zertrümmert«, »in Gefühlen total verunsichert«, »als Wrack« aus ihren Analysen hervorgegangen fühlten, haben mir dies wahrscheinlich gemacht.

Wirklich geglückte überzeugende analytische Beziehungen sehe ich um mich herum etwa so häufig (selten), wie schöne Zweierbeziehungen, wie große Lieben. Die meisten belügen die Umwelt oder zusätzlich sich selber; wie bei vielen Ehen ist das einträchtige Glück oft geheuchelt. Nur lastet auf Lehranalysen mehr äußerer Druck, weil der gesamte Beruf ja vom offiziell guten Analyseverlauf abhängt. Insofern läßt sich nach außen hin ein Ehekrach leichter verkraften als einer in der Analyse, der wirklich tief ginge und die weitere Zusammenarbeit in Frage stellte. Ein Partnerkonflikt ist wohlgelitten; dementsprechend habe ich auch nur sehr vorsichtig und spät über unglückliche Analyseverläufe erzählen gehört.

Mir wäre wohler gewesen, hätte ich nicht so große ideale Erwartungen gehabt. Wie an eine große Liebe (ich war nicht alleine mit solchen Fantasien, s. »analytischer Honeymoon«). Hätte ich einfach abgeklärter gedacht, manches könne ich bei ihm, manches wieder bei anderen bearbeiten, usw. Ich wäre nicht so enttäuscht worden; hätte mich selbst und meine Genußfähigkeit nicht so total in Zweifel gezogen. Vernunftehen, in diesem Fall Ausbildungs-Arbeits-Karrieregemeinschaften, haben sicher entkrampfende Vorteile für beide Teile. Wenn man sich zugeben kann: »Es war nicht so doll; aber ganz praktisch und angenehm unter den gegebenen Umständen.«

Etwas fürchterlich Strenges hat sich in die praktizierte Analyse eingeschlichen; und ich will nicht glauben, daß dies primär so in ihr liegt. An manchen Praxiswänden, in Instituten hängen in Kreuzhöhe Freud-Bilder, aus hohem Alter, vor deren bitterer, niederdrücken-

der, leidender, rigoroser Strenge ich eigentlich nur erschrecken kann. (Den weisen, väterlichen, gütigen, abgeklärten Akzent kann ich nur mühsam an diesem Bild sehen.) Wenn es wirklich nur solche gäbe – aber auf jüngeren Bildern sieht er wirklich gut aus, attraktiv; in so einen könnte man sich verlieben; da strahlt er noch Dynamik aus, Mut, Leben. Da hatte er auch noch keinen Krebs. Die schönen, vitalen Abbildungen haben sich aber irgendwie nicht durchgesetzt. (Ich habe sie zum erstenmal bei einer jüngeren Analytikerin gesehen, die froh war, endlich ein schönes Bild von ihm zu haben.) Offizielle Abbildungen, auf Kongreßankündigungen z. B. zeigen immer wieder einen strengen, das Leben durchlitten habenden, alten Mann; klar, souverän, aber ohne viel Hoffnung. Ob es ihm eigentlich recht wäre, wenn dieser Aspekt, dieses Stadium, so verewigt wird? Würde er nicht lieber als strahlender, vitaler, schöner Mann, in körperlicher und intellektueller Hochform in Erinnerung bleiben? Es gibt schöne Abbildungen von chronisch Kranken, Sterbenden, Leidenden; bewegende, durchlebte, durchwoben, abgeklärt, in Frieden. Aber wenn jemand so leidend an Krebs erkrankt ist – unberücksichtigt der psychischen Entstehungstheorien – da ist doch etwas nicht in Ordnung.

Wieso erinnert man sich an einen Menschen mit einem schon kranken Bild? Was für eine Einstellung ist denn das zu Eltern, Vätern? Das war doch gewiß nicht seine Blüte! Da gab es doch auch Lieben, Leidenschaften, nicht nur Schmerzen, Krankheit in seinem Leben; die kann ich mir nach einem solchen Bild kaum vorstellen.

Ist vielleicht doch etwas an der hämischen Kritik von Psychoanalysegegnern, die die (verwaltete, praktizierte) Psychoanalyse mit der (kirchlich verwalteten) Religion vergleichen; an Stelle Gottes sei Freud gesetzt, dessen Abbildungen an Stelle der Kruzifixe, an Stelle der Zehn Gebote rangierten die technischen Schriften, das geballte (sonst auf Sünden reagierende) Überichgewitter entlade sich nun auf Abweichungen von der Lehre. Mit im Abendland ubiquitärer, individuell biographisch noch verstärkter Wucht.

(Bei dem gekreuzigten Jesus scheint das Leiden immerhin noch von außen gekommen zu sein; bei Freud alles von innen; psychisch, somatisch, psychosomatisch.)

Ich fühle mich nicht freier, fröhlicher, unkomplizierter, sicherer, aktiver, stärker als früher. Wenn ich jemanden treffe mit ähnlichen Mundwinkeln wie meine Analytikerin, ähnlicher Mund-Nase-Region wie mein Analytiker schrecke ich noch immer zusammen, und das Elend dieser Welt kommt aus der Tiefe hoch. Auch in gute Grund-

stimmungen hinein.

Enorme Differenzen zwischen »Wir sind alle Sünder« und »Wir sind alle Neurotiker« finde ich auch nicht; die Erbsünde ist bei der Geburt schon da; die Neurose erst ein bißchen später. Für jemanden, der sich etwa mit fünfzehn Jahren mit Religion oder Psychoanalyse zu beschäftigen beginnt, ist dieser Unterschied nicht erheblich. Das demutsvolle Nackenbeugen vor der inneren Sündhaftigkeit und der eigenen Neurose ähnelt sich; nur kann man für die Erbsünde individuell nichts; seine Neurose hat man sich selber erworben.

Möglicherweise gibt es eine hohe Dunkelziffer an Suiziden im Zusammenhang mit Analysen, analytisch orientierter Therapie, wo die Analyse zumindest überwiegend auslösend war oder schlicht jemandem den Rest gegeben hat.

Was wäre passiert, wenn ich aufgegeben hätte? Hätte sich überhaupt jemand die Mühe gemacht, zu überlegen, warum, wieso? Ob vielleicht doch etwas nicht ganz so optimal gelaufen war? Für wahrscheinlich halte ich eher, daß ein tödlicher Ausgang als eine zwangsläufige Notwendigkeit meiner »frühen, schweren Störung«, meiner unanalysierbaren Neurose, meiner aus jeglichem Rahmen fallenden Störung diagnostiziert worden wäre. Mitleid hätte wohl mein Analytiker geerntet wegen seiner schweren, ihn belastenden Arbeit mit mir, vielleicht auch wegen meiner besonderen final kulminierenden Bosheit und Aggressivität. Sicher hätte man sich auch an frühe Zeichen meiner Gefährdung erinnert; gemeint, daß das vorauszusehen gewesen war; Künstlerpech; Spielerrisiko. Bestenfalls ein Mißgeschick, das auch der erfahrenste Analytiker bisweilen nicht vermeiden kann. (So ähnlich läuft die Diskussion zumindest bei einem, den ich noch gekannt habe.)

Wieso muß ich in meiner Analyse Wunden aus meiner Analyse heilen? Kindheitstraumen meiner Analyse. Warum denn; warum nicht meine wirklichen frühen Erschütterungen. Warum mußte ich einen Großteil meiner zweiten Analyse mit Heilung von Deutungen aus der ersten verbringen? Warum danach so viel Zeit mit Heilung von der gesamten Analyse? War ich wirklich so schwer zu verstehen? Warum mußte man mir denn, mit meiner Sensibilität, meiner Gläubigkeit in die Psychoanalyse, meiner Intensität solche gering reflektierten Deutungen geben? Warum muß ich dankbar sein für Ver-

ständnis? Ist dies nicht ein Grundrecht, ein Menschenrecht, das jeder von einer Psychoanalyse zu erwarten hat? Wo denn sonst, wenn nicht da? Wieso denke ich denn schon so, so unterwürfig? Wieso ist es nicht einfach klar und selbstverständlich, daß ich zum überwiegenden Teil in meiner Psychoanalyse richtig verstanden werde? Muß ich wirklich dafür dankbar sein? Wieso verstehen mich kleine Kinder, psychiatrische Kranke, mühelos und richtig? Kann ich dies nicht bei Analytikern erwarten? Warum mußte ich dafür kämpfen, verstanden zu werden? Was ist denn an mir so schwierig? Warum mußte ich bei einem Analytiker landen, der solche Schwierigkeiten mit mir hatte?

Es hat sich einfach ein Allmachtsanspruch in die Analyse eingeschlichen; alles und jedes erklären zu können. Insgeheim ist sie allen anderen Wissenschaften haushoch überlegen. Zwar gibt es auch noch andere Faktoren, soziologische, wirtschaftliche, usw.; aber genau genommen sind diese untergeordnet. Ich habe auch selten irgend etwas anderes als Intrapsychisches ernst genommen.

Ich glaube inzwischen, daß man jeden durch eine miese Analyse in eine Psychose, Depression oder Suizid treiben kann. Ich denke, daß ich lediglich ein bißchen Glück gehabt habe; ein Minimum an Halt in schwierigen Momenten. Ich glaube auch nicht mehr an die sich sozusagen physiologisch einstellende Depression im Rahmen einer Analyse, zumindest nicht an den Großteil davon. Wahrscheinlich gehen sie einfach auf Konto von inadäquaten, selektiv negativen, grammatikalisch, mathematischen klack-klack, kurzum: gemeinen Deutungen. Wenn ich in der Zeit nicht alkohol- oder drogenabhängig geworden bin, keinen bewußten Suizidversuch unternommen habe, finde ich das schon eine Leistung. Manchmal kann auch allein Überleben eine Leistung sein.

Daß zu oberflächlich gedeutet wurde, kam nicht in Erwägung. Wenn ein Säugling in den Busen beißt, ist er ja auch nicht primär sadistisch; er sucht verbissen nach etwas, was er nicht ausreichend bekommt. Wenn sich hinter einer meiner Fehlleistungen oder Träume ein heftiger Todeswunsch zeigt, ist es eine Gemeinheit, voll makabrer Bewunderung, Schrecken darauf zu starren, statt zu fragen, woher er denn wohl kommt. Aus welchem Elend, welcher fundamentalen Notlage, Entbehrung, Reaktion, auf welche Kränkung er wohl ist. Ich bin ja nicht damit geboren.

Dieser Gedankengang ist auch ganz banal und selbstverständlich

und dürfte in einer Analyse überhaupt nicht erwähnenswert sein. Trotzdem ist es mir so passiert; und es nutzt nichts, sich zu distanzieren, und zu meinen, daß so etwas nicht vorkommt. Es tut es, wahrscheinlich gar nicht selten.

Für mein Körperempfinden habe ich aus Frauengruppen gelernt. Zum Beispiel ist es ein Unterschied, sich vor, während und nach der Periode mit Desodorantien den Unterleib geruchsfrei zu halten, Exkrete ohne hinzusehen mit Tampons in die Kanalisation zu schicken, oder eigene Gerüche, Flüssigkeiten, die sich dauernd ändern, mit einem selber auszuwaschenden Menstruationsschwamm mitzubekommen. An solchen Gerüchen hängen viele Erinnerungen: als ich zum erstenmal nach der Periode bei mir einen Geruch wahrnahm, wie ich ihn von meiner Mutter kannte, war das etwas Weibliches, Erwachsenes, Richtiges. So roch eine richtige Frau, eine üppige. Zu Selbstuntersuchungsgruppen hatte ich keinen Zugang gefunden; aber die, die es vorführten, hatten einen sehr freundlichen, natürlichen und deutlich anderen Umgang mit ihrem Unterkörper. Mein Analytiker hatte mir – in anderem Kontext – mitgeteilt, ein gewisses Maß an Sauberkeit sei einfach notwendig. Daraus hatte ich geschlossen, daß er intensivere Gerüche nicht mochte; sicherlich war ihm nicht wohl bei Blut. Warum sollte ich aber meinen Unterleib periodisch wie etwas Ekliges behandeln? Warum sollte ich den Widerhall männlicher Ängste in meine Psyche, mein Selbstverständnis, meine Schuldgefühle aufnehmen? Ich habe gar nicht viele Männer kennengelernt, die wirklich angstfrei auf meine Periode reagiert hätten.

In die Nähe von Kastrationsängsten bin ich nur einmal auf dem zweiten Kurs gekommen: Ich hatte die Pille einige Tage vergessen und bekam dann, auf einem Stuhl sitzend, Tage, ohne es bewußt einberechnet zu haben. Beim Aufstehen sah ich einen großen blutigen Fleck auf dem grauen Polster und schrak zusammen, wußte nicht, was los war: »Jetzt ist alles aus, ich verblute und sterbe.« Solche Ängste müssen wohl in der Tiefe vorhanden sein; und in dem aufgeweichten Klima hatte ich wohl mehr Zugang zu ihnen. Männer müssen sich wohl sehr dadurch bedroht fühlen. Sonst habe ich aber nie wirkliche Kastrationsängste oder Mangelgefühle, die über das, was als legitimer Penisneid bezeichnet wird, hinausgingen, empfinden können.

Jedenfalls bin ich ganz sicher, daß mein vorhandenes Gewimmel an Angst- und Schuldgefühlen, ohne das wohl in unserer Gesellschaft fast keine aufwachsen kann, sich verscheuchen oder maximieren läßt

durch die Gefühle des anderen; und dies in viel höherem Ausmaß, als es mir von meinen Analytikern zugestanden worden ist. Mein Körper reagiert jedenfalls sehr sensibel; und auf seine Mitteilungen kann ich mich verlassen. Wenn er nicht will, hat er seine Gründe; viceversa ebenfalls.

Wie intensive negative Übertragung, wirklich reine Wiederholung früherer Beziehungen, ohne weitere Traumatisierung, Zementierung erlebt werden soll, kann ich mir nicht vorstellen. Zumindest finde ich es hochgefährlich; die Situation wird doch intensiv noch einmal so erlebt, mit allen Empfindungen und Schuldgefühlen. Diesem erneuten Erleben den realen Charakter zu nehmen, zu verstehen und mir klarzumachen, daß es sich jetzt nur um eine künstliche Situation handelt, soll ja zusammen mit dem Analytiker wichtige Arbeit sein. Wer garantiert mir denn aber, daß trotz guter und intensiver Deutungsarbeit ich wirklich emotional so weit abstrahieren, mich bremsen kann, daß nicht doch ein Teil der erlebten Gefühle einfach jetzt meine frühere Situation bestätigt? Wenn es so ist, daß das Bewußte nur einen kleinen Teil des Erlebten umfaßt, ist unwahrscheinlich, daß das in der analytischen Situation Wiederholte durch eine rationale Deutung in toto erfaßt werden kann. Ich vermute jedenfalls, daß mich die Antipathie meines Analytikers so getroffen hat, weil es ein Hauen in eine alte – wenn auch fantasierte – Wunde war.

Es ist üblich und gut, nicht vorhandene oder kümmerliche Gefühle behutsam zu wecken, sorgsam zu pflegen und mit viel Empathie und Geschick zu behandeln; überschießende Reaktionen beunruhigen. Es gibt auch erheblich weniger Veröffentlichungen über den Umgang mit ihnen, als über den mit nicht oder schwach erlebbaren Gefühlen (im Bereich der Psychoanalyse).

Darüber, welche Bindung, welche Intensität des Kontakts mit der Ursprungsfamilie analytisch gesund war, bestanden klare, kühle Vorstellungen. Dabei ist nicht dadurch, daß die meisten meiner Umgebung Eltern und Geschwister durchschnittlich x-mal pro Jahr sehen, zusätzlich bestimmten schriftlichen und telefonischen Kontakt einkalkuliert haben, bewiesen, daß so auch die gesündeste, reifste, befriedigendste Beziehung aussieht. An sich läßt sich guten Gewissens ja nur eine solche beschreiben, die in unserem Kulturkreis, unter unseren sozialen Bedingungen funktionell sich bewährt hat, nicht zu groben Behinderungen führt. Es ist sicher nicht richtig, eine jegliche Zuneigung, Bindung, als pathologisch, -Fixierung, -Bindung zu be-

zeichnen. In meiner Analyse schien schließlich alles zuviel.

Ich habe mich jedenfalls gedrängt gefühlt, mehr von meinen familiären Neigungen, meiner Geschichte hassend aus mir herauszuschmeißen, als mir wohl gewesen wäre. Es war ein halbautomatischer Sog, erst einmal alles Mist zu finden, kritisch-mißtrauisch zu beäugen, und im Zweifelsfall als pathogen zu diagnostizieren, und mich auf wütend-gekränkten Abstand zu bringen. Damit befand ich mich in guter Gesellschaft mit anderen Analysierten, die einfach häufiger, heftiger, mit geringerer Reizschwelle fauchend-hassend auf Mütter, Väter und sonstigen familiären Background reagierten, als Nichtanalysierte. Sie scheinen seltener und später zu einer toleranten Güte, einer wohlwollend-belustigten Toleranz den elterlichen Macken und Meisen gegenüber zu finden.

Ich glaube auch nicht mehr, daß es lediglich so ist, daß Analysierte eben ihre Konflikte offener erlebten; bei mir hatte ich den Eindruck, daß etwas Künstliches, Artifizielles, Konstruiertes, sachlich nicht Notwendiges hinzukam, möglicherweise ein Teil der Kritik, die ich auch damals schon an der mir strukturell recht unterschiedlichen Analytikerin empfunden haben mag. Auch etwas Modisches: alle baden in frühem Leid, meinen, alles umkrempeln, ausmisten, ablehnen zu müssen. Eine Art Sport, Krankes, Kaputtes, Impotentes, Geschädigtes, Hoffnungsloses in sich zu orten, wobei exklusiv Negatives interessant ist. Dann bin ich »im analytischen Prozeß«, in der Gemeinde der Analysanden aufgehoben, wenn auch geduckt und reduziert.

Das Baden in der persönlichen Benachteiligung vieler Analysanden kann – neben dem Nachholen tatsächlich verdrängter Gefühle – die Funktion haben, mit der barbarischen Ungerechtigkeit im Leben fertig zu werden; sie auszublenden, Schuldgefühle zu mildern über die eigene Privilegiertheit, die ja doch ein jeder an sich erfahren muß, der überhaupt die Möglichkeit hat, sich in Analyse zu begeben. Auch ohne besonderen Politisierungsgrad läßt sich ja schwer übersehen, daß die Mehrzahl der Menschen basalere, existentiellere Probleme hat als manch ein Analysand. Daß es Leiden gibt – Hunger, Hitze, Kälte, Schmerzen, Krankheit ohne Möglichkeit der Abhilfe – ohne die das Leben vermutlich leichter, erträglicher ist. Das Argument, wenn es einem selber schlecht gehe, tröste nicht fremdes noch schlimmeres Elend, hat mich zwar immer beruhigt; ein Rest schlechten Gewissens ist aber geblieben. Auch wenn ich noch so in meinem Milieu gelitten haben mochte, konnte ich doch nicht alles für Mist

erklären. An sich war unwahrscheinlich, daß gerade ich der Mensch auf der Welt war, dem es am allerdreckigsten ergangen war.

Und vermutlich war es nicht nur mir so gegangen. Ich glaube, daß das, was Analysanden manchmal so im landläufigen Sinn hysterisch leidend wirken läßt, auf ihr soziales Gewissen zurückgeht, das sie mit aufgebauschtem individuellem Leid zu beruhigen suchen.

Zwischen forsch preußischem Sich-Zusammennehmen und bodenlosem Versacken im eigenen extremen Elend könnte ein Vergleich mit anderen Menschen eine Regulation bringen. Bei mir hatte ich jedenfalls den Eindruck, daß manches private Leid künstlich im analytischen Vakuum aufgebläht wurde; daß nicht nur meine verdrängten Gefühle sich manifestierten, sondern daß Zusätzliches, Verstärkendes, nicht zu mir Gehöriges, Künstliches dazugekommen war.

Warum konnte ich mich denn sogenannten einfachen Leuten, Nichtanalytikern, Nichtakademikern vergleichsweise mühelos mitteilen? Überall, auch im Ausland unter exotischen Bedingungen fand ich leichter und menschlicheren Kontakt als unter meinen analytisch ausgebildeten Kollegen. Da wurde mir nicht von vornherein Mißtrauen entgegengebracht. Praktisch überall – in der U-Bahn, in Geschäften, auf der Straße – sah ich mehr Menschliches, Liebevolles, Wohltuendes, Witziges als in der gespannten Kühle meines Analysezimmers. Da durfte ich über zweideutig/eindeutige Witze lachen, ohne mit Offizierskasino-äh-äh-Amusement auf meine Geilheit, meinen Penisneid, sexuelle Frustriertheit hingewiesen zu werden; ohne daß aus guter Laune auf unumgängliche lästige Coitierwünsche mit Anwesenden geschlossen wurde. Warum war es in meiner Analyse praktisch nie möglich, einfach auf erwachsener Ebene zu kommunizieren? Warum galten gefühlsmäßig meine erotisierten Assoziationen als »zwangshafte Sexualisierung« und waren als solche zu korrigieren? Dabei glaube ich auch nicht, daß dies eine Spezifität meiner persönlichen Analyse war; denn ein Großteil meiner Analysandenkollegen reagierte ähnlich. Ein Einfall auf genitaler Ebene: Sie will, sie hat nicht genug, sie möchte mit mir, ich sollte mit ihr, häh häh, usw. Der Umgang mit dem Thema ist eindeutig schwieriger als mit anderen. Vielleicht stehen sie mehr unter Druck. Dabei setze ich doch auch nicht jeden kleinen wütenden Gedanken in einen Kinnhaken um; und nicht jede flirtige Stimmung würde für einen regulären Coitus ausreichen, oder überhaupt dahin tendieren. Nie war der Umgang souverän; ich wußte oft nicht, ob er mich nun als sehr gestört,

eingeengt ansah oder doch als Gefräßige.

Es hatte anderes gegeben. Als ich verliebt gewesen war, ich das noch nicht so realisiert hatte, hatte mir ein Oberhesse mitgeteilt: »Jetzt bist Du wirklich reif«, ohne Verurteilen, ohne Geilheit, ohne drängende eigene Wünsche, aus dem Vollen. Er fand das so; so war das also. Das gab Mut, lockerte.

Manche Deutungen kamen einfach zu reflektorisch, zu wenig an der Geschichte orientiert.

Wenn ich ausländische Freunde hatte, dort mehr genießen konnte, bedeutete das: Vater treu geblieben, Inzesttabu gewahrt, ungelöste Ödipale Problematik, Sexuelles kann nur an Exoten, nicht an Vater-ähnlichen erlebt werden. Zumindest wurde es mir atmosphärisch so klargemacht.

Dabei gibt es doch bei meiner Generation, Kriegskindern vermutlich auch spezielle frühe Prägungen, frühe Erfahrungen: Bei meiner Geburt waren Vater und Onkel im Krieg; den Onkel habe ich dann während Urlauben kennengelernt, an ihn auch die ersten Erinnerungen behalten; dann fiel er auch. Meine nächsten wichtigen Männer kamen nach 1945 aus dem Ausland: Emigrierte, Besatzungssoldaten, Kriegsheimkehrer. Sicher ist mir damals viel an Zuneigung für meine Eltern zugeflossen; und vermutlich war ich ein dankbar genießendes Objekt für männlich-väterliche Zuwendung. Die Besatzungssoldaten, zuerst Amerikaner, darunter Farbige, dann Franzosen, waren ja auch schon länger von ihren Familien getrennt; ich habe jedenfalls sehr freundliche Erinnerungen; die Häuser in der Nähe waren ja bewohnt von Soldaten; wenn wir spielten, kamen manche oft dazu, hoben über Zäune, gaben Tips, wo jemand versteckt war. Von den Franzosen war bekannt, daß sie viel und gerne mit Frauen schliefen; Ältere gingen auch zugucken, in den Bunkern. Präservative waren gut als Luftballons.

Alle guten Männer, die nach dem Krieg, nach der Gefangenschaft eine Weile im Haus lebten, kamen von weit her; sprachen auch anders, z. T. baltisch, litauisch. Sie hatten alle einen fernen, romantischen Zauber um sich; von Rußland, aus der Gefangenschaft, wo mein Vater wahrscheinlich war, aus dem Krieg, der ihn noch hatte. Sie spielten viel mit mir, mußten mir von meinem Vater erzählen. Jedenfalls ist es mir sicher nicht schlecht gegangen in der Zeit.

An sich fände ich es nicht verwunderlich, wenn ich aus der Zeit einige Prägungen, einfach gute Erfahrungen, hätte. Jedenfalls würde ich es den Töchtern ohne Väter aus der Zeit nicht in jedem Falle als

so pathologisch anrechnen, wenn sie mit Ausländern besser zurande kommen.

Außerdem haben sich ja wohl menschliche Werte in den nicht soweit industrialisierten Ländern mehr erhalten. Jedes Gastarbeiterlokal hat mehr Atmosphäre, ist gemütlicher, kinderfreundlicher als ein vergleichbares deutsches. Und das Familienklima mancher türkischen Gastarbeiterfamilie habe ich in freundlicherer Erinnerung als das von hanseatischen durchanalysierten Akademikerkollegen.

Eigentlich fände ich es natürlich, wenn sich jede Frau, der die Menschlichkeit um sich herum nicht ausreicht, die sich selber mehr erhalten hat, an sinnlichere Männer hielte. An solche, die nicht durch lange Ausbildung unselbständig geworden sind und/oder unter weniger industriell deformierten Umständen aufgewachsen sind.

Die Möglichkeit, daß mir die gewesenen Beziehungen gutgetan hatten, mir geholfen haben, mich weiterentwickelt haben, daß ich mit meinen Gefühlen zielstrebig vorgegangen war, daß ich gar nicht so abwehrend, gar nicht so ängstlich, sondern auch ganz sinnvoll meine Sehnsüchte, Träume verfolgt haben könnte, kam nicht in Erwägung. Meine Beziehungen sind aufgepult, hinterfragt, durchleuchtet worden an Hand des (wenig reflektierten) Kriteriums Ehe und Familie; und dazu hatten sie nicht geführt. (Wenn man sie untersucht hätte darauf, wie sie mir bei der Behandlung meines rezidivierenden Fußpilzes geholfen hätten, wäre man zu ähnlich negativen Ergebnissen gekommen.)

Jedenfalls hatten alle, für die ich mich begeistert hatte, auf irgendeinem Gebiet mehr Freiheiten als ich; waren unkonventioneller oder hatten sich schon mehr freigestrampelt.

Ein Aufsatz von Sebastian Haffner blieb mir lange wichtig: Er meinte, daß ohne permanente Berieselung von »großer Liebe, Ehe usw.« wahrscheinlich spontan nur ganz wenige auf die Idee kämen, zu heiraten.

Aus jeder meiner Beziehungen wurde herausgearbeitet, welche neurotischen Mechanismen mich in sie getrieben hatten; welche negativen, lebens- und selbstschädigenden Motive mich geleitet hatten. Es war dann auch gar nicht schwer, an jedem etwas Nichtausreichendes, mich Unbefriedigendes in irgendeiner Hinsicht, mir Unpassendes zu finden. Wie kam es, daß ich mir einen zärtlich Sparsamen ausgesucht hatte? Er war aber auch überzeugend frech und intellektuell begeisternd gewesen; fiel mir sehr viel später wieder ein.

Die Möglichkeit, daß manche Kontakte eben optimal auch kurz

sein können, daß manche Beziehungen ausgeschöpft, ausgelebt, beendet sein können, gab es nicht. Im Sinne meiner Neurose hatte ich wieder etwas arrangiert, gemanagt, eingefädelt, was mir schaden würde. Die positiven Seiten fielen einfach in Vergessenheit; dabei war ich an sich bisweilen auch zufrieden gewesen. Aber einseitig wurden die miesen, störenden, hindernden, kränkenden, kühlen Seiten von Partnern eingestellt und kamen mir dann auch mehr zu Bewußtsein, ins Gedächtnis. Die Erinnerung verklärte sich ins Finstere.

Z. B. erledigten Männer vor dem Wochenende ihre Arbeit meist erst noch; wir trafen uns dann, wenn sie fertig waren mit ihrer Routine. Nicht früher. Ich war gewohnt, alles stehen und liegen zu lassen; hatte auch immer eingekauft, den Eisschrank voll, war vorbereitet, auch wenn es anstrengend gewesen war, dies zu organisieren. Ich hatte schön zu essen, gut zu trinken; sie oft nicht. Daß so etwas aber auch eine geläufige, weibliche Erfahrung ist, habe ich erst in einer Frauengruppe gemerkt. Daß ich in keiner Weise alleine mit dieser Erfahrung war. Daß sie nicht einmal als Beweis von Nichtachtung, Nichtlieben zu werten war. Für Männer war eben der Beruf existentieller, ohne jede Frage und Alternative. Ich hatte die Möglichkeit, im Hinterkopf, alles stehen und liegen zu lassen für einen Mann, für Kinder. Die Notwendigkeit, eine ganze Familie zu ernähren, hatte ich nicht ernsthaft ins Auge gefaßt.

Über manche Freundschaften hätte ich durchaus froh und stolz sein können. Aber das war nicht aktuell. Als ob die Deutungen von der Prämisse ausgingen: »Alles, was ich getan habe, ist Scheiße.«

Was für meine Entwicklung meine Familie bedeutet hat – meine großbürgerliche, kriegsbeschädigte Rumpffamilie – schwankte zwischen »Horror« und »Glück gehabt«; hakte sich meistens auf der negativen Seite fest. Ich blieb klagend über die psychischen Hypotheken und Behinderungen, die ich davongetragen hatte.

Daß Krieg, Bombenangriffe, Bunkeraufenthalte, totale existentielle und finanzielle Unsicherheit, Angst zu verhungern, weil schlicht kein Essen da war, einfach elementare Bedrohung auch eine wesentliche Rolle gespielt haben, ist kaum in Erwägung gezogen worden. Zeitweise fand meine Mutter es z. B. besser, uns statt auf die empfohlene Suche nach Kriegsgemüse (Brennessel, Löwenzahn usw.) zu schicken, uns mehr hinlegen zu lassen, um weniger Kalorien zu verbrauchen. Ohne meine Brüder, die elf- bzw. achtjährig, den Schwarzhandel übernahmen, und ohne ihre Klauerei bei den Amerikanern, hätte jedenfalls die simple Ernährung nicht ausgereicht; von anderen In-

stanzen war damals keine Hilfe zu erwarten gewesen. Wir hatten noch Jahre Bestände an geklautem amerikanischem Nähgarn, Bestecken, Konserven; Rekord blieb ein ganzes Motorrad und ein Aluminiumflugzeugrumpf.

Eine solche basale Abhängigkeit, wo es einfach um Überleben gegangen war, schweißt wohl enger zusammen, als ich es in anderen nichtdezimierten Familien gesehen habe. Wenn da etwas mehr instinktiver Zusammenhalt da ist, braucht das eigentlich nicht so zu verwundern. Wahrscheinlich war dies ja nötig, um zu überleben. Zumindest werde ich es so erlebt haben. Sicherheit und Rückhalt für Notsituationen habe ich jedenfalls da gehabt; wenn auch möglicherweise nicht ohne Preis.

Der Sicherheitsfaktor ist in meiner Analyse einfach zu wenig ernst genommen worden; zu einseitig ist focussiert worden auf meine emotionale Verkrüppelung darin. Das Ausmaß heute an Existenzangst um mich herum, bei ausgewachsenen Fachärzten, Analytikern usw., wenn Kündigung droht, habe ich jedenfalls in dem Ausmaß bei mir nicht als Dauerzustand erlebt. Da hätte ich mindestens zu Hause Rückhalt gehabt.

Diese Sicherheit zu zerschlagen, ohne wirklich zuverlässigen Ersatz anzubieten (durch Analyse, Lehranalytiker, Vereinigung oder dergleichen), finde ich ein Risiko, das bei mir unterbewertet worden ist.

Die negativen, einengenden Faktoren hätte ich vielleicht besser verdauen, realisieren und verarbeiten können, wenn auch die hilfreichen Seiten mir präsent geblieben wären. Oder wenn ich zumindest in der Analyse einen Ersatz gehabt hätte für Zuhause. Wenn aber nur Schatten gezeigt werden, kann es gruselig und zum Verzweifeln werden; auch seelisch überfordern.

In der Not ist es mir egal, ob vielleicht meine Brüder mit mir rivalisiert haben, mich meine intellektuellen Fähigkeiten nicht recht haben erfassen lassen, mich vielleicht aus eigener Triebökonomie nicht recht als Frau, als attraktive Partnerin gewürdigt haben; ob vielleicht meine Mutter ihre Beziehung zu ihrer jüngeren Schwester mit mir wiederholt hat, mit mir rivalisiert, ihre Altersproblematik durchlebt hat, usw. – wenn ich da in jedem Falle Rückhalt finden werde.

Im Vergleich dazu habe ich nur dünne Zuwendung in meinen Analysen erfahren.

Meine Bereitwilligkeit, die Deutung anzunehmen, beweise deren

Berechtigung, läßt sich sicher sagen; daß Deutungen nur treffen, wenn sie auch irgendwie, mindestens partiell, stimmen. Das hatte ich auch lange geglaubt und an Patienten weitergegeben. Nicht einkalkuliert ist dabei die psychische Beeinflußbarkeit eines jeden und die noch gewaltigere in der analytischen Situation je nach Phase. Wenn ich ihn gerade sehr idealisiere, sehr gerne mag, oder sehr große Angst vor ihm habe, wird es mir schwererfallen, seine Deutung wirklich als Angebot, fifty-fifty, das stimmen mag oder nicht, zu sehen. Wenn ich aus meiner Lage heraus gerade auf relative Einigkeit angewiesen bin, um z. B. nicht zu dekompensieren, kann es eine psychische Notwendigkeit sein, eine noch so abwegige Deutung in mich aufzunehmen. Daß er sich vielleicht schlicht geirrt, mißverstanden hat, mit seinen Gedanken, seinen aktuellen Konflikten auf einer anderen, mir ferneren Ebene assoziiert hat, mir jetzt etwas anbietet, was nicht zu mir paßt – solche Erwägungen können seelisch Herkulesarbeit sein oder gar nicht mehr möglich. Sowieso konnte von einer Gleichberechtigung an sich nicht die Rede sein; schon das Liegen und Sitzen macht enorme Differenz; er kann, wenn er will, mich, meinen Körper, mein Gesicht überblicken. Ich bin blind; müßte mich umdrehen, was aber wohl gegen die Regel ginge, mir möglicherweise auch bald gedeutet würde; und erforderte Mut. Er ist ausgebildet, mein Lehrer, seine Technik, sein Umgang mit mir sind der intensivste Teil meiner Ausbildung. Er entscheidet über den Abschluß meiner Analyse; zwar zusammen mit mir, aber bei Differenzen bin ich die Schwächere, fachlich Inkompetente. Jedenfalls nicht die, die bestimmt, die entscheidet. Ich habe viel Zartes, Privates von mir erzählt, er weiß alles mir Zugängliche und wahrscheinlich eine ganze Menge darüber hinaus. Ihn kenne ich inzwischen auch gut; aber nur über meine Beobachtungen, Fantasien; konkret mitgeteilt bekomme ich nichts. Je intensiver die Beziehung war, um so mehr Gewicht hatte seine Meinung. Ich glaube jedenfalls nicht mehr, habe es auch nicht so erlebt, daß eine Deutung wirklich als neutrales Angebot ankommt. Ich habe mich regelmäßig schwergetan, eine, die mir nicht zu passen schien, nicht anzunehmen. Es kostete Kraft und Mut, und oft blieb doch ein bißchen hängen. Ich habe es ja auch in meinen Therapien gesehen, daß meine Interventionen, Ideen, Gedanken regelmäßig mehr Gewicht als die des Patienten bekamen.

Man kann mir auch deuten, daß ich eben noch besonders abhängig von frühen Objekten sei, mich besonders schwer tue mit meiner Individuation, Abgrenzung, insgeheim noch eine Symbiose anstrebe,

Schuldgefühle über eigene Impulse und Trennungswünsche abwehre, und deshalb so viel angenommen habe. Man kann das sagen; man kann es aber auch bleiben lassen. Immerhin geht es vielen Analysanden ähnlich.

»Aber ein gewisses Maß an Sich-Waschen ist doch einfach nötig...« Warum sagte er nicht dazu, »für mich«? Woher denn dieser Maßstab für sogenannte sexuelle Gesundheit? Warum denn nicht sich überlegen, was es für mich bedeuten mag, völlig ungewaschen, mit meinen persönlichen Gerüchen und Sekreten gemocht zu werden? Ohne mich zu desinfizieren? »Der Kloakenduft, der eine schöne Frau begleitet« (Balzac). Assoziation auf genitaler Ebene war oft nicht richtig; Nicht-Verstehen, Zähflüssig-Verstehen, verächtlich männliches Sich-Amüsieren, im Zweifel prägenital interpretieren. Auf die frühere, dahinterliegende Störung hin. Leichtigkeit und Witz verflüchtigen sich so; ich glaube, daß man sich – bei besseren Grundbeziehungen – sehr leicht auf die Lieblingsebene seines Analytikers einstellen kann und dort verharren.

Die Regel, möglichst nichts außerhalb der Analyse zu besprechen, bietet für den Analytiker eine Möglichkeit, seine symbiotischen Wünsche und Ängste voll auszuleben. Sollte er sich auf Grund seiner Biographie leicht zurückgesetzt und benachteiligt fühlen beim Auftauchen Dritter, wird er leichter mit Deutungen wie Agieren, Nebenübertragung zur Hand sein als jemand, der seine Rivalität, Neid und Eifersucht etwas glücklicher verdaut haben mag.

Absolut unbekömmlich kann es für den Analysanden werden, wenn er so in seinen mitgebrachten Ängsten und Hemmungen, sich aus einer Zweierbeziehung zu lösen, bestätigt wird.

Der Himmel sei blauer, Farben intensiver, das Leben schöner, erzählen manche nach ihren Analysen. Das glaube ich ihnen; so ungefähr geht es mir auch; nur sind solche Qualitäten mir nicht neu. Können sie sich aber wirklich an Empfindungen vor fünf bis acht Jahren, vor ihren Analysen, erinnern? Jeder Frühling ist der schönste. Sicher blühen die Kastanien jetzt üppiger als damals und bestimmt auch als voriges (verbalisiertes) Jahr.

Nach Scheidungen geht es manchen ja auch gut: sie entwickeln neue Interessen, Begabungen, Freundschaften und fühlen sich vom Eise befreit. Nur schreibt dies gemeinhin niemand der therapeutischen Wirkung von Ehe oder ehemaligem Partner zu.

Fast vom Anfang der Analyse an war mir ein Problem, warum und wieso gerade Lehranalysen nicht supervisioniert, kontrolliert wer-

den; (vermutlich aus der Ahnung, daß da etwas nicht optimal lief). Sachlich ist im Grunde auch nicht einzusehen, daß gerade solche Analysen, von deren Verlauf und Art doch soviel abhängt, einfach so vor sich gehen; daß es sogar ungewöhnlich oder eine große Ausnahme ist, wenn ein Analytiker einmal eine solche an einem anderen Ort bespricht. Schließlich ist nicht wahrscheinlich, daß weniger Schwierigkeiten in Lehr- als in anderen Analysen auftreten; nur sind Schwierigkeiten dort, ungelöste Gegenübertragungs- und andere Probleme, schlicht schwerwiegender, und letzten Endes für Patienten folgenschwerer.

Erbost hat mich lange, daß nie danach gefragt worden ist, wie ich mit Patienten umgehe, wie Therapien laufen, wie be- oder unbekömmlich ich für sie bin. Diskutiert, unheilsschwanger angedeutet wurde meine »Konflikthaftigkeit«, die sich im Umgang mit Kollegen manifestierte; oder eine (caritativ-kirchliche) Fürsorge für mich wurde angedeutet, ob ich denn den Belastungen dieses Berufes gewachsen, nicht zu labil sei. Nach üblichen Kriterien war Sinn des Medizinstudiums sowie psychoanalytischer Ausbildung, Patienten zu behandeln.

Eine Rolle für die Gläubigkeit und Neigung zur Verunsicherung spielt auch, daß ein durchschnittlicher Analysand seine Umwelt so umgestaltet, daß er – schon durch die parallel laufenden Ausbildungsveranstaltungen – vorwiegend, und ja auch fachlich am fruchtbarsten, Umgang mit sich ebenfalls in Analyse Befindlichen hat, die auf derselben Wellenlänge schwingen und Unglück eher auf eigene Pathologie als auf reale bedrückende Faktoren beziehen. Oft ist es ja auch einfacher und erheblich weniger konflikträchtig, Unzufriedenheit durch Trauer, bis Wut auf längst Verstorbene, frühe Mütter oder Geschwister zu kanalisieren, als sich wegen objektiv schwer erträglicher Bedingungen in Auseinandersetzungen zu begeben und zu kämpfen.

Viele Analysanden-Männer in der Umgebung kamen mir unnatürlich leidend, wie an einer kirchlichen Fron tragend, tragisch vor, wie es mir einfach keinen Spaß macht. Zu solchen werden aber vorübergehend (?) auch Leute, die vorher ganz erheblich strahlendere Augen hatten.

Mehr Emphatie, mehr Sorgfalt, mehr Mich-ernst-Nehmen, mich bestätigen in meinen Empfindungen, hätte ich mir gewünscht; weniger wertende Erziehungsversuche, weniger mich am anderen als Maß

aller Dinge messen, weniger Gruppennormen, Konformität anstrebendes, mehr gutartiges, primär Wohlwollendes, Mich-einfach-malso-Annehmen.

An frühe sexuelle Traumen habe ich mich nicht emotional erinnern können; wohl an spätere, kränkende und mein Körpergefühl schädigende Kontakte. Subtil schlimm fand ich auch Zutrauen zu mir als Medizinerin, bei der man von daher mit Sauberkeit, Nichtinfektion rechnen könne, oder der sachlich-medizinische Hinweis auf die ja aus dem Studium bekannte Bakterienflora der Scheide, so daß mein kollegiales Verständnis über seinen Ekel gebongt schien.

Im Mädchenturnen, in elastischen Turnhosen, waren sich entwickelnde Formen noch etwas Schönes, Beneidetes; die Mäkelei über Busen und Hintern kam in der Jungenklasse. Ich hatte Glück, weil ich jünger war, mich später entwickelte und so nicht mehr der vollen präpupertären Abwehr ausgesetzt war. Vermutlich gibt es bei uns auch gar nicht viele Männer, die weibliche Genitale wirklich schön finden; die nicht zurückzucken bei Ansätzen von Geruch, sich nicht im Grunde ekeln, sich nicht nur mit Überwindung nähern, bei Überspielen mit Würgreiz zu kämpfen haben. Im vorsichtigen Gespräch mit einer Freundin merkten wir, wie dankbar wir Genießenderen waren, welche Hochachtung wir vor ihnen hatten.

In »sich durch das Drahtverhau durchackern« ist wenigstens noch Ironie; »wir müssen uns da hineintrauen«, ist ja wohl ehrlich, zeigt aber auch die geheime Panik, vor ratsch dem Messer, Hackebeil, Kreissäge, dem Saugapparat, der in toto verschlingt.

Bei Männern scheint eine viel größere und dauernd akute Angst zu wirken, als eine Frau sich das überhaupt vorstellen kann. Die Fixigkeit und Monomanie, mit der in Fallbesprechungen (analysierte) Männer in Richtung Kastration assoziierten, während bei Frauen ganz andere Seiten des besprochenen Patienten anklangen, hat mich beeindruckt. Somatisch ist die Angst ja an sich begründet; und vielleicht ist ja wirklich »Anatomie das Schicksal« und Männer deshalb feige. Vielleicht sind ja auch die Theorien über weibliche Kastrationsangst eine grandiose Projektion (»*Frauen* haben sie, nicht *wir*«), weil sie so schwer erträglich stark ist. Während meiner Analyse habe ich jedenfalls nicht, auch nicht in anderen tiefgehenden Stimmungen, ähnlich gewaltige Ängste bei mir gespürt, wie sie bei gleichaltrigen Männern offenbar permanent zur Stelle sind. Banal, an sich verständlich. Während eines Schulsportfestes ging ein Stöhnen

durch die (männlichen) Zuschauer mit anschließender Erleichterung, als sich während mehrerer Bauchwellen am Reck die Turnhose vorne eingekrumpelt hatte, sich aber dann doch wieder löste, und er unbeschädigt die Übung beendete. Eine höhere (reine Jungen-)Klasse hatte sich in toto geweigert, Barren zu turnen; auch beim Bock- und Kastenspringen war die Thematik aktuell.

Im Mädchenturnen wurden lediglich die harten Bälle beim Völkerball problematisch; sie konnten auf frischem Busen weh tun, hätten ihm aber nicht wirklich etwas anhaben können. Wir zielten dann eben mehr auf den Bauch, warfen nicht mehr so hart; aber vermutlich hatte keine Angst entwickelt, keine Kinder zu bekommen und sie nicht stillen zu können. Es gab auch in meiner Klasse unter den Mädchen keine mit denen unter Jungen vergleichbaren Auseinandersetzungen, wo mit K.o.-Schlag auf die Hoden entschieden wurde und der Verlierer sich wimmernd und gekrümmt auf dem Boden wälzte.

Ich glaube jedenfalls, daß weibliches Selbstbewußtsein sekundär, zusätzlich zu der Minderung, die sie durch Frauenfeindlichkeit sowieso abbekommt, noch leiden kann durch erwachsenere Kontakte mit Männern. Ich habe lange herumgekaut an manchen männlichen Äußerungen. Vielleicht wäre mit mehr Offenheit Homoerotischem in der Pubertät mehr Sicherheit dagegen zu entwickeln. Wenn ich das Denken, Fühlen, den Körper einer anderen Frau ernst nehmen und schön finden kann, kann ich das auch besser bei mir.

Schlicht hilfreich waren mir Männer, die mich einfach so schön fanden, richtig und adäquat, die es schade fanden, wenn ich abnehmen wollte. An meinem Befinden merke ich jedenfalls ganz genau, ob ich jemandem gefalle, oder ob er nicht doch insgeheim einen anderen Typ, vielleicht einen kargen Knaben, sucht.

Genießende Männer und Lockerung Homosexuellem gegenüber haben mir jedenfalls besser getan als die Suche in meiner Seele nach Situationen, unverdauten Konflikten, die mir die Identifikation mit meiner Mutter erschwert hätten; Vermutungen über ödipale Auseinandersetzungen, die ich gescheut und mich statt dessen untergeordnet hätte und mich so weniger reizvoll einschätzte und mich schließlich auch so verhielte und so wirkte usw.; und auch mehr als die Klage über mangelnde väterliche Zuwendung und schädigende brüderliche Inzesttabus. Stimmende Äußerungen in freundlichem, er-

wachsenem Klima (– »Dein schönes Becken« – »Ihr eßt gut in X« – »pfleg' Deinen Luxuskörper« –) haben jedenfalls mögliche Traumen zumindest übertünchen können.

Für mich ist jedenfalls das aktuelle Kleinklima wichtig; und mächtiger als zu vermutende frühere Defekte.

Anmerkungen

(Seite 7) Daß mein Befinden nach dem Interview auch mit an ihr gelegen haben konnte, daß es sich möglicherweise nicht um eine ganz lupenreine Gegenübertragung – frei von eigener Problematik der Analytikerin, lediglich durch Eingehen auf meine auf sie gerichteten Projektionen, Rollenerwartungen hervorgerufen – gehandelt hatte – vielleicht um eine ganz banale Interaktion zwischen zwei Menschen mit unterschiedlicher Geschichte, differierenden Zu- und Abneigungen, – daß ich bei ihr vielleicht schlummernde, unvollkommen bewältigte Lebensprobleme berührt hatte, ich mit meinem Alter und meinen offenen Möglichkeiten vielleicht an biographischen Wunden kratzte, kam mir damals nicht in den Sinn.

Daß ich meine Stimmung nach dem Erstinterview nicht völlig alleine produziert habe, leite ich auch aus einer Bemerkung ab, die sie mir, nach einem Jahr, kurz vor Beendigung, schon im Sitzen, gab (sinngemäß): »Es war ja zum Verzweifeln; Sie brachten ja nicht den geringsten Affekt«. Ihr Befinden damals werde ich wohl gespürt haben.

(Seite 11) Natürlich läßt sich einwenden: »Warum haben Sie das nicht angesprochen? Wahrscheinlich war es doch eine Fehlwahrnehmung auf Grund Ihrer Problematik – Sie erwarteten Kritik und haben sie dann auch gehört.« Mit solchem Mut, mit Kritik, mit widerstandleistender Aktivität ist aber ein Analysand meist überfordert; ich habe ja auch erst einmal versucht, mich auf sie einzustellen. Natürlich wollte ich ihr gefallen. Außerdem lag ihre Äußerung ja auf der Linie dessen, was sie mir im Erstinterview schon vermittelt hatte (ob ich überhaupt einmal wütend werden könne). Die Kränkung saß jetzt jedenfalls in mir; in einer nicht ganz frischen Kerbe. Ich gebe zu, daß es kein sehr überzeugendes Beispiel ist. Trotzdem hörte ich sie aber so; ich hatte Eingehen auf das Vorhergehende erwartet, irgendeine wohlwollende, freundliche Reaktion; keine sachliche, fachliche Beurteilung.

(Seiten 13/4) Aber auch dann ist es meist für mich sinnvoller, länger zu überlegen, herumzuprobieren, bis ich mich wohl fühle, als mich zu Unabhängigkeit von Äußerem, von Normen zu zwingen.

Für mein Selbstgefühl ist es jedenfalls – mindestens zur Zeit noch – wichtig, daß ich mich mit mir, meinem Äußeren, wohl fühle. Daß mich nichts kratzt, beengt, zu kühl, zu warm ist; daß Schuhe nicht drücken, Farben zu meiner Stimmung passen; daß auch das Material, überhaupt das, was ich mit Kleidern ausdrücke, meiner augenblicklichen Stimmung entspricht. Nicht ihr diametral Entgegengesetztes vermittelt. Wenn Kleidung meiner Stimmung entspricht, bin ich sicher; brauche nicht groß zu überlegen, ob es schön, anziehend, oder der Gelegenheit angemessen ist. Dann kann ich dazu stehen, und ich bin auch nicht so leicht durch Kritik zu verunsichern. Es gibt mir Sicherheit, daß ich mich im Spiegel angenehm finde. In wirklich wohlen Phasen hatte ich auch

keine Schwierigkeiten, zu finden, was zu mir paßt. Für mich bedeutet es Verqueres, wenn ich zu lange herumsuchen, herumknäulen muß, bis ich mich so angezogen habe, daß ich mich einigermaßen wohlfühle.

Man sollte nicht verbieten, bevor man nicht weiß, was überhaupt dahintersteckt. Später habe ich jedenfalls die Erfahrung gemacht, daß ich für mich am besten dran bin, wenn ich meiner Unzufriedenheit folge, mich von ihr leiten lasse, ihr vielleicht auf den Grund gehe; jedenfalls einfach dann das tue, was im Moment am relativ angenehmsten scheint; hinter meiner Unzufriedenheit stand immer Wesentliches von mir, Ernstzunehmendes.

Es war anstrengend, mich zu einer Lässigkeit und Unabhängigkeit zu zwingen, mir meine Pingeligkeit und Ansprüche zu verbieten. Dabei wußte ich gar nicht wirklich, warum mir eine schöne Form so wichtig war.

Mit dem – de facto als solches empfundenen – Verbot, mich so modisch und außenorientiert zu verhalten, habe ich meinen Überichdruck verstärkt.

Ich glaube jetzt, daß sie mir schlicht keine Lässigkeit vermitteln konnte, die sie selber nicht hatte. Daß es gar kein Zufall ist, wenn ihre Bemerkung in mir als Verbot wirkte, statt als vielleicht ansteckende Wurschtigkeit, Lockerlassen, amüsiertes Auf-Distanz-gehen.

Ihre Deutungen haben mich ja auch nie ganz von der Störung befreit, die mir ihr Äußeres brachte. Ich glaube, daß ich wohl Gefühl dafür hatte, daß sie nicht so ganz glücklich mit ihrer Art war, nicht so ganz zu ihrem optimalen Typ gefunden hatte; daß ich ihr leises Leiden gespürt habe, und vielleicht gerade dieses nicht übernehmen, in mich aufnehmen mochte.

Während einer analytischen Behandlung einer Patientin, die ich einfach schön und geglückt fand, in ihrer Selbstrealisation jedenfalls auf manchem Gebiet mir voraus, traf mich ihre freudige Erleichterung, als ich – offenbar endlich einmal – wirklich gut, ichsynton auch für meinen Geschmack, angezogen war. Ich hatte mich damals gewundert über ihre intensive Reaktion, die ich nicht nachvollziehen konnte, damals. Über mein Schweigen in der Situation – immerhin nicht Hineindeuten – geniere ich mich noch.

(Seite 14) Daß meine Unzufriedenheit, mein Unfriede mit mir, auch einen positiven Kern haben konnten, z. B. ästhetische Normen, Geschmack, nach denen ich Sehnsucht hatte, auf der Suche war, zu denen ich aus inneren Gründen noch nicht gefunden hatte, stand nicht zur Diskussion.

(Seiten 14/5) Auf die Möglichkeit, daß es sich für mich beim Schreiben um etwas Produktives, die Verarbeitung, Analyse Vorantreibendes handeln könnte, kam meine Analytikerin nicht; auf die, daß ihre Intervention schlicht als Verbot im Überich gelandet sein könnte, ich nicht.

(Seite 19) Daß meine Analytikerin wirklich so empfunden hätte, nicht besonders viel mit meinem Typ hätte anfangen können, schien damals ein naiver, praktisch ausgeschlossener Gedanke. Es war ja eine ihrer Eigenschaften als

Analytikerin, sich über eigene Gefühle klar zu sein, mit ihnen nicht störend dazwischenzufunken.

Im nachhinein glaube ich sehr wohl, daß es sich auch um Geschwisterrivalität gehandelt hat. Aber nicht nur bei mir; sondern recht heftig bei anderen Analysanden mir gegenüber.

So etwas war ja aber damals zu vernachlässigen; es ging ja um mich.

(Seite 20) Das für mich Unangenehme und Verwirrende aber war, daß die mögliche Realität dieser Liebesbeziehung überhaupt nicht berücksichtigt wurde, fast zu einer lästigen und störenden Nebenerscheinung degradiert wurde. Und ich spürte ja, daß in einer guten Analyse die Realität eben doch zugunsten der eigenen Problematik in den Hintergrund zu treten hatte. Dabei hätte es ja wohl nichts für meine Introspektion verändert, wenn meine Idee doch auch als reale Wahrnehmung ernstgenommen worden wäre; und dann zusätzlich, ohne Ausradieren der Realität, die Bedeutung einer solchen Liaison für mich und meine Gefühle betrachtet worden wäre. Sicher hat damals meine Analytikerin nicht wirklich die mögliche Realität der Liebesbeziehung verneint; nur birgt das exclusive Eingehen auf den intrapsychischen Anhang die Gefahr, daß der Analysand ein Verbot heraushört, Tatsachen überhaupt ernstzunehmen; Tatsachen, die manchmal ja auch ernster und unangenehmer sein können als der persönlich tangierte Assoziationsanhang.

(Seite 20) Ich glaube wohl, daß einiges von nicht erfüllten sexuellen Wünschen in andere Aktivitäten wie Autofahren geflossen ist. Aber mußte es dann gleich so mechanisch, klack-klack, – wie die Deklination eines allenfalls unregelmäßigen Verbs – abgewürgt werden? Jedenfalls war dies der Effekt bei mir. Verschiebung war Abwehr, etwas Schlechtes. Aus – vermutlich kranken – Gründen lebte ich also ein Gefühl, *das* Gefühl überhaupt, nicht richtig aus (das hieße sexuell-genital, via Coitus), sondern kümmerte mich um eine minderwertige Ersatzbefriedigung über Geschwindigkeit.

Natürlich fand ich dies nicht gut; zu verachtende neurotische Abwehr.

Daß es einfach angenehm, funktionell und schön sein kann, einfach Spaß machen kann, dem eigenen Impulstempo adäquat, wenn man nicht zockelig hinter jedem Traktor Kurven geduldig abwarten muß, wenn man sich auch schnell sicher fühlen kann, stand nicht zur Wahl. Auch nicht, daß Kontakte in einer fremden Kleinstadt, mit Freunden, die entsprechend meinen Stationen eben außerhalb wohnen, sich leichter realisieren lassen, auch nicht.

Ein wirklich schnelles und gutes Auto habe ich dann erst gegen Ende der Analyse – unter vehement funktioneller Begründung (viermal pro Woche Analysefahrten à 150 km) erstehen können und den Genuß und die Schönheit und Beschwingtheit empfinden können; das Auf-den-Leib-geschrieben-Sein von einem Auto, das einfach richtig und ausreichend schnell und stark reagiert; das einfach schön wie ein neues Kleid sitzt, wie ein Schmuck, wie eine zweite Haut; ein zusätzliches, gemütliches Zimmer.

Ich finde es gar nicht sinnvoll, gerade so etwas Gefährliches wie Autofahren zu fördern oder intellektuell zu subventionieren. Es gibt ja gerade in Analyse schwere Unfälle; und ich hatte auch einen, direkt nach Analysebeginn. Einen, den ich (analytisch) organisiert hatte; juristisch war ich unschuldig geblieben. Aber unter solcher Begründung ist ihre Intervention nicht in mir angekommen.

Ich hatte bald einfach keine Lust mehr auf ein schnelleres Auto und habe mit Mißtrauen Sportwagenfahrer angesehen.

An sich hätte man auch begrüßen können, daß irgendein Wunsch, Bedürfnis, irgendeine Andeutung sexueller Sehnsucht, wenn auch noch so verknäult und über Hintertürchen sich hervorwagte.

Die Möglichkeit, daß ich – in Wiederholung früherer Erfahrungen – tatsächlich wertneutrale, vielleicht sogar ermunternde Äußerungen meiner Analytikerin als Kritik, negativierend, verbietend erlebt habe, besteht natürlich auch. Ich glaube aber bei mir nicht mehr daran; ich habe gelernt, auf meine Empfindungen zu hören, ihnen zu vertrauen. Und ich kenne wohltuende, positive Äußerungen. Ich möchte mir nicht dauernd etwas Hypothetisches vorhalten lassen.

Für mich war es psychische Realität, daß vieles gallig-säuerlich-einschränkend-hemmend-zusätzlich verängstigend angekommen ist. Und ich meine, es ist nicht meine Schuld; in einer Methode muß auch so etwas einberechnet, einkalkuliert, vermieden werden; selbst, wenn es auf eine auf Übertragung beruhende Fehlinterpretation meinerseits gewesen wäre, sehe ich es als ungut, wenn ich mich nach fünf Jahren emotional damit auseinandersetzte, mich darüber ärgere, versuche, es aus mir herauszuschaffen. Mit nicht unerheblichem Aufwand.

Eine mir sinnvoll scheinende Intervention wäre vielleicht gewesen: »Es ist ja schön, was dieser Mann bei Ihnen freisetzen kann; es scheint mir aber nicht sinnvoll, dies vorwiegend über Geschwindigkeit zu erleben. Reichen Ihnen eigentlich die Wochenenden mit ihm?«

Mit ihrer Deutung hatte ich wohl Einblick in die Ränke und Tricks meines Unbewußten bekommen, auch glaubhaft; aber auch Verstärkung meines eh ausreichenden Überichs.

(Seite 22) Aus meiner Analyse kann ich nur sagen, daß da ein wirklich vehementes Elend, eine immense Trauer und Sehnsucht nach einem Vater mir bewußt geworden ist, die ich unnötigerweise keinem Kind organisieren würde. Dabei habe ich unter den Nachkriegsumständen noch relativ Glück gehabt mit Männern, weil meine Mutter anziehend ist, und nach 1945 viele (Heimkehrer, Gefangene, Emigrierte) vorbeikamen und für mich da waren; und weil ich ein niedliches, väterlich hungriges Kind war, das sich sicher viel an männlicher Zuwendung einfach geholt hat. Einige wollten meine Mutter ja heiraten und sind schon deshalb sicher liebevoll mit mir umgegangen. (Ein Freund von mir meinte einmal, manchmal sähe ich aus wie ein glückliches Zweijähriges, was

denn damals losgewesen sei?)

Trotzdem läßt sich nicht einmal das sicher abstrahieren; bei Kindern, die unter anderen sozialen Umständen, ohne Sehnsucht der Mütter und ohne finanzielle Abhängigkeit von Vätern, geboren werden, wird das anders sein.

Der Gedanke, daß ich die Sehnsucht, Verzweiflung, Verlassenheitsgefühle meiner Mutter mitempfunden, mitgemacht habe, ihre individuelle Katastrophe nach 1945, mit dreißig mit drei Kindern, ohne Mann, ohne Bruder kam nicht. Als ob es immer und unter allen Umständen quasi biologisch so sein müßte. Ob es so immens wichtig wäre, einen schönen, geachteten, politisch integren Vater zu haben, wenn nicht alle Leute, spätestens in der Schule, nach ihm fragen und danach einordnen?

Wenn der Tod meines Vaters für meine Mutter, viele Mütter nicht in die »schlechte Zeit« gefallen wäre, hätte ich vielleicht auch nicht die Begriffe volles schönes Leben/Paradies/Mann/Vater so verknüpft.

Davon kann ich aber gar nicht emotional abstrahieren; und für mich ist es ein wesentliches Ergebnis, daß ich kein Kind alleine bekommen möchte; ich habe ja auch keins.

(Seiten 22/3) Die Gefühle um meinen Vater waren auch gut, wohltuende Volldampfempfindungen; sie reichten an meine Wurzeln, meine Substanz, stärkten mich. Sie überzeugten mich; waren anders als die, die künstlich und unter gequälten Umständen hervorgelockt wurden. So schmerzlich es auch immer war, mit Kopfschmerzen, verquollenen Tränen, Verspannungen im Körper, – das hatte seine Richtigkeit. Das war kein vages, dünnflüssiges Geweine, kein Artefakt; es erfaßte mich als Ganze, mit dem Körper. Wie eine schwere Arbeit erschöpfend.

Nachdem dies einmal angetippt war, blieb es so, ziemlich unverändert, in Qualität und Intensität fast zwei Jahre. Daß es sich überhaupt dann noch modifiziert hat, führe ich mehr auf einige äußere Umstände und Begegnungen zurück, die ich für mich zur Verarbeitung benutzt habe als auf Hilfe in der Analyse.

(Seite 24) Ich habe lange gebraucht, um mich von dieser Deutung zu erholen. Viel später, als ich schon nicht mehr bei ihr war, habe ich mich mit Hilfe von wohlwollenden Männern davon langsam freigemacht.

Woher soll ein Analysand aber die Freiheit, Kraft und Unabhängigkeit nehmen, eine solche Deutung *nicht* als die qualifizierte, analytisch wertvolle Wahrheit zu nehmen? Ich habe sie jedenfalls so gesehen.

(Seiten 24/5) In der Tat kann ich mich nicht erinnern, überhaupt noch einmal über diese Deutung gesprochen zu haben, dagegen an viel Heulen mit Rotz und verquollenen Kopfschmerzen, bei Krieg, Vater, Heimkehrern, Soldaten, Uniformen usw.

In Zweifel zog ich sie erst Jahre später, als mich der Freund einmal besuchte, und ein Nichtanalysierter mich verständnislos anguckte: Dem fehle es doch einfach an Pep, der passe doch überhaupt nicht zu mir.

Da feststand, daß mein körperliches Erleben nicht das richtige war, zog ich das früher doch möglich Gewesene in Zweifel. Es geriet auch in Vergessenheit. Zeitweise wurde ihre Deutung dann auch wahr; sie realisierte sich.

Vielleicht hätte jemand anderes mit mehr Widerspruchsgeist, weniger Gläubigkeit in Psychoanalyse, in die fachliche Kompetenz der Analytikerin, nicht so bedingungslos eine Deutung angenommen, sie nicht so unkritisch als Einstieg für vielleicht eine in der Nähe liegende Problematik benutzt. Jemand mit vielleicht milderen Über-Ich-Strukturen oder nur mit mehr Sicherheit und Vertrauen in seine eigenen Empfindungen.

Man könnte auch sagen, daß ich durch meine relativ starke, da alleinstehende Mutter, und dadurch, daß zeitweise kein Mann, zumindest kein so idealisierter wie mein leiblicher Vater, für mich als Ausweichsobjekt vorhanden war, ich besonders ängstlich, angepaßt und autoritätshörig geworden sei, besonders empfänglich für mögliche analytisch-mütterliche Gewalt. Daß andere vielleicht gelacht hätten – »das kann ja gar nicht sein, so eine 08/15-Deutung, das habe ich Ihnen doch jetzt nur so angeboten« – und sich auch gedacht hätten, daß sie es vielleicht etwas zurechtgetrimmt hätten für die Deutung, und bei diesem Gefühl geblieben wären.

Mir war jedenfalls eine ähnliche Reaktion damals nicht möglich; und später habe ich die Brisanz z. T. wohl verdrängt und zum Teil in meinen diffusen Leidensdruck aufgenommen.

(Seiten 24/5) Ich habe lange gebraucht, um mich vom Makel des minderwertigen sinnlichen Erlebens freizumachen (wie von einem Hühnerauge, das ja auch nur durch Druck von außen zum Dorn im Fleisch wird). Manchmal merkte ich erst an meiner Erleichterung und Verwunderung über freundliche Reaktionen, wie tief die Deutung saß. Ein Analytiker, dem ich gerade meine emotionale Amputiertheit vermitteln wollte, brummelte aus dem Vollen, fast ärgerlich, meine Rede wegwischend: Was ich denn wollte, ich könne doch mit Männern etwas anfangen. Nach dem ersten Jahr Analyse streichelte seine selbstverständliche Reaktion mich; aber der Zweifel blieb, ob ich ihn nicht nur mit äußerer Form getäuscht hatte. Ob seine Beurteilung genauerer Prüfung standgehalten hätte.

Ein Trainer auf einem Kurs, dem ich mein Schicksal erklären wollte, fing an zu lächeln wie über ganz kapitalen Unsinn. Diese beiden männlichen Reaktionen (von Analytikern) hatte ich in mir aufgehoben. (Nichtanalysierte zählten ja kaum.)

Trotzdem habe ich erst nach drei Jahren die Deutung einigermaßen verwerfen können, jedenfalls bewußt, als mich der Freund, an dem sich meine Störung manifestiert hatte, einmal besuchte. (Die Logik, daß, wenn ich von einem Mann nicht begeistert war, die Schuld bei mir lag – wahrscheinlich

jedenfalls –, hatte ich lange gelernt.) Auf eine solche Idee, daß es auch am Partner liegen könne, war ich gar nicht mehr gekommen. Von meiner Insuffizienz war ich ja überzeugt; und es blieb ja eine Frage, warum ich nicht fester liiert war.

(Seite 25) Daß sich alle geirrt hatten bisher, daß ich Männer mit meinem Äußeren hereingelegt hatte, daß befreundete Frauen an mir etwas übersehen hätten, schien mir wahrscheinlicher, als daß meine Analytikerin einfach ein bißchen forsch gedeutet hatte.

(Seite 26) Jedenfalls schien dies wahrscheinlicher, und vielleicht auch leichter, als Kritik an meiner Analytikerin, oder der Methode. Während der Zeit habe ich jedenfalls überhaupt keine Deutung einer wirklichen Kritik unterzogen. Habe mich zwar gegen manches gewehrt, dann aber mein Wehren als Beweis der Berechtigung der Deutung angenommen. Je richtiger die Deutung, um so heftiger mein Widerstand. So war auch das Klima in meiner Umgebung; mit solchen Gedanken konnte ich auf Zustimmung, Lächeln stoßen. Bei Kritik hätte man mich vermutlich mit neutralem Gesicht auf meine Stunden zurückverwiesen.

(Seite 28) Die ganze Situation blieb zum Teil unecht. Meine Analytikerin versuchte, mir beim Integrieren meiner aggressiven Impulse zu helfen; sie als zu mir gehörig, verständlich reaktiv, als nicht primär bösartig zu vermitteln; und blieb freundlich. Dabei stimmte ja aber nicht, daß die Wut wirklich nur auf die früheren Bezugspersonen jetzt ging; höchstwahrscheinlich bezog sich ja ein Großteil meiner geballten Wut jetzt auf sie.

Deutungen über meine Beziehung zu Mutter und Patentante, Erinnerungen an Situationen, in denen ich berechtigt und verständlich und mit Volldampf hätte wütend sein können, es damals nicht hatte ausleben können – sie konnten mein Überich jetzt ja nur zum Teil entlasten. Mit einem Teil meiner Wut blieb ich alleine. Mit nicht genau gerichteter, ohne festes Ziel, zumindest ohne bewußt wahrgenommenes, frei flottierend, um so unberechenbarer. Um so mehr Grund, mir zu mißtrauen. Vermutlich habe ich ja irgendwie gespürt, daß auch sie mit der Wut gemeint war. Wenn sie jetzt verständnisvoll mit mir meine früheren Beziehungen bearbeitete, und nicht das Aggressive aus der ganz realen, aktuellen Beziehung mit ihr jetzt – das konnte heißen, daß ich auch besser so Mörderisches in mir übersehen sollte. Ich glaube jedenfalls jetzt, daß ein Gutteil der Kargheit, der emotionalen Kühle, der intellektuellen Abstrahiertheit in dieser Analyse sich schlicht erklären läßt durch die Ausblendung der ganz aktuellen Affekte zwischen ihr und mir.

Möglicherweise hatte sie mich schonen wollen; und die aktuelle Möglichkeit deshalb nicht jetzt herangezogen. Ich glaube das aber nicht mehr.

(Seiten 28/9) Aber muß ich denn zu Beginn einer Analyse, mit aller Abwehr, die ich ja doch berechtigter- und sinnvollerweise im Laufe der Jahre aufgebaut

hatte, im Galopp und ohne mit der Wimper zu zucken, heftigen sexuellen Wünschen meinen Brüdern gegenüber, Inzestwünschen ins Auge blicken können? Schließlich brauchte ich ja nicht zu träumen, keine Verfremdungsarbeit zu unternehmen, wenn mir die Inhalte eh bewußt und ohne Schuldgefühle und Abwehr zugänglich waren.

(Seite 29) Möglicherweise stimmte ja etwas an dieser Deutung. Sie kam nur so früh, gewaltsam, ungeduldig, nicht meinem Tempo angepaßt. Vielleicht hatte es mich wirklich damals sehr aufgeregt, vielleicht hatte mich sein Penis und ganzer nackter Körper sehr angezogen. Nach ihrer nachdrücklichen Intervention konnte ich mich an nichts erinnern. Ich leitete mir ab, mathematisch-grammatikalisch, daß es wohl eine gewaltige sinnliche Sensation für mich gewesen war, die ich nur durch Abwehraktivitäten in den Griff hatte bekommen können, deren Folgen ich heute spürte.

In einem anderen Klima, mehr Abwarten und Einfühlen für meine Bremsen, Wahrnehmungslücken und -hemmungen, wäre ich vielleicht diesem Komplex näher gekommen. Die Stimmung war mir aber nicht günstig; ich weiß inzwischen, daß ich fast alle ekelerregenden Gerüche auch anders erleben kann, zumindest gelegentlich, in mir freundlichem Klima. Aus Pasolinis »Salò«, in dem löffelweise Kot gefüttert und gefressen wurde, bin ich fast mit Würgreiz zur Toilette hinausgegangen; konnte mir aber nach Ende des Films doch anderes vorstellen. Ich glaube wohl, daß Ekel im allgemeinen Abwehr von Triebwünschen ist; und ich bin auch sicher, daß bei mir da einiges mit Anus-Kot-Zigarrenrauch blockiert, verklumpt, neurotisch gebunden war. Nur konnte ich das in dieser mir ungünstigen, kühlen, zeitweise gereizten Distanz nicht spüren, ahnen. Mein Krankheitsbewußtsein wurde um einen weiteren unklaren Komplex vermehrt.

(Seiten 31/2) Wirklich zufrieden über eine Leistung wurde ich nur, wenn ich mich *sehr* angestrengt habe, wenn ich an die Grenzen meiner Kraft gekommen war, körperlich, intellektuell oder beides. So war es bisher jedenfalls gewesen; Dinge, die mir leicht fielen, beeindruckten mich auch nicht.

Eine fruchtbare Deutungsrichtung wäre vielleicht gewesen, welches Überich mich zu solchen Anstrengungen zwang, mich erst bei kräftemäßigen Höchstleistungen gratifizierte, nicht schon bei halben Anstrengungen; eine solche hätte die immerhin vorhandene, wenn auch verschobene Befriedigungsmöglichkeit wahrgenommen, gelten lassen. Ich hätte wahrnehmen können, daß ich an mich härtere Anforderungen stelle, als andere dies vielleicht tun. Daß ich mehr Schuldgefühle entwickle über Mißglücktes, Unengagiertes, mich weniger leicht abfinden mit »mehr konnte man eben nicht tun«. Daß Möglichkeiten, mich selber zufriedenzustellen, aber doch – auf der Skala verschoben – vorhanden sind. »Warum können Sie das jetzt nicht genießen? – damit zufrieden sein? – reicht es Ihnen nicht?« bescherten mir aber einen Überich-Aufbau, Verurteilung meines Mich-Verurteilens von einer höheren Warte aus.

Zusammen mit: »Sie sind nicht so belastbar, wie Sie wirken, – labiler, als Sie aussehen« meiner Analytikerin, und der zumindest emotional vermittelten Schonhaltung, mich nicht so anzustrengen, nicht an meine Grenzen zu gehen, wird dann aber auch eine Befriedigungsmöglichkeit gänzlich ausgeschaltet; gerät in Vergessenheit. Eine erwerbbare Selbstsicherheit kann man sich dann selber vorenthalten. Frauen wohl ganz besonders.

(Seiten 32/3) Die von mir – beim Spielen, Rodeln, Klauen usw. – bewunderten Älteren waren in der Nachkriegszeit (mit Kohleferien, Schwarzhandel als Familienälteste) erheblich wüster und selbständiger geworden als spätere Jahrgänge unter gesettelteren Umständen. Einige von ihnen haben auch später den Anschluß an bürgerliche Formen nicht mehr gefunden; sind ins Ausland gegangen; mochten sich den Einengungen der Schule dann nicht mehr unterwerfen. Ich glaube, daß ich dadurch auch höhere Normen an Kampfgeist und Selbständigkeit habe, und davon, was ich imponierend finde.

Nicht immer muß es meine Genußunfähigkeit oder Kastrationsneigung sein, wenn mir jemand nicht gefällt.

Vielleicht war ich auf der Suche nach etwas intensiverem Leben und spürte etwas Richtiges; jemand, der im Streit jemanden umgebracht hat, wird dies aus stärkeren Affekten heraus getan haben als meine akademisch ausgebildete, durchreflektierte Umgebung es sich üblicherweise gestattete.

(Seiten 33/4) Vielleicht hätte die Deutung mit meinem Vater Sinn gegeben für mich. Ich glaube eher, daß es sich um eine Identifikation mit meiner Mutter gehandelt hat, die regelmäßig mit gesträubten Haaren, wütend über den staatlichen Verwaltungsapparat, und nicht extrem effizient, vor Antragsformularen saß. Diese kamen reichlich, da für Halbwaisen, Kriegshinterbliebene verschiedene Behördenteile (Versorgungsamt, Hauptfürsorgestelle, Waisenamt, usw.) zuständig waren. Wenn ich wirklich gewünscht hatte, meine Mutter möge Papiere für mich erledigen, wäre dies ein sehr ineffizienter Wunsch gewesen. Ich denke, daß ich schlicht ihre Wut übernommen habe; vielleicht auch ihre Sehnsucht nach meinem Vater, der das zu erledigen pflegte. Jedenfalls habe ich kein Vorbild gehabt für einen friedlichen, neutralen, zuversichtlichen und sicheren Umgang mit Bürokratie. Wenn sie selbstverständlich, als Recht, eine zum Ernähren von Kindern ausreichende Summe erhalten hätte, ohne erniedrigende und deprimierende Prozeduren wie z. B. Toterklären des noch Vermißten (Zwang, einen Vormund zu bestimmen, dauernde Fragen nach Beruf, Herkunft, Stand des Vaters); und wenn das Leben nicht auch materiell so viel schwieriger geworden wäre.

Nach dem, was an aufgestautem Elend, Kummer, Schmerz bei mir an die Oberfläche gekommen ist, finde ich es jedenfalls ungünstig, unter solchen sozialen Umständen ohne Vater aufzuwachsen. Eine Verallgemeinerung wäre überzogen.

(Seite 34) Inzwischen glaube ich, daß sich hinter der Vorliebe für mich als milde Depressive eine ganze Portion an Neid, Rivalität und männlichen Ängsten verborgen hat. Daß nicht nur »ich mir näher bin«, wenn ich weine, sondern daß auch unsichere Männer meiner Umgebung sich von einer milden Maus weniger in ihrer Stellung, Potenz usw. gefährdet fühlen. Daß ich ihnen dann »nicht so nah« bin.

(Seite 35) Ich habe lange gebraucht, eifersuchtsgeladene feine gezielte Spitzen in meinen Wunden zu registrieren und als vorhanden ernstzunehmen und nicht primär ihre Auswirkung als meine Depressivität, Empfindsamkeit oder paranoide Wahrnehmung zu interpretieren.

(Seite 37) Besser, als meine Überichinstanzen zu verteufeln, wäre gewesen, sie als Positives auch ernstzunehmen. Jetzt ist es jedenfalls oft so, daß, wenn ich ein mieses Gefühl habe, ich auch immer etwas Wichtiges nicht erledigt habe oder sonst etwas mich bedrückt. Man könnte theoretisch ja auch erst einmal sehen, welche inneren Arbeitsmaßstäbe ich habe; ob sie wirklich so unerreichbar, grausam überichbeladen sind. Jetzt meine ich, daß ich dauernd unterhalb meiner Kräfte gearbeitet habe, unterhalb meiner Möglichkeiten, und daß so etwas eben auch nicht zufrieden machen *kann*. Ich kann sehr wohl zufrieden mit mir sein, wenn ich mich wirklich angestrengt habe, meine Möglichkeiten eingesetzt habe. Mich nicht träge, unengagiert, halbherzig oder vorsichtig zurückgehalten habe. Nach anstrengenden Nachtdiensten konnte ich ein Selbstbewußtsein spüren, ohne wesentliche Abzüge.

Wohltuend wäre es gewesen, wenn sie meine Ungeduld, meine intendierte fachliche Pingeligkeit, meine Zweifel in meine aktuelle Tätigkeit genommen hätte als etwas Gutes, im Kern Richtiges, Kritisches, wunde Punkte der Ausbildung Wahrnehmendes, meiner Weiterentwicklung Dienliches. Es ließ sich ja wirklich fragen, ob es so ganz gut für Patienten war, ganz zu verantworten, wenn eine – vielleicht noch so gutwillige, sich einsetzende – Anfängerin sich mit schwer Kranken befaßte.

Daß meine Position in der Geschwisterreihe auch positive Seiten für mich gehabt hatte, mich auch gefördert, mir genauso Vorteile gebracht hatte, war nicht präsent.

(Seite 38) Vielleicht wäre hier möglich gewesen, die Beziehung zu ihr etwas zu klären, an meine Kritik ihr gegenüber, und an meine Wünsche, die ja vielleicht doch nicht alle so eindeutig prägenitaler Natur waren, zu kommen. Diese Stunde war aber atypisch.

(Seite 38) Bösartig könnte ich auch denken, daß ich meine beginnende Zerstörung wahrnahm und mir ein Antidot suchte. Jedenfalls war dieser Freund von meiner Veränderung, Niedergeschlagenheit, meinen Zweifeln und Tränen zu Beginn der Analyse sehr beunruhigt, sprach das auch immer wieder

mir gegenüber an. Ob das denn so seine Richtigkeit habe? Er mache sich Sorgen; das sei so vehement, so unglücklich. Ob mir das denn gut tue so. Davon ausgehend, daß ich solche Gedanken ja bei ihm ausgelöst hatte, können es ja meine eigenen Zweifel und Befürchtungen gewesen sein, die ich nicht auszusprechen wagte.

(Seite 39) Möglicherweise konnte ich mir aber solche ins Gruselige führende Assoziationen gar nicht mehr leisten. Die Summe des bisher durch Deutung Erfahrenen war schon so schlimm; etwas sonnigeres, wärmeres Klima hätte mir vielleicht mehr Mut zu Finsterem gegeben, das ja durchaus einen schaurig-schönen, makabren Reiz hatte.

Ich bin nicht die einzige Analysandin; es scheint typisch für ehemalige Analysanden, mit einem Bündel an ungelösten, angedeuteten, vermuteten Problemen, vagen Ängsten und Verdächten durch ihr weiteres Leben zu gehen. Es ist leicht, sie zu verunsichern, wenn man daran tippt. Ich merke jetzt oft, ob jemand in Analyse gewesen ist.

(Seiten 39/40) Irgend etwas stimmte möglicherweise an der ganzen Theorie. Das Unangenehme, Lästige, Behindernde daran war für mich nur, daß auch mein Witz dabei auf der Strecke blieb; die Befriedigungsform, die ich damit gehabt hatte. Nach Wochenenden zu Hause, mit meinen Brüdern, hatte ich mich oft sehr wohl gefühlt, wie ausgelacht, gereinigt. Bei sogenannten jüdischen Witzen fühlte ich mich wohl. Einmal war ich mit einem Bruder alleine, hatte eine Dose Ananas aufgemacht, zur Hälfte gegessen, und dabei wohl fast allen Saft genommen. Mein Bruder holte sich die anderen Hälfte und teilte mir mit, diese Dose hätte er nicht gekauft. »Warum?« – »Weil sie keinen Saft enthält.« Mein Lachen, die Verständigung darin, veränderte sich im Laufe der Analyse zu einem Lamentieren über die Aggressivität, die larviert in meiner Familie herumwaberte. Nur hat mir später die ironische Form der Interaktion zu meinem Wohlbefinden gefehlt.

Vielleicht habe ich mich am Rande meiner Möglichkeiten befunden. Wenn die ganze Persönlichkeit angenagt wird, kann es unerträglich werden, ironische Spitzen auszuhalten. Ein Teil meiner Wut, meines mich Wehrens im Rahmen meiner familiären Verflechtungen mag wohl sinnvoll gewesen sein, auf die lange Sicht. Nur wurde mein Kapital an Menschen, die mich mochten, immer kleiner. Dieses Defizit hätte gefüllt werden müssen durch Analyse. Ich glaubte damals, daß ich nur auf Grund meiner neurotischen Wahrnehmung einfach nicht ihr Wohlwollen, ihre Herzlichkeit, ihre Freude an mir realisieren und genießen konnte.

(Seite 43) Hätte man meine Angsttraumnacht nicht auch als eine wertvolle, analytisch interessante Reaktion, als fachliches Bonbon sehen können? Wozu denn die ganze Empathie, die ganze Theorie, wenn doch im Grunde eine strenge und genaue Grenze der salonfähigen Erlebnisweisen gesetzt ist?

Wenn ich bei mir Grenzsituationen so verurteile, so ängstlich abstoppe, zudecke – wie will ich denn einem Patienten mehr Zugang, Toleranz, weniger angstvollen Umgang mit seiner Symptomatik vermitteln? Da ist doch ein radikaler Ansatz von Psychoanalyse verloren gegangen. Die Toleranzbreite für schwer verständliche Reaktionen scheint lediglich um einige Zentimeter weiter als in der übrigen Gesellschaft; dann wird genauso ausschließend und sich distanzierend gehandelt. Wenn die extremer Reagierenden aus den eigenen Reihen, die zeitweise Patienten darunter, als Außenseiter ausgestoßen und diskriminiert werden – dann stimmt doch etwas Fundamentales mit der Einstellung zu Patienten, zu denen, die man so gut zu verstehen sich bemüht, gar nicht. Warum verschweigen denn Analytiker eigene psychotische Episoden, neurotische Krisen peinlich? Wieso ist die Nähe zur Psychose so etwas Panikerregendes; warum nicht auch etwas Interessantes, Schönes, Aufregendes? *Das* Anwendungsgebiet an sich? Etwas vielleicht Schaurig-Schönes, in dessen Nähe man einmal gekommen sein sollte?

Wenn es in einer Analyse lediglich so ist, daß etwas später als vom Unausgebildeten geurteilt wird: »Du spinnst, ab unter Tabletten«, dann ist etwas faul am Selbstverständnis.

Ich hatte mich zu weit vorgewagt; dafür bekam ich eins auf die Finger. Und selbst wenn ich in der Nacht reguläre psychotische Reaktionen gehabt hätte? Wahnideen, Stimmen gehört, meine Träume für Wirklichkeit gehalten hätte – was wäre denn damit plötzlich so zu verurteilen, so gar nicht mehr einfühlbar geworden? Wenn ich als anziehende Frau mich in einer überwiegend ecclesiogen geschädigten Umgebung verfolgt, bekämpft, überwältigt träume – reicht da nicht einfach die verdichtete Realität als Erklärung? Muß ich da überhaupt auf kompliziertere Mechanismen, sexuelle Wunschträume rekurrieren? Es war ja wohl so, daß ich kirchlich in langer Arbeit abgekapselte Wünsche mobilisiert hatte. Aber selbst wenn ich nicht nur geträumt hätte, in der Nacht auch Stimmen gehört hätte (»Du sollst klein bleiben – grau bleiben – u. ä.«) wäre das so verwunderlich, so uneinfühlbar? In Isolation hört ja auch fast jeder nach einer Weile Stimmen, bekommt sonst als psychotisch zu diagnostizierende Symptome. Wer setzt, bestimmt die Grenze, wann ich als krank ausgeschieden, medikamentös gedämpft werden muß? Ich hatte kein wirkliches Mitspracherecht mehr.

War es nicht offener meinen Gefühlen gegenüber, Angstträume zu haben, statt somatisch zu reagieren? Anerkannter und weniger erschreckend hätte ich wohl gewirkt, wenn ich mich einige Tage vor Ende mit Hexenschuß, Grippe, Schnupfen oder Migräne aus dem Gefecht gezogen hätte.

Was ist das denn für eine Einstellung zu psychischen Reaktionen, wenn selbst in einer Analyse seelische, d. h. bewußte Verarbeitungen als beunruhigender, kränker bewertet werden als der Rückzug auf die somatische Ebene? Darüber läßt sich sicher prinzipiell streiten; aber in einer Analyse ging es doch um bewußtes Durchleben; wo Es war, soll Ich werden; diese Frage war entschieden. Im Grunde ist dies auch nicht anders als überall, wo der Angestellte,

der es sich nicht leisten kann, Kritik oder Aggressives zu äußern, und mit Infarkt oder Ulcus reagiert, erheblich besser dran ist, als der, der noch leib-seelisch gleichzeitig reagiert, und dessen »Nervenzusammenbruch« erst durch irgendein organmedizinisches Mini-Substrat mit einer handfesten Diagnose wieder anständig und anerkannt wird. Auch an den Kliniken, an denen psy-chosomatische Zusammenhänge zum Allgemeinwissen gehören, kann es sich im allgemeinen niemand leisten, nach Hause zu gehen, wenn ihn einfach alles ankotzt. Mit einem Brechdurchfall ist dann alles in Ordnung, und die Kritik neutralisiert.

Wer setzt denn das Maß dafür, wieviel *ich* wagen kann – seelisch – wenn nicht ich selber? Als Wagnis hatte ich es durchaus gesehen; ich hätte ja mit Schlafmitteln meine Träume schnell und leicht stoppen können; hatte das ja erwogen; dann aber gemeint, daß sich diese Belastung durchaus im Rahmen meiner Möglichkeiten hielt. Warum hat man mir kein Vertrauen dafür entge-gengebracht, was ich wohl meinte, aushalten zu können? Auf eine diskrete, fürsorgliche kleinmachende Weise bin ich da entmündigt worden; meine Re-aktion als »zu stark« bezeichnet (d. h. ich als zu schwach für sie), Fantasien, Gefühle, Einsichten, die ich mir erarbeitet hatte, auf die ich stolz war, für krank (= verrückt) erklärt.

Wenn es für sie – gemessen an ihrer Erfahrung, ihrem Empfinden, »zu stark« war – hieß das denn automatisch, daß ich dieselben Grenzen, Möglich-keiten, Angst auszuhalten hatte wie sie oder andere Analysanden? Es könnte doch sein, daß mir, mit meiner Geschichte, meinem background manches spielerischer, selbstverständlicher, leichter zugänglich war als anderen; daß ich einfach leichter in meine Tiefen tauchen konnte?

Daß eine solche Nacht für sie vielleicht viel mehr an gelockerter Abwehr bedeutet hätte als für mich?

Mit Wahrscheinlichkeit hatten doch einige der Priester, Pfarrer, Pater, Or-densgeistlichen usw. auf mich einiges ihrer Verurteilung vor Triebwünschen verlagert, und mir damit eine kräftige Verstärkung meiner eigenen sexuellen Schuldgefühle verschafft. Nach dem Laboratorium hatte ich ja zunächst fast überhaupt nicht körperlich mehr empfinden können. Es war ja auch sicher kein Zufall gewesen, daß ein echt psychotisch Dekompensierter ein kirchlich Gebundener kurz vor der Eheschließung war. Wahrscheinlich hatte er die Stimmung besonders stark empfunden, und sie hatte seine aktuelle Problema-tik verschärft.

So habe ich jahrelang die Episode mit viel Krankheitsgefühl, Scham und Verunsicherung mit mir herumgetragen.

Die formale Kritik an mir und die daraufhin gegebenen Psychopharmaka haben das inhaltliche Verständnis verhindert.

Sie fragte nicht: Was meinen Sie mit dem Lied? Wovor hatten Sie Angst? Unter glücklicherer Kommunikation wäre sie vielleicht gestolpert über den Text (»Jedes Wort das legten s(S)ie falsch aus«), und wäre vielleicht zur Kritik an ihr gekommen; meine Familie hätte diese Kritik wohl auch umfaßt; aber

mit Wucht und dezidiert sicher meine Analytikerin. Wahrscheinlich hing es ja auch mit ihr zusammen, daß ich erst in der Nacht vor der Stunde bei ihr Angstträume bekommen hatte; und nicht vorher unter an sich belastenderen Umständen.

(Seite 44) Im nachhinein ist die Aussage an sich klar: Wer hat mein Lied so zerstört? Jedes Wort, das legten sie falsch aus, und dafür gab es Applaus. Look what they done to my brain ma, they picked it like a chicken bone ... Ich dachte zuerst an Brüder, Mutter, usw. Jetzt aber, daß es sich gegen diese Art der Analyse, des analytischen Klimas, gegen meine Analytikerin richtete, und daß sie wohl auch deshalb diese Idee gar nicht gehabt hat.

(Seite 44) Wie eine abgekapselte Eiterbeule hat es in mir gelagert; in der zweiten Analyse anfangs wurde es dann etwas bearbeitet. Dafür war ich ihm auch dankbar; das war gut, wenn auch kurz, und nur in Ansätzen.

Sehr viel später habe ich verstanden, daß wohl die in der Tiefe zerstörerische Frauenfeindlichkeit es war, die mich wirklich erschüttert hatte; im zweiten Kurs hatte ich sie ja deutlich und unverhüllt erfahren.

Während der ersten Analyse hatte ich mich nie so stark und vital gefühlt, wie ich es kann, wenn ich begeistert, verliebt bin, wenn meine Kräfte angeregt sind, mein ganzer Körper. Mein wachsendes Krankheitsbewußtsein bohrte in mir; reduzierte mich. Ein Leiden an mir und der Umwelt. Meine Energie reichte für das Tägliche; Überschießendes, Begeisterung waren von Säuerlichkeit aufgezehrt.

(Seite 46) Jedenfalls ist mein Eindruck »zu oberflächlich, mich nicht ausreichend verstehend« nach dreieinhalb Jahren Analyse wiedergekommen.

(Seite 48) Ich merkte später, daß er mit allen so flirtete, auch handfester. Daß ich ein reales, wenn auch nicht intensives Angebot gespürt hatte; und daß er nur auf meinen beobachtenden – wohl auch langweiligeren – Umgang mit ihm nach der Deutung sich neutraler verhielt. Selffullfilling prophecy (Sie haben losgelegt, bis er nicht anders konnte, oder: Sie haben die Situation konstelliert, die Sie erfüllt zu haben glaubten) mag ich auch nicht gelten lassen, weil er vor und nach meinem Erscheinen mit anderen so umgegangen war.

(Seite 49) Jetzt würde ich denken: Mein Wunsch nach Duzen wird entsprochen haben der Wahrnehmung, daß der Kontakt nicht mehr so gut funktionierte; sie fiel auch in die beginnende Westwallstimmung. Ich werde wohl gemerkt haben, daß eine größere Distanz eintrat, als ich mochte, und bisher gewohnt gewesen war, und kann so versucht haben, wieder mehr Vertrautheit herzustellen. Mindestens korrelierte mein Einfall mit dem Wunsch nach mehr Nähe. Möglicherweise wären Fragen hilfreich gewesen wie: »Bin ich zu fern? Zu distanziert? Fühlen Sie sich nicht wohl?« Die tiefere Deutungsebene kam nicht; wir stoppten beim Verbot.

(Seite 53) Es hätte die Möglichkeit bestanden, meine Hartnäckigkeit ernstzunehmen, meinen Kampfgeist schön zu finden. An sich ist so etwas ja schwerer, und eher ein Therapieziel als artige Übernahme von Regeln. Meine Haltung als Phänomen ernstzunehmen, aus ihr zu schließen, daß mir etwas existentiell wichtig war, wäre gut gewesen. Wenn er auch vielleicht wirklich in der Situation nicht verstand, was ich nun genau meinte, worum es mir im Grunde ging, hätte er das als Problem offen lassen können. Wenn sich plötzlich aus einer friedlichen, verständnisvollen eine verbiesterte, vermauerte, gepanzerte, kaum erträgliche Stimmung etabliert, war dies doch etwas, was verstanden werden wollte.

(Seite 67) *Jetzt* kann ich wohl denken: welch unreflektierte, borniere, schichtspezifische Arroganz und Wertung! Ich kann doch nicht nur in Schubert, Faust, griechischen Versen u. a. abendländischem Kulturgut assoziieren. Freie Assoziation – im Rahmen seines sozialen backgrounds, seines Geschmacks, seiner Neigungen, seiner Grenzen. Außerhalb dieses Rahmens ist es nicht wert, angehört, verstanden zu werden. Etikette, anständige Form. Wie die Geschichte vom im Wald verirrten Oberlehrer, der einen seine Frage nach dem Weg ihm im Dialekt antwortenden Bauern unterbricht: »Bitte sprechen Sie deutlich und artikuliert.«

Zusätzlich stimmte die Diskussion auch insofern nicht, weil er sich ja zumindest partiell nicht wirklich gegen die Form des – nicht einmal extrem schnulzigen – Schlagers wandte, sondern formale Kritik benutzte, um meine enthaltene Kritik abzuwehren. Ich nehme an, daß sich sein Affekt auf meine Kritik bezog; daß er wohl auf einer tieferen Ebene verstanden hatte, und darauf reagierte. Andere, denen ich später das Lied vorgespielt habe – mit und ohne Lehr- oder therapeutische Analyse – verstanden den Text jedenfalls prompt. Meine – vermutete kritische – Aussage ist ja nicht einmal verschlüsselt, man kann sie ruhig wörtlich nehmen. Als klare Aussage. (Beim Schreiben kommen mir jetzt wieder Zweifel, ob diese Klarheit, die direkte Form, ohne symbolische Verkleidungen wieder ein Teil meines Mich-unverständlich-Machens sind; und möchte solch erlernte Gedanken ersatzlos aus meinem Hirn ausradieren.)

»Kitsch« traf sowieso in meine Erziehungswunden, bestärkte meine Bremsen: Im Grunde genierte ich mich ja auch über die profane Musik, die mir auf einmal so wichtig war. Über Schlager, statt wertvoller Musik. Über Moritaten, Volkslieder, statt Schubert usw. In meiner musikalischen Entwicklung fand ich mich banausig, fühlte mich retardiert. Daß ich kein Instrument spielte, genierte mich, trotz Entlastung seinerzeit, als ich nicht mehr in die Klavierstunden gehen mußte. Ich war ja dann mit elf auf die profane Schreibmaschine umgestiegen. Für mich bedeutete es schon Mut, Schlager zu genießen; sie nicht nur abzuwerten; dazuzustehen. Wenn die fachliche Umgebung sich zu Geburtstagen Archiv-Ausgaben von Klassikern wünschte, war es kulturelle Ferkelei, eine ähnliche Summe für eine Schlagerplatte auszugeben. Mit

der Nase zurück in die eigenen Bedenken.

Ich meine, daß ich eine Reaktion wohl angenommen hätte wie: »Ich finde diesen Stil, die Melodie, diese Art ganz einfach scheußlich – da kann ich nicht zuhören.« – Wenn er dann auf den Inhalt eingegangen wäre. Bei meiner Analytikerin war es blandes Nicht-verstehen gewesen, trotz Interesse und Aufmerksamkeit. Keine Verärgerung, kein Zurückschlagen mit Hauen in Altes; kein Kampf auf ungleichen Ebenen. Immerhin mag er – das kann ich wohl schließen – dem Verstehen des Inhalts näher gewesen sein. (Ich sollte froh sein über seine minderkontrollierten Affekte; sie haben mir immerhin Kritik und Distanz später möglich gemacht.)

Echt ästhetischen Widerwillen hätte ich wohl glauben können; das hätte mich vielleicht amüsieren können; das wäre echt, ichsynton, glaubhaft, stimmig gewesen; und ich glaube wohl, daß ich so etwas beurteilen kann. Aber er war ja nicht so gepflegt; weder sein Zimmer, noch seine Sprache, noch sein Äußeres.

(Seiten 70/1) Vielleicht waren es auch Todeswünsche gegen meinen Analytiker, die er nicht realisierte. Zwei Jahre später hatte ich solche ja heftig, hatte mir ja auch gut vorstellen können, ihn zu erschießen; die letzte Analysestunde hatte ich (lange später realisiert) auf den Todestag meines Vaters gelegt. Wahrscheinlich waren ja meine Gefühle zu der Zeit nicht wesentlich weniger heftig. Vielleicht hat ihm meine Intensität etwas Sorgen gemacht und er umging die Thematik. Ich war dann schon auf ihn eingestellt, erfahren, daß ich nicht mehr auf genauerer Analyse, eventuell mit Hören, bestand.

Das Faktum, daß meine Gefühle beim Thema Vater über eine lange Zeit gleich blieben, läßt sich mehrfach erklären: Daß ich diesen Kummer lange verdrängt, mit mir herumgetragen hatte; jetzt Zeit zur Verarbeitung brauchte; daß dies eben eine tiefe biologische Wunde war, die vielleicht überhaupt nicht heilen würde; die vielleicht besser gar nicht erst aufgerissen wäre; nicht zuletzt aber auch, daß etwas an der Thematik Bearbeitbares, noch nicht Bewußtes, dicht unter der Oberfläche liegendes, nicht gedeutet worden ist, nicht verstanden worden ist. Etwas, das sich ins Bewußtsein drängen wollte. Mein Zorn, meine Enttäuschung und schließlich Resignation über das Nicht-Anhören der Platten sind mir jedenfalls ein Indiz dafür.

(Seite 74) Wohltuend wäre gewesen sinngemäß: Ja, ich hatte auch keine besondere Lust; das geht Ihnen doch auch manchmal so. Vielleicht hängt das mit der letzten Stunde zusammen; das spüre ich aber im Moment nicht. Aber wie geht es Ihnen? Wie fühlen Sie sich? Wie ging es Ihnen nach der letzten Stunde? Was bedeutet es für Sie, daß ich zu spät komme? Was für Phantasien haben Sie dazu? Oder: Ich spüre keine Unlust in mir, glaube auch, daß ich wirklich von außen aufgehalten worden bin. Aber möglicherweise nehme ich da etwas nicht wahr in mir. Was bedeutet es aber für Sie? – Meine Wahrnehmungen wären dann nicht völlig ausradiert gewesen. Selbst wenn der reale Anteil nur ein Promill im Vergleich zum projektiven betragen hätte und ich

diesen gespürt hätte, müßte man dies anerkennen. Er hatte immer die Sicherheit, die Realität in all ihren feinen Verästelungen genau, adäquat und am sensibelsten wahrzunehmen. Selbst wenn ich gründlich und ausschließlich projiziert hätte, wäre ich vermutlich leichter zu Einsicht fähig gewesen, wenn nicht erst einmal meine Empfindung in toto für Unsinn erklärt worden wäre. So wirkte es oft wie ein rigoroses Komplett-Umkrempeln, welches offenbar bei mir notwendig war.

(Seite 80) Innerlich beugte ich mich wohl doch seiner Einschätzung. Es blieb aber eine kleine Wut, und Einschüchterung, so gewagte Gedanken zu äußern. Es gab einen Radius, eine Form, Etikette, innerhalb derer ich zu denken, zu fühlen hatte. Dies war jetzt zu grundsätzlich, ein Nümmerchen zu groß gewesen.

(Seite 90) Was hieß da »wirklich«? Hatte er mir bisher nicht geglaubt – war die Situation in der Stunde so unwirklich, daß erst die Realität draußen ihn überzeugte – was hielt er denn eigentlich von mir und meinen Äußerungen in der Analyse, wenn ein so kurzer Eindruck aus dem Normalleben stärker war als alle Mitteilungsversuche in den Stunden vorher? Das verletzte mich; ich fand mich alleine und überanstrengt. Wer garantierte mir denn, daß ich in einer solchen Stimmung nicht einen Unfall produzierte oder nur verwirrt, verquer, unaufmerksam in ein Auto rannte? Das konnte ja alles leicht passieren, auch wenn meine Ich-Funktionen offenen Selbstmord verhinderten. Es gab ja doch krasse, tödliche Ausgänge von Analysen.

(Seite 90) Die existente Frauenfeindlichkeit, gängige Unterdrückung, Minderbewertung, hat mein Analytiker nicht realisiert. Es läßt sich sagen, daß dies Gebiet eben außerhalb seiner Wahrnehmung, des für ihn hautnah Erlebbaren liegt, daß er hier kein Empathieartist sein kann. Trotzdem kann – und hat bei mir – ein Bezweifeln, Nicht-ernst-Nehmen, In-die-frühe-Kindheit-Verweisen meiner realen Wahrnehmung der mich umgebenden und treffenden Feindlichkeit ganz erheblich verwirrenden, verunsichernden und Leidensdruck in die Höhe katapultierenden Effekt.

Den simplen, gruppendynamischen Aspekt, den andere ohne Ausbildung sahen (Neid, Rivalität, »das kommt doch regelmäßig so mit irgendeinem«), erwogen wir nicht.

(Seite 94) Von meinem dritten bis fünften Lebensjahr war der präsente und wichtige Mann, Beinah-Stiefvater, Jude; und starke, liebevolle Männer/Väter, kamen im prägenden Alter aus der Emigration wieder. 1945 waren für mich jedenfalls ein Kleid und Schuhe aus New York enorm. Möglicherweise wehre ich ja zusätzliche Prisen von Anti- mit Philosemitismus ab; aber tatsächlich waren die Freunde meiner Eltern, die sich wirklich um uns gekümmert haben, Emigrierte; im wesentlichen blieb das so, für mich ganz beson-

ders. Ich weiß nicht, wie ich die Zeit meiner Analyse überstanden hätte ohne das fraglose Vertrauen von dieser Seite.

(Seiten 103/4) Sehr viel später verstand ich, daß sich sein gereizter Ärger auf den falschen Straßennamen »Hundskopfklinge« beziehen mochte, der direkt nach seiner Operation ja nicht sonderlich freundlich war. Präziser hätte ich dann gleich Wolfsrachen Nr. X adressieren können. Mein verstecktes, aggressives Potential wurde auf einer korrigierenden, verkehrten Ebene abgehandelt. Seine gekränkte und aggressive Reaktion darauf spürte ich wohl; auf der angesprochenen Ebene konnte ich aber nichts mit ihr anfangen.

(Seite 110) Die 50 Minuten waren doch nun gewiß keine biologische Notwendigkeit nach der allein das menschliche Gehirn analytisch arbeiten konnte. Sie waren doch vermutlich eine Einheit, die sich als nützlich und sinnvoll erwiesen hatte, die aber durchaus auch ihre Nachteile mitbrachte. Wenn es mir nicht gelang, den Affekt, meine Erinnerung in die 50 Minuten zu timen, konnte ich es noch Stunden danach spüren. In Kursen später (z. B. Gestalttherapie) fand ich die offene Zeit humaner, adäquater, den ganzen Verlauf dadurch intensiver. Es macht ja auch vorsichtig, wenn ich weiß, daß ich innerhalb der nächsten halben Stunde wieder klar und sachlich zu funktionieren habe, daß ich bis dahin die Aufregung ad acta gelegt haben muß, weil sie mich sonst beruflich hindert. Wenn sie in keiner Weise abgeschlossen ist, wenn ich eigentlich erst eine Schleuse ein ganz klein bißchen geöffnet habe, zerstückelt die Zeit das Erlebnis, die Erinnerung. Inhalte können dadurch erträglicher werden, nicht so überwältigend, belastend sich in Portionen aufteilen; aber es kann auch die Verarbeitung insgesamt stören, hindern, Affekte flacher und vorsichtiger sich äußern lassen. Wenn es nur darum gegangen wäre, daß mein Analytiker eben seinen Tag in diesen Einheiten verplant hatte, hätte ich dies wohl verstanden. Ich fühlte mich aber kommandiert: zu Einhaltung und Anerkennung von Regeln gezwungen, deren Sinn ich nicht einsah. Später meinte er einmal, ich habe ihn in solchen Diskussionen wie den personifizierten Hintercouchler behandelt.

(Seiten 111/2) Dieser Knoten ist später geplatzt; ich weiß nicht genau warum, jedenfalls machten sie mir eines Tages einfach keine Mühe mehr. Es brachte mir Ruhe, den Brief am Tag der Entlassung oder früher diktiert zu haben; mich hinzusetzen und zu diktieren wurde weniger unangenehm, als die Unordnung und mein schlechtes Gewissen auszuhalten und brachte schließlich auch Ansätze von Funktionslust. Ich beziehe meine plötzliche Fähigkeit auf eine frühere Bemerkung. »Aber Sie wollen doch entlastet in die Ferien fahren?«, als ich etwas liegenlassen wollte und das Beispiel, die ansteckende Ausdünstung von Schnell-Erledigenden. Jedenfalls hat in einem solchen Klima die Bemerkung in mir gewirkt; ich hatte nicht deutlich realisiert gehabt, welch drückenden Dauerballast, ein wie schlechtes Gewissen mir unge-

schriebene Briefe, generell Unerledigtes bedeuteten. In Ferien hatte ich oft anfangs noch quälende Träume wegen Unerledigtem gehabt; oft hatte ich die ersten Ferienwochen gebraucht, bis ich nicht mehr von der Klinik träumte. Einige Mühe hatte ich immer noch, mich zum Anfangen zu bringen; aber die Entlastung lohnte. Die Anstrengung war ein lohnendes Geschäft, die gewisse Qual, mich zum Arbeiten zu zwingen, war nichts im Vergleich zu meinen sonst zu erwartenden Schuldgefühlen. Ich machte mir dann auch keine Vorwürfe oder Gedanken darüber, daß bzw. warum mir der Anfang so schwer fiel. Ich strengte mich einfach an, gab mir einen Tritt. Und der fiel mir dann immer leichter.

Als Positives sah ich in meinen Hemmungen, daß es ganz einfach eine arrogante Gemeinheit ist, einen gesamten Menschen nach kurzer, relativ oberflächlicher Bekanntschaft in ein medizinisches Diagnosesystem zu pressen. Und, daß es auch Aggression sein kann, jemanden schnell damit zu behaften und schnell aus mir heraus in die Stenorette zu spucken. Bei Leuten, die ich nicht mochte, reagierte ich jedenfalls schneller als üblich; die Krankengeschichte war dann im Nu aus meinem Zimmer heraus und im Archiv.

Wenn ich sehr starken Widerwillen gegen Diktieren hatte, konnte es auch sein, daß ich den ganzen Sinnzusammenhang besser noch etwas in mir reifen lassen sollte; dann ging es mit einigem zeitlichen Abstand relativ leicht.

(Seite 116) Selbst wenn es so gewesen wäre – hätte dies nicht auch einfach meine Sensibilität für manche Problemzusammenhänge zeigen können? Warum konnte er nicht *darauf* eingehen, statt zu verbessern, mit Anstrengung zu deuten?

(Seite 117) Ich kann ihm zugute halten, daß er auch besorgt um mich war; um meine Arbeitsfähigkeit, meine kollegialen Beziehungen und daß er deshalb so oft dämpfte, bremste, mich zu ähnlichen Reaktionen wie andere zu leiten suchte. Am besten, schnellsten und ungehindertsten funktionierte man ja ohne Beteiligung. Aber das war ja sicher nicht das Therapieziel. Er maß mich an seiner Schwingungsbreite, und der der anderen. Er war ein Lehranalytiker; und das war mein Berufsziel.

(Seite 120) Sehr viel später bin ich erst auf die Idee gekommen, daß es schlicht peinlich war, nicht früher daran gedacht zu haben. Ich hatte banal Vergessenes, aus Sorge um das Kind und Hilflosigkeit gegenüber der Grunderkrankung Verdrängtes ausgesprochen.

(Seite 132) Ich ärgere mich noch über meine Mühe und Unterwürfigkeit, wenn ich mich angestrengt habe, »mich zu integrieren«, »in die Gruppe einzufügen«, in mir herumzustochern und aufzufieseln, was ich wohl wieder gemacht hatte, wenn die Männer am Tisch eine mir unerklärliche Spannung

entwickelten.

(Seite 135) Warum konnte er nicht einfach meine Sehnsüchte, Wünsche erst einmal wahrnehmen? Vielleicht hatte ich ja ein Defizit an passivem Gestreicheltwerden, Zärtlichkeit, die einfach nur mir, meinem Körper galt ohne jede Gegenleistung? Die mir einfach gratis entgegenkam. Bevor ich das überhaupt hätte wahrnehmen, realisieren können, war ich schon korrigiert, kritisiert, erzogen. So mochte er mich nicht. Ich hatte mich anders zu verhalten.

Auf dem zweiten Kurs in der Schweiz hatte ich meinen Hunger nach Fleisch und kondensierter Milch gestillt; und es war mir gut bekommen. Warum sollte ich nicht meinen Hunger nach verpflichtungsloser Erotik erst einmal wahrnehmen, vielleicht stillen und dann weitersehen?

(Seite 136) An die Möglichkeit, daß ich als Projektionsfigur bei ihnen stereotype Reaktionen ausgelöst haben konnte, wurde nicht gedacht. Dabei gibt es einfach Frauen und damit habe ich mich zu arrangieren, die mich sehen und ablehnen ohne Kompromiß und ohne mich näher kennengelernt zu haben.

(Seite 138) Mußte ich das Ideal der Frau aus »Ein Schiff wird kommen?« anstreben? Konnte er nicht erst einmal verstehen, anerkennen, daß ich mich in der Tiefe angewidert fühlte? Mußte das unbedingt allein mein Problem sein? Konnte es nicht auch das sein, womit sich dieser Bekannte in seinem reifen Alter sexuelle Erfahrungen erspart hatte? Sicher war dies meine Analyse, focussiert auf meine Problematik; aber vermutlich hatte dieser Mann doch auch seine Schwierigkeiten, die mich nicht untangiert gelassen hatten? Vielleicht hatte er mich ja in die Flucht schlagen wollen, mit massiver Ambivalenz. Mein Analytiker und ich verhakelten uns jedenfalls dabei, ob ich jemanden anlernen können solle oder nicht; und ich blieb die Arrogante, Egozentrische, die keine Lust zu Unerfahrenen hatte. Die infantil ohne Mütterlichkeit nach Führung, Anstößen, Aktivität von außen suchte. Sich kindlich weigerte, auch einmal Wissen an andere weiterzugeben.

(Seiten 148/9) Daß vielleicht nur anhand einer neuen Mitarbeiterin, die noch nicht in die Abhängigkeitsverhältnisse verwoben war, manches deutlicher und offener zutage trat, stand nicht zur Diskussion.

Seitdem ich Frauenfeindlichkeit als Realität sehe, kommen mir meine Schwierigkeiten in der Zusammenarbeit recht banal und durchsichtig vor. Nur hatte ich mir jetzt sicher mit der inneren Wut, die ich auf meine früheren Schädiger (Brüder) hatte, weil sie mir den Umgang mit Kollegen jetzt erschwerten, ein Denksystem zusammengebaut, das mich nicht verträglicher und ausgeglichener machte. Andererseits war diese Wut immerhin handfest; und vermutlich hatte es ja auch einige kräftige Konflikte mit meinen Geschwistern gegeben, wenn ich sie vielleicht auch nicht so heftig und emotional erinnerte.

Ich hatte 1977 mit Schreiben angefangen, um überhaupt mit dem Ganzen (686 Stunden, davon 583 als Lehranalyse) fertig zu werden; ich habe dann zwei Jahre gebraucht. Das Schreiben war kein überwiegend guter Zustand, auch quälend und körperlich belastend (Gehörgangsentzündung, Unterleibsschmerzen, Übelkeit, Reizhusten, Magenbeschwerden).

Meine Hauptschwierigkeit war, im intellektuellen Alleingang nicht das Vertrauen in mich zu verlieren, mich nicht für verrückt oder dumm zu halten. Einige, mit denen ich mich fachlich hätte austauschen können, waren nicht erreichbar; andere verletzten derartig mit freundschaftlich verpackten Deutungen, daß ich mich dann hütete. Vergleiche mit anderen Analyseverläufen haben mich bestärkt, meine persönlichen Erfahrungen als typisch ernstzunehmen, sie nicht als seltene, unglückliche Ausnahme abzuwerten, wie mir konsequent und monoton nahegelegt wurde. Im Laufe meiner Arbeit habe ich in zunehmendem Maße von Analysezwischenfällen bis hin zu Suiziden, tödlichen Unfällen und Erkrankungen, gehört, die als Zufall abzutun m. E. leichtfertig wäre und deren Erklärung als zwangsläufige Folge ursprünglicher Neurose mir nicht einleuchtet.

Rückblickend sehe ich in mancher zögernden, tastenden Formulierung und Vermutung meinen Analyseschaden; heute würde ich mich entschiedener ausdrücken.

Warum »deutsche Psychoanalyse«? »Deutsch« im Untertitel bezieht sich auf das psychoanalytische Klima, das ich – als Analysandin, Auszubildende an drei analytischen Instituten, Kollegin, Kongreßteilnehmerin, Bekannte, Freundin – von 1969 bis 1975 erfahren habe; ein spezifisches Klima, welches auf seine Weise die politischen Verhältnisse in diesem Land widerspiegelt.

Mein Eindruck ist, daß sich die etablierte Psychoanalyse hier deformiert in Richtung konservativ wertender Erziehung, Anpassung, bürokratischer Unmenschlichkeit, – parallel der politischen Entwicklung –, daß sie kritische Substanz zum Teil freiwillig, voreilig und ohne bedrohlichen äußeren Zwang aufgibt, daß sie, wie Ivan Illich es von der Organmedizin beschreibt, summa summarum mehr Schäden setzt als behebt. In der Organmedizin wird, wenn auch widerwillig, über Kunstfehler diskutiert – im psychoanalytischen Bereich wird dergleichen nicht thematisiert; auch der Ausdruck »negative therapeutische Reaktion« zielt einseitig auf den Patienten, der das positive

Ergebnis (guter Therapie) vereitelt.

Natürlich leben und arbeiten Psychoanalysierende nicht im gesellschaftlich luftleeren Raum; und es ist zu erwarten, daß eine politische Tendenz, die sich seit der Studentenbewegung u. a. in Abhörpraxis, Berufsverboten und Umgang mit »Terroristen« niedergeschlagen hat, auch auf diese Gruppe Einfluß gehabt hat. Nur ist bedauerlich, speziell widersinnig für Psychoanalyse, wenn kritische Selbstreflexion mit möglichen unbequemen Ergebnissen nicht auch auf die eigene Tätigkeit, persönliche Wertungen und gesellschaftliche Funktion angewandt wird.

Auf dem Höhepunkt der Fahndungsaktivitäten Herbst 1977 nahm die Deutsche Psychoanalytische Vereinigung ein standespolitisches Thema (Frage der Einführung des »Facharztes für Psychoanalyse«) zum Anlaß, einen zusätzlichen Kongreß einzuberufen. Eine offizielle Stellungnahme zu anderer beunruhigender Thematik erfolgte nicht.

Dabei gehört es zu fachlichem Grundwissen, daß Außenseiter in Gruppen, speziell solche, die emotional heftig bekämpft werden, meist ein gemeinsames (beunruhigendes und daher verdrängtes) Problem dieser Gruppe deutlich machen; daß es der Gruppe nicht nur nicht hilft, sondern geradezu die Lösung der bedrängenden Probleme verhindert, wenn die, die sich mit ihnen beschäftigen, ausgeschlossen und verteufelt werden.

Den nordamerikanischen Psychoanalytiker, der an Hand eines gefangenen Vietkong als Ursache des Vietnam-Krieges ausagierte Vaterproblematik diagnostiziert hatte, hatte ich als Kuriosum eingeordnet; allerdings ist bis zu (oft stillschweigend emotional, verbal meist differenzierter und distanzierter gezogenen) Gleichungen: politisch links = Vaterproblematik, Feminismus = ebensolche, modischer solche mit der frühen Mutter, kein allzu weiter Weg. Es nützt wenig, wenn differenziert in Fachzeitschriften diskutiert, im übrigen abstinent geschwiegen wird. Es ist auch kein neues Problem, wie weit Abstinenz mitschuldig machen kann.

Auch wenn einiges dafür spricht, daß die konservative Entwicklung der Psychoanalyse eine internationale ist (Erich Fromm, Die Krise der Psychoanalyse), scheint die Bundesrepublik doch darin vorn; und ich kann mir nicht vorstellen, daß dies in solcher Perfektion und Geschwindigkeit möglich gewesen wäre ohne die »substantiellen Verluste« (B. Engelmann, Deutschland ohne Juden) seit 1933. Insofern meine ich »deutsche Psychoanalyse« auch im Sinne von »arischer Psychoanalyse«.   *Oktober 1979*

Lese-Liste

Gelesen zur für mich richtigen Zeit:

A. (Jean-Jacques) Abrahams: Psychoanalytischer Diskurs, Les Temps Modernes, Paris 1969.

Janine Chasseguet-Smirgel (ed.), Psychoanalyse der weiblichen Sexualität, Frankfurt 1974.

Mary Barnes, Meine Reise durch den Wahnsinn / aufgezeichnet von Mary Barnes und kommentiert von ihrem Psychiater Joseph Berke, München, 1973.

Daniel Paul Schreber, Denkwürdigkeiten eines Nervenkranken, Frankfurt, Berlin, Wien 1973.

Morton Schatzmann, Die Angst vor dem Vater: Langzeitwirkung einer Erziehungsmethode; Eine Analyse am Fall Schreber, Reinbek bei Hamburg, 1974.

Tilmann Moser, »Vorwort«, in: ders., Lehrjahre auf der Couch; Bruchstücke meiner Psychoanalyse, Frankfurt 1974.

Horst-Eberhard Richter, Flüchten oder Standhalten, Reinbek bei Hamburg, 1974.

Gudrun (ed.) Körner, Mit dreißig muß man wissen, was man will. Gespräche mit Frauen, Frankfurt 1975.

Phylis Chesler, Frauen – das verrückte Geschlecht? Reinbek bei Hamburg 1974.

Muriel Gardiner (ed.), Der Wolfsmann. Vom Wolfsmann. Mit der Krankengeschichte des Wolfsmannes von Sigmund Freud (aus der Geschichte einer infantilen Neurose), Frankfurt 1972.

Leider erst spät gelesen:

Paul Parin, Der Widerspruch im Subjekt, Frankfurt 1978

Erich Fromm, Die Krise der Psychoanalyse, in: ders., Analytische Sozialpsychologie und Gesellschaftstheorie, Frankfurt 1970.

Erich Fromm, Die Kunst des Liebens, Frankfurt, Berlin, Wien 1979.

Erich Fromm, Größe und Grenzen der Psychoanalyse, Stuttgart 1979.

Christel Schöttler, Vortrag zum Erwerb der ordentlichen Mitgliedschaft in der DPV, gehalten am 28. 4. 78, Kassel (unveröff.)

Turnbull, Colin Macmillan, Das Volk ohne Liebe. Der soziale Untergang der Ik. Reinbek bei Hamburg 1973.

Bert Engelmann, Deutschland ohne Juden, München 1979.

Julius Hackethal, Auf Messers Schneide, Reinbek 1976.

Roswitha Burgard, Wie Frauen verrückt gemacht werden, Berlin 1978.

Von einigen für diese Thematik wichtigen Büchern habe ich erst während des Schreibens gehört; sie bisher nicht oder nur oberflächlich gelesen; sie sind deshalb hier nicht aufgeführt.

Inhalt

Smiley Blanton

Tagebuch meiner Analyse bei Sigmund Freud

Ullstein Buch 3205

Smiley Blanton, amerikani-
Psychiater und Psycho-
analytiker, gibt detailliert
seine Erinnerungen an eine
Analyse bei Freund wieder.
Die authentischen, bislang
unbekannten Bemerkungen
und Aussagen Freuds sind
von verschiedenen Gesichts-
punkten aus sehr bemerkens-
wert. Sie berühren wichtige
Aspekte der Theorie und
Praxis der Psychoanalyse und
geben Aufschluß über die
besondere Behandlungsweise
Freuds gegen Ende seines
Lebens.

Ullstein Materialien

H. D. (Hilda Doolittle)

Huldigung an Freud

Rückblick auf
eine Analyse

Mit einer Einleitung
von Michael Schröter

Ullstein Buch 3217

»Das Buch [. . .] ist die ent-
zückendste und kostbarste
Würdigung von Freuds
Persönlichkeit, die je
geschrieben werden dürfte.
Nur eine hochbegabte
Künstlerin konnte es schreiben. Ich kann nur sagen,
daß ich jeden beneide, der
es noch nicht gelesen hat,
und als ein zauberhaftes
Ornament der Biographi-
schen Freud-Literatur
unübertroffen bleiben wird.«
Ernest Jones

»[. . .] ein sehr bewegendes
und poetisches Buch [. . .]«
Max Schur

Ullstein Materialien

Erich Fromm

Psychoanalyse und Ethik

Ullstein Buch 3507

Kein Buch, das sich nur an den Fachwissenschaftler oder an den Studierenden wendet. Es führt jeden zur Selbstbesinnung, der seinen eigenen Charakter und seine guten und schöpferischen Eigenschaften erkennen und ernsthaft durchdenken will.

Ullstein Materialien